ALETRIA
revista de estudos de literatura

UNIVERSIDADE FEDERAL DE MINAS GERAIS
Reitor: Ronaldo Tadêu Pena; Vice-Reitora: Heloisa Maria Murgel Starling

FACULDADE DE LETRAS
Diretor: Jacyntho José Lins Brandão; Vice-Diretor: Wander Emediato de Souza

CONSELHO EDITORIAL
Ana Lúcia Almeida Gazzola, David William Forster, Eneida Maria de Souza, Francisco Topa, Jacyntho José Lins Brandão, Letícia Malard, Luciana Romeri, Luiz Fernando Valente, Marisa Lajolo, Rui Mourão e Silviano Santiago

COLEGIADO DO PROGRAMA DE PÓS-GRADUAÇÃO EM LETRAS: ESTUDOS LITERÁRIOS
Coordenador: Julio Céesar Jeha; Subcoordenador: Georg Otte; Docentes: Sérgio Alves Peixoto, Eliana Lourenço de Lima Reis, Myriam Corrêa de Araújo Ávila, Teodoro Rennó Assunção e Sabrina Sedlmayer Pinto (titulares); José Américo de Miranda Barros, Gláucia Renate Gonçalves, Maria Ester Maciel de Oliveira Borges, Matheus Trevizam e Sandra Regina Goulart Almeida (suplentes); Discentes: Filipe Amaral Rocha de Menezes (titular), Natalino da Silva de Oliveira (suplente); Secretária: Letícia Magalhães Munaier Teixeira.

ORGANIZAÇÃO
Elisa Maria Amorim Vieira, Elcio Loureiro Cornelsen e Volker Karl Lothar Jaeckel

REVISÃO
Alexandre Vasconcellos de Melo

FORMATAÇÃO E CAPA
Marco Antônio e Alda Durães

PROJETO GRÁFICO
Paulo de Andrade e Sérgio Antônio Silva

TIRAGEM
500 exemplares

IMAGEM DA CAPA
Montagem fotográfica de Elcio Loureiro Cornelsen

IMPRESSÃO E ACABAMENTO
Rettec Artes Gráficas

ISSN: 1679-3749

ALETRIA

revista de estudos de literatura

MEMÓRIAS DA GUERRA CIVIL ESPANHOLA NA LITERATURA E NO CINEMA

PROGRAMA DE PÓS-GRADUAÇÃO
EM LETRAS: ESTUDOS LITERÁRIOS

pós-lit

19 n. 2

JAN./JUN. 2009

Ficha catalográfica elaborada pelas Bibliotecárias da Faculdade de Letras da UFMG

ALETRIA: revista de estudos de literatura, v. 6, 1998/99 - Belo Horizonte: POSLIT, Faculdade de Letras da UFMG.
il.; 28 cm.

Histórico: Continuação de: Revista de Estudos da Literatura, v. 1-5, 1993-1997.
Resumos em português e em inglês.
Periodicidade semestral.
ISSN: 1679-3749

1. Literatura – História e crítica. 2. Literatura – Estudo e ensino. 3. Poesia brasileira – Séc. XX – História e crítica. 4. Teatro (Literatura) – História e crítica. 5. Cinema e literatura. 6. Cultura. 7. Alteridade. Universidade Federal de Minas Gerais. Faculdade de Letras.

CDD: 809

POSLIT/FALE/UFMG
Av. Antônio Carlos, 6627 – Pampulha
31270-901   Belo Horizonte-MG - Brasil
Tel.: (31) 3409-5112   Fax: (31) 3409-5490
www.letras.ufmg.br/poslit
e-mail: poslit@letras.ufmg.br

sumário

apresentação

O fato de o final da Guerra Civil Espanhola, em 2009, ter completado setenta anos levou-nos a tomar a iniciativa de organizar o presente número extra da revista *Aletria*, uma vez que os eventos ocorridos na Espanha entre 1936 e 1939 representaram e continuam a representar um enorme impacto na produção artística e cultural de todos os que, direta ou indiretamente, estiveram envolvidos no conflito. Mais do que juntar-nos às efemérides em torno dos setenta anos do final da guerra, que também pode ser entendido como o início do regime ditatorial do general Franco, esta publicação quis reunir a contribuição de pesquisadores de diferentes nacionalidades, que procuram refletir sobre a literatura, o cinema e demais artes relacionadas com o tema da guerra, do exílio, do autoritarismo e da reconstrução da memória coletiva. Além dos artigos aqui reunidos, contamos também com a entrevista concedida por José Sanchis Sinisterra, um dos artistas que mais têm contribuído para que os momentos traumáticos vividos pela Espanha no século 20 não sejam esquecidos ou banalizados e cuja obra é um dos marcos fundamentais da dramaturgia espanhola contemporânea.

O último informe da guerra, escrito por Francisco Franco em 1º de abril de 1939, dizia: "En el día de hoy, cautivo y desarmado el Ejército Rojo, han alcanzado las tropas nacionales sus últimos objetivos militares. La guerra ha terminado." Como afirma o historiador inglês Paul Preston na obra *La guerra civil: las fotos que hicieron la historia*, isso não era verdade, a guerra não havia terminado. Não só os combates entre o exército franquista e a guerrilha republicana continuariam ativos até o final dos anos 1940, como os atos de violência praticados pelo Estado contra os derrotados persistiriam ao longo das décadas seguintes. Os traumas e os processos de luto decorrentes do conflito, do exílio e da perseguição institucionalizada deixariam seus rastros, reclamariam, mais cedo ou mais tarde, a sua memória. Em 2001, com a fundação da Associación para la Recuperación de la Memória Histórica e a abertura das valas comuns que continham um número desconhecido de mortos do lado republicano, tem início uma nova política da memória. Em outubro de 2008, em função da verificação de um saldo aproximado de 115.000 pessoas desaparecidas durante a ditadura franquista e da evidência de um plano sistemático de extermínio dos opositores do regime, o juiz Baltasar Garzón atribuiu a Francisco Franco e a outros 34 comandantes do exército espanhol a responsabilidade por crimes contra a humanidade.

Ao longo das duas últimas décadas, um número expressivo de obras literárias e cinematográficas evidencia a necessidade de revisitar um passado submetido a toda sorte de violências e permeado por tradições memorativas conflituosas, desde as que se referem aos diferentes projetos políticos existentes na Espanha dos anos 1930, até as múltiplas identidades nacionais e culturais que marcam as relações entre espanhóis, catalães, bascos e galegos. Os artigos que compõem o presente número da revista *Aletria*, por meio de distintas abordagens teóricas da produção originada da temática da guerra civil, contribuem para aprofundar a permanente discussão acerca das relações entre ficção e história e entre as diversas manifestações artísticas e as memórias coletivas e individuais, assim como desenvolvem análises críticas sobre as constantes ameaças de esquecimento que permeiam não só os discursos oficiais, mas também uma série de produções culturais.

Por meio de nossas pesquisas e trabalhos desenvolvidos no âmbito do PEG - Programa Especial de Graduação "Memórias da Guerra Civil Espanhola na Literatura e no Cinema" (2008) e de leituras das contribuições de estudiosos constatamos a presença de olhares diversos sobre a Guerra Civil Espanhola. As diferenças nos olhares dependem, basicamente, da condição e posição política do escritor ou cineasta, de sua nacionalidade, de seu envolvimento nesse acontecimento fatídico da história contemporânea espanhola, da distância no tempo e no espaço, do tipo de mídia, de sua postura ética e de suas escolhas estéticas. A partir desses olhares diversos, a presente edição da revista *Aletria* está estruturada de tal forma que convida o leitor a acompanhar essas perspectivas artísticas tão diversas e sempre subjetivas de um assunto de tanta relevância para as diversas áreas das Ciências Humanas.

A seção "Embates pelas memórias da Guerra Civil Espanhola" é composta por artigos que contribuem para reflexões sobre as disputas pelas memórias da guerra civil não só nos âmbitos da história e da política, como também nos âmbitos da literatura e do cinema. Nela, figuram expressões como "memória imposta", "desmemórias", "memória manipulada", "memória tranquilizadora", "memória inoportuna", "memória rasurada", "memórias indesejadas", "memórias divididas", "memória silenciada", "memória comunicativa", "memória histórica", "memória crítica", "memória cultural", "memória democrática", "memória pessoal", "memória coletiva", "memória franquista", "memória republicana", enfim, termos que refletem a luta pelo resgate das memórias contra o esquecimento, o silêncio, as manipulações, as idealizações, os exageros, as rasuras e o revisionismo em relação ao conflito na Península Ibérica enquanto "cisão traumática".

Por sua vez, a seção "Olhares de Espanha para a guerra civil" conta com artigos em que estudiosos enfocam os modos como os processos de rememoração se estabelecem através do olhar de escritores e cineastas espanhóis, ou daqueles que viveram na Espanha e se viram obrigados a tomar o rumo do exílio, como é o caso de Max Aub. Escritores e cineastas de gerações diferentes investem em procedimentos estéticos para dar conta tanto das "memórias" do exílio, bem como das "memórias" daqueles que vivenciaram episódios traumáticos durante a guerra civil e o período ditatorial sob o jugo fascista.

Já a terceira seção, intitulada "Olhares do mundo para a guerra civil", compõe-se de artigos nos quais estudiosos refletem sobre obras de escritores e cineastas estrangeiros em torno da Guerra Civil Espanhola. Enquanto alguns se envolveram diretamente no conflito, engajando-se, por exemplo, do lado republicano, outros, mesmo a distância, contribuíram por meio da arte para denunciar a violência e a insensatez da guerra fratricida na Península Ibérica. Nela, se inclui também o olhar estrangeiro para um ícone da Literatura Espanhola da época, Garcia Lorca, uma das primeiras vítimas da guerra entre os intelectuais, enfocando, no Brasil, as repercussões de seu assassinato.

Por fim, contamos com a entrevista concedida por José Sanchis Sinisterra, na qual o dramaturgo espanhol, entre outros aspectos, fala sobre o tema da memória histórica em suas obras, mais precisamente a partir do período de transição da ditadura franquista para a democracia, na tentativa de não deixar que se virasse pura e simplesmente a página da história, cobrindo com um véu do esquecimento tudo o que havia ocorrido na Espanha durante a guerra civil e a ditadura de Franco.

Elisa Amorim Vieira
Elcio Loureiro Cornelsen
Volker Jaeckel

Embates pelas memórias
da Guerra Civil Espanhola

"Luchas de memorias" en la España del siglo 20

Walther L. Bernecker
Universität Erlangen-Nürnberg

Resumen

El artículo describe y analiza el proceso histórico seguido por las "batallas de las memorias en España". Presenta la memoria de la guerra civil – esa cesura traumática – y del franquismo como una "memoria impuesta" por la dictadura para su propia legitimación, que encuentra en la arquitectura una expresión monumental de esta construcción de la memoria y del poder. Seguidamente, se repara en el proceso de recuperación de la memoria desde la transición, que en el sector político fue una "transición de olvido", hasta desembocar en el "boom" de fines del siglo 20. Hoy en día, la memoria sigue ganando batallas en la democracia española en su lucha contra el olvido.

Palabras-clave

Memoria, olvido, franquismo

Hace pocos años, un número de la revista *Pasajes de Pensamiento Contemporáneo*, dedicado a memoria y olvido del franquismo, comenzó con la siguiente reflexión:

> La dialéctica entre recuerdo y olvido como marco y trasfondo de la vida colectiva no es precisamente sencilla. Ciertamente, el olvido selectivo del pasado resulta imprescindible para trascenderlo, para no quedar prendidos de él, para vivir en el presente y pensar el futuro. La idea de reconciliación, el "mirar hacia adelante", cae siempre por su propio peso, sobre todo en determinadas circunstancias. Sólo así puede encararse una nueva etapa de convivencia de la que nadie habría de quedar excluido, marcando de esta forma una nítida ruptura con un dilatado período caracterizado, precisamente, por la exclusión como norma, por la muerte civil, y a veces algo más, de quienes pensaban de otra manera.[1]

Memoria y olvido

En cierta manera, se podría caracterizar así la experiencia española a partir de la transición democrática. Incluso resulta difícil entender algunos aspectos relevantes de la realidad actual sin tener en cuenta el olvido derivado de la transición. Todo indica que aún no se han ajustado totalmente las cuentas con el pasado.

---

[1] PASAJES. Revista de pensamiento contemporáneo, p. 2.

Indudablemente, la Guerra Civil Española ha condicionado en gran manera, hasta hoy, la conciencia de las generaciones posteriores. Incluso se puede decir que acaso no haya habido en los tiempos contemporáneos otro hecho histórico que, como la Guerra Civil Española, haya sido piedra de toque de lealtades políticas e ideológicas y divisoria de posiciones existenciales. Las consecuencias de la guerra marcaron la vida de millones de ciudadanos; por la mayoría de los españoles, la guerra es considerada como el acontecimiento más importante de la historia de su país para comprender la España actual. La guerra civil introdujo en la sociedad española una cesura traumática que hace de la guerra la coyuntura decisiva de la historia española en el siglo 20.[2]

La reconciliación imprescindible para reconstruir un país devastado por la guerra civil fue rechazada por los vencedores. La sustituyó una durísima represión de posguerra, que ahondó aún más las divisiones de la guerra. Una represión sin piedad, que se cifra en decenas de miles de ejecuciones, de encarcelamientos durante años, de depuraciones, de exilio exterior o de ostracismo interior, una represión, que no dejó lugar a dudas que la guerra civil había sido una guerra social. Josep Benet ha afirmado que de los muchos crímenes cometidos por Franco, el mayor fue su comportamiento al finalizar la guerra.[3]

Los cautos intentos de abrir, en las décadas siguientes, el régimen franquista a los vencidos, realizados por los que progresivamente comprendieron que la reconciliación sólo podía ser efectiva en el marco de un pluralismo que les reconociera el derecho a su identidad, tropezaron con la monolítica negativa constante, rotunda y visceral del régimen, cada vez menos respaldado por la sociedad, ni siquiera por la Iglesia que se apartó cada vez más del Estado y en 1971 pidió públicamente perdón "porque no supimos a su tiempo ser verdaderos ministros de reconciliación en el seno de nuestro pueblo dividido".

En el siglo 20 español, la *damnatio historiae* formó parte de los intentos sistemáticos del régimen franquista de eliminar todo tipo de memoria histórica que no se dejaba encuadrar en la tradición del *Alzamiento Nacional* del 18 de julio 1936: físicamente, asesinando a los líderes del lado republicano; políticamente, repartiendo el poder sin compromisos entre los vencedores; intelectualmente por medio de censura y prohibiciones; propagandísticamente con indoctrinaciones unilaterales; culturalmente, eliminando los símbolos de aquella aparente "Anti-Espana" que había sido obligada a capitular incondicionalmente después de una larga guerra de casi tres años de duración.

A la destrucción de la memoria de aquella España vencida, pronto vendría a sumarse la necesidad de tener que borrar de la memoria de los hombres las huellas de los propios crímenes. El régimen de Franco habrá sido, como se ha afirmado, tradicionalista; pero se trataba de un tradicionalismo percibido de una forma extremadamente selectiva y unilateral, que echaba al olvido tanto como conservaba. La selección de lo que había que eliminar de la memoria colectiva era un proceso de selección negativa dirigido desde el centro del poder. La consolidación del poder de los vencedores iba pareja a la necesidad de olvidar por parte de los vencidos.

El régimen de Franco nunca ha estado legitimado democráticamente. El recuerdo de la lucha por la libertad, llevada a cabo entre 1936 y 1939 con una crueldad

---

[2] ARÓSTEGUI. Los componentes sociales y políticos, p. 45-122.
[3] BENET. Las libertades secuestradas, p. 113.

desconocida, podría haber surtido consecuencias desestabilizadoras. Para la ciencia histórica, amordazada políticamente durante mucho tiempo, esto supuso la necesidad de practicar la historiografía no como una ciencia crítica, sino como legitimación del régimen vencedor. La guerra civil había de ser presentada como "cruzada" nacional y antibolchevique y como "guerra de liberación nacional". Durante décadas, libros críticos con el régimen sólo podían ser publicados y vendidos en el extranjero.

En lo que sigue, se analizará la memoria de la guerra civil y del franquismo represor desde la guerra misma hasta la actualidad. El estudio se subdivide en varios apartados. En el primero, titulado "la memoria impuesta durante el franquismo", se estudiará cómo el pasado, durante la dictadura en muchos sentidos sirvió para legitimar el sistema político vigente. En el segundo se hablará, bajo el rubro "la memoria histórica en la transición y la democracia", sobre las políticas de la memoria en los años setenta a noventa del siglo 20. Y en el tercero, que lleva el enunciado "la recuperación de la memoria colectiva", se discutirá la ofensiva de la memoria perceptible en España desde finales del siglo 20, que aparentemente parte de un boom y de una coyuntura política específicas que se ocupan, primordialmente, de las victimas en el bando republicano.

LA MEMORIA IMPUESTA DURANTE EL FRANQUISMO

Los franquistas practicaron una política de la memoria desde el primer día de la guerra civil. Inmediatamente, se adueñaron del espacio público, eliminaron símbolos democráticos, cambiaron los nombres de calles y plazas, organizaron festividades y manifestaciones. Se esforzaron por legitimar su dominio con una política simbólica y por estabilizar el régimen. Trataron de eliminar, por medio de una *damnatio historiae*, todo tipo de recuerdo histórico, que no se dejaba encuadrar en la tradición del alzamiento del 18 de julio. La selección de lo que había que borrar de la memoria colectiva fue un proceso de selección negativa, dirigido desde el centro del poder.

Las políticas de la memoria abarcaban tiempo y espacio. En cuanto al tiempo, el bando nacional incluso instituyó un nuevo calendario: 1936 fue el *Primer Año Triunfal*, 1939 el *Año de la Victoria*. Por lo demás, se hacía ampliamente uso de la historia, ante todo de la época imperial de los Reyes Católicos, de Carlos V y de Felipe II. En cuanto al espacio, los nuevos detentadores del poder tomaron simbólicamente posesión de la topografía, cambiando los nombres de lugares, plazas y edificios, dándoles asociaciones histórico-políticas nuevas. La Seo de la Virgen del Pilar, en Zaragoza, ahora se llamaba "Santuario de la Raza". Las calles principales de ciudades y pueblos fueron re-denominadas en "Avenida del Generalísimo" o "Avenida de José Antonio Primo de Rivera". En la ritualización de la memoria política, la Iglesia durante muchos años jugó un papel importante.[4]

El culto mortuorio fue un importante aspecto simbólico de la política de la memoria. El Ministerio del Interior bajo Ramón Serrano Suñer hizo trabajar toda una maquinaria propagandística que escenificaba en los primeros años del régimen un culto a los caídos,

---

[4] Cf. CALVO. Los Lugares de Memoria de la guerra civil en un centro de poder: Salamanca, 1936-1939, p. 487-549.

de cuyo ritual formaban parte exhumaciones de cadáveres, cambio de nombres de lugares y calles, procesiones e inscripciones en paredes o beatificaciones. Ante todo, se celebraba el culto mortuorio de José Antonio Primo de Rivera, el *Ausente*. El 20 de noviembre, día de la muerte de José Antonio, fue declarado "Día de Luto Nacional"[5] En las paredes de las iglesias, debían escribirse los nombres "de los caídos por Dios y por España en la presente Cruzada", añadiendo siempre: ¡Presentes!

Estos ejemplos de políticas de la memoria servían a una única finalidad: legitimar al propio régimen, fundamentarlo como una consecuencia cuasi lógica del desarrollo en la tradición de la gloriosa historia española, y al mismo tiempo destruir el recuerdo del lado opuesto (los liberales y demócratas, los socialistas y comunistas, los masones y judíos).

A falta de una legitimidad democrática, dictadores necesitan una legitimación alternativa. Exaltación de la persona del dictador en estatuas y monumentos, es un método frecuente para obtener cierto tipo de legitimidad. A principios de octubre de 1936, Franco tenía todo el poder en el bando nacional. Para asegurar y fortalecer su dominio, hizo distribuir masivamente su imagen, en fotos y carteles. La cara del dictador sólo debía ser reproducida de manera idealizada. La distribución multitudinaria de estas imágenes contribuyó decisivamente a que el dominio de Franco cobrara una nota carismática. La presencia mediática de Franco casi fue monopólica.[6]

A las reproducciones vinieron a sumarse las estatuas de Franco como parte de la iconografía de dominación del régimen. Las estatuas franquistas pueden dividirse en tres grupos que se corresponden con tres fases del régimen.[7] La primera fase abarca los años 1936-1959. La mayor parte de las estatuas de esta fase es de los años cuarenta y servía para legitimar el poder de Franco y perpetuar el recuerdo de la victoria en la guerra civil. La segunda fase corresponde a los años sesenta; las estatuas de esta fase eran una honra personal de Franco como creador de la nueva y moderna España. La tercera fase abarca los últimos años de la dictadura. En este tiempo, volvieron a colocarse muchas estatuas de Franco, que querían fundamentar el recuerdo histórico del sistema autoritario.

Las estatuas ecuestres de Franco son "arte político" por excelencia. Un análisis estilístico-iconográfico pone de manifiesto que el "arte franquista" en el espacio público tenía una clara aversión contra el vanguardismo en todas sus formas. El artista no gozaba de autonomía. Una obra de arte debía evocar los valores que coincidían con la iconografía tradicional, aristocrática y militar del caballero. La pretensión artística siempre debía subordinarse a la función pública.[8] Dominaba el monumentalismo de las estatuas. Con esta iconografía, el régimen quería traspasar determinados contenidos semánticos: el sueño imperial según el modelo del Imperio Romano o del Reino de los Reyes Católicos.

---

[5] Sobre la mitologización de José Antonio Primo de Rivera, cf. GIBSON. *En busca de José Antonio*.

[6] Cf. HERNÁNDEZ. Arte e ideología en el franquismo (1936-1951); HERNÁNDEZ. La construcción de un mito. La imagen de Franco en las artes plásticas en el primer franquismo (1936-1945), p. 47-75

[7] Cf. SANZ. Las estatuas de Franco y la memoria histórica del franquismo.

[8] CIRICI. *La estética del franquismo*.

Indudablemente, consideraciones estéticas fueron de gran importancia en el primer franquismo. La seducción visual debía ocupar el imaginario del contemplador; ideología y valores eran expresados por medio de edificios e imágenes. Si bien se puede desprender esta intención de los vencedores de las obras arquitectónicas de aquellos años, falta por otro lado una "teoría" del arte y de la arquitectura franquista. Incluso habría que preguntar si de verdad existió algo así como una "arquitectura franquista". Por lo menos, resulta muy difícil definir una "estética del franquismo". El período tan prolongado del franquismo obliga a periodizarlo y a resaltar los procesos de cambio.

En el primer franquismo, las concepciones estéticas en el bando de los nacionales estuvieron determinadas por dos corrientes básicas: un fundamento nacional-católico y el fascismo falangista. Edificios públicos se caracterizaron en esta fase por su monumentalismo, la adaptación de la arquitectura del Tercer Reich era evidente. Los conceptos básicos del nuevo sistema eran unidad, orden y jerarquía. La visualización de estos conceptos llevó a una arquitectura de formas piramidales, con un eje dominante y tamaños monumentales. Se hacía notar la influencia del teórico del arte Ernesto Giménez Caballero, para quien el Escorial era la obra perfecta, la materialización del Estado.

Otra de las concepciones básicas de la época era la idea de Imperio. Lo imperial se refería al imperio de los Reyes Católicos y a la expansión colonial en el siglo 15 y 16, expresado en el concepto ideológico de la "Hispanidad". Estas ideas condicionaban las formas artísticas del franquismo que debían establecer una relación con la gloriosa época de la historia en la que en el Imperio español "no se ponía el sol".

La "Dirección General de Arquitectura", instaurada ya en 1939, debía velar por que las obras arquitectónicas fueran expresión de la fuerza y de la visión del Estado; el criterio arquitectónico debía ser nacional-sindical. Según las ideas del arquitecto-jefe del primer franquismo, Pedro Muguruza, las obras arquitectónicas debían expresar la voluntad del dictador y la fuerza creadora de un Ente superior, debían atenerse a un orden y a normas; la arquitectura tenía una función de educación social.

Madrid debía convertirse en la capital digna de un gran imperio. En más de un sentido se hizo uso de los modelos de Albert Speer, el arquitecto de Hitler, que se dieron a conocer en España a través de la exposición arquitectónica de 1942. Uno de los edificios madrileños más llamativos de esta época es el Ministerio del Aire, en el barrio de La Moncloa, edificado por Luis Gutiérrez Soto entre 1943 y 1957. Su aspecto recuerda al Escorial, lo que no estaba previsto así en un principio pues debía asimilarse más a la "Casa del Arte Alemán" de Munich. Pero tras el ocaso del Tercer Reich, resultó prudente y conveniente cambiar los planes arquitectónicos y hacer uso otra vez de tradiciones hispano-católicas.

De todos los medios, a través de los que se comunicaba la ideología franquista a la población, el NO-DO fue probablemente el más importante. Instituido en 1942, el NO-DO obtuvo el monopolio para retransmitir noticias en los salones de cine, antes de que empezara la película. A través del NO-DO, el gobierno podía ejercer un control completo sobre el noticiero. Al mismo tiempo, era un excelente medio propagandístico y de socialización política.

Al comienzo del NO-DO, siempre se mostraba al Nuevo Estado franquista como sucesor legítimo de la época imperial, enseñando el nuevo escudo con el águila imperial, el yugo y las flechas de los Reyes Católicos, y el lema: Una, Grande, Libre. En esta visión, la guerra civil –interpretada como "Cruzada"– obtenía la misma importancia para la unidad política y religiosa que al comienzo de la Edad Moderna el reinado de los Reyes Católicos.[9]

En la construcción de la imagen que el público podía hacerse de Franco como líder militar, político y civil, el NO-DO jugaba un papel determinante. Se concentraba en mostrar a Franco como Caudillo, como jefe militar. Era el protagonista de un relato cuasi-épico, cuyo contenido eran las grandes hazañas y victorias en una guerra en la que sus cualidades militares llevaban a España a la liberación.

El momento esencial de los reportajes era Franco, presentado como el español ideal a quien todos debían imitar en el desempeño de sus obligaciones. El Estado Nuevo se regía por un orden jerárquico, y NO-DO era el cronista de este orden. Por lo tanto, se puede caracterizar al noticiero en primer lugar como un vehículo ideológico del régimen. NO-DO no se limitaba a los aspectos informativos de los sucesos. En el anual Desfile de la Victoria, p. ej., NO-DO resaltaba detalladamente el componente ceremonial del desfile. El comentario se refería al origen y a la importancia política del evento, naturalmente desde la perspectiva del régimen, denominándolo "anuario del triunfo de España sobre el comunismo internacional", sugiriendo que la victoria de 1939 no había sido el resultado de una guerra civil, sino que había salvado a España de la "ocupación soviética".[10]

A lo largo de las décadas varió la intensidad de la propaganda. Desde la segunda mitad de los años cincuenta, se enseñaban cada vez más ejemplos de desarrollo económico y de dinamismo industrial. La ideología del desarrollismo dominó en los años sesenta. Ahora, NO-DO enseñaba la inauguración de pantanos, nuevos sistemas de irrigación o la repoblación forestal. El dinamismo y progreso eran asociados con el exitoso gobierno de Franco, él era el verdadero generador del desarrollo dinámico. Por eso, poco a poco desaparecía la imagen del general bélico, para ser reemplazada por la de un dirigente civil de un Estado próspero. La «privatización» de la imagen de Franco resaltaba, al mismo tiempo, el carácter pacífico y civil del régimen, haciendo desaparecer su origen bélico.[11]

"LUGARES DE LA MEMORIA" DEL FRANQUISMO

Hace unos años, la historiografía dio un viraje hacia una visión historiográfica que contempla los aspectos simbólicos del acontecer político o social, para la que el pasado no es una "objetividad" fáctica, sino que debe ser construida siempre de nuevo. Fue Pierre Nora el que acuñó el término "lugares de la memoria". Interpretaciones históricas resultan de una conjugación de la memoria personal y de la memoria colectiva. Y cada generación se crea las memorias que necesita para formar su identidad. Cada imagen del pasado tiene una relación con el presente. Esta afirmación es válida también

---

[9] Cf. FERNÁNDEZ. *Memoria y olvido de la Guerra Civil Española.*

[10] TRANCHE; SÁNCHEZ-BIOSCA. *NO-DO. El tiempo y la memoria*, p.134

[11] BENET. *Franco, NO-DO y las conquistas del trabajo*, p. 31-51.

y ante todo para la España franquista. Cada detalle de la memoria nacional construida – o, en el caso del franquismo es más correcto decir: impuesta – durante el franquismo puede ser un "lugar de la memoria" en el sentido de Nora. Lugares de la memoria pueden tener formas bien diversas: manifestaciones y desfiles, fechas conmemorativas, monumentos y placas, museos y obeliscos, libros y monedas. En lo que sigue se presentarán algunos "lugares de la memoria" franquistas.

La defensa del Alcázar de Toledo fue, durante el franquismo, uno de los puntos angulares de la identidad militar y el símbolo más emblemático de la guerra civil. En esa Academia Militar, Franco y muchos otros militares habían recibido su formación; el lugar representaba las cualidades militares por excelencia. Según el mito franquista, los valientes defensores del Alcázar se opusieron por más de dos meses a un enemigo superior, hasta que finalmente a finales de septiembre de 1936 Franco logró liberar el Alcázar. Un elemento central del mito es la supuesta conversación telefónica entre el coronel José Moscardó, el heróico defensor del Alcázar, con su hijo Luis que estaba en manos de las tropas republicanas que asediaban el Alcázar y que fue fusilado al negarse su padre a entregar la fortaleza.[12]

El lado franquista logró propagar su versión mitificada de la defensa del Alcázar. Hoy se sabe que muchos aspectos de esta versión no se corresponden con la realidad: no se puede hablar de un asedio sistemático del Alcázar; la supuesta conversación telefónica entre Moscardó y su hijo muy probablemente no fue como la propagaron los franquistas; éste no fue fusilado como represalia por no rendirse el Alcázar, sino un mes después de la conversación telefónica, junto con otros prisioneros, como represalia por un bombardeo franquista sobre Toledo.[13]

El asedio y la defensa del Alcázar ofrecían muchos elementos que podían encuadrarse perfectamente en la mitología nacional-conservadora. Por un lado, se podía asociar la imagen de los heróicos y creyentes defensores con catacombas cristianas y la defensa de Numancia contra los romanos. Por otro lado, se podía instrumentalizar perfectamente la figura de Moscardó para el bando franquista. Además, la supuesta conversación telefónica contenía los elementos necesarios para ser usada como símbolo del sacrificio que se convertiría en uno de los mitos fundacionales del régimen franquista en la tradición medieval de Guzmán "el Bueno". El servicio a la patria, ésa era la lección, era más importante que la vida de un hijo.[14]

El lugar de memoria más importante del franquismo es el Valle de los Caídos, situado en las inmediaciones del Escorial en la Sierra de Guadarrama. En su monumentalidad, representa la ideología fundacional del régimen franquista. En primer lugar, es un monumento de la victoria y un símbolo del sistema triunfal en la guerra civil. Franco mismo eligió el lugar donde iba a erigirse el monumento de los caídos y de

[12] Cf. LOSADA: Los mitos militares en España: la historia al servicio del poder.

[13] BANDE. Los asedios. Una versión diferente presenta: HERREROS. Mitología de la Cruzada de Franco. El Alcázar de Toledo. Cf. también PICHLER. Der Alcázar von Toledo – die Schaffung eines Mythos, p. 161-176.

[14] Sobre la imagen del Alcázar en la mitología franquista, cf. SÁNCHEZ-BIOSCA. La imagen del Alcázar en la mitología franquista.

la victoria. El monumento fue concebido como símbolo de la nueva unidad de la España nacional. La cercanía con el Escorial debía subrayar por un lado la estrecha conexión entre Estado e Iglesia, por otro la tradición imperial y contrarreformadora.[15]

La construcción del monumento fue supervisada en todos los detalles por Franco mismo. Arte y arquitectura eran usados como instrumentos de dominación. Monumentalismo e historicismo eran las tendencias arquitectónicas de la época, y a ellas se atuvo el primer arquitecto del Monumento Nacional, Pedro Muguruza. Para paliar la falta de mano de obra, se recurrió a prisioneros de guerra, que según la idea del jesuita José A. Pérez del Pulgar podrían "redimir" sus penas en la construcción del monumento. Además, el trabajo en las obras del Valle podía ser interpretado como una especie de reeducación: los enemigos de antaño colaboraban en la construcción del monumento más importante de la "Nueva España", contribuyendo así simbólicamente y de hecho a la construcción de una España cuyos valores básicos habían combatido en la guerra.[16]

El Valle de los Caídos tiene un carácter sepulcral. Pero el recuerdo a los muertos fue ensalzado míticamente, haciendo de los héroes del "Movimiento" ejemplos de una causa: futuras generaciones debían ser fortalecidas en la convicción de lo correcto. Se ponía de manifiesto la razón de la muerte de los caídos como sacrificio por el pueblo español. La mayor virtud del individuo era, pues, la disposición a sacrificarse por su pueblo y su patria.[17]

La memoria histórica en la transición y la democracia

Historiadores y publicistas siempre han resaltado que sólo en un estado democrático, sin trabas intelectuales ni censura política, se podría llegar a una interpretación crítica de la guerra civil o de los primeros años negros del franquismo. En la transición de la dictadura a la democracia se abrieron, después de 1975, algunos archivos; los libros sobre la guerra civil tuvieron un tremendo auge. Entre los historiadores se hablaba de la "recuperación de la historia". Por ésta se entendía tanto el estudio del pasado reciente y su integración en la memoria colectiva como parte insoslayable de la identidad histórica como el enlace con anteriores tradiciones historiográficas y políticas, interrumpidas por la larga época de la dictadura franquista.

El enorme interés, después de 1975, por publicaciones históricas, politológicas y sociológicas y, concretamente, sobre la guerra civil, era expresión de un extendido deseo de obtener más información. Era de esperar, pues, que el 50 aniversario del comienzo (1986) y del final de la guerra (1989) sería motivo de múltiples actividades para satisfacer el interés de los ciudadanos.

---

[15] Sobre la política arquitectónica de la postguerra, cf. VIGIL. *Política del Nuevo Estado sobre el patrimonio cultural y la educación durante la Guerra Civil Española*; EQUIPO RESEÑA. *La cultura española durante el franquismo.*

[16] LAFUENTE. *Esclavos por la patria.* La explotación de los presos bajo el franquismo.

[17] La obra fundamental sobre el Valle de los Caídos sigue siendo SUEIRO. *El Valle de los Caídos.* Los secretos de la cripta franquista. Cf. también la obra del arquitecto del Valle, MÉNDEZ. *El Valle de los Caídos.* Idea, proyecto y construcción.

Pero comparado con la enorme importancia que esta guerra tiene para la España de hoy, los actos eran más bien limitados. Además, la mayoría de las conmemoraciones formaba parte del dominio más bien "distanciado" de los historiadores. Todos los responsables política y científicamente estaban de acuerdo en un aspecto: Las conmemoraciones debían ser desprovistas de sus antiguas funciones propagandísticas, y debían revestir un carácter estrictamente científico.

La España "oficial" apenas se dejaba oir. En junio de 1986, pocas semanas antes de la fecha exacta del cincuentenario, iban a tener lugar elecciones parlamentarias, y el PSOE tenía que luchar por conservar su mayoría absoluta. En esta situación, políticamente un tanto delicada, los electores del centro y de la derecha moderada no debían ser asustados llamando la atención, públicamente y a través de medios comunicativos de masa, sobre la división de la sociedad española en los años treinta. Por aquel entonces, el Partido Socialista había formado parte del espectro izquierdista de la vida política del país. Además no se podría haber impedido un debate público en el que también se habría discutido la co-responsabilidad del más importante partido obrero en el ocaso de la democracia. (Por cierto: El silencio oficial también se apoderó de los políticos conservadores de la opositora Alianza Popular.)

La única declaración del Palacio de La Moncloa – que Felipe González hizo como Presidente de Gobierno de todos los españoles, y no como secretario general del PSOE – decía que "la guerra civil no es un acontecimiento conmemorable, por más que para quienes la vivieron y sufrieron constituyera un episodio determinante en su propia trayectoria biográfica". Añadía que era "definitivamente historia, parte de la memoria de los españoles y de su experiencia colectiva". El comunicado agregaba: "Pero no tiene ya – ni debe tenerla – presencia viva en la realidad de un país cuya conciencia moral última se basa en los principios de la libertad y de la tolerancia."[18]

Indudablemente, tales afirmaciones deben verse en relación con la construcción de la democracia después de 1975 y con la palabra clave de la transición: *consenso*. La experiencia traumática de la guerra civil, de violencia brutal y de división social ha sido, implícitamente, el trasfondo de muchas posturas y medidas en la fase de la transición: De la aceptación de la Monarquía por parte de socialistas, de las posturas moderadas de los comunistas, de la colaboración de todas las fuerzas políticas en la elaboración de la nueva Constitución. La nueva democracia no debía edificarse por una parte de la sociedad contra la voluntad de otra, sino participando todos los campos políticos en esta labor. Pero condición previa era la reconciliación de los antiguos bandos enemigos. No se debían saldar viejas cuentas aún no resueltas, sino las enemistades y luchas del pasado debían acabar definitivamente.

Este deseo de reconciliación y el miedo de volver a abrir viejas heridas habrá llevado a los socialistas a no conmemorar oficialmente el cincuentenario de la guerra civil, incluso a reprimirlo, y a mostrar políticamente comprensión por el "otro" lado de antaño. El comunicado de La Moncloa continuaba que el Gobierno quería "honrar y enaltecer la memoria de todos los que, en todo tiempo, contribuyeron con su esfuerzo, y muchos

---

[18] "Una guerra civil no es un acontecimiento comemorable", afirma el Gobierno. In: EL PAÍS, p. 17, 19 jul. 1986.

de ellos con su vida, a la defensa de la libertad y de la democracia en España", y que recordaba "con respeto a quienes, desde posiciones distintas a las de la España democrática, lucharon por una sociedad diferente, a la que también muchos sacrificaron su propia existencia". El Gobierno manifestaba su esperanza de que "nunca más, por ninguna razón, por ninguna causa, vuelva el espectro de la guerra y del odio a recorrer nuestro país, a ensombrecer nuestra conciencia y a destruir nuestra libertad. Por todo ello el Gobierno expresa también su deseo de que el 50 aniversario de la guerra civil selle definitivamente la reconciliación de los españoles".[19]

De alguna manera, vencedores y vencidos han conservado sus papeles. Los socialistas en el Gobierno de 1982 a 1996 recurrieron al peso heredado del miedo como consecuencia de la guerra, para asegurar su cautela política, para no realizar ningún cambio radical que posiblemente hubiera podido poner en peligro la estabilidad del sistema. La estabilidad política lograda en España tenía su precio político y moral. La paz sociopolítica debía ser pagada. La supervivencia del sistema simbólico franquista recuerda que la reforma política partía de un pacto elaborado en las instituciones autoritarias, y que finalmente condujo a la transición. De acuerdo con este carácter transitorio, las Fuerzas Armadas pasaron sin ningún tipo de purga desde la dictadura al postfranquismo.

El hecho de que no hubo una clara ruptura democrática con la dictadura franquista ha arrojado una sombra sobre aquellas áreas del pasado que son llamadas "lugares de la memoria". La transición fue una especie de "pacto de honor" por el cual se realizó la compensación de los franquistas por desalojar el poder no haciendo uso político en los años después de 1975 del pasado, de la guerra civil y la represión franquista. Esto no sólo es válido para los gobiernos conservadores entre 1977 y 1982; no es menos válido para el PSOE: Con su renuncia a la historia, la socialdemocracia española perpetuó la pérdida de la memoria a la que fue obligada la población española en la dictadura. En ambos casos, la marginalización y la represión de la historia sirvieron para estabilizar las estructuras de poder vigentes.

Alberto Reig Tapia, en su estudio sobre ideología e historia, ha llamado la atención sobre el hecho que la "manipulación" propagandística en torno a la guerra civil, no desapareció con la muerte del general Franco y el fin de su régimen.[20] El largo tiempo transcurrido bajo la dominación franquista y la poderosa influencia que la propaganda de su régimen ejerció a lo largo de 40 años determinaron que haya "cristalizado" en amplias capas de la población española una visión parcial y deformada de la guerra y del terror.

Aparte de las reflexiones presentadas hasta ahora, otra causa importante para la "eliminación" oficial de la guerra civil radicó en el consenso ideológico que parece primar desde hace años en la mayoría de la sociedad española, y que puede ser calificado con los conceptos de modernización y europeización.[21] El trasfondo de esta fe en el progreso, del consumismo extrovertido y de una euro-euforia sin precedentes fue, en

---

[19] "Una guerra civil no es un acontecimiento comemorable", afirma el Gobierno. In: EL PAIS, p. 17, 1986.

[20] TAPIA. *Ideología e historia*. (Sobre la represión franquista y la guerra civil), p. 17.

[21] KÖHLER. Der traumatische Bürgerkrieg, p. 26-29; véase también BERNECKER. Spanien und Europa seit dem Bürgerkrieg, p. 21-31.

los años de la transición, un complejo de inferioridad, justamente con respecto a este progreso y a esta Europa, de la que el régimen franquista primero se había distanciado (con el lema: *España es diferente*) y de la que más tarde fue marginado y excluído par motivos políticos. Filósofos, escritores y políticos se han planteado y replanteado la pregunta del por qué del "atraso" de España. En este debate, la guerra civil es el evento histórico por el que se ponía más claramente de manifiesto el atraso de España, era el punto final en toda una serie de intentos malogrados de modernización.

La consecuencia de la guerra civil, la instalación del régimen franquista, llevó después de 1945 a la exclusión de España de la comunidad de naciones y al boicot económico. Inferioridad, aislamiento y división entre vencedores y vencidos: Estos fenómenos se asocian en España con la guerra civil y sus secuelas. La apertura del país hacia la democracia, hacia el progreso y hacia Europa fue un distanciamiento consciente de este pasado no deseado.

Sobre la guerra civil, y más aún sobre los primeros años del franquismo, se tendió en los discursos políticos una capa de silencio, posiblemente porque la generación de la transición no consideró oportuno hablar sobre una época tan conflictiva de su historia. La importancia que desde la esfera estatal se dió al "progreso hizo aparecer disfuncional la evocación de las épocas interpretadas como negativas". En aras de la mentalidad reconciliadora también se sacrificaron aquellos actos conmemorativos que muchos habían esperado del Gobierno en 1986 ó 1989. Más bien, el lema proclamado hacia todos los lados por igual, rezaba: „Nunca más!" La guerra civil se enjuiciaba como „tragedia", como crisis que evocaba el derrumbe de todos los valores de la convivencia humana.

La recuperación de la memoria colectiva

A finales de 1995, el gobierno español concedió a petición del parlamento a todos los miembros de las Brigadas Internacionales que aún vivían la nacionalidad española. Casi sesenta años después del comienzo de la guerra civil, el gobierno de Madrid cumplía una promesa hecha a los interbrigadistas todavía en la guerra (en noviembre de 1938) por el entonces jefe de gobierno Juan Negrín. Durante décadas, la dictadura de Franco había impedido el cumplimiento de esta promesa; y tampoco en los años de la transición los políticos españoles se habían ocupado de aquella promesa. Cuando, en 1995, la *Asociación de Amigos de las Brigadas Internacionales* promovió finalmente la concesión de la nacionalidad, todos los partidos del parlamento estaban dispuestos a cumplir con esta petición. En la exposición de motivos de la ley se dice que casi sesenta años después de comenzada la guerra civil y veinte tras el comienzo de la transición, había pasado suficiente tiempo para que todos los españoles amantes de la democracia y la libertad pudieran contemplar serenamente aquella parte de su pasado que durante cuarenta años había significado una herida abierta.[22] El que todas las fuerzas políticas españolas hicieran este reconocimiento histórico a los interbrigadistas, demostró de manera impresionante la voluntad de los españoles de reconciliarse en su interior.

---

[22] Cf. MARDONES. Los brigadistas tienen tres años de plazo para pedir la ciudadanía española. Cf. también MOLINA. La nacionalidad del infortunio.

Con excepción de este gesto hacia los interbrigadistas, el gobierno en muchos casos se comportó de manera muy reservada cuando se trataba de implementar iniciativas concretas de políticas de la memoria. En este comportamiento, críticos ven uno de los mayores déficits de la transición que dañó a la cultura política del país. Otro indicador de la imperfección de la transición es, en esta interpretación, el tratamiento de los familiares de los „desaparecidos" en el bando republicano durante la guerra. Pues mientras que el lado franquista, inmediatamente después de la guerra, pudo identificar a sus muertos y enterrarlos con todos los honores, algo parecido no se ha hecho hasta hoy con el lado republicano. Se estima que unos 30.000 republicanos muertos siguen enterrados en fosas anónimas. Desde hace 25 años, estos familiares han presentado en vano solicitudes a los gobiernos democráticos. No fue sino en el año 2002, después de haber intervenido la Comisión de Derechos Humanos de las Naciones Unidas, que empezó a discutirse seriamente sobre esta cuestión; los primeros muertos republicanos fueron exhumados y enterrados de nuevo en fosas familiares. Y no fue sino a finales de 2002 que el parlamento promulgó una resolución exigiendo del gobierno que apoyara financieramente las acciones de búsqueda y reconociera a las víctimas políticas del franquismo como tales. Pero el gobernante Partido Popular logró impedir que se condenara explícitamente el golpe militar de 1936; además, se decía en la resolución, que el reconocimiento de las víctimas no debía ser usado para volver a abrir viejas heridas. Por lo tanto, no se debía acusar a los golpistas de 1936.

Entretanto, el recuerdo de las muchas víctimas de la guerra civil y la dictadura ha vuelto a la memoria colectiva.[23] Se empezó a discutir si aquel proverbial „pacto de silencio" en el discurso político había existido de verdad, si se había basado en un consenso colectivo o si había sido impuesto por las élites políticas. En contra de las interpretaciones críticas, Santos Juliá afirma que la memoria histórica sólo fue relegada de la política, pero no de la memoria colectiva. El „consenso del silencio" habría seguido a la sabia convicción de excluir la historia del debate político, abriendo al mismo tiempo el camino para un trato equilibrado del pasado por la historiografía.[24]

Además, la cuestión de la represión franquista se adueñó de congresos y publicaciones científicas.[25] Nuevo material de archivo hizo posible descubrir la estremecedora sistemática del aparato estatal de represión que, hasta comienzos de los años cincuenta, es responsable de unos 140.000 muertos, explotando además a centenares de miles de republicanos en más de cien campos de trabajo.[26]

---

[23] Cf. VILARÓS. El mono del desencanto; DOMÍNGUEZ. *Exorcismos de la historia. Políticas y poéticas de la melancolía en la España de la transición*; RESINA. *Disremembering the Dictatorship*. The Politics of Memory in the Spanish Transition to Democracy.

[24] JULIÁ. *Memoria de la transición*, p. 679-682; JULIÁ. Echar al olvido. Memoria y amnestía en la transición, p. 14-24; cf. también, más recientemente, JULIÁ. *Memoria de la guerra y del franquismo*.

[25] Cf. la reseña colectiva de BERNECKER. Entre la historia y la memoria: Segunda República, Guerra Civil Española y primer franquismo, p. 227-238.

[26] Resultados de un congreso realizado en octubre de 2002 en el Museo de Historia de Cataluña en Barcelona. Cf. JULIÁ. *Víctimas de la guerra civil*; ELORDI. *Los años difíciles. El testimonio de los protagonistas anónimos de la guerra civil y la posguerra*; TORRES. *Víctimas de la Victoria*; CASANOVA. *Morir, matar, sobrevivir. La violencia en la dictadura de Franco*; SERRANO; SERRANO. *Toda España era una cárcel*.

Especial atención recibieron los „desaparecidos" de la Guerra Civil, aquellas personas asesinadas más o menos sistemáticamente por los sublevados en las primeras semanas de la guerra. Ya en 1995 – es decir, todavía durante el mandato de los socialistas – el Ministerio de Defensa había firmado un convenio con la fundación alemana „Volksbund", para enterrar dignamente en el cementerio Pankovka los restos mortales de los 4.500 soldados españoles caídos como miembros de la División Azul en la lucha por Leningrado. Como el lado alemán se hacía cargo de la mayor parte del peso financiero, el gobierno español sólo había tenido que invertir, hasta primavera de 2003, unos 130.000 euros; entretanto, han sido exhumados y enterrados de nuevo unos 1.200 cadáveres. En este contexto surgió la reivindicación de tratar a los aproximadamente 30.000 „desaparecidos" republicanos de manera similar. Pero el Partido Popular, que desde el años 2000 gobernaba con mayoría absoluta, resultó ser un fiel guardián del legado franquista, negándose repetidas veces tanto a condenar públicamente el golpe de 1936 como a apoyar financieramente las exhumaciones.[27] Si bien en noviembre de 2002 el parlamento español condenó, por fin, unánimemente la dictadura franquista prometiendo apoyo financiero a los familiares de las víctimas, que querían abrir las fosas anónimas y volver a sepultar a sus familiares muertos por la República en fosas de testigos, el gobierno, poco después, se negó a conceder los medios solicitados.

En vista de la postura gubernamental de rechazo, empezó en otoño del año 2000 una iniciativa local en Priaranza del Bierzo (Castilla-León) con las exhumaciones de cadáveres. El primer proyecto, realizado con ayuda de arqueólogos profesionales, buscaba exhumar a trece „desaparecidos" en la guerra civil. El enorme eco mediático llevó a la fundación de la *Asociación para la Recuperación de la Memoria Histórica* (ARMH) y de plataformas similares con presencia en Internet.[28] La *Asociación* fue fundada por el periodista Emilio Silva que buscaba los restos de su abuelo desaparecido.[29] Desde su fundación, la *Asociación* lucha por aclarar asesinatos políticos y ejecuciones en masa perpetrados por los rebeldes durante la guerra civil contra los defensores de la República. Pero debido al gran número de muertos no identificados, la *Asociación* no dispone de los medios necesarios para las exhumaciones.

Los diferentes esfuerzos por recuperar un pasado „prohibido" o relegado significan un paso hacia la „normalización" de la conciencia histórica, es decir hacia el acercamiento de las disparidades existentes todavía en la memoria colectiva. Con un retraso de unos 60-70 años se vislumbra una „superación" pública con respecto al trauma más grave de la reciente historia española; para las generaciones afectadas directamente, esta „superación" en la mayoría de los casos llega tarde.

---

[27] En febrero de 2002, p. ej., el Partido Popular rechazó un proyecto de ley de todos los demás grupos parlamentarios que preveía rehabilitar las víctimas del franquismo y compensarlas económicamente. Cuando Izquierda Unida presentó, en octubre de 2002, un proyecto para reconocer a los „esclavos del franquismo" como tales, el Partido Popular votó a favor de la proposición no de ley, pero volvió a rechazar todo tipo de compensación económica. Cf. EUROPA PRESS, 19-02-2002; *EL País*, 25 out. 2002. ("El Congreso aprueba honrar a los ‚esclavos' de la dictadura franquista").

[28] Cf. las páginas de la ARMH: <http://www.geocities.com/priaranza 36/>. y de la asociación *despage*: <http://www.nodo50.org/despage/>.

[29] Cf. SILVA. *Las fosas de Franco*. Crónica de un desagravio.

La enmienda aprobada en la Comisión Constitucional del Congreso de los Diputados el 20 de noviembre de 2002, en la que se condenaba el golpe de Estado del 18 de julio de 1936 (sin citarlo explícitamente) contra la legalidad republicana, perseguía la finalidad de "mantener el espíritu de concordia y de reconciliación" de la Constitución de 1978. Distintos parlamentarios insistieron en la interpretación que con esta decisión se enterraban definitivamente las "dos Españas" (Antonio Machado) y se abría el camino a los deseos de "paz, piedad y perdón" (Manuel Azaña).[30] No obstante, publicaciones recientes llegan a unas conclusiones muy críticas:

> En teoría, la iniciativa de los parlamentarios se reduce a recoger de manera más que limitada, parca y tardía las aspiraciones de una buena parte de la sociedad española hastiada de olvidos, de reconciliación sin memoria y de amnistías que supusieron borrón y cuenta nueva, sin atender a razones de justicia ni de reparaciones morales.[31]

Con el „des-cubrimiento" de los crímenes, cometidos desde el comienzo de la guerra civil en nombre del Estado franquista, empezó ahora una confrontación pública con un pasado que desde la perspectiva de la historiografía ya no albergaba grandes secretos. Pero el público en general se adentraba en un campo que hasta entonces había sido esquivado conscientemente por sus imponderabilidades políticas. Este proceso es de importancia ante todo a nivel individual. Bien es verdad que tampoco ahora se trata de aclarar jurídicamente las violaciones de derechos humanos cometidas a lo largo de la dictadura. Pero según las voces de los familiares que lloran la pérdida no aclarada de un allegado, no se trata de cometer venganza, sino más bien de aclarar los asesinatos y de recibir un gesto simbólico. Para muchos, el reconocimiento público de la injusticia cometida parece ser un gesto suficiente para hacer sus paces con el pasado más reciente.

En el presente, la memoria sigue ganando batallas en la lucha contra el olvido. Recientemente se multiplicaron los signos de que el recuerdo a las víctimas de la guerra civil y la dictadura era recuperado por la opinión pública. En otoño de 2002 fue inaugurada una exposición dedicada al destino de los exiliados republicanos que, a causa de la gran afluencia de público, tuvo que ser prolongada.

En cuanto a la relación entre debate público sobre la represión franquista y la historiografía sobre la guerra civil, merece la pena citar la tesis de Santos Juliá quien pone en duda que en España jamás haya existido „un pacto de silencio". Más bien, en el discurso público la memoria siempre había estado presente. Fue la memoria la que dio, como permanente amonestación, el decisivo impulso para negociar en la primera fase de la transición las amnistías y hacer posible aquel olvido que eliminó la guerra civil como argumento de la competencia política. Juliá resalta la prehistoria mental de la transición, cuando las fuerzas moderadas de dentro y fuera del régimen se habían acercado ya mucho antes de la muerte del dictador preparando, en cierta manera, mentalmente el posterior discurso de la reconciliación. El signo más claro de este acercamiento fue la paulatina re-interpretación de la guerra civil que fue vista como una desgracia colectiva de la que ambos lados eran igualmente responsables. Detrás del actual boom de la memoria no se encuentra pues,

---

[30] Cf. GONZÁLEZ. Las sombras de la historia, p. 13.

[31] Cf. GONZÁLEZ. Las sombras de la historia, p. 14.

el rechazo de un „pacto del silencio" (inexistente de todas maneras), sino el final del consenso de la memoria que implicaba una repartición más o menos „igual" de la culpa.[32]

Esta observación puede probarse empíricamente, pues en las publicaciones de los últimos diez años se ha acentuado, más que en la fase precedente, la ilegitimidad del golpe militar de 1936 y la sistemática represión por parte franquista. La represión franquista, tanto en la guerra civil como en la posguerra, se ha convertido en una nueva rama de la historiografía. Por otro lado, también se formó un grupo interpretativo revisionista. Autores como Pio Moa o César Vidal, que achacan a la izquierda prácticamente toda la resposabilidad de la guerra civil, han tenido notable éxito de ventas con sus múltiples publicaciones de extrema derecha.[33] Se puede decir, pues, que la relativa homogeneidad interpretativa de la transición, de nuevo ha dado lugar a una discrepancia interpretativa mucho más acentuada.

Que el pasado represor franquista se haya convertido en los últimos años en un tema tan importante tiene que ver con que el Partido Popular bajo José María Aznar haya formado el gobierno de 1996 a 2004. Desde un principio, los conservadores se comportaron en cuestiones históricas y de política histórica como defensores del legado franquista. Frente a prácticamente todas la iniciativas de la oposición de honrar el recuerdo de los exiliados de la Guerra Civil o de conceder fondos para recompensarlos, el partido en el gobierno reaccionó con un rechazo -supuestamente, porque los textos de las propuestas de ley contenían condenas del golpe militar de 1936. Además, el PP insistía en la idea que la guerra civil era una fase „superada" de la historia española. En su segundo mandato, el gobierno Aznar rechazó más de 25 iniciativas parlamentarias de este tipo. Por otro lado, esta postura gubernamental llevó a actividades de la sociedad civil -generalmente apoyadas por la oposición- como la fundación de la *Asociación para la Recuperación de la Memoria Histórica*.

Hasta finales del gobierno Aznar en marzo de 2004, el ejecutivo obstaculizó casi todo tipo de trabajo de la memoria que podría interpretarse como una condena de los crímenes franquistas. No sería sino el gobierno socialista de José Luis Rodríguez Zapatero, que asumió su función en marzo de 2004 después de los atentados terroristas de Madrid, el que finalmente cambió la política de la memoria.

El nuevo interés suscitado en España por la represión franquista y el debate público sobre estos temas son síntomas de un cambio histórico y epocal. Poco a poco está desapareciendo la imagen de la dictadura que ofreció la maquinaria propagandística del franquismo y que se conservó durante mucho tiempo también en la democracia. Los historiadores tienen la obligación de aportar luz que ayude a desentrañar los episodios trágicos de la guerra civil y de la dictadura franquista; pero la rememoración de estos episodios trágicos no pretende resaltar las divisiones ni azuzar revanchas, sino reafirmar valores supremos como unión, solidaridad, paz y libertad que eviten nuevos conflictos. Los múltiples y serios trabajos de investigación de los últimos años contribuyen a eliminar los fantasmas del pasado y a defender el derecho a la memoria y a la recuperación de la

---

[32] JULIÁ. Echar al olvido. Memoria y amnistía en la transición, p. 14-24.

[33] Cf., de manera ejemplar, MOA. *Los orígenes de la Guerra Civil Española*; MOA. *Los mitos de la Guerra Civil*; MOA. *Los crímenes de la Guerra Civil y otras polémicas*; VIDAL. *Checas de Madrid: las cárceles republicanas al descubierto*.

Historia que posee cualquier sociedad.[34] El trabajo de historia y memoria críticas sobre un pasado dictatorial resulta ser esencial cuando se trata de construir la democracia, cuando el establecimiento de un sistema democrático arraigado es la tarea colectiva de toda una sociedad.[35]

Por lo general, existe un consenso acerca de que el trabajo de la memoria tiene impulsos positivos para la consolidación democrática de una sociedad, ya que crea confianza en las instituciones del estado de derecho. En el caso español, la nueva popularidad de la memoria, tan asiduamente promulgada en los últimos años, ha dificultado las perspectivas con respecto a un consenso de la memoria, a una unánime condena del pasado más reciente. La experiencia de los últimos años enseña que en España, segun parece, un trato crítico de la historia sólo es posible por el precio de una acentuada confrontación política y de la formación de dos campos ideológicos opuestos. ¿Confirma este resultado *a posteriori* la inteligencia política de los responsables de la transición que optaron por no usar la historia como argumento político después de la muerte de Franco?

La mal llamada „Ley de Memoria Histórica", que en realidad se refiere sólo al reconocimiento y la ampliación de los derechos de quienes „padecieron persecución o violencia durante la guerra y la dictadura", anunciada repetidas veces a partir de 2004, finalmente fue aprobada por el Consejo de Ministros en verano de 2006, después de haber sido postergada una y otra vez. El proyecto de ley preveía que el parlamento español debía elegir con una mayoría de tres quintas partes un gremio de expertos, un tribunal de cinco notables, que debía decidir durante un año sobre las solicitudes de ser reconocido como víctima del franquismo y recibir compensación financiera. La rehabilitación moral debía ser decidida, por lo tanto, partiendo de solicitudes individuales. Debido a las mayorías parlamentarias, este tribunal de notables sólo podía crearse con el asentimiento del PP; pero a principios de 2007, el PP dio a entender que rechazaba definitivamente la institución de un gremio así. Eso significó que la parte central del proyecto de ley no tenía ninguna perspectiva de ser promulgada por vía parlamentaria. Además, el proyecto de ley no equivalía a la reivindicación de muchas organizaciones de la sociedad civil, de declarar *in toto* ilegales las sentencias políticas de los tribunales militares y de orden público franquistas. El jefe de gobierno, Rodríguez Zapatero, declaró que el gobierno español no podía anular las sentencias franquistas en su totalidad, ya que semejante acto equivalía a una „ruptura del orden legal" -una interpretación rechazada por renombrados juristas constitucionales. Además, el proyecto de ley preveía ampliar el círculo de las personas con derecho a pensión y compensación por sentencias franquistas. Finalmente, debían alejarse de edificios estatales todos los símbolos que glorificaban unilateralmente uno de los bandos de la guerra civil.

En otoño de 2006 comenzó el debate parlamentario, y pronto se puso de manifiesto que el proyecto de ley no tendría una mayoría parlamentaria en la forma presentada. Los conservadores rechazaron el proyecto en su totalidad, ya que supuestamente volvía

---

[34] VIDAL. *Checas de Madrid*: las cárceles republicanas al descubierto, p. 19. Como crítica de la transición "incompleta", cf. SUBIRATS. *Intransiciones*. Crítica de la cultura española.

[35] Cf. FERNÁNDEZ. Justicia, política y memoria: los legados del franquismo en la transición española, p. 135-194.

a abrir las fosas del pasado. Y los partidos a la izquierda del PSOE y varias organizaciones civiles criticaron el esbozo porque no implicaba todo lo que ellos habían querido conseguir con la ley. Era de prever que el proyecto tendría que ser modificado, si los socialistas querían impedir un fracaso en el parlamento.

Finalmente, en primavera de 2007, la negociación entre los portavoces del PSOE y de Izquierda Unida sacó de su parálisis parlamentaria a la ley. El acuerdo entre los dos partidos declaraba la ilegitimidad de los tribunales y de sus sentencias, dictadas en la guerra civil y durante la dictadura por motivos ideológicos o políticos. Según el gobierno, la nulidad de las sentencias por ley quedaba descartada, pues eso correspondía a los tribunales. Pero la declaración de ilegitimidad es tan tajante, que necesariamente será aportada como prueba válida en las reclamaciones de revisión de sentencias que periódicamente llegan al Tribunal Supremo.

Las diferentes interpretaciones dadas a esta imprecisa enmienda confirman las dificultades existentes para armonizar los términos de su dilema: satisfacer las peticiones de los represaliados por el franquismo o mantener los principios de seguridad jurídica, prescripción e irretroactividad restaurados por el ordenamiento constitucional de 1978.[36] La mayoría de los artículos del proyecto de ley se refiere a mejoras de prestaciones, como pensiones, asistencia médica, orfandad, tributación de indemnizaciones y ayudas para localizar e identificar los restos de los fusilados durante y tras la guerra civil. Conviene resaltar en este contexto que en los últimos treinta años ya se han resuelto favorablemente 574.000 expedientes de pensiones e indemnizaciones destinadas a personas que fueron castigadas injustamente por auxiliar a la República y por oponerse a la dictadura, con un valor de más de 16.000 millones de euros, salidos del erario público.[37]

Los populares inmediatamente acusaron al Presidente de gobierno de romper los acuerdos de la transición y de promover el revanchismo de los defensores de la legalidad republicana derrotados en la guerra civil, mientras que el portavoz de *Esquerra Republicana de Catalunya* criticaba que el proyecto de ley no alcanzaba „los principios mínimos" exigidos. Por lo menos, la nueva fórmula abre la vía para reclamaciones personales de anulación de sentencias concretas por parte de los afectados.

En septiembre de 2007 todo parecía indicar que la proyectada Ley de Memoria Histórica corría el peligro de naufragar, ya que las pretensiones de Convergencia, de Izquierda Unida, del Partido Nacionalista Vasco y de Esquerra Republicana de Catalunya eran imposibles de aceptar para el Gobierno en las últimas horas de negociación. Esquerra se descolgó finalmente de la ley, porque ésta no anulaba los juicios del franquismo, pero en el último minuto posible el PSOE logró negociar la ley con los demás grupos parlamentarios. En varios puntos el Gobierno tuvo que ceder: ahora se declaran injustas las condenas en la guerra civil y en la dictadura impuestas por razones políticas, ideológicas o de creencia religiosa; en la exposición de motivos se condena expresamente al franquismo; los tribunales constituidos durante la guerra civil son declarados ilegítimos; las leyes de represión franquistas son derogadas; el Estado está obligado a promover la memoria democrática de la lucha contra el franquismo; se facilita fundamentalmente el acceso a los archivos; el Estado se compromete a intervenir adecuadamente en las

---

[36] PRADERA. Justicia retroactiva, p. 12.
[37] GALLEGO-DÍAZ. Sin estrépito de ley, p. 19.

exhumaciones; además, a partir de 2009 los nietos de españoles emigrados o exiliados podrán optar durante dos años a la nacionalidad española; es posible que haya hasta un millón de personas que cumplan los requisitos para poder solicitar la nacionalidad.

El PSOE resaltó que la ley no ofendía a nadie sino que reparaba los daños que sufrieron las víctimas de la guerra civil y de la dictadura. Y se hizo en línea con el espíritu de concordia de la Transición. El Gobierno no quería reabrir heridas o enfrentar a los españoles. Por eso, estaba interesado en que la ley tuviera el máximo consenso y no sólo diera satisfacción a la izquierda. La acertada pretensión del Gobierno de buscar el mayor acuerdo posible para esta norma, de la que sólo se han excluido el PP y Esquerra Republicana, ha provocado, sin embargo, que algunas disposiciones resulten extrañas desde el punto de vista jurídico (como la declaración de ilegalidad sin efectos de los juicios del franquismo o la derogación expresa de los bandos de guerra, como si estas disposiciones siguieran en vigor después de la Constitución de 1978). Algunas soluciones parecen timoratas, como la relativa al Valle de los Caídos).

El PP, en su rechazo a la ley, insistía al contrario en que el texto culminaba el ataque de Zapatero a todo lo que representaba la Transición. Pero en el terreno de lo concreto, el PP finalmente votó a favor de nueve artículos de la ley: los referidos a ayudas concretas a colectivos que aún estaban ayunos de reconocimiento y a la nueva regulación del Valle de los Caídos, que se encargará de rehabilitar la memoria "de todos los caídos en la guerra civil y los que sufrieron represión".

Se trata ante todo de una ley de reparación de una situación de inferioridad en que se encontraron durante décadas los que perdieron la guerra, y con la suficiente sensibilidad para no convertirla en una norma maniquea, ya que su campo de aplicación abarca también a las víctimas franquistas. Pero esta interpretación no la comparten todos, ante todo no la comparte el PP. Más de treinta años después de la muerte de Franco, la memoria histórica se ha convertido, en España, en un campo de batalla cultural y político. Las memorias divididas y enfrentadas se refieren a ese pasado que no quiere pasar y con el que el país tendrá que vivir todavía por bastante tiempo.

Resumo

O artigo descreve e analisa o processo histórico e, como consequência, as "batalhas das memórias" na Espanha. Apresenta a memória da guerra civil – esta ruptura traumática – e do franquismo como uma "memória imposta" pela ditadura para a sua própria legitimação que encontra na arquitetura a sua expressão monumental de uma construção da memória e do poder. Na sequência, observa-se o processo de recuperação da memória desde a transição, que no setor público foi uma "transição do esquecimento", até desembocar no auge no final do século 20. Hoje em dia a memória continua ganhando batalhas na democracia espanhola na sua luta contra o esquecimento.

Palavras-chave

Memória, esquecimento, franquismo

REFERÊNCIAS

ARMH (asociación para la recuperación de la memória histórica). Disponible en: <http://www.geocities.com/priaranza 36/>.

ARÓSTEGUI, Julio. Los componentes sociales y políticos. In: LARA, Manuel Tuñón de et. al. *La Guerra Civil Española*. 50 años después. Barcelona: Labor, 1987. p. 45-122.

BANDE, José Martínez. *Los asedios*. Madrid: San Martín, 1983.

BENET, Josep. Las libertades secuestradas. In: TAMAMES, Ramón (Org.). *La Guerra Civil Española, 50 años después*. Una reflexión moral. Barcelona: Planeta, 1986. p. 113.

BENET, Vicente J. Franco, NO-DO y las conquistas del trabajo. In: ARCHIVOS DE LA FILMOTECA. MATERIALES PARA UNA ICONOGRAFÍA DE FRANCISCO FRANCO. Valencia: Generalitat, v. 2, n. 42/43, p. 31-51, oct. 2002/febr. 2003.

BERNECKER, Walther L. Spanien und Europa seit dem Bürgerkrieg. *Hispanorama*, v. 56, p. 21-31, nov. 1990.

BERNECKER, Walther L. Entre la historia y la memoria: Segunda República, Guerra Civil Española y primer franquismo. Frankfurt: Vervuert; Madrid, *Iberoamericana*, n. 11, p. 227-238. 2003.

CALVO, José I. Madalena. Los lugares de memoria de la guerra civil en un centro de poder: Salamanca, 1936-1939. In: ARÓSTEGUI, Julio (Org.). *Historia y memoria de la guerra civil*. Encuentro de Castilla y León. Valladolid: Junta de Castilla y León, 1988. p. 487-549. v. 2.

CASANOVA, Julián *et al*. (Org.). *Morir, matar, sobrevivir*. La violencia en la dictadura de Franco. Barcelona: Critica, 2002.

CIRICI, Alexandre. *La estética del franquismo*. Barcelona: Gustavo Gili, 1977.

DOMÍNGUEZ, Alberto Medina. *Exorcismos de la historia*. Políticas y poéticas de la melancolía en la España de la transición. Madrid: Libertarias, 2001.

ELORDI, Carlos (Org.). *Los años difíciles*. El testimonio de los protagonistas anónimos de la guerra civil y la posguerra. Madrid: Aguilar, 2002.

EQUIPO Reseña: *La cultura española durante el franquismo*. Bilbao: Mensajero, 1977.

FERNÁNDEZ, Paloma Aguilar. *Memoria y olvido de la Guerra Civil Española*. Madrid: Alianza, 1996.

FERNÁNDEZ, Paloma Aguilar. Justicia, política y memoria: los legados del franquismo en la transición española. In: BRITO, Alexandra Barahona de; FERNÁNDEZ, Paloma Aguilar; ENRÍQUEZ, Carmen González (Org.). *Las políticas hacia el pasado*. Juicios, depuraciones, perdón y olvido en las nuevas democracias. Madrid: Istmo, 2002. p. 135-194.

GALLEGO-DÍAZ, Soledad. Sin estrépito de ley. *El País*, p. 19, 27 abr. 2007.

GIBSON, Ian. *En busca de José Antonio*. Barcelona: Planeta ,1980.

GONZÁLEZ, Arcángel Bedmar (Org.). Las sombras de la historia. In: ____. *Memoria y olvido sobre la guerra civil y la represión franquista*. Lucena: Ayuntamiento, 2003. p. 13.

HERNÁNDEZ, Angel Llorente. *Arte e ideología en el franquismo (1936-1951)*. Madrid: Visor, 1995.

HERNÁNDEZ, Angel Llorente. La construcción de un mito. La imagen de Franco en las artes plásticas en el primer franquismo (1936-1945). In: ARCHIVOS DE LA FILMOTECA. MATERIALES PARA UNA ICONOGRAFÍA DE FRANCISCO FRANCO, v.1, n. 42/43, p. 47-75, oct. 2002/febr. 2003.

HERREROS, Isabelo. *Mitología de la cruzada de Franco*. El Alcázar de Toledo. Madrid: Vosa, 1995.

JULIÁ, Santos. Raíces y legados de la transición. In: JULIÁ, Santos; PRADERA, Javier; PRIETO, Joaquín (Org.). *Memoria de la transición*. Madrid: Taurus, 1996. p. 679-682.

JULIÁ, Santos. Echar al olvido. Memoria y amnestía en la transición. *Claves de Razón Práctica*, n. 129, p. 14-24, 2002.

JULIÁ, Santos (Org.). (1999). *Víctimas de la guerra civil*. Madrid: Temas'de Hoy, 2004.

JULIÁ, Santos (Org.). *Memoria de la guerra y del franquismo*. Madrid: Taurus, 2006.

KÖHLER, Holm-Detlev. Der traumatische Bürgerkrieg. *Kommune*, n. 11, p. 26-29, 1986.

LAFUENTE, Isaías. *Esclavos por la patria*. La explotación de los presos bajo el franquismo. Madrid: Temas de Hoy, 2003.

LOSADA, Juan Carlos. *Los mitos militares en España*: la historia al servicio del poder. Madrid: Biblioteca Nueva, 2005.

MARDONES, I. G. Los brigadistas tienen tres años de plazo para pedir la ciudadanía española. *El País*, 6 mar. 1996. Disponible en: <http://www.elpais.com/articulo/espana>.

MÉNDEZ, Diego. *El Valle de los Caídos*. Idea, proyecto y construcción. Madrid: Fundación Nacional Francisco Franco, 1982.

MOA, Pio. *Los orígenes de la Guerra Civil Española*. Madrid: Encuentro, 1999.

MOA, Pio. *Los mitos de la guerra civil*. Madrid: La Esfera de los Libros, 2004.

MOA, Pio. *Los crímenes de la guerra civil y otras polémicas*. Madrid: La Esfera de los Libros, 2004.

MOLINA, Antonio Muñoz. *La nacionalidad del infortunio*. El País, 29-XI-1995. Disponible en: <http: //www.elpais.com/articulo/cultura/espana/Guerra_Civil_Espanola>.

PASAJES. Revista de pensamiento contemporáneo. Valencia: Publicacions Universitat de Valencia, n. 11, p. 2, 2003

PRADERA, Javier. Justicia retroactiva. *El País*, p. 12, 29 abr. 2007.

PICHLER, Georg. Der Alcázar von Toledo – die Schaffung eines Mythos. In: BANNASCH, Bettina; HOLM, Christiane (Org.). *Erinnern und Erzählen*. Der Spanische Bürgerkrieg in der deutschen und spanischen Literatur und in den Bildmedien. Tübingen: Gunter Narr, 2005. p. 161-176.

RESEÑA, Equipo. *La cultura española durante el franquismo*. Bilbao: 1977.

RESINA, Joan Ramón (Org.). *Disremembering the Dictatorship*. The Politics of Memory in the Spanish Transition to Democracy. Amsterdam: Rodopi, 2000.

SÁNCHEZ-BIOSCA, Vicente (Org.). La imagen del Alcázar en la mitología franquista. In: ARCHIVOS DE LA FILMOTECA. Valencia: Generalitat, 2000. p. 46-156. v. 35.

SANZ, Jesús Andrés. Las estatuas de Franco y la memoria histórica del franquismo. In: BERAMENDI, Justo; BAZ, María Xesus (Org.). *Memoria e identidades*. In: VII CONGRESO DE LA ASOCIACIÓN DE HISTORIA CONTEMPORÁNEA. Santiago de Compostela: Universidad de Santiago, 2004. CD-ROM

SERRANO, Rodolfo; SERRANO, Daniel. *Toda España era una cárcel*. Madrid: Ed. Aguilar, 2002.

SILVA, Emilio. *Las fosas de Franco. Crónica de un desagravio*. Madrid: Temas de Hoy, 2005.

SUBIRATS, Eduardo (Org.). *Intransiciones*. Crítica de la cultura española. Madrid: Biblioteca Nueva, 2002.

SUEIRO, Daniel. *El Valle de los Caídos*. Los secretos de la cripta franquista. Barcelona: Argos Vergara, 1983.

TAPIA, Alberto Reig. *Ideología e historia*. (Sobre la represión franquista y la guerra civil). Madrid: Akal, 1986.

TORRES, Rafael. *Víctimas de la Victoria*. Madrid: Oberon (Grupo Anaya), 2002.

TRANCHE, Rafael R.; SÁNCHEZ-BIOSCA, Vicente. *NO-DO. El tiempo y la memoria*. Madrid: Cátedra, 2001.

VIDAL, César. *Checas de Madrid*: las cárceles republicanas al descubierto. Barcelona: Belacqua/Carroggio, 2003.

VIGIL, Alicia Alted. *Política del Nuevo Estado sobre el patrimonio cultural y la educación durante la Guerra Civil Española*. Madrid: Ministerio de Cultura, 1984.

VILARÓS, Teresa M. *El mono del desencanto*. Madrid: Siglo XXI de España, 1998.

BARCELONA ENTRE RESTOS E SILÊNCIOS
a persistência da desmemória

Elisa Amorim Vieira
UFMG

RESUMO

O objetivo deste artigo é analisar o processo sistemático de apagamento dos vestígios das memórias que se remetem aos movimentos de revolução política e social na Espanha dos anos 1930, particularmente aos acontecimentos que tiveram lugar em Barcelona entre julho de 1936 e maio de 1937. Para observar como tal processo é realizado pelos meios de comunicação espanhóis, em especial pela Televisión Española, contrapomos os relatos do escritor inglês George Orwell, testemunha dos conflitos que cercam a Barcelona revolucionária, à narrativa da série de documentários intitulada *España en Guerra (1936-39)*, produzida pela TVE, em 1986.

PALAVRAS-CHAVE

Barcelona revolucionária, desmemória, documentários

> Muchas cosas han desaparecido, pero cuando alguien quiere que la memoria perdure, la memoria está ahí, no tiene más que preguntar. Tengo 62 años, es la primera vez que hablo, es la primera vez que me preguntan.
>
> Teresa Martín[1]

Nas páginas iniciais de *A memória coletiva*, Maurice Halbwachs afirma que sempre levamos conosco determinadas lembranças e certa quantidade de pessoas que não se confundem.[2] Para demonstrar sua asseveração, comenta uma suposta viagem a Londres e a maneira como diferentes companheiros apresentam-lhe a cidade: um arquiteto chama sua atenção para as edificações; um historiador, para fatos acontecidos em determinada rua; um pintor para matizes, linhas e jogos de luz e sombra espalhados pelos recantos; enquanto um comerciante o levará para as movimentadas ruas do centro, onde se concentra o

---

[1] Teresa Martín foi presa junto com sua mãe na Cárcel de Las Ventas, en Madrid, quando tinha apenas 1 ano de idade. Aos 4 anos foi separada da mãe. Seu testemunho foi registrado em 2002 por Montse Armengou e Ricardo Belis, diretores do documentário *Els nens perduts del franquisme*.

[2] HALBWACHS. *A memória coletiva*, p. 30.

comércio da cidade. Supondo, no entanto, que seu passeio seja solitário, questiona se guardará apenas lembranças individuais do trajeto. Pensa, então, nas palavras de um amigo historiador, nas observações de um pintor ou nos romances de Dickens que lera na infância. Por fim, conclui que apenas em aparência passeara sozinho por Londres.

O viajante estrangeiro que tendo lido *Homage to Catalonia*, de George Orwell, aportasse na Barcelona da década de 1990, antes ou depois das Olimpíadas de 1992, percorreria suas ruas, praças e avenidas em busca de algum vestígio dos relatos do escritor inglês que, em dezembro de 1936, chegara a Barcelona e fascinara-se com a visão da cidade tomada pelos trabalhadores. Tal como Halbwachs, esse estrangeiro não viajava sozinho, trazia consigo as palavras e imagens que o outro forjara na sua experiência da guerra e da revolução. A dificuldade em encontrar os vestígios daquelas imagens prolonga-se até os dias atuais e é preciso utilizar métodos de paleontólogo para reavê-las, seja na estrutura física da cidade, nas palavras dos últimos sobreviventes da guerra civil, em fotografias ou em relatos literários e cinematográficos. Em contraste com a insistência de Orwell em referir-se àquela Barcelona dos primeiros meses da guerra civil, o suposto viajante se depara com um silêncio persistente e tem de concentrar-se na captura e observação dos vestígios de um período historicamente incômodo. Nos setenta e dois anos que nos separam dos acontecimentos presenciados por Orwell, muito se perdeu, porém ainda há vozes como as de Teresa Martín ou imagens recuperadas de arquivos que nos permitem eludir o cerco da desmemória. O objetivo deste artigo, no entanto, não é propriamente a recuperação dos testemunhos silenciados ou das imagens perdidas, mas sim uma tentativa de explicitar mecanismos usados ainda hoje para segregar determinadas memórias coletivas.

Entre o esquecimento imposto e a memória manipulada

A busca dos restos capazes de materializar um momento histórico execrado durante os quarenta anos do regime franquista e evitado ao longo do processo de transição política, assim como no período de consolidação da democracia, se vê hoje quase totalmente circunscrita aos arquivos de instituições públicas ou das remanescentes organizações políticas e sindicais que participaram dos acontecimentos que tiveram lugar na Barcelona de julho de 1936 a maio de 1937. As ações que em várias regiões da Espanha congregavam o povo armado e a revolução social e política – com seu consequente questionamento da propriedade privada no campo e na cidade e novos modelos de gestão pública – encontraram as condições propícias à sua realização na capital da Catalunha. As referências feitas atualmente a esse espaço-tempo são, na maior parte das vezes, minimizadas pelas análises das circunstâncias mais gerais da Guerra Civil Espanhola ou fazem parte de interpretações que tratam os movimentos sociais ocorridos em Barcelona como um dos motivos que teriam desencadeado a guerra, numa equiparação simplificadora com a sublevação da ala mais conservadora do exército espanhol.

A propósito dos usos e abusos da memória e do esquecimento, Paul Ricœur comenta o plano em que a questão da memória atravessa a da identidade a ponto de confundir-se com ela. Aproximando-se a Locke, Ricœur afirma que tudo o que constitui a fragilidade da identidade aparece como ocasião de manipulação da memória, principalmente pela via ideológica. De tal afirmação surge a pergunta: "¿Por qué los abusos de la memoria son de entrada abusos del olvido?"[3] A essa questão, que nos remete diretamente às diversas políticas da memória relacionadas com a Guerra Civil Espanhola, Ricœur responde que os abusos de memória se tornam abusos de esquecimento devido à função mediadora do relato: "Si no podemos acordarnos de todo, tampoco podemos contar todo."[4] O relato pressupõe um processo de seleção e, para o filósofo francês, a ideologização da memória foi possível graças aos recursos de variação oferecidos pelo trabalho de configuração da narrativa. As estratégias de esquecimento estão, portanto, aí inseridas, uma vez que sempre se pode narrar de outro modo, seja suprimindo dados, enfatizando determinados acontecimentos ou redimensionando o lugar ocupado pelos personagens envolvidos.

> Para quien atravesó todas las secciones de configuración y reconfiguración narrativa, desde la constitución de la identidad personal hasta las identidades comunitarias que estructuran nuestros vínculos de pertenencia, el peligro principal, al término del recorrido, está en el manejo de la historia autorizada, impuesta, celebrada, conmemorada - de la historia oficial -. El recurso al relato se convierte así en trampa, cuando poderes superiores toman la dirección de la configuración de esta trama e imponen un relato canónico mediante la intimidación o la seducción, el miedo o el halago. Se utiliza aquí una forma ladina de olvido, que proviene de desposeer a los actores sociales de su poder originario de narrarse a sí mismos. Pero este desposeimiento va acompañado de una complicidad secreta, que hace del olvido un comportamiento semipasivo y semiactivo, como sucede en el olvido de elusión, expresión de mala fe, y su estrategia de evasión y esquivez motivada por la oscura voluntad de no informarse, de no investigar sobre el mal cometido por el entorno del ciudadano, en una palabra, por un querer-no-saber.[5]

Essa advertência acerca do perigo que representa o manuseio da história oficial nos remete à política de apagamento físico e simbólico da memória realizada durante o período franquista. Aí se manifesta de maneira explícita a imposição de um relato canônico por meio da intimidação e do medo. Já os anos da transição, iniciados após a morte do ditador em 1975, consolidarão o "pacto del olvido" como um relato construído de forma sedutora, cuja intenção seria a de salvaguardar a nascente democracia dos efeitos de uma memória incômoda e difícil. Por outro lado, nos últimos dez ou quinze anos, comemora-se na Espanha um verdadeiro "boom de la memoria", que se manifesta pela proliferação de testemunhos da guerra civil e do franquismo,[6] de matérias jornalísticas, obras de ficção que se referem direta ou indiretamente a esses períodos,[7] além de uma importante produção cinematográfica e audiovisual que se detém na

---

[3] RICŒUR. *La memoria, la historia, el olvido*, p. 572.

[4] RICŒUR. *La memoria, la historia, el olvido*, p. 572.

[5] RICŒUR. *La memoria, la historia, el olvido*, p. 572.

[6] No ensaio "El cine como lugar de la memoria en películas, novelas y autobiografías de los años setenta hasta el presente", In: RESINA; WINTER. *Casa encantada*. Lugares de memoria en la España constitucional (1978-2004), p. 157, Jo Labanyi cita especificamente três obras impressas que recolhem testemunhos: ELORDI. *Los años difíciles*: el testimonio de los protagonistas anónimos de la guerra civi y la posguerra; LAFUENTE. *Tiempos de hambre*; REVERTE; THOMÁS. *Hijos de la guerra*: testimonios y recuerdos.

[7] Apenas para citar alguns autores que nos últimos anos publicaram romances, peças teatrais e ensaios em torno à temática da guerra e do franquismo: José Sanchis Sinisterra, Manuel Vázquez Montalbán, Manuel Rivas, Marina Mayoral, Antonio Muñoz Molina, Javier Cercas, Rosa Montero, Dulce Chacón.

reconstrução de determinada memória histórica. Pareceria que, finalmente, o novo relato canônico fizera as pazes com as múltiplas memórias que nos remetem aos trágicos acontecimentos dos anos 1930 e do pós-guerra, não fossem as vozes discordantes de historiadores e críticos culturais como Paloma Aguilar Fernández, Joan Ramón Resina, Agustí Colomines e Ulrich Winter, entre outros, para quem o referido *boom* não eliminou as práticas de apagamento de memórias indesejadas.

Ao comentar a ideia de *lugares de memória*[8] na cultura espanhola contemporânea, Ulrich Winter afirma que, ao contrário do que acontece na França, os possíveis lugares de memória na Espanha estão atravessados pelas fissuras de múltiplas memórias coletivas, sejam as que remetem às "duas Espanhas" ou as das diversas identidades nacionais e culturais.[9] O testemunho de George Orwell e os estudos realizados por historiadores como Paloma Díaz Aguilar, Pierre Broué e Émile Témime acerca dos acontecimentos em torno da Guerra Civil Espanhola deixam evidente a complexidade de um processo social e político que, ao ir muito além da divisão entre republicanos e fascistas, demonstra a insuficiência da tão propagada ideia das "duas Espanhas". Dessa forma, às diversas identidades nacionais e culturais apontadas por Winter, teríamos de somar as dos distintos grupos políticos e sindicais que, no interior de uma mesma área, aprofundavam ainda mais as fissuras mencionadas. Barcelona aparece nesse contexto como a materialização de uma teia de identidades muitas vezes antagônicas e em constante litígio.

Como se conjugam, então, os diversos vínculos de pertencimento às políticas e práticas de rememoração? Ressoa aqui a frase de Joan Ramón Resina, para quem de todas as grandes cidades europeias, "Barcelona es la que mejor oculta su historia".[10] Para encontrá-la seria preciso procurá-la por recantos e esconderijos da cidade antiga, ao passo que o espaço comemorativo se concentra numa área restrita do perímetro urbano.[11] Como uma das causas da escassez de lugares de memória em Barcelona, Resina aponta o primado da especulação urbana que coloca em segundo plano o conservacionismo, além da existência de uma grande indiferença pelo legado histórico. Seu ensaio, no entanto, se detém principalmente na análise da relação entre memória e identidade. Ao comentar a polêmica em torno da conservação ou não das ruínas encontradas em 2002 no subsolo do Born,[12] o antigo mercado central de alimentos, Resina explicita a insistência com que a política oficial e grande parte dos meios de comunicação tentam apagar lugares de memória vinculados com a história catalã e sua identidade: "La relación

---

[8] *Lieux de mémoire*, termo criado por Pierre Nora no início dos anos 1980 para designar os "marcos testemunhais de outra era". De acordo com o historiador francês, "os lugares de memória nascem e vivem do sentimento que não há memória espontânea, que é preciso criar arquivos, que é preciso manter aniversários, organizar celebrações, pronunciar elogios fúnebres, notariar atas, porque essas operações não são naturais" (NORA. Entre a memória e a história. A problemática dos lugares, p. 13).

[9] WINTER. Localizar a los muertos" y "reconocer al otro": *Lugares de memoria(s)* en la cultura española contemporánea, p. 23.

[10] RESINA. El vientre de Barcelona: arqueología de la memoria, p. 79.

[11] RESINA. El vientre de Barcelona: arqueología de la memoria, p. 79, 80.

[12] São restos da cidade medieval e também da invasão dos exércitos francês e castelhano a Barcelona, em 1714. Joan Ramón Resina observa que as ruas que reapareceram no interior do mercado foram palco do último combate travado pelos defensores de Barcelona, no dia 11 de setembro daquele ano.

entre derrota y destrucción de la memoria no es contingente. Esta relación siempre la comprendieron muy bien los enemigos de Cataluña."[13] Com base nessas observações, a questão que aqui se coloca é a que se refere ao apagamento dos vestígios de uma Barcelona que, entre 1936 e 1937, protagonizou os acontecimentos que marcaram o início da Guerra Civil Espanhola.

O CINEMA DOCUMENTÁRIO COMO INSTRUMENTO DE REMEMORAÇÃO OU DE APAGAMENTO

Se, à moda dos processos inquisitoriais, Orwell não viu o que disse ter visto ou não viveu o que afirma ter vivido, deveríamos tomá-lo, então, por portador de uma estranha obsessão ou de uma extraordinária capacidade imaginativa. Nas primeiras páginas de *Homenagem à Catalunha*, escrito ainda em 1937, pouco depois de deixar a Espanha, Orwell descreve as imagens que guardava da Barcelona de dezembro de 1936: desde os prédios que haviam sido tomados pelos trabalhadores, exibindo suas bandeiras vermelhas ou a rubro-negra dos anarquistas, às pilhagens e demolições de igrejas, as pinturas dos muros, os anúncios de coletivização em lojas e cafés, até a mudança no vestuário e nas formas de tratamento. "Tudo isso era estranho e emocionante. Havia muita coisa que eu não compreendia, e de muitas delas de certa forma nem gostava, mas reconheci imediatamente que era um estado de coisas pelo qual valia a pena lutar."[14] Ao longo do seu relato, é possível acompanhar a trajetória que vai da fascinação por essas primeiras imagens da cidade tomada pelos trabalhadores ao choque que supôs vivenciar os antagonismos existentes no interior do movimento operário e suas terríveis consequências. A passagem de Orwell pelo *front* de Aragón nas fileiras do POUM[15] e seu retorno a Barcelona no final de abril de 1937 o levarão a compreender não só as especificidades da luta antifascista na Espanha como as dimensões da política oficial da URSS e dos Partidos Comunistas, especialmente na Catalunha. Orwell presencia as Jornadas de Maio de 1937 nas ruas de Barcelona, nas quais a CNT[16] – FAI[17] e o PSUC[18] lutam pelo comando da cidade. Como afirma Maria Dolors Genovés, diretora do documentário *Operación Nikolai*,[19] as Jornadas foram a desculpa para trasladar a Barcelona os processos

---

[13] RESINA. El vientre de Barcelona: arqueología de la memoria, p. 86.

[14] ORWELL. Homage to Catalonia, p. 29, 30.

[15] Partido Obrero de Unificación Marxista, partido comunista independente da URSS. Andreu Nin, seu principal líder, foi preso e assassinado por agentes soviéticos em junho de 1937. Por essa mesma época, o POUM foi colocado na ilegalidade, sob a falsa acusação de colaborar com Franco.

[16] Confederación Nacional del Trabajo – confederação sindical anarcossindicalista.

[17] Federación Anarquista Ibérica.

[18] Partido Socialista Unificado de Cataluña – partido comunista catalão, resultado da unificação de quatro partidos socialistas e comunistas.

[19] O documentário trata do chamado *Caso Nikolai*, operação de sequestro e posterior assassinato de Andreu Nin, principal dirigente do POUM, levado a cabo por agentes dos serviços de segurança soviéticos (NKVD). O filme foi elaborado com base numa extensa pesquisa nos arquivos da Internacional Comunista, em Moscou, do Serviço de Informação Exterior da Federação Russa e Archivo Histórico Nacional de Madrid, entre outros.

que eram levados a cabo em Moscou.[20] Assim como os demais militantes e dirigentes do POUM, George Orwell foi alvo da falsa acusação de colaborar com os franquistas e, sob perseguição, viu-se obrigado a deixar a Espanha.

Testemunhos como os do escritor inglês, que desnudam os processos persecutórios no interior mesmo do lado republicano, representam uma constante ameaça aos lugares de memória erigidos desde o período da transição para a democracia até os dias atuais. A mídia, que se estabelece cada vez mais como um poderoso instrumento de decantação da memória, não no sentido de exaltação ou celebração, mas de filtragem das "impurezas", utilizará os mecanismos de seleção em relatos jornalísticos e cinematográficos no sentido de construir uma memória tranquilizadora e aceitável no novo contexto de uma Espanha democrática e europeia. A omissão, prática por excelência de filtragem, é uma constante quando se trata dos relatos que narram o ambiente de suspeita e perseguição existente nas ruas de Barcelona entre abril e maio de 1937 e sua relação direta com a tentativa do PSUC, partido que seguia as diretrizes da URSS, de desqualificar e eliminar o comando da cidade exercido, até então, pela CNT-FAI com apoio do POUM e o reconhecimento do presidente da Generalitat de Catalunya, Lluis Companys. Esse cenário, que Orwell descreve como "uma atmosfera de suspeita, medo, incerteza e ódio velado",[21] será sistematicamente omitido ou minimizado pelos documentários produzidos pela TVE, Televisión Española, a respeito da guerra civil.

Para analisar o processo de apagamento dessa memória inoportuna - tanto a que se refere à revolução em Barcelona, quanto a do movimento que tenta refreá-la -, tomamos como base o documentário *España en Guerra (1936-39)*, produzido pela RTVE, em 1986, e composto de um total de 31 capítulos com duração de 55 minutos cada um. A divulgação feita desse material nos meios de comunicação chama a atenção para fato de que, diferentemente de outros documentários feitos para a televisão, nele se partiu do texto e, em função disso, foram escolhidas as imagens. Também se ressalta o fato de o texto que originou o documentário ter sido escrito por um conselho de assessores composto de historiadores renomados,[22] que procuraram construí-lo da forma o mais equânime possível e tendo como objetivo a representação de uma "síntese de sensibilidades políticas e ideológicas diversas". Outra observação feita é o fato desse texto ter sido aprovado por consenso.[23] Esses comentários já dão a pista das escolhas estéticas e éticas feitas pelos realizadores da série e que serão confirmadas à medida que assistimos cada episódio. Como primeira dessas escolhas poderíamos destacar a crença na transposição para a tela de um "real" isento de paixões políticas e ideológicas, o que fica evidente no fato de o documentário não trabalhar com testemunhos, mas com a "voz da autoridade"

---

[20] Os Processos de Moscou, ocorridos a mando de Josef Stalin entre 1936 e 1938, fizeram parte do chamado Grande Expurgo e tiveram por finalidade a perseguição e extermínio dos opositores do dirigente russo. Os Processos, que eliminaram cerca de dois terços dos quadros do Partido Comunista da URSS, tiveram uma especial repercussão na Espanha assolada pela guerra civil.

[21] ORWELL. Homage to Catalonia, p. 166.

[22] O texto original foi redigido pelos seguintes historiadores: Fernando F. Bastarreche, Josep Benet, Antonio Mª Calero, Gabriel Cardona, Fernando Gª de Cortázar, Alfons Cucó, José Manuel Cuenca, Gregori Mir, Alberto Reig Tapia, Manuel Tuñón de Lara e Angel Viñas.

[23] Ver: <http://www.zonadvd.com/modules.php?name=News&file=article&sid=12504>.

representada pelos historiadores, que não só elaboram o texto geral, mas aparecem em vários momentos esclarecendo e analisando os fatos narrados. Ressalte-se, inclusive, a imponência dos cenários em que são mostrados e a formalidade do figurino utilizado.

Pensado como um texto ilustrado, o documentário está estruturado com base numa narrativa linear centrada nos grandes acontecimentos e nos personagens históricos mais eminentes. As imagens de figuras anônimas fazem parte de um processo de generalização e constituição de "tipos sociológicos" – camponeses, operários, soldados, milicianos, exilados –, que ficam destituídos de qualquer possibilidade de expressar suas vozes ou seus traços singulares, uma vez que o documentário é feito com material de arquivo e não entrevista testemunhas da guerra. Como diria Paul Ricœur, os atores sociais são destituídos da possibilidade de narrar a si mesmos, numa "forma ladina de esquecimento". Além disso, todo o contexto fílmico, por si só, já é um fator de depuração da memória, em que o que se vê foi previamente selecionado e controlado para se adequar ao que se ouve. Fica assim excluído o que Jan Assmann denomina "memória comunicativa", que pertence ao âmbito intermediário existente entre os indivíduos e que necessita da implicação emocional e afetiva para se manifestar. A opção por uma narrativa que se pretende imparcial e isenta gera um discurso de neutralidade que busca igualar os campos opostos e apagar responsabilidades, como podemos perceber na abertura do primeiro episódio da série:

> Ocurrió hace medio siglo. Sin embargo, mientras para algunos permanece vivo el rescoldo del rencor, o continúan sumidos en la ensoñación de la victoria o la derrota, la mayoría sólo ve la guerra como una referencia lejana y casi ajena, cuando no ignora su existencia. La guerra civil es ya sólo historia, pero historia que es necesario comprender y asimilar para entender el presente. Ninguna guerra surge por generación espontánea, ningún pueblo intenta autodestruirse sin razón aparente. La guerra civil estrella tras una serie de conflictos acumulados y no resueltos que empezaron a gestarse muchos años antes. ("España en Guerra", 1ª parte, *El declive de un régimen*)

Os "restos de rancor", e não desejo de justiça, são colocados lado a lado com a fantasia da vitória ou da derrota nessa declaração que iguala e, portanto, neutraliza os traumas pessoais e as consequências sociais e políticas geradas pelos diversos conflitos existentes na sociedade espanhola dos anos 1930. "La guerra civil es ya sólo historia", matéria escolar, fenômeno estagnado e sem qualquer relação com a memória viva e comunicável. O fluxo ininterrupto de imagens e informações, que obedece à lógica da maior parte dos documentários feitos para televisão, favorece o distanciamento com relação à matéria tratada e reforça sua intenção de não só representar "o real", como de erigir-se em ponto de vista inquestionável. As primeiras referências aos acontecimentos que têm lugar em Barcelona, em julho de 1936, são feitas no quinto documentário da série, intitulado *La tormenta de Julio*. É curioso observar que, ao contrário da minuciosa análise feita da sublevação dos militares e de todas as facções existentes nas Forças Armadas, a narrativa apenas menciona as organizações operárias, que são sempre relacionadas ao descontrole das manifestações populares:

> Al anochecer del 19 de julio, ocurre un hecho que habrá de tener una gran trascendencia: al ver fracasar la insurrección, las fuerzas militares y civiles que defendían los cuarteles y la Maestranza de la Barriada de Sant Andreu del Palomar los abandonan. Una gran

multitud se apodera de 30.000 fusiles y del armamento depositado en el parque. Casi todo ese material cae en manos de la CNT, de la FAI y de los numerosos incontrolados, quienes contarán así con un equipo superior al de las Fuerzas de Orden Público de la Generalitat. (...)

A mediodía del lunes 20, van a vivirse las trágicas consecuencias de la sublevación. Las masas armadas se han hecho dueñas de la calle y representan el verdadero poder, mientras que el gobierno de la Generalitat carece de capacidad coactiva para imponerse. Se avecinan días de fiesta revolucionaria: porches llenos de pintadas, rebosantes de rostros eufóricos con gorro miliciano y cañones de fusil que asoman por las ventanillas. Barcelona estalla en un mar de banderas rojo y negras que se abren como flores calientes de verano. ("España en Guerra", 5° episódio, *La tormenta de julio*)

Apesar da linguagem retórica da última frase dessa citação, o texto evidencia a associação do movimento operário e popular ao descontrole. O povo em armas nas ruas de Barcelona é a "consequência trágica" da sublevação dos militares e não fruto do desejo de instalar uma nova ordem política e social. Minimiza-se, assim, a própria história dos movimentos anarcossindicalista e socialista na Catalunha, especialmente porque não se faz nenhuma análise dos mesmos. Novas referências à revolução catalã só serão vistas no sétimo episódio da série, denominado *Un país en llamas*. Este aborda a internacionalização da guerra, analisando a posição de não intervenção adotada pelas democracias ocidentais e o envio de tropas e armamentos por parte da Alemanha nazista e da Itália de Mussolini para os militares sublevados. Quanto à posição adotada pela União Soviética, menciona-se a divisão entre seus principais dirigentes com relação ao conflito na Espanha e o fato de Stalin inclinar-se pela neutralidade, uma vez que o Kremlin não apoiava de fato a esquerda espanhola. Não se explica, no entanto, as causas mais profundas dessa reticência. Em seguida, o documentário mostra imagens urbanas que, pelos cartazes em catalão e carros da CNT e da FAI, certamente são ruas de Barcelona. A narrativa, sem mencionar diretamente a capital da Catalunha, detém-se nas profundas alterações do cotidiano das grandes cidades e as consequências visíveis do poder popular: desaparição do que era considerado como distintivo de classe - chapéus, gravatas e sapatos - e como, em seu lugar, vê-se a proliferação dos macacões azuis dos milicianos, lenços enrolados ao pescoço, alpargatas. Tudo isso é mostrado sempre subordinando as imagens à narração em *off*. Imagens que servem, portanto, para legitimar o texto e dissimular a descontinuidade e a repetição do material de arquivo utilizado a favor da construção de um relato linear de uma realidade "pronta" e sem fissuras, que estava ali apenas esperando que alguém a filmasse.

As cidades sob a hegemonia do poder popular são povoadas, segundo o documentário, por cartazes, bandeiras, letreiros e instruções de todo tipo. O comentário seguinte afirma: "Es una situación propicia a los actos de violencia espontánea. Motivaciones sociales y políticas, a veces de honda raíz histórica, se mezclan o sirven de pretexto para venganzas personales o ajustes de cuentas de muy distinto carácter."[24] Esse texto é acompanhado por uma série de imagens de cadáveres. Logo, chama-se a atenção para as manifestações do anticlericalismo popular, que destruiu templos e objetos de culto, alguns deles de grande valor artístico. As imagens da destruição são substituídas

---

[24] 7° episódio, *Un país en llamas*.

pelas de trabalhadores que formam os comitês das organizações operárias e dos partidos republicanos de esquerda. O texto explica que são esses comitês que dão o tom da vida social das localidades sob seu controle, enquanto a administração estatal é desfeita: "sus funciones, las desempeñarán personas con frecuencia incompetentes".[25] O comentário é ilustrado por uma cena de operários guardando uma rua, enquanto passam carros da CNT e da FAI. Cada vez se torna mais eloquente a associação entre texto e imagem na configuração do tipo social que tomara as ruas das grandes cidades: violento, despreparado e incontrolado.

Nesse sétimo episódio, trata-se finalmente de Barcelona. É reforçada a ideia de que a rebelião militar teve como consequência o desmantelamento da ordem pública, uma vez que milhares de pessoas tomaram as armas abandonados nos quartéis. Comentam-se as discrepâncias entre as organizações antifascistas: enquanto umas aspiram somente a manter as instituições republicanas e autonômicas, outras como a FAI acreditam que chegara a hora da revolução social. Também são mencionadas as diferenças quanto ao "conteúdo" dessa revolução entre as diversas organizações operárias, especialmente entre o PSUC e o POUM. Embora se diga que esses dois partidos se contrapõem, as causas de tal enfrentamento são omitidas, reforçando-se ainda mais a visão de organizações operárias que se movem por querelas internas, românticos sonhos revolucionários e paixões desmedidas. Não é feita nenhuma relação do antagonismo entre esses partidos e organizações sindicais com a decisão da União Soviética de não apoiar a revolução na Espanha, uma vez que apoiá-la significaria afastar-se das democracias ocidentais. Além disso, anarquistas e comunistas dissidentes, como os do POUM, eram considerados inimigos por Moscou e alvos dos famosos expurgos.

No entanto, o décimo sétimo episódio, intitulado *Los hechos de mayo*, está dedicado aos enfrentamentos entre organizações sindicais e partidos operários nas ruas de Barcelona, que são apresentados como "una pequeña guerra civil dentro de la guerra civil". Neste episódio, relaciona-se claramente a imagem da CNT, da FAI e do POUM aos mais variados desmandos e provocações de todo tipo, enquanto as Forças de Ordem Pública, com o apoio direto do PSUC e da UGT, lutarão pelo restabelecimento da ordem e da governabilidade. Para construir essa leitura, a voz em *off* do narrador afirma que "para comprender los hechos es imprescindible recordar algunos puntos de la situación de Cataluña en los meses anteriores".[26] A partir dessa introdução, afirma-se que o Governo da *Generalitat*, do qual participam a CNT, a UGT e os partidos mais importantes, exceto o POUM, não conseguiu impor sua autoridade para ganhar a guerra; a CNT-FAI não quer ceder a hegemonia conquistada depois do 19 de julho e mantém que é preciso fazer a revolução para ganhar a guerra; o PSUC e a UGT, cada dia mais fortes, insistem em que é preciso primeiro ganhar a guerra para depois pensar na revolução e exigem a formação de um exército popular; por fim, define-se a mais radical de todas essas organizações e sobre a qual recairá a responsabilidade pelos enfrentamentos de maio: "El POUM, partido comunista antiestalinista, pequeño pero muy activo, sostiene una

---

[25] "España en Guerra (1936-1939)", 7° episódio, *Un país en llamas*.

[26] "España en Guerra (1936-1939)", 17° episodio, *Los hechos de mayo*.

estrategia ultrarrevolucionaria. Exige la formación de un gobierno de obreros y campesinos y lleva a cabo una durísima campaña contra la URSS."[27]

Após essa apresentação das forças políticas em jogo, a narrativa se detém na questão dos grupos armados, especialmente os da CNT-FAI, que atuam à margem do governo da *Generalitat*. São dados exemplos de coletivizações forçadas da terra em comarcas da Catalunha, nas quais camponeses são mortos. Esses fatos seriam a justificativa para o desarmamento das Patrulhas de Controle que estavam sob o comando da central sindical anarquista. O POUM e a FAI se opõem e encorajam os trabalhadores a não deixar-se desarmar. No dia 3 de maio, em Barcelona, as Forças de Ordem Pública da *Generalitat* invadem o prédio da Telefônica, que estava sob o poder dos anarcossindicalistas. O narrador afirma que a invasão aconteceu porque as comunicações telefônicas estavam sendo censuradas. Levantam-se barricadas por toda Barcelona e os combates se generalizam: de um lado, lutam os militantes da Esquerra Republicana, do PSUC, das Juventudes Socialistas Unificadas, da UGT e do Estat Catalá e, do lado contrário, militantes da CNT-FAI e do POUM. O governo central decide intervir em Barcelona. A CNT faz um acordo com a UGT e termina a insurreição. Milhares de Guardas de Assalto tomam Barcelona. As consequências logo virão: os anarcossindicalistas perdem sua hegemonia na Catalunha, o Governo da *Generalitat* se debilita, o PSUC passa a ter mais força política, enquanto o POUM será alvo de uma dura repressão. Na construção do relato desses episódios não se faz, em nenhum momento, a relação entre o que aconteceu em Barcelona e a política internacional, especialmente no quis diz respeito aos interesses de URSS na Espanha. A estrutura da narrativa justifica o desarmamento dos milicianos e reforça, mais uma vez, a imagem dos militantes anarquistas e do POUM como "incontrolados", ao contrário dos heroicos Guardas de Assalto que tomam a cidade e restabelecem a ordem. Caberia, porém, ler o relato de George Orwell sobre esses fatos:

> Deve ter sido naquela noite que as tropas de Valência apareceram nas ruas, pela primeira vez. Era a Guarda de Assalto, uma outra formação semelhante à Guarda de Assalto local, à odiada Guarda Civil e aos carabineiros (isto é, uma formação direcionada essencialmente para o trabalho policial), e eram as tropas de elite da República. De repente, pareciam brotar do chão; eram vistos por toda a parte, patrulhando as ruas em grupos de dez - homens altos de uniformes cinzentos ou azuis, com fuzis compridos pendurados ao ombro e uma submetralhadora para cada grupo.
> (...)
> No dia seguinte, a Guarda de Assalto valenciana estava por toda parte, andando pelas ruas como conquistadores. Não havia dúvida de que o governo estava simplesmente fazendo uma exibição de força, a fim de intimidar uma população que ele já sabia não poder mais resistir.[28]

O documentário, porém, tem o mérito de fornecer uma grande quantidade de informações e de, até certo ponto, buscar analisar os reflexos que as batalhas ocorridas em Barcelona na primavera de 1937 exercerão sobre o governo republicano. As relações

---

[27] "España en Guerra (1936-1939)", 17° episodio, *Los hechos de mayo*.

[28] ORWELL. Homage to Catalonia, p. 143, 144.

de Largo Caballero,[29] presidente do governo, com os comunistas serão cada vez mais tensas. O PCE exige a dissolução do POUM, sob a falsa acusação de seus militantes serem "agentes do fascismo". Largo Caballero se nega a fazê-lo, mas quando seu governo cai e Juan Negrín se torna o novo presidente, com apoio do PSOE e do PCE, são adotadas medidas drásticas contra o POUM. Acusado de ser o principal instigador das batalhas de maio em Barcelona e de participar de uma rede de espionagem franquista em Madri, o POUM é posto na ilegalidade e seus principais dirigentes são presos e, posteriormente, condenados a vários anos de prisão. Andreu Nin, um dos dirigentes mais importantes do movimento operário catalão, desaparece. Acredita-se, diz o narrador, que o Serviço Secreto Soviético foi o responsável pelo seu desaparecimento. Todos esses fatos coincidem com a política oficial da União Soviética de aniquilação dos dissidentes comunistas através dos Processos de Moscou. Essas informações, dadas pelo documentário, no entanto, são neutralizadas pela narrativa anterior que relaciona militantes do POUM e da CNT-FAI ao descontrole e ao radicalismo e, posteriormente, pelo que poderia ser visto não só como fechamento do episódio, mas como conclusão dos fatos narrados: o governo Negrín irá concentrar suas forças no que considera seu objetivo principal, ganhar a guerra.

Seria importante observar nas diversas narrativas fílmicas sobre a Guerra Civil Espanhola – especialmente nos documentários realizados desde o período da transição – aqueles acontecimentos que se transformaram em marcos inquestionáveis das representações do conflito. Entre esses marcos, poderíamos citar a sublevação dos militares em 18 de julho de 1936, a resistência do Alcázar de Toledo, o incêndio de igrejas e conventos, as batalhas de Somosierra e a do Ebro e, sem dúvida alguma, o bombardeio de Guernica. Esses marcos, à força de repetição, transformaram-se em lugares de memória, que intensificam a simbologia e a mitologia nacionais, especialmente a que equipara tanto a valentia dos dois lados adversários, quanto sua crueldade, reforçando os efeitos devastadores da guerra. A equiparação pode, assim, neutralizar diferenças e induzir a uma condenação ou absolvição geral dos combatentes, erradicando identidades culturais e políticas oriundas de memórias coletivas divergentes e experiências irreconciliáveis. Cria-se, assim, uma espécie de arquivo de imagens institucionalizadas, que forja a pacificação da memória e, em alguma medida, a eliminação das fissuras de um momento histórico marcado por profundos choques e traumas. Nesse processo de domesticação e neutralização de um passado incômodo, possivelmente a principal arma seja o apagamento sistemático ou a esfumação de seus índices.

Durante o período da transição, como observa Ulrich Winter, a política da memória (e desmemória) acordada pelas forças sociais estava determinada por uma política de reconciliação constitucional forçada entre passado e presente, entre memória republicana e memória franquista, e entre as diferentes identidades nacionais existentes na Espanha.[30] Esta é certamente a direção seguida por documentários como *España en guerra (1936-39)*,

---

[29] Francisco Largo Caballero (1869-1946), conhecido como o "Lênin espanhol", foi Ministro do Trabalho (1931-33) e Presidente do Conselho de Ministro entre 1936 e 1937. Operário e importante sindicalista foi líder da UGT e do PSOE durante 30 anos.

[30] WINTER. Localizar a los muertos y reconocer al otro: *Lugares de memoria(s)* en la cultura española contemporánea, p. 23.

que, de forma sistemática, minimizaram ou calaram a importância dos processos revolucionário e contrarrevolucionário ocorridos em Barcelona entre 1936 e 1937. Nos últimos dez ou quinze anos, especialmente a partir da fundação da Asociación para la Recuperación de la Memoria Histórica (ARMH), em 2001, novos documentários vêm sendo feitos sobre a guerra civil, mas uma grande parte deles continua evitando mencionar acontecimentos que estariam distantes do ideário político atual, cuja meta principal é integrar a Espanha numa tradição europeísta e democrática. Como exemplo dessa tendência, cabe citar o documentário *El sueño derrotado*, realizado em 2004 pelos irmãos Jaume Serra e Daniel Serra, que em sua abertura frisa: "Este documental está dedicado a los hombres y mujeres que soñaron con una España moderna, democrática y europea." Utilizando entrevistas a testemunhos e materiais de arquivo, o filme constrói uma narrativa que reforça o caráter heroico dos soldados republicanos e relaciona de forma direta os acontecimentos da guerra civil às conquistas sociais e econômicas da Espanha atual. Dessa forma, *El sueño derrotado* se inscreve no esforço de rememoração que procura transformar a guerra num lugar de memória para o espectador, através da utilização de estratégias que ficcionalizam os relatos dos testemunhos e que, como foi dito anteriormente, induzem a interpretação da contenda à luz das aspirações políticas atuais. As vozes e imagens dos sobreviventes reforçam as vivências individuais e os aspectos morais do conflito, sem fazer referência às tensões políticas e ideológicas existentes na Espanha dos anos 1930, como forma de apaziguar e neutralizar uma memória coletiva marcada por inúmeras fissuras e contradições.[31]

Porém, como observa Joan Ramón Resina a respeito das ruínas do Born, "en un espectacular regreso de lo reprimido, emerge en el siglo XXI el escenario de la derrota de Cataluña en el XVIII";[32] a Barcelona dos anos 1930, repudiada ou evitada pela historiografia oficial e, como vimos, por boa parte dos produtos audiovisuais, teima em reaparecer. Ressurge dos arquivos não mais secretos da Internacional Comunista e das vozes de uns quantos testemunhos ainda vivos, que presenciaram ou participaram diretamente dos acontecimentos que marcaram as vitórias e derrotas da cidade dos comitês operários. Diretores como Dolors Genovés – que após uma cuidadosa pesquisa reconstruiu as circunstâncias do sequestro e assassinato de Andreu Nin, em *Operación Nikolai* (1992), e produziu uma reflexão sobre o movimento libertário e o papel desempenhado pela CNT-FAI durante a guerra civil, em *Roig i Negre* (2006) – demonstram que é possível reaver parte dessa memória indesejada e por tanto tempo, e muitos motivos, silenciada. Esses documentários juntam-se à voz mais distante de George Orwell na tentativa de não só permitir o retorno do reprimido, mas de minar e balançar os lugares de memória erigidos pelos relatos canônicos e pelas políticas oficiais de memória, sempre tão próximos das velhas estratégias da "arte do esquecimento".

---

[31] Em outubro de 2008, apresentei uma análise desse documentário no I Congreso Internacional de Literatura y Cultura Españolas Contemporáneas, realizado pela Universidad Nacional de La Plata, Argentina. O texto dessa apresentação, "Entre ver y oír: imágenes y voces de la Guerra Civil Española", encontra-se disponível em: <http://163.10.30.203:8080/congresos/congresoespanyola/programa/ponencias/AmorimVieiraElisa.pdf>.

[32] RESINA. El vientre de Barcelona: arqueología de la memoria, p. 88.

Resumen

El objetivo de este artículo es analizar el proceso sistemático de supresión de los vestigios de las memorias que se refieren a los movimientos de revolución política y social en la España de los años 30, particularmente a los acontecimientos que tuvieron lugar en Barcelona entre julio de 1936 y mayo de 1937. Para observar como tal proceso se realiza a través de los medios de comunicación españoles, en especial por la Televisión Española, contraponemos los relatos del escritor inglés George Orwell, testigo de los conflictos que cercan la Barcelona revolucionaria, a la narrativa de la serie de documentales intitulada *España en Guerra (1936-39)*, producida por la TVE, en 1986.

Palabras-clave

Barcelona revolucionaria, desmemoria, documentales

Referências

ASSMANN, Jan. *Religión y memoria cultural*. Trad. Marcelo G. Burello y Karen Saban. Buenos Aires: Lilmod, 2008.

BEEVOR, Antony. *A batalha pela Espanha*. Trad. Maria Beatriz de Medina. Rio de Janeiro: Record, 2007.

BENJAMIN, Walter. *Magia e Técnica, Arte e Política*. Trad. Sergio Paulo Rouanet. São Paulo: Brasiliense, 1996.

BROUÉ, P., TÉMIME, E. *La revolución y la guerra de España*. Trad. Francisco González Aramburo. México, D.F.: FCE, 1979. v. 1 e 2.

CERVERA, Pascual. *España en guerra (1936 -1939)*. Dirección de Pascual Cervera. España: 1986. TVE. 15 DVDs, 1.860 min., blanco y negro, son.

DÍAZ AGUILAR, Paloma. *Memoria y olvido de la Guerra Civil Española*. Madrid: Alianza, 1996.

ELORDI, Carlos (Coord.). *Los años difíciles*: el testimonio de los protagonistas anónimos de la guerra civi y la posguerra. Madrid: Aguilar, 2002.

GENOVÉS, Dolors. *Operació Nikolai*. Realización de Ricardo Belis, dirección de Dolors Genovés. España: 1992. TVC. 1 DVD, 60 min., color, son.

GENOVÉS, Dolors. *Roig i Negre*. Realización de Ricardo Belis, dirección de Dolors Genovés. España: 2006. TVC. 1 DVD, color, son.

HALBWACHS, Maurice. *A memoria coletiva*. Trad. Beatriz Sidou. São Paulo: Centauro, 2006.

LABANYI, Jo. El cine como lugar de la memoria en películas, novelas y autobiografías de los años setenta hasta el presente. In: RESINA, Joan Ramón; WINTER, Ulrich (Ed.). *Casa encantada*. Lugares de memoria en la España *constitucional* (1978-2004). Frankfurt:Vervuert Madrid: Iberoamericana, 2005.

LAFUENTE, Isaías. *Tiempos de hambre*. Madrid: Temas de Hoy, 1999.

NORA, Pierre. Entre a memória e a história: a problemática dos lugares. Trad. Yara Aun Khoury. *Projeto História*, São Paulo: Educ, n. 10, p. 7-28, dez. 1993.

ORWELL, George. *Homage to Catalonia*. London: Penguin Modern Clasi, 2000.

ORWELL, George. *Lutando na Espanha*. Trad. Ana Helena Souza. São Paulo: Globo, 2006.

PRESTON, Paul. *La guerra civil*. Las fotos que hicieron historia. Madrid: La Esfera de los Libros; JdeJ Editores, 2005.

RESINA, Joan Ramón; WINTER, Ulrich (Ed.). *Casa encantada*. Lugares de memoria en la España constitucional 1978-2004). Frankfurt: Vervuert; Madrid: Iberoamericana, 2005.

RESINA, Joan Ramón. El vientre de Barcelona: arqueología de la memoria. In: RESINA, Joan Ramón; WINTER, Ulrich (Ed.). *Casa encantada*. Lugares de memoria en la España constitucional (1978 -2004). Frankfurt: Vervuert; Madrid: Iberoamericana, 2005.

REVERTE, Jorge M.; THOMÁS, Socorro. *Hijos de la guerra*: testimonios y recuerdos. Madrid: Temas de Hoy, 2001.

RICŒUR, Paul. *La memoria, la historia, el olvido*. Trad. Agustín Neira. Buenos Aires: FCE, 2000.

SELIGMANN-SILVA, Márcio (Org.). *História, memória, literatura*. O testemunho na era das catástrofes. Campinas: Editora Unicamp, 2003.

SERRA, Jaume; SERRA, Daniel. *El sueño derrotado: La historia del exilio*. Dirección de Jaume Serra y Daniel Serra. España, 2004. 1 DVD, 90 min, color, son.

TODOROV, Tzvetan. *Los abusos de la memoria*. Trad. Miguel Salazar. Barcelona: Paidós, 2000.

WEINRICH, Harald. *Lete*: arte e crítica do esquecimento. Trad. Lya Luft. Rio de Janeiro: Civilização Brasileira, 2001.

WINTER, Ulrich. Localizar a los muertos y reconocer al otro: *Lugares de memoria(s)* en la cultura española contemporánea. In: RESINA, Joan Ramón; WINTER, Ulrich (Ed.). *Casa encantada*. Lugares de memoria en la España constitucional 1978 -2004). Frankfurt: Vervuert Madrid: Iberoamericana, 2005.

WINTER, Ulrich (Ed.). *Lugares de memoria de la guerra civil y el franquismo*. Frankfurt: Vervuert; Madrid: Iberoamericana, 2006.

GUERRA CIVIL ESPANHOLA NA LITERATURA E NO CINEMA DOS ANOS 1990
a idealização da luta revolucionária

Volker Jaeckel
UFMG

A Walter Janka (*in memoriam*),
meu primeiro contato autêntico com as
memórias da Guerra Civil Espanhola.

RESUMO

No presente artigo pretende-se uma apresentação de três obras de conhecidos autores e diretores europeus (uma literária, duas cinematográficas) dos anos 1990 do século 20, nas quais acontece uma idealização da luta revolucionária durante a Guerra Civil Espanhola. O objetivo deste texto é explicar o surgimento do movimento libertário no início da contenda na região da Catalunha em 1936 e evidenciar as manifestações literárias da glorificação desta batalha na Guerra Civil Espanhola entre anarquistas por um lado e comunistas e republicanos, por outro, estes últimos querendo reverter a situação de coletivização dos bens agrários e industriais.

PALAVRAS-CHAVE

Guerra Civil Espanhola, revolução social, memórias na literatura e no cinema

INTRODUÇÃO

Hoje são muitas as publicações sobre a Guerra Civil Espanhola, das quais é possível fazer referência ao número de 20.000, recentemente.[1] Poucas delas abarcam a luta fratricida que acontecia na Catalunha entre comunistas e republicanos radicais por um lado e poumistas[2] e anarquistas, por outro.

---

[1] Cifra impressionante mencionada em SEIDEL. Setenta años después, p. 201.

[2] Como Poumistas designamos os militantes do Partido Obrero Unificado Marxista (POUM), na literatura muitas vezes chamados de trotzkistas.

George Orwell talvez tenha sido a testemunha mais famosa dessa rivalidade, imortalizada em seu livro *Homenagem à Catalunha*. Durante muitos anos não se falou nesse assunto por motivos óbvios; nem os vencedores franquistas, nem os historiadores russos, ingleses, franceses, alemães ou americanos estavam interessados em analisar os acontecimentos turbulentos que agitaram a Catalunha, Aragão e outras regiões do Levante Espanhol nos primeiros meses da Guerra Civil. Porém, achamos que esse episódio, o qual entrou na historiografia como "revolução social", merece uma discussão mais intensa e um estudo aprofundado, uma vez que suscitou muita rejeição e muito entusiasmo ao mesmo tempo.[3]

O anarco-sindicalista holandês Arthur Lehning foi outra célebre testemunha desses acontecimentos dramáticos na Catalunha em 1936. Para ele, a proibição dos jornais da direita, a queima das igrejas e dos mosteiros, a criação das milícias proletárias e o controle dos diferentes setores econômicos pelos comitês sindicalistas marcaram o início de uma nova onda social-revolucionária, liderada por trabalhadores e camponeses, que tomaria o poder em toda Espanha após a derrota definitiva da sublevação fascista.[4]

O fato de ter acontecido uma coletivização das propriedades rural e industrial durante os primeiros momentos da guerra provocou mais tarde conflitos veementes dentro do bando republicano e despertou a atenção tanto da mídia como da opinião pública em outros países europeus sobre a contenda na Espanha; finalmente levando a muitos atos de solidarização com as ações perpetradas por parte das milícias revolucionárias e à criação do mito da exitosa estratégia anarco-libertária com base na revolução social com as suas reformas radicais referentes à propriedade particular no ano de 1936.

No presente artigo, pretende-se analisar como aconteceu, na última década do século 20, uma idealização da luta revolucionária na literatura e no cinema a partir das imagens evocadas por mídias diferentes: o livro e o cinema. Para esta finalidade escolhemos três obras controvertidas: os filmes *Land and Freedom*, de Ken Loach (1995), *Libertárias*, de Vicente Aranda (1996) e o romance *La hija del caníbal*, de Rosa Montero (1997). Para Sánchez-Biosca, catedrático de comunicação da Universidade de Valência, o mito pode ser classificado como expressão máxima do relato e combina com outro instrumento de comunicação que é a imagem: "La imagen, o mejor, las imágenes poseen la plasticidad necesaria para convertirse en símbolos, fijar la memoria de grupos sociales, políticos o sectores de la población y en colaboración con los relatos, servir de representación memorística."[5]

Nesse contexto, cabe o questionamento sobre as causas da derrota da Segunda República pelos sublevados agressores militares. Tanto comunistas como anarquistas culpam o outro lado de ter enfraquecido com sua política a luta comunitária contra os generais rebeldes. Somente sessenta anos depois dos fatos beligerantes, as memórias desses combates encontraram o seu lugar no cinema e na literatura, considerando, ainda,

---

[3] BERNECKER. *Die Soziale Revolution im Spanischen Bürgerkrieg*, p. 19. Acerta nas suas explicações sobre as causas do desconhecimento desta revolução social, tanto por parte das ciências como também pela opinião pública na Espanha, de tal forma que ficou até os anos setenta uma *terra incógnita*.

[4] LEHNING. *Spanisches Tagebuch & Anmerkungen zur Revolution in Spanien*, p. 24-25.

[5] SÁNCHEZ-BIOSCA. *Cine y Guerra Civil*, p. 25.

que os historiadores franceses Témime e Broué estivessem entre os primeiros historiadores que deram explicações convincentes sobre o assunto já no início dos anos 1960.[6]

A REVOLUÇÃO SOCIAL

Muitas foram as tentativas de explicar as origens da revolução social que arrasou a parte republicana da Espanha nas primeiras semanas depois do levantamento dos generais rebeldes. A revolução foi a manifestação mais palpável de uma grave crise da sociedade espanhola que se alastrou desde o início do século 20. Uma desigualdade social gritante provocou as ações dos trabalhadores rurais e industriais; as estruturas oligárquicas do Estado, do Exército e da Igreja, o monopólio de posse das terras, assim como o complicado sistema de propriedade industrial, sem dúvida alguma, aceleraram o processo revolucionário.[7] Muitas vezes, o radicalismo das transformações sociais de 1936 na Espanha foi comparado aos acontecimentos da Revolução Russa de 1917.

Nos poucos dias da revolução foram destruídos os fundamentos econômicos do poder eclesiástico e burguês. Nesses momentos críticos de julho de 1936 fugiram muitos proprietários de fábricas para a França e outros países europeus, levando o seu capital líquido.

O modelo mais frequente na Catalunha, onde se concentrava a maioria da produção industrial naquela época para estas mudanças sociais, foi a chamada "incautación" das empresas, quando os trabalhadores assumiam o gerenciamento da mesma. Outros 30% das empresas na Catalunha ficaram "intervenidas", ou seja, sob controle governamental-sindical, de cujas coletivizações Barcelona foi o núcleo desde o início: o transporte urbano, as ferrovias, as empresas fornecedoras de gás e energia elétrica, a companhia telefônica, a imprensa, os teatros, hotéis e restaurantes, além da maioria das empresas de navegação e indústrias para as quais houve comissões mistas do sindicato anarquista CNT e da socialista UGT, que se encarregaram da administração destas entidades.[8]

O sonho revolucionário, sonhado há muito tempo na Catalunha, do movimento do chamado sindicalismo anárquico, tentava abolir a ordem econômica da sociedade burguesa para substituí-la por uma socialização de todos os meios de produção.[9] A perda do monopólio do poder por parte do Estado parecia abrir o caminho para essas mudanças. Dessa forma, aconteceu em toda a Catalunha uma onda de coletivizações liderada pelo POUM e FAI/CNT. Essa onda ocorreu no mesmo momento que as forças republicanas conseguiram sufocar o levantamento fascista em Barcelona e no resto da região, um ato de defesa que custou a vida de 450 vítimas somente na capital catalã.

Nesses dias confusos de perseguição a soldados e oficiais franquistas, sacerdotes, empresários e burgueses, não houve nenhuma força governamental que pudesse conter a fúria dos milicianos e obreiros que procediam a linchamentos dos inimigos ou dos que

---

[6] Trata-se do conhecido estudo: *Revolução e Guerra na Espanha*. Aqui tivemos somente acesso à tradução alemã, publicada pela editora Suhrkamp em 1975.

[7] BROUÉ; TEMIME. *Revolution und Krieg in Spanien*, p. 180.

[8] BROUÉ; TEMIME. *Revolution und Krieg in Spanien*, p. 185.

[9] BRINKMANN. *Katalonien und der Spanische Bügerkrieg*, p. 29.

foram tidos por inimigos devido à sua posição social, profissional etc. Muitas das vítimas pertenciam à Lliga Catalana, a força líder do centro direita. A completa arbitrariedade da perseguição e do terror nesses dias de julho de 1936 não tinha limites e provocava uma fuga em massa pelo porto de Barcelona e pela fronteira francesa. Dezesseis mil fugitivos embarcaram e outras trinta mil pessoas escolherem as vias terrestres para a França.[10]

Foi uma experiência traumática para a classe conservadora católica na Catalunha, e a partir desses acontecimentos se formavam as memórias dos perseguidos, assim como muitos ressentimentos e preconceitos contra os milicianos anarquistas e poumistas que perduram até hoje.

LAND AND FREEDOM (TERRA E LIBERDADE)

Foi o diretor inglês Ken Loach quem fez, em 1995, um filme sobre o conflito na Guerra Civil Espanhola, entre comunistas de um lado e poumistas e anarquistas, de outro, tratando de vários assuntos polêmicos como, por exemplo, a reforma agrária em Aragão e as consequências dessas coletivizações. Foi um filme que causou muitas polêmicas e discussões no âmbito internacional e que, portanto, merece um estudo mais detalhado na questão da memória da luta revolucionária.

O filme conta a história de David, um jovem trabalhador inglês, comunista, que vai à Espanha a fim de alistar-se nas filas do Exército para defender a República espanhola, como muitos outros jovens comunistas de diferentes países europeus fizeram. David chega a lutar numa milícia do POUM na frente de batalha de Aragão. As experiências feitas durante estas lutas e na retaguarda constituem a trama central da ação.

David observa as mudanças que ocorrem durante os anos 1936-1937 na Catalunha e em Aragão, participando tanto de reuniões marcadas por fortes discussões ideológicas, como também por lutas nas frentes dos combates entre anarquistas e comunistas nas ruas de Barcelona em maio de 1937 e vivencia a dissolução das milícias por ordem do general comunista Enrique Lister em agosto de 1937.

Durante a contenda do Aragão, o jovem proletário David tem a oportunidade de assistir a uma reunião na casa de um latifundiário ocupada por milicianos depois da conquista de uma aldeia das mãos das tropas nacionais. Nesse encontro é discutida a fundação de uma ação coletiva para administrar as terras; o problema que impulsiona esta discussão é a necessidade de aumentar a produção agrícola para fornecer alimento suficiente às tropas combatentes no front. Ficam evidentes as posições contrárias sobre a coletivização e a revolução imediatas por um lado e o adiamento para evitar um desaforo das democracias ocidentais, priorizando a luta contra o inimigo fascista, por outro. A discussão termina com o voto majoritário em favor da ação coletivista.[11]

A idealização da luta revolucionária é conseguida pelas técnicas de filmagem praticadas pelo diretor Ken Loach, uma vez que ele não trabalha com um roteiro fixo de

---

[10]BRINKMANN. *Katalonien und der Spanische Bürgerkrieg*, p. 32.

[11] Esta cena é considerada uma das cenas chaves do filme, já que mostra as discussões polêmicas dentro do movimento revolucionário em Aragão.

conhecimento dos atores, senão com um *script* que é entregue sempre na noite anterior ao líder do grupo, neste caso, o capitão Vidal (representado por Marc Martínez).[12] Já no momento da seleção dos atores, o diretor os fez passar por uma prova ideológica, na qual eles tinham que descrever como atuariam em determinadas situações de injustiça social ou se aceitariam ofertas tentadoras de empresas envolvidas no negócio lucrativo de venda de armas.[13] O objetivo deste *casting* completamente incomum foi a formação de uma equipe de atores de caráter e não de estrelas cinematográficas.

Loach conseguiu alcançar um bom nível de realidade nos diferentes episódios e de identificação dos participantes com a situação histórica desta luta dos milicianos poumistas de tal forma que a atriz Icíar Bollaín, cujo papel é Maite, dizia que ia poder contar um dia para os seus netos que participou da Guerra Civil Espanhola. Os atores receberam treinamento militar durante duas semanas pelo Exército espanhol e eles próprios cavaram as trincheiras para a rodagem das cenas de guerra.

Fonte: FREY. *Land and Freedom, Ken Loachs Geschichte aus der Spanischen Revolution*

Os limites entre ficção e realidade desvanecem à medida que os atores assumem e se identificam completamente com as vidas das figuras que eles representam. Portanto, trata-se de um longa-metragem que reúne qualidades de um documentário, fornecendo uma visão unilateral dos acontecimentos fatídicos da revolução espanhola com base na presunção de que, no caso de sucesso das ações coletivistas promovidas pelos milicianos do POUM e anarquistas, o destino da Espanha e de toda a Europa teria sido outro nos anos 1930.

Assim, o filme aponta para a possibilidade de uma ligação direta entre os acontecimentos históricos de 1936 e a situação real dos anos 1990 na Europa capitalista, marcada pelo desemprego em massa e o controle total pelos órgãos estatais. A carta de David, encontrada pela neta,[14] rompe com o desespero presente na última cena do filme situada na guerra civil, quando os milicianos têm que entregar as armas e uma companheira morre atingida pelos tiros do exército republicano.

---

[12] WANDLER. Vergangenheit und Gegenwart, p. 49.

[13] WANDLER. Vergangenheit und Gegenwart, p. 46.

[14] BUSCH. Die Revolution hätte ansteckend sein können, p. 30.

Fonte: FREY. *Land and Freedom, Ken Loachs Geschichte aus der Spanischen Revolution*

Cabe contrapor aqui a opinião do pesquisador espanhol Gomes López Quiñones, que afirma sobre visões de rigor absolutas no contexto da luta fratricida:

> La Guerra Civil está siendo rearticulada como un legado calidoscopio y multifacético para el que distintas perspectivas y reacciones son necesarias. Aquello enfrentamiento contó con factores de clase, geográficos, lingüísticos, genérico-sexuales, religiosos y políticos, y es por lo tanto inevitable que cada una de las colectividades articulada en torno a estos ejes reivindique una mirada distinta sobre aquel suceso. Si la Guerra Civil no fue un proceso unitario y centrípeto no parece especialmente consecuente intentar mantener una política cultural ni un recuerdo unitario o centrípeto de el.[15]

Considerando essa afirmação, pode-se levantar um questionamento sobre a interpretação fílmica da revolução social e sua memória suprimida: o diretor, seguindo em grande parte as ideias articuladas por George Orwell na sua *Homage to Catalonia* (1938): o lado republicano realmente teria vencido as tropas rebeldes, se tivesse mantido todas as medidas coletivistas, os milicianos poumistas e anarquistas teriam suplantado a falta de formação militar pelo fervor derrotando os militares profissionais equipados com modernas armas italianas e alemãs.

---

[15] GOMES. *La guerra persistente*, p. 22.

A estreia do filme em 1995 coincidiu com o crescimento do interesse na Espanha pela guerra civil de uma forma mais crítica e intensiva depois de quase sessenta anos de esquecimento. A geração dos netos queria saber sobre a veracidade dos fatos do passado. O filme, que teve uma audiência de 420.000 pessoas na Espanha, encontrou ressonância porque atingiu exatamente o sentimento predominante naquele momento.[16]

Land and Freedom é, como o filme de Vicente Aranda, um dos poucos que destaca o papel ativo da mulher durante a guerra, papel esse que as mulheres tiveram que abandonar depois do enfraquecimento da POUM e CNT em maio de 1937. Assim, fica evidente que a revolução acontecida na Catalunha em 1936 atingiu todos os segmentos da sociedade e também as formas de convivência entre os sexos. As mulheres desempenhavam uma função ativa na luta armada, que era contrária às ideias divulgadas pelas lideranças comunistas e republicanas.

LIBERTÁRIAS

O filme do conhecido diretor catalão Vicente Aranda,[17] de 1996, conta a história de um grupo de mulheres composto por anarquistas, prostitutas e uma freira, que se encontra no momento da eclosão da Guerra Civil Espanhola em Barcelona. Por iniciativa dos anarquistas, o grupo vai para o front de Aragão, onde pretende participar na conquista de Zaragoza. Depois de protagonizar várias ações bélicas bem-sucedidas, todas as mulheres, com exceção da ex-religiosa, são assassinadas da forma mais cruel pelas tropas rebeldes.

O filme começa com a seguinte introdução em forma de legenda: "21 de Julio. Ha comenzado la guerra civil española, la última guerra idealista, el último sueño de un pueblo volcado hacia lo imposible, hacia la utopía." Com essa apresentação, pretende-se estabelecer uma identificação entre o espectador e os acontecimentos ocorridos naqueles dias e seus protagonistas, mesmo quando estes fazem uso da violência contra os inimigos políticos, como aconteceu nos primeiros dias da revolução em Barcelona. Desta forma, a época da Guerra Civil Espanhola é apresentada como um período histórico remoto, no qual a luta heroica por utopias sociais e revolucionárias ainda era possível.[18]

A idealização da revolução vem reforçada pela insistência na ideia da solidariedade entre as mulheres de origem heterogênea que se unem defendendo os mesmo ideais. Outro aspecto interessante é o idealismo e heroísmo incentivados a partir do exemplo dado pelo grande líder do anarquismo espanhol, Buenaventura Durruti, que declara numa entrevista dada a jornalistas estrangeiros: "Nosotros llevamos en el corazón un mundo nuevo. Y este mundo crece a cada instante."[19] A filmagem deixa Durruti aparecer

---

[16] HEINEN. Ken Loach: *Land and Freedom*, p. 518-519 fala em "den Nerv der Zeit treffen".

[17] Vicente Aranda ficou conhecido pelas filmagens de vários romances da literatura de pós-guerra espanhola. Merecem ser destacadas as versões cinematográficas de *Tiempo de silencio* (1986) de Luis Martin Santos, *Si te dicen que caí* (1989), *El amante bilingüe* (1993) y *El embrujo de Shanghai* (2003), os três últimos de autoria do escritor barcelonense Juan Marsé.

[18] JÜNKE. "Pasarán años olvidaremos todo": La Guerra Civil Española como lugar de memoria en la novela y el cine actuales en España, p. 114.

[19] Entrevista concedida por Durruti em oito de agosto de 1936 ao escritor e correspondente da *Pravda*, Mijail Koltsov, apud JÜNKE. "Pasarán años olvidaremos todo": La Guerra Civil Española como lugar de memoria en la novela y el cine actuales en España, p. 112-113.

numa sobreposição de imagens; seus olhos se misturam com as imagens de milicianos entusiasmados de tal forma que o discurso baseado em fatos reais ganha uma expressão utópica e visionária.

FONTE: SÁNCHEZ-BIOSCA. *Cine y Guerra Civil Española. Del mito a la memoria*

Este entusiasmo pela revolução se põe em evidência em diversas sequências do filme, sempre quando os protagonistas milicianos cantam o hino do CNT, *A las barricadas*. A solidariedade entre homens e mulheres constitui o fundamento do êxito para batalhas na frente de Aragão, como quer mostrar o filme.

As forças rebeldes são apresentadas como uma força abstrata e invisível que de repente aparecem atirando, violentando, degolando e matando as mulheres da forma mais atroz. Estas ações formam um claro contraste com as ações violentas perpetradas pelos anarquistas no início do filme.[20]

Vicente Aranda tinha a ideia de fazer um filme ambientado na Guerra Civil Espanhola com protagonistas femininas lutando na frente desde o final da ditadura em 1975, porém somente em 1996 chegou a realizar esta versão cinematográfica das batalhas anarquistas. Segundo Aranda, com *Libertárias* queria afirmar "que si los hombres lucharon en la guerra por la instauración de la justicia y el mundo, las mujeres quisieron que esa justicia alcanzase al reconocimiento de sus reindivicaciones" e contar a história de "unas mujeres que prefirieron morir de pie, como los hombres, a vivir de rodillas como criadas".[21] Assim

---

[20] JÜNKE. "Pasarán años olvidaremos todo": La Guerra Civil Española como lugar de memoria en la novela y el cine actuales en España, p. 114.

[21] GALAN. '*Libertarias*', la memória histórica de Vicenta Aranda.

como *Terra e Liberdade*, de Ken Loach, *Libertárias* não pretende ser uma obra imparcial, senão um longa-metragem que toma o partido dos que acreditaram na liberdade e desejaram realizar uma utopia possível e defende o ponto de vista dos perdedores, que são as mulheres libertárias que estavam obrigadas a brigar em duas frentes ao mesmo tempo.

No filme, o líder anarquista Buenaventura Durruti exige a retirada das mulheres da frente de combate, o que põe em evidência a contradição que surgiu dentro do próprio movimento anarquista: o fuzil nas mãos das mulheres representava o poder que elas tinham para executar os seus ideais. O longa-metragem de Vicente Aranda ensina como toda revolução devora seus filhos, neste caso, as mulheres libertárias. O filme não teve boa acolhida em uma Espanha que se encontrava, no momento da sua estreia, à beira de uma discussão controvertida sobre o manejo da memória na mídia, na literatura, no cinema e na historiografia contemporânea.

Encontramos no filme de Aranda certas manifestações de um estereótipo falso ou exagerado do idealismo anarquista, podendo-se comparar o entusiasmo na cena da saída das milicianas para a frente de combate aragonesa cantando hinos revolucionários no alto de uma caçamba ao estilo de uma excursão dominguera. Sánchez-Biosca considera as *Libertárias* de certa maneira uma perversão do gênero memorialístico:

> Bajo la apariencia de reivindicar un episodio singular del frente, de rendir homenaje a la utopía libertaria y un reconocimiento a las mujeres luchadoras, lo que está en juego es una forma nueva de aclimatación sin compromisos ni hipotecas del pasado: el oportunismo. Es irrelevante que éste sea deliberado o no; lo sintomático es que, ante los imperativos del presente, el pasado que desea ser evocado enmudece y acaba desapareciendo (...)sin dejar huella.[22]

Enquanto o diretor inglês Ken Loach tenta observar o conflito com o olhar do estrangeiro, com uma discrição louvável, a ficção do catalão fala com a eloquência do presente que choca frontalmente com as paisagens da memória, que é a atmosfera de outrora. Segundo Sánchez-Biosca as atrizes se impõem às figuras que devem representar. Ana Belén, Victoria Abril, Loles León e Ariadna Gil, todas elas, possuem fama consagrada no cinema atual espanhol, enxergam as figuras sob o ponto de vista do feminismo no presente dos anos 1990, o que se manifesta no discurso no momento quando as milicianas ocupam o bordel ou pelas vestimentas e pelas decorações demasiado pulcras para uma situação completamente confusa como aquela que a cidade de Barcelona vivenciou em julho de 1936. A crítica do professor valenciano culmina chamando *Libertárias* uma "película de trajes", na qual se manifesta o protagonismo da mulher atual e não das mulheres livres da CNT que servem unicamente de disfarce das preocupações feministas contemporâneas.[23]

---

[22] SÁNCHEZ-BIOSCA. *Cine y Guerra Civil*, p. 295-296.
[23] SÁNCHEZ- BIOSCA. *Cine y Guerra Civil*, p. 293-294.

FONTE: SÁNCHEZ-BIOSCA. *Cine y Guerra Civil Española. Del mito a la memoria*

LA HIJA DEL CANIBAL

Essa obra, pela qual Rosa Montero recebeu o prêmio Primavera de Novela de 1997, foi o sétimo de um total de onze romances publicados até hoje por ela e a primeira em que apareceu o tema da Guerra Civil Espanhola. Existe uma versão cinematográfica, filmada no México[24] e outra adaptada para o teatro cujo título é *Ubiquese*. Talvez seja até hoje uma das obras mais analisadas e resenhadas da autora madrilena.

Grande parte deste interesse despertado pelo romance de Rosa Montero se deve à construção da obra e à temática abordada. Aqui destacam as análises da história do velho anarquista que participou da Guerra Civil Espanhola. A autora explica a escolha do assunto como tema principal da narração intra-homodiegética desta forma:

> Siempre he sentido una gran cercanía romántica con los anarquistas, que han sido los grandes perdedores de la guerra civil española, perdedores en un doble término, primero porque también han sido los malos para la historia clandestina oficial, que estaba totalmente manipulada por los comunistas. Así es que al poner a un anarquista estaba intentando rescatar la verdad más borrada y más oculta, por un lado, y por otro, ya te digo que sigo sintiéndome romántica y sentimentalmente muy cerca del universo ácrata, de sus críticas al poder, de su individualismo, de su énfasis en la cultura y la educación y la libertad personal e interior.[25]

---

[24] Neste filme que estreou em 2003, a história intra-homodiegético de Felix foi (quase) completamente eliminada Para o público do continente americano, estas memórias do anarquismo revolucionário durante a Guerra Civil não possuem nenhuma relevância.

[25] Montero apud Luengo. *La encrucijada de la memoria*, p. 178.

Assim entendemos a idealização do anarquista como um homem puro e inocente, de ideais altruístas que se opõe a qualquer forma de totalitarismo lutando pelos seus ideais até a morte.

A obra consiste de duas narrações, uma extra-homodiegética e outra intra-homodiegética: a primeira transcorre na Madri dos anos 1990 e reúne elementos de uma história criminal, em cujo centro se encontra Lucia Romero, uma autora de literatura infantil. Seu marido Ramón desaparece sob circunstâncias muito estranhas no aeroporto de Barajas, em Madri, e parece ser vítima de um sequestro organizado pelo grupo terrorista Orgullo Obrero. Lucia começa a procurar pelo esposo com a ajuda de dois vizinhos, o aposentado Felix, de 80 anos, e o jovem músico Adrian, de 21 anos. Juntos descobrem o envolvimento de Ramón, funcionário público do governo espanhol, em um escândalo de corrupção, no qual participa também a polícia e a simulação do crime.

A narração intra-homodiegética é a história da vida de Felix, que nasce como filho de um anarquista em 1914 em Barcelona. Ainda durante o governo de Primo de Rivera, se junta com o seu irmão maior Victor aos "Solidários", os temidos guerrilheiros anarquistas liderados por Buenaventura Durruti. Para abastecer os cofres do sindicato anarquista, organizam assaltos na América do Sul. Felix, ainda criança, participa destas ações ferindo um camponês gravemente. Voltando a Madri, trabalha como toureiro. Depois da rebelião dos generais nacionalistas, Felix se coloca sob o comando de Durruti em Barcelona para comprovar o seu engajamento pela causa libertária. Aos poucos percebe que a causa da revolução social está perdida e a sua confiança na utopia anarquista está sendo abalada nos seus fundamentos.

Rosa Montero menciona no prólogo do seu romance a obra *O curto verão da anarquia*, de Hans Magnus Enzensberger, como uma das suas principais fontes, ao lado de obras historiográficas e literárias da Espanha. Em 1972, o escritor alemão quis, inicialmente, produzir um documentário sobre a vida de Durruti, que recebeu o título "Biografia de uma lenda". Depois publicou, em 1977, *O curto verão da Anarquia*, chamado de romance na capa do livro, que consiste basicamente em citações e depoimentos sobre Durruti que reconstroem a história do famoso libertário com a dramaturgia hagiográfica. Para Enzensberger as circunstâncias equivalem à construção coletiva de heroísmo que podem ser consideradas uma verdadeira sorte para a história da humanidade.[26]

As descrições da figura Durruti em sua totalidade criam um mito político que se insere perfeitamente no esquema do heroísmo das revoluções tradicionais que sabe convencer e mobilizar as massas populares, porque ele mesmo é procedente das camadas baixas. A obra do autor alemão é um canto à audácia dos feitos e ao simbolismo das ações do líder sindicalista com as suas consequências de grande alcance para a sociedade da Catalunha. No relato de Enzensberger, o famoso Buenaventura Durruti aparece como a personagem-chave da revolução espanhola de 1936.

No caso da obra da jornalista madrilenha, trata-se de uma narração fictícia no presente, que tem como pano de fundo a história do anarquismo espanhol do século 20, uma encenação narrativa das memórias de um representante da geração que vivenciou

---

[26] BÖSENBERG. Hans Magnus Enzensberger: *Der kurze Sommer der Anarchie und Buenaventura Durruti*, p. 492.

a guerra civil, Felix, que aderiu, consequentemente, às posições ideológicas da época em que desdenhavam do comunismo e que refletem os conflitos existentes dentro da esquerda na Catalunha.

> El anarquismo enseñaba a pensar, enseñaba a leer, a desarrollar el criterio individual, a ser libre intelectual y moralmente. Pero el comunismo siempre fue una secta. Allí iban a parar las mentes débiles que buscaban el alivio de los dogmas de fe y de las certidumbres.[27]

Felix fornece uma descrição subjetiva do anarquismo em ordem cronológica, ressaltando a sua admiração quando jovem pelo líder carismático Durruti, que era o ídolo da juventude por suas qualidades de justiça, bondade e por seu grande idealismo naqueles tempos.[28] O esquema narrativo que traça a biografia afirma e corrige de certa forma as tendências hagiográficas existentes sobre o ídolo anarquista, uma vez que ele aparenta ser, na narração, um santo violento, completamente terreal, sem crenças religiosas, cuja vida está sempre marcada pela preocupação com a salvação da coletividade. Durruti é estilizado como um emblema atemporal e universal de uma resistência épica contra a tirania do poder.[29]

Para Felix, o comportamento do grupo e alguns ensinamentos da doutrina libertária serviram como modelo para a própria vida, porém ele mostra, entre uma admiração geral, a discordância em alguns pontos. Ele não se sente como autêntico anarquista, senão como um traidor e sofre de remorsos por sua falta de verdadeiro engajamento pela causa. Somente depois da guerra vê os nobres anarquistas com outros olhos depois de terem caído no sectarismo e sumido no ambiente criminoso.

> (...) los anarquistas auténticos eran unos tipos austeros, puritanos, casi calvinistas. Estaban en contra del alcohol y eran fieles a sus compañeras hasta la muerte. A mí, a los once años, aquello me parecía un desperdicio. A mí siempre me gustaron demasiado las mujeres. Por eso nunca fui un buen anarquista.[30]

O romance trata da vida dos anti-heróis, dos perdedores, das pessoas que não têm um lugar neste mundo. Felix é um deles, que consegue superar as decepções da vida e encontra uma harmonia interna nas coisas; os sonhos não realizados são tão necessários quanto as decepções e desilusões coletivas. Entre estas últimas podemos encontrar a utopia anarquista. Segundo o velho ex-militante, os anarquistas acreditavam tão cegamente na revolução como os fiéis na religião. Esta relação com ideologia satisfaz um desejo fundamental do ser humano, o de pertencer a algum coletivo e dar um sentido à própria vida.

Felix tinha uma imagem positiva da história e muita esperança no triunfo da revolução espanhola e da vitória do lado republicano na guerra. O velho anarquista transmite aos jovens a experiência da sua vida, marcada por brutalidades e crueldades que continuaram durante a Segunda Guerra Mundial, iniciada em 1939, somente cinco meses depois do término da Guerra Civil Espanhola.

---

[27] MONTERO. *La hija del canibal*, p. 201.

[28] SOLER. Rosa Montero: *La hija del caníbal*, p. 523.

[29] GOMES. *La guerra persistente*, p. 112.

[30] MONTERO. *La hija del caníbal*, p. 69.

Existe nesse romance da jornalista madrilenha um posicionamento enquanto memória cultural. As memórias não são de um indivíduo, senão da coletividade.[31] Por meio da recepção, as memórias individuais de outros podem ser integradas na própria memória, de tal forma que aconteça uma amalgamação dos horizontes memorialísticos de diferentes gerações, como neste caso das gerações de Lúcia e de Felix:

> (...) sucede que en ocasiones no alcanzo a distinguir con nitidez un recuerdo mío del pasado de algo que soñé o imaginé, o incluso de un recuerdo ajeno que alguien me narró vividamente. Como el extenso, fascinante relato que empezó a contar Felix esa tarde. Sé que yo no soy él, pero de algún modo siento parte de sus memorias como si fueran mías; y así, creo haber vivido la aguda emoción de los atracos, y el mortífero fragor del público en una plaza de toros miserable, y el embrutecimiento del alcohol, y sobre todo la quemadura irreparable de la traición. Aunque a veces imagino que en realidad todo es imaginario: que vivimos un presente dormido desde el que soñamos que tuvimos pasado.[32]

O conceito do passado utilizado e apresentado aqui é de índole sociocultural construtivista. A identidade está estreitamente ligada à memória. Pela interação de lembrar e de esquecer, assim como pela reformulação do passado para contá-lo, se forma a identidade individual de cada pessoa.[33]

A biografia fragmentada de Felix, relatada por ele mesmo durante seis capítulos em primeira pessoa, pode ser considerada uma coleção de reencontros nostálgicos com a história nacional espanhola, na qual a violência dispunha de "um pedigree moral e intelectual".[34]

Durante muitos anos, a memória coletiva com seu potencial comunicativo foi esquecida para não mexer nas feridas abertas de uma sociedade ainda dividida, porém, seis décadas depois da guerra e vinte anos depois da morte do ditador Franco, estava terminando a época do silêncio guardado e do esquecimento em favor da transição democrática e começando a despertar o interesse pelas memórias da geração de Felix. Para ele, este fato também é uma novidade, tanto que ele confessa abertamente:

> Te voy a decir algo que te va a sorprender: esta es la primera vez que le he contado a alguien toda mi vida. (...) Estábamos en pleno franquismo y las dictaduras son así: llenan la vida de secretos. Mi caso no era el único; millares de familias borraron tan diligentemente su pasado que, a la llegada de democracia, hubo muchos hijos adultos que descubrieron, estupefactos, que su padre había pasado cuatro años en la cárcel tras la guerra, por ejemplo, o que el abuelo había muerto fusilado y no en la cama. Con la democracia, sin embargo yo seguí callando. Porque quería olvidar.[35]

Mesmo quando Felix descreve os acontecimentos sangrentos e violentos do seu passado, que de fato ocorreram na realidade, o velho anarquista sempre tem uma explicação e uma justificativa, uma vez que do seu ponto de vista tratou-se neste caso da uma violência necessária e consequentemente perdoável.[36]

---

[31] SOLER. Rosa Montero: *La hija del caníbal*, p. 528.

[32] MONTERO. *La hija del caníbal*, p. 64-65.

[33] SOLER. Rosa Montero: *La hija del caníbal*, p. 529.

[34] GOMES. *La guerra persistente*, p. 111.

[35] MONTERO. *La hija del caníbal*, p. 315

[36] LUENGO. *La encrucijada de la memoria*, p. 157.

La hija del caníbal é, sem dúvida alguma, um romance que tematiza o tema do uso da violência para fins políticos, como explica Gomes, que observa as características desse assunto nos dois discursos desiguais existentes no romance: o do passado e o do presente.[37]

Felix é o narrador da violência da guerra civil com os seus preliminares e as suas sequelas, enquanto Lucia transmite, na sua narrativa, as experiências com a violência e corrupção depois da transição à democracia na Espanha de hoje. Ficam evidentes também as grandes diferenças sintomáticas entre o discurso da personagem Felix e Enzensberger no seu já mencionado livro *O curto verão da anarquia* sobre a figura histórica de Buenaventura Durruti: o primeiro propõe com êxito uma aventura narrativa que aborda com êxito e de forma emocionante fatos históricos, enquanto o segundo faz desta aventura uma filigrana de labirinto textual, cujo objetivo é exatamente não buscar uma saída, segundo o princípio assumido por Enzensberger, o de não existir nenhum tipo de narração imparcial.[38]

Rosa Montero apresenta um tema poucas vezes tocado na narrativa espanhola contemporânea, apesar da grande quantidade de romances publicados nos últimos quinze anos que enfoca a Guerra Civil Espanhola e o franquismo. O anarquismo até hoje tem papel menor nas obras de ficção, o que a autora explica desta forma referindo-se ao personagem de Felix Fortuna:

> El cuenta su vida como un ejemplo. Y también lo que pasa es que él ha sido históricamente un perdedor y en ese sentido te doy la razón: el anarquismo ha sido radicalmente perdedor hasta el derrumbe del muro de Berlín. Y es algo muy curioso, porque la historia del anarquismo nunca se ha contado, por así decirlo. Fueron doblemente perdedores. En España ha habido una doble historia: la oficial, que es la del franquismo, luego la clandestina, que es la de los comunistas, quienes tenían una gran influencia social y que dieron la lucha clandestina antifranquista de las últimas décadas. Los anarquistas no, porque ya los habían matado a todos. Pues en ninguna de las dos historias, con las que yo he crecido, ni en la oficial ni en la clandestina, aparece la versión de los anarquistas. Estos siempre fueron tratados siempre como los tontos. Y de repente ahora empieza a emerger la historia contada por ellos.[39]

Embora a história de Felix seja um relato pessoal de forma intra-homodiegética dentro de outra narração principal, são exatamente as reflexões pessoais de índole moral que fazem o leitor se envolver com o papel do anarquismo nos acontecimentos políticos do século 20. Enquanto Felix realiza a narração com espontaneidade, sinceridade, autenticidade e convicção de ter lutado por uma causa justa, a protagonista feminina Lúcia cumpre o seu papel de narradora extra-homodiegética questionando estas convicções do velho anarquista à luz da realidade política espanhola no final do século 20.

Na sequência do livro de Rosa Montero apareceram outras narrativas sobre o anarquismo espanhol como *El cielo del infierno*, de David Castillo (1999), que explica o sumiço dos ideais de militantes anarquistas durante a transição para a democracia, ou

---

[37] GOMES. *La guerra persistente*, p. 120.

[38] GOMES. *La guerra persistente*, p. 122.

[39] Rosa Montero entrevistada por Cesar Güemes para *La Jornada* no día 8 de mayo de 1998, apud GATZEMEIER. La hija del canibal de Rosa Montero, p. 95.

El corazón de la tierra, de Juan Cobos Wilkis (2001),[40] corroborando de certa forma as afirmações de Rosa Montero.

Conclusão

A pesquisadora espanhola, radicada na Alemanha, Ana Luengo, cita, ao lado do livro de Rosa Montero, *La hija del canibal*, também os filmes *Land and Freedom*, *Libertárias* e a obra de teatro *Vanzetti* (1993), de Luis Araujo, como provas do auge da nostalgia anarquista durante os anos 1990 e continua:

> No son más que algunos ejemplos que muestran cómo el anarquismo se ha convertido en modelo romántico. Ello tiene sentido tras el derrumbe de la visión positiva del comunismo entre los intelectuales españoles e, incluso, los simples militantes o simpatizantes de izquierda.[41]

Este ressurgimento da nostalgia anarquista na Europa e na Espanha não é uma mera coincidência, uma vez que o bloco comunista desapareceu depois da queda do Muro de Berlim, em 1989. Numa época na qual o comunismo estalinista é indefensável, ofensivas fundamentadas contra o socialismo agradam à opinião pública mesmo vangloriando uma utopia libertária e irreal que perpetrou agressões contra a democracia, tentativas de assaltos, roubos e sabotagens quando também eliminou tendências mais moderadas dentro do sindicato.

Entendemos a nostalgia idealizadora como uma forma de compensação em um duplo sentido, por um lado, é recuperada uma utopia de esquerdas e, por outro, a memória dos protagonistas de um episódio da Guerra Civil Espanhola, ambas foram ignoradas durante seis décadas, tanto por vencedores como por vencidos desta sangrenta contenda. Nas chamadas "lutas de memória"[42] que estão acontecendo na Espanha atual, este aspecto da "revolução social", por questões de conveniência, muitas vezes é omitido ou suprimido, querendo construir uma continuidade entre a Segunda República e democracia atual.

---

[40] Este romance conta a história de um conflito na Andaluzia de finais do século 19 quando a população de uma pequena aldeia da província de Huelva se rebelou contra a as formas inumanas e poluentes de exploração das minas de Rio Tinto por uma companhia inglesa. Nesta rebelião houve uma importante liderança anarquista.

[41] LUENGO. *La encrucijada de la memoria*, p. 179.

[42] Termo que foi cunhado por Walther L. Bernecker. Cf. seu artigo "Luchas de memória en la España actual" no presente volume.

Abstract

In the present article the intention is a presentation of three works of well-known European authors and directors (a literary one, two cinematographic ones) of the Nineties of the 20th century in which an idealization of the revolutionary fight in the Spanish Civil War takes place. The objective of this text is to explain the sprouting of the libertarian movement at the beginning of the dispute in the region of Catalonia in 1936 and to evidence the literary and novelistic manifestations of the glorification of these rivalry battles between anarchists on the one hand and communists and republicans on the other side, the latter of which wanted to revert the situation of socialization of the agrarian and industrial goods.

Keywords

Spanish Civil War, Anarchist Social Revolution, Memory in Literature and Film

Referências

BANNASCH, Bettina; HOLM, Christiane (Org.). *Erinnern und Erzählen.* Der Spanische Bürgerkrieg in der deutschen und der spanischen Literatur und in den Bildmedien. Tübingen: Günter Narr, 2005.

BERNECKER, Walther L. *Die Soziale Revolution im Spanischen Bürgerkrieg*, München. Ernst Vögel, 1977.

BÖSENBERG, Anne. Hans Magnus Enzensberger: *Der kurze Sommer der Anarchie* und *Buenaventura Durruti.* In: BANNASCH, Bettina; HOLM, Christiane (Org.). *Erinnern und Erzählen.* Der Spanische Bürgerkrieg in der deutschen und der spanischen Literatur und in den Bildmedien. Tübingen: Gunter Narr, 2005. p. 485-496

BRINKMANN, Sören. *Katalonien und der Spanische Bürgerkrieg.* Geschichte und Erinnerung. Berlin: Tranvía, 2007.

BROUÉ, Piere; TÉMIME, Émile. *Revolution und Krieg in Spanien*: Geschichte des Spanischen *Bürgerkriegs.* Frankfurt: Suhrkamp, 1975. 2 v.

BUSCH, Annett. Die Revolution hätte ansteckend sein können. Kino im Dienste der Solidarität. In: FREY, Walter (Org.). *Land and Freedom, Ken Loachs Geschichte aus der Spanischen Revolution.* Film, Diskussion, Geschichte, Regisseur. Berlin: Tranvía, 1996. p. 23-30.

ENZENSBERGER, Hans Magnus. *Der kurze Sommer der Anarchie.* Buenaventura Durrutis Leben und Tod. Frankfurt: Suhrkamp, 1977.

FREY, Walter (Org.). *Land and Freedom, Ken Loachs Geschichte aus der Spanischen Revolution.* Film, Diskussion, Geschichte, Regisseur. Berlin: Tranvía, 1996.

GALÁN, Diego. *Libertarias*, la memoria histórica de Vicenta Aranda, *El País*, 6 maio 2004.

GATZEMEIER, Claudia. "El corto invierno de la anarquía": *La hija del caníbal* de Rosa Montero. In. WINTER. Ulrich (Org.). *Lugares de memoria de la Guerra Civil y el Franquismo. Representaciones literarias y visuales.* Madrid/Frankfurt: Iberoamericana Vervuert, 2006. p. 93-100.

GOMES, Antonio López Quiñones. *La guerra persistente*. Memoria, violencia y utopia: representaciones contemporáneas de la Guerra Civil Española. Madrid/Frankfurt: Iberoamericana Vervuert, 2006.

HEINEN, Sandra. Ken Loach: *Land and Freedom* nach George Orwell: *Homage to Catalonia*. In: BANNASCH, Bettina; HOLM, Christiane (Org.). *Erinnern und Erzählen, Der Spanische Bürgerkrieg in der deutschen und der spanischen Literatur und in den Bildmedien*, Tübingen: Günter Narr, 2005. p. 507-520.

JÜNKE, Claudia. "Pasarán años olvidaremos todo": La Guerra Civil Española como lugar de memoria en la novela y el cine actuales en España. In: WINTER, Ulrich (Org.). *Lugares de memoria de la Guerra Civil y el Franquismo*. Representaciones literarias y visuales. Madrid: Frankfurt: Iberoamericana Vervuert, 2006. p. 101-130.

LAND AND FREEDOM. Filme de Ken Loach, Alemanha, Gran Bretanha, Espanha 1995, 109 min., com Ian Hart, Rosana Pastor, Iciar Bollain, entre outros.

LEHNING, Arthur. *Spanisches Tagebuch & Anmerkungen zur Revolution in Spanien*. Berlin: Tranvía, 2007.

LIBERTARIAS. Filme de Vicente Aranda, Espanha 1996, 125 min., com Ana Belén, Ariadna Gil, Victoria Abril, Loles León, Miguel Bose, Jorge Sanz, entre outros.

LUENGO, Ana. *La encrucijada de la memoria. La memoria colectiva de la Guerra Civil en la novela contemporánea*. Berlin: Tranvía, 2004.

SÁNCHEZ-BIOSCA, Vicente. *Cine y Guerra Civil Española*. Del mito a la memoria. Madrid: Alianza, 2006.

SEIDEL, Carlos Collado. Setenta años después. Nuevas perspectivas en la historiografía sobra la Guerra Civil española (1936-39). *Iberoamericana*, ano VII, n. 28, p. 201-216, 2007.

SOLER, Ariadna. Rosa Montero: *La hija del caníbal*. In: BANNASCH, Bettina; HOLM, Christiane (Org.). *Erinnern und Erzählen. Der Spanische Bürgerkrieg in der deutschen und der spanischen Literatur und in den Bildmedien*. Tübingen: Günter Narr, 2005. p. 521-534.

WANDLER, Reiner. Vergangenheit und Gegenwart: Ein Film entsteht. In: FREY, Walter (Org.). *Land and Freedom*. Ken Loachs Geschichte aus der Spanischen Revolution. Film, Diskussion, Geschichte, Regisseur. Berlin: Tranvía, 1996. p. 44-50.

WINTER, Ulrich (Org.). *Lugares de memoria de la Guerra Civil y el Franquismo. Representaciones literarias y visuales*. Madrid/Frankfurt: Iberoamericana Vervuert, 2006.

Os imaginários da guerra civil espanholA

Luiz Nazario
UFMG / CNPq

RESUMO

Neste breve panorama do cinema produzido na Espanha durante a guerra civil e das representações do conflito na cinematografia mundial, o autor ressalta as imprecisões dos cronistas da guerra, abertamente engajados num dos lados em luta; a propaganda que vicejou, mesclando fatos e mitos, nos filmes realizados pelos rebeldes e pelos republicanos; os exageros alimentados pelas mídias, assim como as reduções operadas pelos revisionistas. Os paradoxos da realidade local que conduziram a Espanha à guerra alimentaram o surrealismo, geraram enigmas até hoje não decifrados pelos historiadores e criaram imaginários impregnados de alusões, metáforas e simbolismos que desafiam a objetividade.

PALAVRAS-CHAVE

Cinema, Guerra Civil Espanhola, franquismo

O cinema espanhol foi mais ou menos ignorado pelas histórias gerais do cinema até a realização de *La aldea maldita* (1930), de Florián Rey, que retratava a vida miserável dos camponeses de Castilla, num tempo em que as mulheres eram submetidas e submetiam-se sem questionamentos à ordem patriarcal. O tema prefigurou *Las Hurdes / Tierra sin pan* (Terra sem pão, 1932), de Luis Buñuel, que revelou de maneira cruel a miséria de uma aldeia de Salamanca isolada do mundo até 1922, quando ali se construiu uma autoestrada. O filme foi proibido – não sob a ditadura franquista, mas pela própria República – por "desonrar a Espanha e denegrir os espanhóis". Em que pesem as manipulações de Buñuel,[1] ele revelou a realidade profunda da Espanha, num *imaginário oposto* ao representado por *Nobleza baturra* (1935), de Florián Rey, o filme predileto do general Francisco Franco.

Com a guerra civil, muitos cinemas foram fechados, os materiais dos três estúdios existentes foram em parte inutilizados, a produção de ficção interrompida e centenas de técnicos, atores e diretores exilaram-se. Teoricamente mais próximo dos anarquistas, Luis Buñuel rejeitou o comportamento arbitrário e fanático deles e passou a colaborar com os comunistas, que eram mais organizados e disciplinados: ele estabeleceu contatos

---

[1] Em *De Gevangenen von Buñuel* (Os prisioneiros de Buñuel, 2000), o documentarista holandês Ramón Gieling exibiu *Las Hurdes* para a população local atual e registrou as reações conservadoras e moralistas dos hurdanos, que acusaram Buñuel de ter prejudicado a região deles com falsificações. Cf. NAZARIO. *O surrealismo no cinema*, p. 579-580.

internacionais, produzindo documentários de propaganda, alguns dos quais nunca exibidos, devido às dissensões internas entre os republicanos. Em maio de 1937, sob a pressão dos comunistas sob o comando de Stalin, a insurreição anarquista em Barcelona foi esmagada pelo Exército republicano, e seus líderes, assassinados. Buñuel exilou-se nos Estados Unidos, depois no México, onde realizou filmes comerciais mais ou menos surrealistas. Curiosamente, em nenhum de seus filmes, Buñuel abordou a guerra civil, embora toda sua obra revele traços do conflito, sempre evocado como um pesadelo recorrente. Em *Meu último suspiro*, deixou registradas sensatas impressões sobre o conflito.[2]

Os rebeldes nacionalistas concentravam-se no norte, apoiados pela Alemanha nazista e pela Itália fascista, que se beneficiaram do conflito usando a Espanha como campo de treinamento militar com uso experimental de armas e técnicas de guerra total, e obtendo grandes quantidades de volfrâmio (tungstênio), abundante nas minas espanholas e marroquinas, essencial à sua indústria de armamentos. Mussolini enviou 70 mil soldados e quatro divisões inteiramente equipadas, além de armas e munições. Hitler consolidou a liderança de Franco fornecendo-lhe os meios para transportar em tempo recorde do Marrocos para a Espanha, em 20 Junkers escoltados por seis caças Heinkel, 10 mil combatentes leais, na primeira operação organizada de ponte aérea em larga escala;[3] e enviou também 5.136 mil oficiais, pilotos e soldados bem treinados e uma frota de 200 aviões modernos – a Legião Condor. Os rebeldes nacionalistas contaram ainda com 40 mil mercenários muçulmanos e um corpo voluntário de 20 mil portugueses – os Viriatos – da recém-fundada Legião Portuguesa, que se integraram às tropas espanholas.

Os republicanos resistiam em Madri, nas províncias bascas, no sul e no leste, com o apoio da URSS,[4] do México e de 60 mil civis antifascistas (comunistas na maioria, incluindo 16 brasileiros, entre os quais Apolônio de Carvalho)[5] de 53 nações, alistados como voluntários das Brigadas Internacionais.[6]

---

[2] BUÑUEL. *Meu último suspiro*, p. 210, 211, 239, 240.

[3] ANÔNIMO. As origens da Luftwaffe. *Luftwaffe39-45*. Observação: site informativo sobre a *militaria* alemã, com viés *patriótico* e "dedicado à memória de todos os pilotos, tripulantes e soldados da Luftwaffe que lutaram até o fim em defesa de sua Pátria, mesmo sabendo que se tratava de uma causa perdida".

[4] Aviões, tanques, armas e munições, além de instrutores militares. Essa ajuda, fundamental para a resistência republicana, diminuiu em 1937 e foi suspensa em 1938, como resultado das negociações entre Hitler e Stálin para o pacto de não agressão assinado entre a Alemanha e a União Soviética.

[5] Sendo 14 militares e 2 civis – Alberto Bomilcar Besouchet, Apolônio de Carvalho, Carlos da Costa Leite, David Capistrano da Costa, Delcy Silveira, Dinarco Reis, Eneas Jorge de Andrade, Hermenegildo de Assis Brasil, Homero de Castro Jobim, Joaquim Silveira dos Santos, José Gay da Cunha, José Correa de Sá, Nelson de Souza Alves, Nemo Canabarro Lucas, Roberto Morena e Eny Silveira. Em comum, tinham a militância comunista e a perseguição pelo governo de Getúlio Vargas, segundo BATTIBUGLI. *A solidariedade antifascista* – brasileiros da Guerra Civil Espanhola, 1936-1939. Outras fontes mencionam o número de 40 brigadistas brasileiros.

[6] Dez mil deles morreriam nas batalhas pela República, antes da despedida das Brigadas com grandes manifestações em outubro de 1938, quando, em tentativas de negociações, o governo de Juan Negrín propõe a retirada de todas as forças estrangeiras. Mas Salazar ordenou a detenção pela guarda fronteira de todo suspeito de simpatias republicanas em fuga para Portugal, e muitos acabariam fuzilados ou presos, como o poeta Miguel Hernández, que tentou refugiar-se no Alentejo em 1939 e foi devolvido às autoridades franquistas, morrendo numa prisão de Alicante em 1942.

A França e a Inglaterra enviaram armas, mas ativeram-se ao pacto de não intervenção descaradamente violado pela Itália e Alemanha. A Legião Condor bombardeou Madri entre junho e julho de 1937, procedendo ao que historiadores militares consideraram como o *primeiro experimento na história do mundo de* "desmoralização do inimigo" (bombardeio aéreo sistemático da população civil).[7] Mas o episódio mais lembrado da guerra é outra *experiência militar*, a do *primeiro tapete de bombas sobre uma cidade*, que ocorreu a 26 de abril de 1937, quando 26 bombardeiros da Legião Condor, escoltados por 16 caças, despejaram 45 toneladas de bombas sobre Guernica. Após três horas de uma *tempestade de fogo e aço*, a aldeia basca encontrou-se destroçada.[8] Ao receber a notícia, Pablo Picasso, que pintava um painel sobre a Guerra Civil Espanhola encomendado pelo Governo republicano para ser exibido no pavilhão espanhol da Exposição Universal de Paris daquele ano, decidiu nomeá-lo *Guernica*.

Considerando-se que na Primeira Guerra Mundial e na guerra civil que se seguiu à Revolução Russa o cinema ainda era mudo, foi na guerra da Espanha que pela primeira vez na História o *cinema sonoro* foi usado de forma massiva como meio de propaganda bélica. Os republicanos controlavam a indústria cinematográfica de Madri e Barcelona. E cada uma das facções de esquerda tinha sua própria produtora cinematográfica, transmitindo diferentes visões do conflito e de como levar a cabo a revolução. Os anarquistas, que produziram, entre todos os grupos em luta, o maior número de filmes, criaram o Sindicato Único de Espectáculos Públicos – SUEP e lançaram, por meio da Oficina de Información y Propaganda da Confederacion Nacional del Trabajo/Federacion Anarquista de Iberica – CNT-FAI, documentários militantes de curta-metragem[9] que demonstravam seu antifascismo em imagens tão chocantes que os franquistas os exibiam

---

[7] DVD Duplo *Mourir à Madrid*.

[8] Os historiadores registraram 1.654 mortos e 889 feridos no bombardeio, numa população de 6 mil habitantes, apontando Guernica como o primeiro *ataque aéreo maciço* sobre uma cidade. Cidades já haviam sido bombardeadas – Durango, Éibar –, mas nenhuma o fora como Guernica. No Tribunal de Nuremberg, Hermann Goering, comandante da Luftwaffe, revelou que a cidade santa do povo basco fora um laboratório para o ensaio de sistemas de bombardeios com projéteis explosivos e incendiários em cidades. E o General Adolf Galland, da Luftwaffe, escreveria em *Os primeiros e os últimos ases dos Messerschmitt*, que "Guernica não era um objetivo militar, foi apenas um erro lamentável". Em nome da "verdade" e do "bom senso", os revisionistas tentam retirar Guernica da História: Félix Luengo, diretor do Departamento de História Contemporânea da Universidade do País Basco, declarou que ali "o número de vítimas fatais deve ter sido em torno de 200". E Onésimo Diaz, professor de História da Universidade de Navarra, acredita que se não fosse pelo quadro de Picasso, Guernica não teria tido mais repercussão que outras cidades bombardeadas. Jesús Salas Larrazábal em *Guernica* (1987), citado por J. Luís Andrade, no blog *Alameda Digital*, já conseguiu reduzir para 120 o número de mortos; tomando a confissão de Galland como prova de que o bombardeio foi "acidental", devido a "ventos fortes" que teriam "desviado as bombas" para lá, lembrando contraditoriamente que os republicanos já haviam praticado o bombardeio aéreo visando civis em Oviedo, Saragoza e Huesca.

[9] *El Último minuto* (1936), de J. Bosch Ferrán; *Reportaje del movimiento revolucionario en Barcelona* (1936), de Mateo Santos; *Madrid tumba del fascio I* (1936) e *Madrid tumba del fascio II* (1936), de Les e Ángel García Verchés; *La Batalla de Farlete* (1936), de Les e Adrién Porchet, que registra os avanços da coluna militar do famoso líder anarquista Buenaventura Durruti; *Bajo el signo libertario* (1936), de Les; *¡¡Ayuda a Madrid!!* (1936), de Les, Félix Marquet e Juan Pallejá; *Aguiluchos de la FAI por tierras de Aragón. Reportaje número 3* (1936), de Jacinto Toryho e Adrién Porchet; *Y tú, ¿qué haces?* (1937), de Ricardo de Baños; *Columna de hierro* (1937), de Les, Miguel Mutiñó e Juan Pallejá.

como provas da barbárie dos republicanos. Expropriando as salas de projeção e agrupando-as no Comité Económico de Cines, a CNT obteve o controle de tudo o que era mostrado ao público. Outra organização anarquista, o Sindicato de la Industria del Espectáculo – SIE, produziu dezenas de curtas-metragens enfatizando a necessidade da revolução social durante a guerra.[10]

Já as Juventudes Socialistas Unificadas e do Partido Comunista Espanhol ressaltavam em suas produções cinematográficas[11] a necessidade de vitória na guerra sob a disciplina de um único chefe, definindo sempre os adversários como "invasores estrangeiros" para identificar os franquistas aos nazistas alemães e fascistas italianos a fim de obter a unidade popular espanhola contra o "inimigo externo comum".

O governo central, por meio da Subsecretaría de Propaganda del Gobierno de la República, também produziu seus filmes,[12] adotando a estratégia comunista de centralização do comando para a vitória na guerra. O mais importante deles foi o longa-metragem *España 1936 – España leal en armas* (1937), encomendado ao comunista Jean-Paul Le Chanois (Jean-Paul Dreyfus) pela embaixada espanhola em Paris por Luis Buñuel, que escreveu, produziu e editou o documentário, narrado pelo poeta Pierre Unik. O objetivo era comover a opinião pública internacional a fim de romper o bloqueio do pacto de não intervenção. Por fim, os governos autônomos também apresentaram suas próprias produções de propaganda, especialmente a *Generalitat* catalã, por meio da produtora Laya Films.[13]

Do lado franquista foram rodados diversos filmes de ficção e documentários. A Compañía Industrial Film Español S.A. – CIFESA, da família franquista Casanova, produziu

---

[10] *Siétamo* (1936), de Les, Adrién Porchet e Antonio Gracian; *Nosotros somos así* (1936), de Valentín González; *La Conquista del Carrascal de Chimillas* (1936), de Félix Marquet e Miguel Mutiñó; *Aragón trabaja y lucha* (1936), de Félix Marquet; *La Última* (1937), de Pedro Puche; *Teruel ha caído* (1937), de Miguel Mutiñó; *Salvaguardia del miliciano* (1937), de Félix Marquet; *Marimba* (1937), de Valentín González; *Madera* (1937), de José Baviera; *El Frente y la retaguardia* (1937), de Joaquín Giner; *Frente de Teruel* (1937), de Miguel Mutiñó; *Forjando la victoria* (1937), de Mateo Santos; *En la brecha* (1937), de Ramón Quadreny; *La silla vacía* (1937), de Valentín González; *El Ejército de la victoria. Un episodio: Casa Ambrosio* (1937), de Félix Marquet; *División heroica* (1937), de Carlos Martínez Baena, Ramón Oliveras, Félix Marquet e Adrién Porchet; *Columna de hierro* (1937), de Les, Miguel Mutiñó e Juan Pallejá; *El Cerco de Huesca* (1937), de Carlos Martínez Baena, Ramón Oliveras e Félix Marquet; *Cataluña* (1937), de Valentín González; *Alas negras* (1937), de Félix Marquet; *El Acero libertario* (1937), de Ramón de Baños; *Barrios bajos* (1937), de Pedro Puche; *Fury Over Spain* (1937), de Louis Frank e Juan Pallejá; *Imágenes de retaguardia* (1938), de Valentín González; *Bombas sobre el Ebro* (1938), de Félix Marquet; e *Así vive Cataluña* (1938), de Valentín González. E o longa-metragem de ficção *Aurora de esperanza* (1937), de Antonio Sau Olite.

[11] *Diecinueve aniversario de la Revolución Rusa en Barcelona* (1936) e *Por la unidad hacia la victoria* (1937), de Fernando Mantilla; *Mando Único* (1937) e *Industrias de guerra* (1937), de Antonio del Amo.

[12] *Madrid* (1937); de Manuel Villegas López; *Ejército regular* (1937), de Carrasco de la Rubia; *Defendemos nuestra tierra* (1938), de Juan Manuel Plaza; *Campesinos de ayer y de hoy* (1938), de Carrasco de la Rubia.

[13] *Un Día de guerra en el Frente de Aragón* (1936), de Juan Serra; *Els Tapers de la costa* (1937), de Ramón Biadiú; *Ollaires de Breda* (1937), de Ramón Biadiú; *Catalanes en Castilla* (1937), de Joan Castanye; *Arrossars* (1937), de Ramón Biadiú; *Aragón 1937* (1937), de Manuel Berenguer e Antonio Graciani; *Jornadas de victoria: Teruel* (1938), de Manuel Berenguer e Julián de la Flor; *Cataluña mártir* (1938), de J. Marsillach; *Batallons de muntanya* (1938), de Manuel Berenguer; e *Arán, la Vall* (1938), de Ramón Biadiú.

propagandas em curta-metragem;[14] em média-metragem[15] e em longa-metragem.[16] A CIFESA também produziu durante a guerra civil comédias de longa-metragem ressaltando os valores franquistas.[17] Entre 1936 e 1937, o Departamento de Imprensa e Propaganda da Falange Espanhola, sob a direção de Vicente Cadenas, com Antonio Calvacha na chefia do setor cinematográfico, associou-se às sociedades privadas Ufilms e Film Pátria. A companhia JONS produziu a propaganda patriótica de curta-metragem *Alma y nervio de Espana* (1936). Em 1938 foi criado o Departamento Nacional de Cinematografia, que lançou 23 edições do *Noticiario Español* e diversos documentários de propaganda.[18]

Os franquistas também recorreram aos aliados salazaristas, fascistas e nazistas. Como mostraram as pesquisas de Maria Paz e Julio Montero, a produção nazista de atualidades e de ficção teve grande penetração na Espanha durante toda a guerra civil.[19] E uma linha de coproduções – analisadas por Lisa Jarvinen e Francisco Peredo-Castro – teve início quando o valenciano Joaquín Reig foi enviado a Berlim: ele ali realizou a peça mais valiosa da propaganda franquista: *España heróica / Helden in Spanien* (1938), de Paul Laven, Fritz Mauch e Joaquín Reig, um documentário de longa-metragem narrando a evolução do conflito desde a queda da monarquia até o início da República, quando a Espanha "caiu nas mãos de correntes políticas incompatíveis com sua psicologia étnica".[20]

O relativo êxito do filme deu lugar a uma série de cinco coproduções em longa-metragem de ficção germano-espanholas, pelas produtoras espanholas Hispano-Film-Produktion,

---

[14] *Entierro del general Sanjurjo* (1936), de José Nunes das Neves; *Castillos en Castilla* (1936), de Fernando Mantilla e Carlos Velo; *Sevilla rescatada* (1937), de Alfredo Fraile; *Santander para España* (1937), de Fernando Delgado; *Homenaje a las Brigadas de Navarra* (1937), de Fernando Delgado; *Entierro del general Mola* (1937), de Alfredo Fraile; *Bilbao para España* (1937), de Fernando Delgado; *Hacia la nueva España* (1937), de Fernando Delgado; *Santiago de Compostela – Ciudades de la Nueva España* (1938), de Fernando Fernández de Córdoba; *Ya viene el cortejo...* (1939), de Carlos Arévalo; *Desfile de la Victoria en Valencia* (1939), de Luis de Armiñán; *El Cuerpo de Ejército de Galicia* (1939), de Luis de Armiñán; *La Corrida de la Victoria* (1939), de Rafael Gil; *La Copa del Generalísimo en Barcelona* (1939), de Rafael Gil.

[15] *Marcha triunfal* (1938), de Joaquín Goyanes e Antonio de Obregón; e *La Gran victoria de Teruel* (1938), de Alfredo Fraile.

[16] *España heroica* (1938), de Paul Laven e Fritz Mauch; e *Por la independencia de España* (1938), de Alfonso Gimeno.

[17] *La Hija del penal* (1936), de Eduardo García Maroto; *El Cura de aldea* (1936), de Francisco Camacho; *Morena Clara* (1936), de Florián Rey; *En busca de una canción* (1937), de Eusebio Fernández Ardavín; *Los Cuatro robinsones* (1939), de Eduardo García Maroto; e *El Genio alegre* (1939), de Fernando Delgado

[18] *Juventudes de España* (1938), de Edgar Neville; *Dieciocho de julio* (1938), de Manuel Augusto García Viñolas; *La Ciudad Universitaria* (1938), de Edgar Neville; *La Batalla del Ebro* (1938), de Manuel Aznar; *Vivan los hombres libres* (1939), de Edgar Neville; *Presente* (1939), de Enrique Guerner (Heinrich Gärtner); *La Llegada de la Patria* (1939), de Manuel Augusto García Viñolas; *La Concentración de la Sección Femenina en Medina del Campo* (1939), de Manuel Goyanes; *Hierro en Vizcaya* (1940), *La Ganadería en la zona sur* (1940) e *Vía Crucis del Señor en las tierras de España* (1940), de José Luis Sáenz de Heredia.

[19] PAZ; MONTERO. German Films on the Spanish Market Before, During and After the Civil War, p. 253-264.

[20] JARVINEN; PEREDO-CASTRO. German Attempts to Penetrate the Spanish-speaking Film Markets, 1936-1942, p. 42-57.

CIFESA e Saturnino Ulargui e a alemã UFA,[21] das quais a mais bem-sucedida foi *Carmen, la de Triana* (1938), de Florián Rey, adaptada da novela *Carmen*, de Prosper Mérimé, com uma versão alemã rodada simultaneamente por Herbert Maische, *Andalusische Nächte*, estreada em Berlim a 5 de julho de 1938. Depois dessas primeiras experiências, por razões econômicas, políticas e ideológicas (repudiado pelo hitlerismo, o catolicismo era um dos pilares do franquismo), o contrato entre a UFA e a HFP não foi renovado.

Artistas e intelectuais de diversos países acorreram à Espanha para defender a República, entre os quais George Orwell. Nos EUA, o documentarista holandês Joris Ivens produziu *The Spanish Earth* (Terra espanhola, 1937), financiado pelos escritores americanos Archibald Mac Laish, John dos Passos e Lilian Hellman, com texto de Ernest Hemingway (que cobria a guerra como jornalista do *North American Newspaper Alliance* e apoiava os republicanos). Em sua primeira versão, o filme era narrado por Orson Welles, mas como sua voz foi considera "bela demais" para o tema, foi gravada outra versão pelo próprio Hemingway.[22] Exibido apenas em pequenas salas, sem maior repercussão, o filme traz registros impressionantes do *front*, como os bombardeios que transformam Madri numa cidade fantasma, evacuada pela população, com os que ficaram para trás carregando caixões pelas ruas, enquanto franco-atiradores atingem crianças que vasculham destroços nas calçadas. Ivens filmou discursos da famosa deputada comunista Dolores Ibárruri, a *Pasionaria*, e até um estranho alto-falante móvel gigante transmitindo histericamente canções de resistência e palavras de ordem. Totalmente preenchida com sons de tiros, bombardeios e explosões, a barulhenta trilha reforça a observação de Susan Sontag de que "paz" significa, acima de tudo, poder estar em *silêncio*.

Tendo seguido para Madri, em 1936, como voluntário, o escritor André Malraux foi encarregado pelo governo republicano de comprar aviões disponíveis na França e formar uma esquadrilha estrangeira com pilotos mercenários (batizada de *España*). Conseguindo 20 aeronaves e concluindo sua missão em 1937, ele se pôs a escrever o romance *L'espoir* (A esperança) e, no ano seguinte, realizou sua primeira e única obra cinematográfica, *Sierra de Teruel* (1938), quase intitulado *Sang de gauche* (Sangue de esquerda). O futuro grande fotógrafo Henri Alekan, que não se decidira a partir como assistente de Malraux, pois seu irmão havia sido morto há pouco no Marrocos, encarregou-se de conseguir a película para as filmagens: através de seus contatos no meio, obteve da Agfa o material necessário, que devia ser pago em espécie, de modo que arriscou carregar pelas ruas de Paris milhares de francos nos bolsos. Foram assistentes de direção Denis Marion – que escreveu mais tarde o memorial *Le cinéma selon André Malraux* – e Max Aub, surrealista espanhol de origem judaica nascido em Paris de pai alemão e mãe francesa; convidado para ser o tradutor do filme por dominar várias línguas, fez de tudo: escolheu locações, selecionou o elenco, coeditou o filme – mais tarde, escapado de um

---

[21] *Carmen la de Triana* (1938) e *La canción de Aixá* (1938), de Florián Rey, estreladas por sua esposa Imperio Argentina; *El barbero de Sevilla* (1938), *Suspiros de España* (1938) e *Mariquilla Terremoto* (1939), de Benito Perojo, com Estrellita Castro. Os contatos com a Itália foram feitos pelo falangista Dionisio Ridruejo, resultando nas coproduções *Carmen fra i rossi* (1939), de Edgar Neville; *Santa Rogelia* (1940), de Roberto de Ribón; e *L'Assedio dell'Alcazar* (1940), de Augusto Genina.

[22] DVD *Joris Ivens Classics*.

KZ nazista, refugiou-se no México, onde escreveu *El laberinto mágico*, famoso ciclo de cinco romances sobre a Guerra Civil Espanhola.

Em *Sierra de Teruel*, a realidade funde-se à ficção. O estilo cinematográfico, com montagem dinâmica e detalhes subjetivos, mescla influências do cinema expressionista alemão (em 1922, na Alemanha, Malraux tentou distribuir filmes desse estilo na França, mas foi impedido pela censura); e do cinema mudo soviético (em 1934, na URSS, com Sergei Eisenstein, que desejava adaptar *A condição humana*, decupou a sequência da morte de Katow, mas o projeto foi abortado pelas autoridades soviéticas). A trilha sonora de barulho infernal mescla-se à melodiosa música original de Darius Milhaud. E a narrativa tênue vivida por profissionais (o ator José Sempere, o tenor José Lado) e não profissionais (militantes envolvidos na guerra) é a de *um documentário encenado* que prefigura a estética do neorealismo.

As filmagens terminaram em 1939, quando não havia mais esperança para os republicanos. Depois de uma única sessão especial para os membros do governo republicano no exílio, *Sierra de Teruel* foi proibido na França de Deladier em setembro de 1939, a pedido do Marechal Pétain, então embaixador junto a Franco. Durante a Ocupação, os negativos e todas as cópias do filme foram destruídos pelos nazistas. Mas, na Libertação, em 1944, um contratipo foi encontrado dentro de uma lata marcada com o título *Drôle de drame*, outro filme do produtor Edouard Corniglion Molinier.[23] Graças a esse acidente ou a essa camuflagem (não se sabe ao certo), *Sierra de Teruel* pôde ser finalmente lançado em 1945, rebatizado de *Espoir* pelo distribuidor para atrair para o filme o sucesso do romance. As duas obras transcendiam os episódios dramáticos da luta do povo espanhol em sua resistência teimosa, pobre, improvisada, contra uma força maligna organizada, treinada e armada pela maior potência militar da Europa, e apelavam à solidariedade internacional contra o fascismo.

O lançamento incluiu, à guisa de apresentação, um pequeno e emocionante discurso filmado de Maurice Schuman, intitulado *Honneur et patrie* (1944). Este membro da Resistência Francesa, que se engajara voluntariamente como intérprete militar junto ao general de Gaulle, tornou-se o porta-voz da *France Libre* e tomou parte na batalha da França, primeiro com o exército britânico, depois com a 2ª Divisão Blindada do Exército Francês. Realizou mais de mil transmissões radiofônicas aos franceses, nas ondas da BBC, desde Londres, entre 1940 e 1944, no programa que levava o título do pequeno discurso de apresentação de *Espoir,* no qual sintetizou admiravelmente, em apenas três minutos, o sentido do filme e o espírito da Resistência.[24]

Na Hollywood pré-macartista, o Comitê de Apoio dos Cineastas Americanos à República Espanhola contou com o apoio de Charles Chaplin, Bette Davis, Clark Gable, Humphrey Bogart e outras estrelas. Alguns diretores e muitos roteiristas flertavam com o comunismo, e filmes engajados foram então produzidos. Um dos primeiros foi *Last Train*

---

[23] A partir desse contratipo todas as cópias existentes foram feitas, mas elas apresentavam riscos, manchas, saltos nas imagens e falhas na banda sonora. Somente em 2003, para seu lançamento em, *L'espoir* foi restaurado, com nova mixagem de som em estéreo 2.0, estabilização de cartelas de intertítulos e créditos e mais de 380 correções nas suas imagens. Cf. DVD *Espoir – Sierra de Teruel*.

[24] Cf. DVD *Espoir – Sierra de Teruel*. A transcrição do discurso encontra-se em: MARION. *Le cinéma selon André Malraux*, p. 87-88.

from Madrid (O último trem de Madri, 1937), de James Hogan, melodrama de ocasião que teve a ideia e o mérito de inserir em sua trama imagens reais – saídas do forno – dos bombardeios alemães a Madri. *Blockade* (Bloqueio, 1938), de William Dieterle, conta a história de camponeses pobres obrigados a defender suas fazendas durante a guerra civil. O filme deveria chamar-se *The River is Blue*, sob a direção de Lewis Milestone, com música de Kurt Weill, mas esse projeto foi abandonado. John Howard Lawson, membro do Partido Comunista dos EUA (Communist Party of USA – CPUSA) desde 1934, declarou ter apresentado a visão comunista no roteiro. Mas *Blockade* não deixava clara a causa que defendia, pois os uniformes eram ambíguos e as facções referidas apenas como "eles" (os invasores) e "nós" (os invadidos). O camponês interpretado por Henry Fonda termina o filme com um apelo à intervenção estrangeira: "Onde está a consciência do mundo?". A ênfase nos pequenos camponeses defendendo suas fazendas ancestrais seguia as diretrizes de Stalin contra a coletivização promovida pelos anarquistas: "eles" podiam ser tanto os fascistas quanto os anarquistas.

Na brilhante comédia dramática politicamente engajada *Arise, My Love* (Levanta-te, meu amor, 1940), de Mitchell Leisen, a ação tem início com o americano Tom Martin (Ray Milland), engajado nas Brigadas Internacionais, aguardando seu fuzilamento. A famosa correspondente estrangeira Augusta (Gusto) Nash (Claudette Colbert) ajuda-o numa fuga audaciosa. Mas o esperado romance entre os dois não terá futuro: a jornalista impõe-se o dever de cobrir a tempestade nazista que varre a Europa, colocando sua felicidade pessoal em segundo plano, e o militante não pode senão apresentar-se novamente como voluntário na guerra mundial contra o fascismo. Os amantes despedem-se na floresta de Compiègne, outrora um *paraíso*, ora ocupada pelos nazistas, e de onde Gusto, cobrindo o desenrolar do armistício, envia um emocionante apelo à América, então isolacionista, para que *se levante*.

Adaptação do romance de Hemingway, o clássico *For Whom the Bell Tolls* (Por quem os sinos dobram, 1943), de Sam Wood, abre com o dobrar de um grande sino e a célebre citação de John Donne: "Nenhum homem é uma ilha." Robert Jordan (Gary Cooper), membro das Brigadas Internacionais, é encarregado da missão de explodir a ponte das montanhas Guadarrama, nas proximidades de Segóvia, junto a guerrilheiros liderados pela aguerrida Pilar (Katina Paxinou). Ali ele encontra a bela Maria (Ingrid Bergman), salva de ser estuprada, ora sob a proteção dos milicianos. Mas o romance previsível termina quando a ponte é explodida: os guerrilheiros escapam com sucesso da artilharia inimiga, mas Robert, ferido na explosão, é deixado para trás com uma metralhadora. Despede-se de Maria ("Sempre teremos Guadarrama"), que desaparece a galope no dorso de um cavalo. O herói agoniza usando suas últimas forças para empunhar a metralhadora e fazê-la cuspir uma rajada de balas diretamente sobre o público: a cena se dissolve em fumaça e pó, num apelo desesperado à resistência contra o fascismo.

A guerra civil terminou oficialmente no dia 1° de abril de 1939, deixando um saldo espantoso de mortos e feridos dos dois lados. As estatísticas variam enormemente na sempre partidária historiografia do conflito. Historiadores atualmente contabilizam 200 mil combatentes mortos: 90 mil "nacionalistas", 110 mil republicanos. Além disso, teriam morrido 130 mil espanhóis na retaguarda (25 mil de desnutrição). Outros historiadores preferem dar por certo um saldo de 500 mil mortos, sendo que antes deles outros haviam fixado o total em 1 milhão. Também 1 milhão seria o número de aleijados. E o contingente de prisioneiros no fim da guerra atingiria igualmente 1 milhão, segundo algumas fontes, ou 2 milhões segundo outras. A destruição material, incalculável, incluiu a da famosa biblioteca de Cuenca e dos primeiros quadros de Goya em Fuentodos.[25]

Ficamos chocados ao ver, em reportagens da época, criancinhas catalãs ensinadas a fazer a saudação fascista depois de receber a merenda escolar; menos chocados ficamos quando vemos criancinhas madrilenas levantando o punho na saudação comunista: é que fomos condicionamos a perceber a doutrinação de esquerda como *natural*. Mas para além da propaganda fascista sobre o *terror vermelho*, este foi uma realidade: 200 igrejas foram destruídas e milhares de assassinatos políticos foram perpetrados por patrulhas treinadas pela polícia secreta soviética (a lista do Santuário Nacional, em Valladolid, computa 54.594 vítimas); o número de religiosos assassinados oscila de 6.832[26] a 7.937[27] e mesmo a 16 mil.[28] Foram contadas 283 freiras mortas, algumas estupradas antes da execução. Crueldades incríveis são atribuídas aos republicanos pelos historiadores de direita; e aos falangistas pelos historiadores de esquerda. Contudo, uma vez vitorioso, o *terror franquista* foi necessariamente mais extenso e intenso que o *terror vermelho*. Tratava-se para Franco de uma "guerra santa", como ele o declarava, na qual os *vermelhos* assumiam o papel que o nazismo havia reservado aos judeus em seu sistema ideológico e repressivo, isto é, o de uma "raça" inferior, malsã, doente e infecciosa, que precisava ser *exterminada*.

Assim, depois da guerra, Franco não buscou a reconciliação nacional, e sim iniciou um processo de *desinfecção total* zona por zona, região por região, fuzilando os *vermelhos* (o total das vítimas desse pós-guerra varia conforme as fontes: de 23 mil a 37 mil) e estabelecendo uma ditadura vitalícia para impedir o surgimento de *novos focos*. Para salvar a pele, os antifascistas (em número que oscila de 165 mil[29] a 500 mil[30]) exilaram-se na URSS e em países latino-americanos. O noticiário *Prisioneros republicanos* pretendeu desmistificar a *propaganda vermelha*, assegurando à população que os prisioneiros de Franco eram bem tratados: ninguém deveria acreditar nos *mentirosos* que falavam dos horrores a da morte terrível que esperavam os que se entregavam ao campo nacional, que prometia na verdade paz e anistia a todos; no final, o rosto carrancudo de um prisioneiro republicano ilumina-se num largo sorriso, assim como seu punho cerrado na saudação comunista estica-se na mão aberta da saudação fascista, em gesto seguido por todos os camaradas.[31]

---

[25] MEIHY; FILHO. *A Guerra Civil Espanhola*; DVD Duplo *Mourir à Madrid*; JOHNSON. *Tempos modernos – o mundo dos anos 20 aos 80*, p. 284.

[26] Segundo Monsenhor Antonio Montero Moreno, que organizou o rol das vítimas especificando nome, condição religiosa, data, local e frequentemente as circunstâncias da morte de cada um, chegando ao total de 4.184 clérigos seculares, 2.365 religiosos e 283 religiosas mortos. MORENO. *Historia de la persecución religiosa en España (1936-1939)*, p. 762.

[27] JOHNSON. *Tempos modernos – o mundo dos anos 20 aos 80*, p. 274

[28] É o número de religiosos *massacrados* que o escritor católico francês Paul Claudel mencionou num dos versos de seu poema dedicado "Aux martyrs espagnols" ("Aos mártires espanhóis", 1937).

[29] *Apud The Spanish Holocaust* (2006). In: DVD Duplo *Mourir à Madrid*.

[30] FILHO. Ecos da Segunda República e da Guerra Civil Espanhola no Brasil, p. 4.

[31] O filme pode ser visto no YouTube, sob o título *NO-DO – Prisioneros republicanos*.

Até 1943 os prisioneiros de guerra eram simplesmente fuzilados. Os fuzilamentos de Badajoz puderam ser testemunhados e denunciados por correspondentes estrangeiros e grotescamente confirmados pelo General Jagüe: "Claro que os matamos. Que o senhor queria? Que eu levasse 4 mil prisioneiros vermelhos comigo? Ou soltá-los na retaguarda para que Badajoz se tornasse novamente vermelha?", declarou ao correspondente John Whitaker, do *New York Herald Tribune*. O mal-estar gerado pela declaração fez com que o regime impusesse a censura à imprensa: ao invés de reportar "massacres" os jornalistas deveriam noticiar que "a justiça foi feita"; e, nos documentos, a *causa mortis* dos fuzilados seria apenas "hemorragia aguda".

Na Espanha franquista, o cinema renasceu exaltando os valores do regime, arriscando sempre ser censurado: produzido pela Radio Films Española, *El Crucero Baleares* (1941), de Enrique del Campo, teve uma exibição privada no Ministério da Marinha, em Madri, sendo em seguida proibido e destruído, nunca chegando a ser lançado. Há uma preferência pelos filmes históricos, patrióticos e religiosos, como *Rojo y negro* (1942), de Carlos Arévalo, produzido pela Compañía Española de Propaganda, Industria y Cinematografía S.A. (CEPICSA); ou *Raza* (1942), de José Luis Sáenz de Heredia, com roteiro de Antonio Román, baseado num conto escrito pelo *Generalísimo* Franco (sob o pseudônimo de Jaime de Andrade). De acordo com Ruth Vianna, até 1942, apenas os noticiários alemães da UFA completavam a programação. A 1º de janeiro de 1943 surgiu o *NO-DO – Noticiarios e Documentales Cinematográficos*, com *slogan* promissor ("El Mundo entero al alcance de todos los españoles") e periodicidade semanal até 1947, quando passou a ser exibido duas vezes por semana. Mais tarde foi lançado o *NO-DO Color*, com reportagens nacionais e internacionais semanais em cores, sob o título de *Imágenes*, com meia hora de duração, alternando exaltações da figura de Franco com reportagens esportivas e *escalofriantes* catástrofes ocorridas no estrangeiro.[32]

O símbolo universal da crueldade falangista permanece o fuzilamento de Federico García Lorca, o maior poeta espanhol do século 20. Um pequeno tributo cinematográfico de onze minutos foi realizado em Granada pouco depois de sua morte: *A Federico García Lorca* (1937), de Justo Labal, com Manuel Gómez recitando poemas de Lorca e "El crimen fue en Granada", de Antonio Machado. A autoria do crime nunca foi estabelecida e, segundo Otero Seco, Lorca foi enterrado por seus assassinos num trigal, sem qualquer identificação, embora os lavradores de Granada nunca mais tenham semeado no local que identificaram como sua sepultura, ali plantando um jardim de papoulas vermelhas, como *um tapete tinto de sangue*. Por causa disso, muitos camponeses foram presos. Mas, como reza a lenda, as papoulas insistiam em florescer naquele local: *E ainda não nasceu tenente capaz de fuzilar as papoulas...*

O caso Lorca foi reaberto recentemente, com a aprovação definitiva da lei que reabilita as vítimas da guerra civil e da ditadura, promovida pelo primeiro-ministro José Luis Rodríguez Zapatero: a Associação para a Recuperação da Memória Histórica (ARMH) de Granada, presidida por Francisco González, pediu contra a vontade da família do poeta a exumação dos quatro corpos sepultados em Burrone de Viznar (o de Lorca, o do professor primário Dióscoro Galindo e os dos anarquistas Joaquín Arcollas

---

[32] VIANNA. História comparada do telejornalismo: Brasil/Espanha.

Cabezas e Francisco Galadí Melgar). Laura, sobrinha do poeta e presidente da Fundação Garcia Lorca, declarou conhecer a memória histórica, não residindo essa em ossadas. Para ela, o túmulo de Lorca é o local onde ele (supostamente) está sepultado. Mas ela não poderá mais opor-se à exumação: para analisar as ossadas das pessoas enterradas no local serão examinadas também aquelas que todos imaginam ser de Lorca. Logo se saberá com certeza se é ele mesmo quem está ali enterrado.[33] O jornalista e escritor inglês Ian Gibson também observou a existência de uma *conspiração de silêncio* sobre a homossexualidade de Lorca, nojenta para os franquistas, incômoda para os republicanos e jamais mencionada pelos familiares herdeiros. Mas Arrabal a expôs em *Viva la muerte* (Viva a morte, 1971), na cena em que o assassino falangista faz questão de atirar no ânus do poeta já mortalmente baleado, gritando que "uma bicha deve morrer com tiros no cú", sendo seu corpo então magicamente recolhido por meninos nus. O mistério que cerca o assassinato de Lorca inflamou as imaginações, inspirando o teledrama da RAI, *L'assassinio di Federico Garcia Lorca* (1976), de Alessandro Cane; o documentário da SVT sueca, *Federico García Lorca: Murder in Granada* (1976), de Humberto López y Guerra; a minissérie espanhola *Lorca, muerte de un poeta* (1987), de Juan Antonio Bardem, baseada nas pesquisas de Gibson; e *The Disappearance of Garcia Lorca* (1996), de Marcos Zurinaga, com Andy Garcia, em trama também baseada em Gibson.

Contudo, não foi esse o fato mais misterioso da guerra civil, e sim a determinação de Franco em contrariar a tradição da Inquisição Espanhola relativa aos judeus, ausentes do país desde sua expulsão por decreto real em 1492. Em contradição com seu "DNA" católico-fascista, Franco, que ascendera ao poder graças ao apoio dos nazistas, manteve a Espanha neutra e não permitiu que seu território fosse usado pelas tropas alemãs e, ao encontrar-se com Hitler em Hendaya, a 23 de outubro de 1940, o *Generalísimo* negou-se a adotar as leis anti-semitas. Mais: ao contrário dos países ocupados, que deportaram seus judeus, ou da *neutra* Suíça, que devolveu ao terror nazista os que ali se refugiaram, a Espanha concedeu vistos e abriu suas fronteiras aos que Hitler perseguia. No final de 1943, com a "solução final" em marcha, o Ministério de Assuntos Exteriores ordenou aos diferentes consulados espanhóis que concedessem passaportes ou vistos de nacionalidade aos sefarditas; e, na primavera de 1944, que aceitassem como sefardita *qualquer* judeu que solicitasse proteção, usando para isso uma contrassenha, que permitiria, cessada a perseguição, anular os documentos falsos.

Ángel Sanz Briz, que tinha apenas 32 anos de idade quando chefiava o consulado espanhol em Budapeste, atuou com a máxima eficácia ao salvar 5.200 judeus. Relatou ao historiador judeu Isaac Molho e a Federico Ysart, em *España y los judíos*, que o mérito de suas ações deve ser atribuído a Franco, que o instruíra a dar proteção aos judeus, em colaboração com o diplomata sueco Raul Wallenberg, e com a ajuda do italiano Jorge Perlasca, que emitiu salvo-condutos (*Schutzbriefe*) para todos, alegando que eram sefarditas. Os diplomatas arriscavam suas vidas, dado que apenas 200 daqueles 5.200 judeus eram de origem espanhola. Sanz-Briz abrigou-os em diversas casas alugadas, deu-lhes teto, comida e cuidados médicos até que pudessem sair do país; e, para "blindar" esses edifícios das garras nazistas, mandou colocar uma placa com os dizeres: "Anexo do

---

[33] ANSA. Recuperação da memória espanhola retoma exumação de Garcia Lorca, *on line*.

Consulado Espanhol". Em 1991, Sanz-Briz ganhou o título de "Justo entre as Nações" outorgado pelo Governo de Israel.[34] O papel humanitário do falangista Serrano Suñer também foi destacado por Pedro Schwartz, que em 1943 vivia no Consulado Espanhol em Viena, onde seu pai era o Cônsul.[35] Os historiadores divergem quanto ao número de judeus salvos do Holocausto graças às medidas de Franco, mas o total nunca é inferior a 40 mil. Haim Avni calculou em "pelo menos 40 mil".[36] O historiador alemão Patrik von zur Mühlen elevou-o a "mais de 50 mil", incluindo dissidentes políticos;[37] e Chaim Lipschitz ampliou-o para "mais de 60 mil", contando só os judeus salvos.[38] Pedro Schwartz estima um numero "entre 46 mil a 63 mil".[39] Israel Singer, Presidente do Congresso Mundial Judaico, admitiu que "muitos judeus salvaram-se na Espanha e ignorá-lo é ignorar a História".[40] Salomón Ben Ami, embaixador de Israel na Espanha, concluiu que a ditadura franquista salvou mais judeus que todas as democracias juntas. Enrico Deaglio observou a conspiração de silêncio em torno do papel da Espanha franquista nas operações de salvamento dos judeus europeus.[41] De fato, nenhum documentário ou ficção, nenhuma minissérie ousou até hoje abordar o tema inassimilável.

Já em sua política cinematográfica Franco seguiu as medidas adotadas pelo cinema nazista, com subvenções sujeitas a um sistema de valores *adequados*, reservando as piores classificações aos filmes incômodos, independentes ou contestatórios, eliminando-os pouco a pouco. Mas cineastas estrangeiros não deixavam que os horrores da guerra civil caíssem no esquecimento. No belo curta-metragem *Guernica* (1950) Alain Resnais "animou", com sua edição, planos-detalhes de pinturas, desenhos e esculturas que Picasso realizou entre 1902 e 1949, recorrendo às vozes de Jacques Pruvost e María Casares recitando um poema de Paul Éluard e à trilha musical de Guy Bernard, com o efeito de tornar a destruição de Guernica palpável através da arte. Também na França foi produzido o melhor documentário sobre a Guerra Civil Espanhola: *Mourir à Madrid* (Morrer em Madri, 1963), de Frédéric Rossif, com comentário de Madeleine Chapsal, abarcando toda a evolução e complexidade do conflito com uma objetividade que não pendia demasiado para a esquerda senão pelo acento negativo forçado – os discursos franquistas não necessitam de sarcasmo para soarem ridículos – das vozes originais (Suzanne Flon e

---

[34] Españoles ante la Shoa. La Lista de Sanz-Briz. Sefarad. Disponível em: <http://sefarad.rediris.es/textos/0sanzbriz.htm>.

[35] *La Vanguardia Digital*, 1999. *Apud* LFU. Francisco Franco y la persecución de los judíos. *Blog Arriba*, 26 out. 2007.

[36] Estudios sobre la catástrofe judeo-europea y la resistencia, 1970. *Apud* BARÓ. Franco benefactor de los Judíos. *Generalísimo Francisco Franco*.

[37] *Huída a través de España y Portugal*. Bonn: J.H.W. Dieta Nachf. *Apud* LFU. Francisco Franco y la persecución de los judíos.

[38] Autor do livro *Franco, Spain, the Jews and the Holocaust*. Entrevista à *Newsweek*, fev. 1970. *Apud* BARÓ. Franco benefactor de los Judíos. *Generalísimo Francisco Franco*.

[39] *La Vanguardia Digital*, 1999. *Apud* LFU. Francisco Franco y la persecución de los judíos. *Blog Arriba*, 26 out. 2007.

[40] Entrevista a *El Mundo*, 17 dez. 2005. *Apud* BARÓ. Franco benefactor de los Judíos. *Generalísimo Francisco Franco*.

[41] DEAGLIO. *La banalidad del bien*. Historia de Giorgio Perlasca.

Jean Vilar; a versão inglesa foi narrada por John Gielgud e Irene Worth). A esplêndida fotografia de Georges Barsky de uma atual "Espanha eterna" e a pungente música de Maurice Jarre completavam as sequências editadas das impressionantes filmagens da época, que custaram não poucas vidas aos corajosos e abnegados cinegrafistas. O filme foi indicado ao Oscar de Melhor Documentário, e o diretor perdeu a voz por 24 horas quando a abertura do envelope lançou o prêmio para outro documentário: afinal, Rossif fora ameaçado de morte, e Franco tentara destruir todas as cópias de sua obra. Contudo, como já o sabia a produtora Nicole Stéphane, que tentou inutilmente consolar o afônico diretor, apenas a indicação ao Oscar já bastava para tornar *Mourir à Madrid* um sucesso: o filme permaneceu um ano em cartaz em Nova Iorque, e recebeu outros importantes prêmios.[42]

Já o grande suspense *Behold a Pale Horse* (A voz do sangue, 1963), de Fred Zinnemann, com brilhantes atuações de Gregory Peck, Anthony Quinn e Omar Sharif, foi ignorado pela crítica e pelo público. O diretor ousou apresentar, na Hollywood da Guerra Fria, um herói ateu, comunista e guerrilheiro, tratando de um tema espinhoso usando ainda uma fotografia em preto e branco: ir tão contra a corrente não favoreceu o filme, que deveria ser cultuado como um clássico, mas que fracassou nas bilheterias e acabou sendo relegado ao esquecimento, ausente do repertório da crítica mundial e até hoje não lançado em DVD.

Na Espanha, um dos maiores sucessos do cinema franquista foi *Marcelino pan y vino* (Marcelino, pão e vinho, 1955), de Ladislao Vajda, melodrama católico e piedoso. Em contraposição ao cinema comercial corrente na Espanha franquista e aos sucessos internacionais dos dramalhões musicais estrelados por Sara Montiel, os anos de 1950 viram surgir uma primeira geração de diretores críticos, que tentaram mostrar a Espanha real, grotesca, louca, doente, em obras ambíguas, metafóricas, simbólicas; ou burlescas, sarcásticas, de humor negro.[43] O historiador José Enrique Monterde destacou, entre outros filmes importantes do período, quase todos inéditos no Brasil, *Esa pareja feliz* (1951), de Juan Antonio Bardem e Luis Berlanga; *Bienvenido Mister Marshall* (1952), de Berlanga; *Cômicos* (1953), *Muerte de un ciclista* (A morte de um ciclista, 1955), *Calle Mayor* (1956), *La venganza* (A vingança, 1957), *Sonatas* (1959), *A las cinco de la tarde* (1960) e *Nunca pasa nada* (1963), de Bardem; *El Pisito* (1958) e *El Cochecito* (1960), do italiano Marco Ferreri, que se lançou ao cinema nesta época, na Espanha; *Los Golfos* (1959) e *Llanto por un bandido* (O pistoleiro sem lei e sem alma, 1963), de Carlos Saura.

Já no fim do franquismo, mas ainda sob a ditadura, um filme recorreu com sucesso ao simbolismo fantástico para abordar a realidade tabu: *El Espíritu de la colmena*. (O espírito da colmeia, 1973), de Victor Erice. A fantasia utilizada mesclava a atmosfera dos contos de fadas tradicionais com a dos filmes clássicos de terror (a ação passava-se em 1940). O monstro de *Frankenstein* (Frankenstein, 1931), de James Whale, tornava-se aí uma fada madrinha esverdeada – a cor real da máscara criada para Boris Karloff por Jack Pierce para fotografar cinzenta no filme em preto e branco – no universo encantado no qual a menina Ana (a expressiva Ana Torrent) se refugiava tentando escapar da realidade mais horrível dos adultos afetados pela guerra.

---

[42] STÉPHANE. *Revivre Mourir à Madrid*. In: DVD Duplo *Mourir à Madrid*.
[43] MONTERDE. *Veinte años de cine español. Un cine bajo la paradoja* (1973-1992), p. 43-44.

Também Carlos Saura deveu à oposição ao franquismo seus melhores momentos de cinema, criados "contra" aquele movimento político que ressuscitara na Espanha o espírito da colméia. Mas se o surrealismo de Buñuel correspondia à sua visão de mundo, independentemente de qualquer regime, Saura criou uma narrativa simbólica datada, recorrendo à família como metáfora em denúncias mais ou menos óbvias, mais ou menos camufladas. Em *Ana y los lobos* (Ana e os lobos, 1973), uma governanta estrangeira (Geraldine Chaplin) chega a uma velha mansão para cuidar das duas netas de uma avó epilética e ultramontana (a Espanha eterna) que tem três filhos (a Espanha de Franco): o místico, que chega a levitar; o militar, que coleciona relíquias do exército; e o libertino, que escreve cartas obscenas – os lobos que, no final, "devoram" a desavisada preceptora. Em *La prima Angélica* (A prima Angélica, 1974), ao cuidar do enterro dos restos da mãe, um homem maduro reencontra parentes, amigos e um amor de infância, revivendo tediosos episódios da guerra civil com seu corpo de adulto. O tema da família como microcosmo retorna com mais força em *Cría cuervos* (Cria corvos, 1976), título que evoca o velho ditado espanhol: "Cria corvos que eles te arrancarão os olhos". Crescendo no seio de uma família burguesa, carregada de neuroses, uma menina introjeta a violência do pai militar, que frustrara a carreira de pianista da mãe, e reage à maldade dos adultos tornando-se mais perversa que eles: um pequeno monstro de impiedade – alguém em quem a liberdade pode manifestar-se.

Com a morte de Franco, a 20 de novembro de 1975, depois de prolongada agonia, manipulada para evitar um súbito desmoronamento do regime – Juan Carlos tornou-se rei por decisão prévia do ditador –, a Espanha viu-se confrontada com seu doloroso passado. Picasso, falecido em 1973, legara *Guernica* em testamento a uma Espanha na qual Franco tivesse deixado de viver, e a tela pode ser levada para o Museu do Prado, mais tarde transferida para o Museu Nacional Reina Sofía. Dolores Ibárruri também regressou em 1977, prosseguindo sua carreira política após décadas de exílio. Basilio Martín Patino realizou três importantes documentários sobre os anos de Franco: *Canciones para después de una guerra* (1976), *Queridísimos verdugos* (1977) e *Caudillo* (1977), com cenas retiradas dos antigos filmes de propaganda do regime, comentadas apenas por poemas e canções que contrastavam e contestavam as imagens oficiais.

Com o retorno à democracia, Saura procurou nas relações de casal os traços de um passado não totalmente superado e realizou um brilhante ensaio da representação em *Elisa, vida mia* (Elisa, minha vida, 1977). Quando ocorreram as primeiras eleições para o Parlamento espanhol, o diretor iugoslavo Emir Kusturica realizou seu trabalho final na prestigiosa Academia de Artes Performáticas (FAMU) de Praga recordando *Guernica* (1978), premiado no Festival de Cinema Estudantil Karlovy Vary – os bascos foram forçados a esconder a verdade sobre o bombardeio de sua cidade sagrada durante décadas; e Saura fez uma sombria denúncia da tortura em *Los ojos vendados* (De olhos vendados, 1978). Os mesmos personagens de *Ana y los lobos* retornaram na dramática comédia de humor negro *Mamá cumple cien años* (Mamãe faz cem anos, 1979). O tempo havia passado, modificando o quadro social. Anna ressuscita e retorna, como num sonho, aos domínios da mística avó, agora vista com mais compaixão, desde que seus filhos pretendem envená-la na festa de seu centésimo aniversário a fim de demolir a mansão (a Espanha em processo de *modernização*). As netas assumiram a personalidade perversa dos pais; o militar morreu enfartado; o libertino fugiu com a cozinheira e o místico substituiu a levitação pelo voo de asa delta. Enquanto a Espanha moderna entorpecia-se com tecnologia, a Espanha eterna reencontrava a realidade nas cômicas intervenções de Rafaela Aparício.

Com *Bodas de sangre* (Bodas de sangue, 1981), Saura realizou um filme experimental no sentido mais puro do termo, a partir da peça de Garcia Lorca e dos flamencos coreografados por Antonio Gades. Mas o desvendamento dos problemas reais da sociedade espanhola pela amplificação da liberdade de expressão tirou a força de suas alegorias políticas. Saura passou a sondar as relações de dominação no interior do casal, em *Dulces Horas* (Doces momentos, 1982), *Antonieta* (Antonieta, 1982), *Los Zancos* (1984). A retomada da fórmula do filme-balé em *Carmen* (Carmen, 1983) e *El Amor Brujo* (El amor brujo, 1986) não apresentou melhores resultados. Sem conseguir mais renovar sua linguagem, Saura continuou rompendo o realismo tradicional com artifícios familiares, fundindo presente com passado, brincando com jogos de espelho, evitando a participação emocional da plateia, desnudando os "segredos" do espetáculo, lançando seus personagens dentro de situações falsas para obrigá-los a dizer o que só convém a personagens de romance. O *tempo* de seu cinema já havia passado – como o provou a tentativa de rever seu imaginário da guerra civil empregando o humor jocoso e a farsa em *¡Ay, Carmela!* (Ai, Carmela!, 1990).

Fernando Arrabal cresceu traumatizado ao descobrir que o pai, um republicano preso e torturado pela polícia política de Franco, antes de desaparecer em 1942 sem deixar traços, fora denunciado *por sua mãe*. Mais tarde, sua baixa estatura (1,50 m) afastou-o do mundo dos normais e o fez mergulhar no universo das palavras: "Sou um fracassado amoroso, um carente. Por isso escrevo... Combati a carência com a astúcia, criei livros, peças, filmes." Exilado na França ("Não tenho raízes, tenho pernas"), autor de famosas cartas abertas contra ditadores – *Carta al General Franco*, *Carta a Fidel Castro*, *Carta a Stalin*; criador do *teatro pânico*, de anarquismo político e erotismo perverso, Arrabal tornou-se o último herdeiro do surrealismo no cinema, assinando manifestos antifranquistas pontilhados por mutilações de animais, devoração de insetos, execuções sádicas, banhos de urina e fezes, falos eretos em ejaculação: *Viva la muerte* (Viva a morte, 1971), baseado no romance autobiográfico *Baal Babilônia*, sobre sua infância traumatizada pela delação do pai comunista pela mãe fascista, e cujo título evoca o brado do General Millan Astray, sem um braço e uma perna, diante do filósofo Miguel de Unamuno – *Abaixo a inteligência, viva a morte!* –, convertido em grito de guerra dos soldados falangistas; *J'irai comme un cheval fou* (1973), história do *amor louco* – selado num único beijo – entre um neurótico civilizado e um pigmeu selvagem; e *L'Arbre de Guernica* (Guernica, 1975), sua obra-prima, rodada em Matera, na Itália, mesclando cenas de arquivo com uma encenação surrealista e pornográfica (o filho surrealista masturbando-se e dando ao pai franquista algumas gotas de seu sêmen para acertar definitivamente as contas com ele; o quadro da Paixão com Pinóquio e Frankenstein crucificados como os dois ladrões e Cristo na cruz com o pênis ereto sugado por uma idosa alçada nos ombros do artista; a estátua de Cristo despedaçada a tiros; o beijo de língua entre o sacerdote católico e o comandante da Legião Condor, de quepes trocados, diante do altar; o anão copulando na Igreja com a imagem da santa, cujo rosto ele lambuza de esperma, sob o aplauso das crianças; os anões estripados na arena, como touros), mas também fiel aos fatos da guerra (cartazes, discursos, *slogans*), até a celebração final da árvore de Guernica, que permaneceu intacta após os bombardeios: "A árvore de Guernica, cercada de cinzas, ainda está de pé, como a esperança!".[44]

Arrabal continuou a trilhar os caminhos da mais livre fantasia, mas a Espanha havia mudado, e com ela seu cinema. O reconhecimento dessa mudança chegou com a conquista do primeiro Oscar para o cinema espanhol com *Volver a empezar* (Começar de novo, 1982), de José Luis Garci. Mas neste cinema de "recomeço", é Pedro Almodóvar quem melhor representa a nova Espanha, liberal, moderna, alheia às velhas questões da guerra civil – a Espanha da *Movida*, que o cineasta assim definiu:

> Não éramos nem uma geração, nem um movimento artístico, nem um grupo com uma ideologia concreta; éramos simplesmente um monte de gente que coincidia num dos momentos mais explosivos do país, e de Madri em particular. Esse momento materializa-se sob o governo da UCD, não sob o governo do PSOE, ainda que os socialistas tenham tentado capitalizá-lo a todo custo, e o conseguiram entre 1984 e 1986, quando só sobravam os restos do naufrágio. (...). Há um momento em que de repente as pessoas perdem o medo da polícia, dos vizinhos, da própria família, do ridículo, de si mesmas. Constatam que Franco morreu de verdade há dois anos e isso provoca uma explosão de liberdade enorme em todo o país, ainda que eu me refira sempre a Madri e ao pequeno círculo em que me movia.[45]

Entre 1990 e 2001, 251 novos diretores estrearam no cinema espanhol, e Almodóvar contribuiu com essa renovação sem precedentes produzindo, através de sua produtora El Deseo, alguns dos *novíssimos*: Alex de la Iglesia, Monica Laguna, Daniel Calparsoro, Guillermo del Toro, Andrés Wood, Isabel Coixet, Dunia Ayaso, Felix Sabroso. Para Roman Gubern, a geração veterana do velho *Nuevo Cine Español* – Carlos Saura, Mario Camus, Manuel Gutiérrez Aragón, Vicente Aranda, Joaquín Jordá, Jaime Camino – lançara-se ao cinema como um imperativo cultural militante em sua luta contra o franquismo. A geração intermediária – Ricardo Franco, Bigas Luna, Fernando Trueba – não se obcecava mais com a ditadura. E essa terceira geração que partiu da *Movida*, "pós-pós-franquista", alheia aos grandes projetos coletivos, vive o cinema como um prazer individual.

A impressionante reportagem *The Spanish Holocaust* (O Holocausto espanhol, 2002), de Montse Armengou e Ricard Belis, revelou, contudo, que alguns acertos de contas ficaram por fazer. Os massacrados pelo *terror vermelho* foram exumados e honrados, e seus familiares receberam privilégios e cargos no regime de Franco. Mas os massacrados pelo *terror franquista* permaneceram nas valas comuns, sem que pudessem receber um túmulo, sendo suas famílias discriminadas décadas a fio pelos vizinhos e pelos poderes locais. As vítimas *vermelhas* de fuzilamentos deviam desaparecer da História, enquanto a Espanha erguia estátuas honrando seus assassinos. A reportagem acompanhou a exumação de sete ossadas de uma fossa de Pietrafita por jovens arqueólogos voluntários de uma associação internacional que interveio a pedido dos familiares das vítimas de fuzilamentos. As entrevistas dolorosas mostram que a transição para a democracia cobrou um preço alto para muitos espanhóis, obrigados a se *conformar à nova ordem*, aderindo à

---

[44] DVD *The Fernando Arrabal Collection*.

[45] CERVERA. *Alaska y otras historias de la movida*, p. 14-15. (Tradução do autor)

amnésia coletiva: "Os espanhóis da *Movida*, dos loucos anos de 1980, dançavam felizes sobre uma Espanha semeada de cadáveres." [46]

Diversos filmes espanhóis ambientados na guerra civil não chegaram a projetar-se internacionalmente: *Las Largas vacaciones del 36* (1976), de Jaime Camino; *La colmena* (1982), de Mario Camus; *Las bicicletas son para el verano* (1984), de Jaime Chávarride; *La Vaquilla* (1985), de Luis García Berlanga; *Réquiem por un campesino español* (1985), de Francisco Betriú; *¡Biba la banda!* (1987), de Ricardo Palácios; *Luna de lobos* (1987), de Julio Sánchez Valdés; *Si te dicen que caí* (1989), de Vicente Aranda; *Silencio roto* (2001), de Montxo Armendáriz; *El año del diluvio* (2004), de Jaime Chávarri. Já *En brazos de la mujer madura* (1997), de Manuel Lombardero; *La Lengua de las mariposas* (A língua das mariposas, 1999), de José Luis Cuerda; e *El Viaje de Carol* (2002), de Imanol Uribe, tiveram alguma repercussão.

Alguns épicos revisionistas produzidos pela Lolafilms, associada à antiga produtora franquista Casanova, foram mais divulgados internacionalmente, contando para isso os diversos prêmios locais que receberam: *Tiempo de silencio* (1986), de Vicente Aranda;[47] *La Niña de tus ojos* (A garota dos meus sonhos, 1999), de Fernando Trueba;[48] *Libertarias* (1996), de Vicente Aranda;[49] e *Soldados de Salamina* (Soldados de Salamina, 2003), de David Trueba.[50] A ambiguidade ideológica e a moral turva tornam esses filmes desagradavelmente suspeitos de nostalgia pelos "valores" do franquismo. Talvez por isso os mais bem-sucedidos imaginários recentes da Guerra Civil Espanhola tenham sido produzidos por olhares estrangeiros: nos EUA, o documentário *The Good Fight: The Abraham Lincoln Brigade in the Spanish Civil War* (A boa luta: a Brigada Abraham Lincoln

---

[46] *Apud The Spanish Holocaust*. In: DVD Duplo *Mourir à Madrid*. Ver também MATTHEWS. *Metade da Espanha morreu: uma reavaliação da Guerra Civil Espanhola*.

[47] Uma obra metafórica sobre um cientista que investiga as glândulas carcinogênicas de uma espécie rara de ratos que proliferam na periferia de Madri.

[48] O filme revive o período das coproduções cinematográficas entre a Espanha franquista e a Alemanha nazista, ressaltando os contrastes ideológicos entre os dois povos durante as filmagens de uma *españolada* em Berlim. Mas o episódio dos ciganos retirados de campos de concentração para servirem como figurantes na verdade não ocorreu com os cineastas espanhóis que filmaram na Alemanha nazista, e sim com Leni Riefenstahl, durante as filmagens de sua sinistra *andaluzada* intitulada *Tiefland*. Mas é o *tom de chanchada* adotado por Trueba para justificar as "trapalhadas" dos franquistas que insere o filme na *nouvelle vague* do revisionismo.

[49] Passado no começo da Guerra Civil, o filme apresenta a trajetória de uma freira refugiada num bordel, forçada a ir para a cama com um bispo, até que a líder da organização anarcofeminista Libertárias convence as prostitutas a unirem-se ao seu bando no front, onde ela encontra um belo ex-padre que lutava com os anarquistas de Zaragoza. Após algumas vitórias, as Libertárias são, contudo, advertidas pelo ex-padre de que mulheres jamais serão admitidas na linha de frente, o que as leva ao desespero. Com citações de Bakunin, Kropotkin e Durruti, o filme parece simpático à anarquista CNT-FAI, mas na verdade abraça nas diversas situações a "causa pacifista" representada pelos religiosos, que na guerra da Espanha *não foram pacifistas*, tendo apoiado desde o início as forças de Franco.

[50] O filme se insere na tendência revisionista ao contar a enfadonha obsessão da escritora Lola Sánchez pelo caso de Rafael Sánchez Mazas, escritor que voltou à Espanha da Itália de Mussolini e se engajou na Falange, tornando-se conselheiro de Primo de Rivera; e que, em 1936, quando a Falange foi colocada na ilegalidade, escapou de ser fuzilado com outros cinquenta prisioneiros, devendo a vida a um miliciano republicano.

na Guerra Civil Espanhola, 1984), de Noel Buckner, Mary Dore e Sam Sills amalgamou entrevistas com americanos que lutaram nas Brigadas Internacionais com cenas de arquivo da guerra. Na Inglaterra, Ken Loach realizou *Land and Freedom* (Terra e liberdade, 1986), em que o idealista David Carr deixa sua Liverpool para engajar-se como voluntário nas Brigadas Internacionais, enfrentando, mais que os inimigos da Falange, a guerra ideológica que dilacerou os republicanos; e *El Laberinto del Fauno* (O labirinto do Fauno, 2006), de Guillermo del Toro, um conto de fadas tingido por um realismo sangrento. Del Toro estudara no México com professores de cinema ali refugiados, entre os quais o historiador do cinema mexicano Emilio García Riera, que lhe contava muitas histórias sobre a guerra civil, que já o haviam inspirado em *El Espinazo del diablo* (A espinha do diabo, 2001). Para o cineasta, a guerra, na imaginação de muitos escritores, "tornou-se muito romântica, muito *branco e preto*, algo como a última guerra entre o bem e o mal, entre a direita e a esquerda; não é assim, é uma guerra infinitamente mais complexa, não é *branco e preto*".[51]

Contudo, mesmo consciente da complexidade do conflito espanhol, Del Toro apresentou-o para as novas gerações da única maneira que essas podem agora perceber a realidade histórica: através do imaginário *branco e preto*, romantizado, sob o modelo da ficção fantástica e da luta maniqueísta; uma realidade redimensionada pelos efeitos especiais, que mantêm o público distante da realidade humana, mesmo quando o diretor pretende revelar, a seu modo infanto-juvenil, que monstros de formas assustadoras (o Fauno vegetal coberto de liquens; o Homem Pálido sem face com olhos embutidos nas mãos; o Sapo gigante vomitando o próprio estômago) possam ser mais humanos que os vilões franquistas, em sua guerra totalitária contra nossos heróis vermelhos, não menos totalitários no quadro – distanciado – da realidade humana.

Finalmente, em 2008, as experiências de "animação" de obras de arte, e em particular da *Guernica* de Picasso, foi radicalizada e levada à perfeição pela jovem artista alemã Lena Gieseke em *A 3D Exploration of Picasso's Guernica*. Com o uso dos *softwares* Maya, Shake e Photoshop, ao som de *Nana*, de Manuel de Falla, ela realizou aí uma fascinante exploração da pintura cubista como que transformada em grande instalação de madeira. Por meio de técnicas inovadoras de "contemplação em profundidade", detalhes antes mal percebidos da obra veem-se subitamente realçados e re-significados pela imersão espacial do espectador-narrador na pintura-escultura virtual, proporcionada pela câmara simultaneamente subjetiva e objetiva em constante movimento, até sua fixação no belo enquadramento final: a flor que Picasso fez brotar da espada quebrada.[52]

---

[51] Entrevista de Guillermo Del Toro no *Making of* incluído no DVD *Labirinto do Fauno*.

[52] GIESEKE. A 3D Exploration of Picasso's Guernica; YOUTUBE. *Guernica 3D*. Recentemente, em Guernica, o centro de pesquisa sobre a paz Gernika Gogoratuz produziu, em colaboração com o The Heinrich Böll Stiftung, o documentário *The Bombing of Guernica: The Mark of Men* (2000), com depoimentos de sobreviventes. Um clipe do filme – incluindo uma apresentação em animação 3D não muito sofisticada, mas efetiva, do bombardeio, com personagens retirados da *Guernica* de Picasso – pode ser visto no YouTube sob o título *The Bombing of Gernika: The Mark of Man*.

RÉSUMÉ

De ce bref panorama du cinéma produit en Espagne pendant la Guerre Civile et des réprésentations du conflit dans la cinématographie mondiale, l'auteur en fait ressortir les imprecisions des reporters de la guerre, ouvertement engagés à l'un des côtés en lutte; la propagande qui fleurit, en mélant des faits aux mythes, dans les films tournés par les rebelles et par les républicains; les exagerations alimentés par les médias ainsi que les rédutions operées par les révisionistes; et les paradoxes de la realité locale qui ont conduit l'Espagne à la guerre, alimenté le surrealisme, engendré des enigmes jusq'aujourd'hui pas decifrés par les historiens et créé des imaginaires impregnés d'alusions, métaphores et symbolismes qui défient l'objectivité.

MOTS-CLÉS

Cinéma; Guerre Civile Espagnole; franquisme

REFERÊNCIAS

ANDRADE, J. Luís. Guernica. *Alameda Digital*, n. 8, maio/jun. 2007. Disponível em: http:<///www.alamedadigital.com.pt/n8/guernica. php#13>. Acesso em: 6 abr. 2009.

ANÔNIMO. As origens da Luftwaffe. *Luftwaffe39-45* (1998-2009). Disponível em: http: </ /www.luftwaffe39-45.historia.nom.br/historia/origens.htm>. Acesso em: 6 abr. 2009.

ANSA. Recuperação da memória espanhola retoma exumação de Garcia Lorca. *Uol Entretenimento*, 12 dez. 2007. Disponível em: <http://entretenimento.uol.com.br/ultnot/ 2007/12/12/ult4326u528.jhtm>. Acesso em: 6 abr. 2009.

BARÓ, Eduardo Palomar. Francisco Franco benefactor de los Judíos. *Generalísimo Francisco Franco*. Disponível em: <http://www.generalisimofranco.com/franco/00B.htm>. Acesso em: 6 abr. 2009.

BARÓ. Franco benefactor de los Judíos. *Generalísimo Francisco Franco*. Disponível em: <http://www.generalisimofranco.com>. Acesso em: 6 abr. 2009.

BATTIBUGLI, Thaís. A *solidariedade antifascista* – brasileiros da Guerra Civil Espanhola, 1936-1939. São Paulo/Campinas: EDUSP/Editora Autores Associados, 2004.

BORDÓN, Juan Manuel. Por la familia, nadie se animaba a hablar de la homosexualidad de Lorca. *Revista Ñ*. Disponível em: <http://www.revistaenie.clarin.com/notas/2009/03/ 17/_-01879025.htm>. Acesso em: 6 abr. 2009.

BUÑUEL, Luis. *Meu último suspeito*. Rio de Janeiro: Nova Fronteira, 1982.

CAVALHEIRO, Edgar. *Garcia Lorca*. São Paulo: Livraria Martins, 1946.

CERVERA, Rafael. *Alaska y otras historias de la movida*. Barcelona: Plaza & Janés Editores, 2002.

DEAGLIO, Enrico. *La banalidad del bien*. Historia de Giorgio Perlasca. Barcelona: Editorial Herder, 1997.

DEL TORO, Guillermo. *Making of.* In: DVD *O labirinto do Fauno.* Edição Warner, Estúdios Picasso, Tequilla Gang e Esperanto Filmoj, 2006.

DVD Duplo *Mourir à Madrid.* Paris: Editions Montparnasse, 2006.

DVD *Espoir – Sierra de Teruel.* Les Documents Cinématographiques/CNC, Collection Classique, Paris, 2003.

DVD *Joris Ivens Classics: The Spanish Earth / The 400 Million.* SlingShot Entertainment/ European Foundation Joris Ivens, 2000.

DVD *O labirinto do Fauno.* Edição Warner, Estúdios Picasso, Tequilla Gang e Esperanto Filmoj, 2006.

DVD *The Fernando Arrabal Collection: Viva la Muerte, I Will Walk Like a Crazy Horse, The Guernica Tree.* Cult Epics, 2006.

EFE. Almodóvar encerra a filmagem de "Volver". *Folha on line,* 24 out. 2005. Disponível em: <http://www1.folha.uol.com.br/folha/ilustrada/ult90u54554.shtml>. Acesso em: 6 abr. 2009.

EL PAÍS. Almodóvar defende a necessidade da escrita. *Folha de S.Paulo,* 6 fev. 1995.

FILHO, Gisálio Cerqueira; NEDER, Gizlene. Ecos da Segunda República e da Guerra Civil Espanhola no Brasil. *Tempo,* Rio de Janeiro, n. 8, ago. 1999.

FRANCO, Fernando. Españoles ante la Shoa. La Lista de Sanz-Briz. *Sefarad.* Disponível em: <http://sefarad.rediris.es/textos/0sanzbriz.htm>. Acesso em: 6 abr. 2009.

FRANCO, Fernando. Estado actual de la comunidad israelita en España. *Sefarad* (2001). Disponível em: http://sefarad.rediris.es/textos/0comunidad.htm>. Acesso em: 6 abr. 2009

GALLAND, Adolf, *Os primeiros e os últimos ases dos Messerschmitt.* [S.L.]: Editora Flamboyant, [s. d.].

GIESEKE, Lena. *A 3D Exploration of Picasso's Guernica* (2008). Disponível em: <http://www.lena-gieseke.com/guernica/movie.html>. Acesso em: 6 abr. 2009

GUBERN, Román. *Historia del Cine.* Barcelona: Editorial Lumen, 1997.

HOLGUÍN, Antonio. *Pedro Almodóvar.* Madrid: Cátedra, 1994.

INTERNET MOVIE DATA BASE: <http://www.imdb.com>.

JARVINEN, Lisa; PEREDO-CASTRO, Francisco. German Attempts to Penetrate the Spanish-speaking Film Markets, 1936-1942. In: WELCH David; WINKEL, Roel Vande; (Org.). *Cinema and the Swastika.* The International Expansion of Third Reich Cinema. London/New York: Palgrave Macmillan, 2007, p. 42-55.

JOHNSON, Paul. *Tempos Modernos* – o mundo dos anos 20 aos 80. Rio de Janeiro: Biblioteca do Exército e Instituto Liberal, 1994.

LFU. Francisco Franco y la persecución de los judíos. Blog *Arriba,* 26 out. 2007. Disponível em: <http://www.arriba-lfu.com/2007/10/francisco-franco-y-la-persecucin-de-los.html>. Acesso em: 6 abr. 2009

LOZANO, Guillermo C. Aguilera. Emilio García Riera. *Supermexicanos* (2009) Disponível em: < http://www.supermexicanos.com/tintan/garciariera.htm>. Acesso em: 6 abr. 2009

MANN, Michael. *Fascistas*. Rio de Janeiro/São Paulo: Record, 2008.

MARION, Denis. *Le cinéma selon André Malraux*. Paris: Cahiers du Cinéma, 1996.

MATTHEWS, Herbert. *Metade da Espanha morreu*: uma reavaliação da Guerra Civil Espanhola. Rio de Janeiro: Civilização Brasileira. 1975.

MAZA, Maximiliano Libros del cine mexicano. *Supermexicanos* (2009). Disponível em: http://cinemexicano.mty.itesm.mx/libros/historia_doc.html.

MEIHY, José Carlos Sebe Bom; FILHO, Claudio Bertolli. *A guerra civil espanhola*. São Paulo: Ática, 1996.

MONTERDE, José Enrique. *Veinte años de cine español*. Un cine bajo la paradoja (1973-1992). Barcelona: Ediciones Paidós Iberica; 1993.

MORENO, Montero Antonio. *Historia de la persecución religiosa en España (1936-1939)*. Madrid: Editorial Biblioteca Autores Cristianos, 2004.

NAZARIO, Luiz. O surrealismo no cinema. In: GUINSBURG, Jacó; LERNER, Sheila (Org.). *O Surrealismo*. São Paulo: Perspectiva, 2008. p. 569-610.

OMS, Marcel. *La Guerre d'Espagne au cinema*. Mythes et réalités. Paris: Le Cerf, 1986.

ORWELL, George. *Lutando na Espanha & recordando a guerra civil*. Rio de Janeiro: Globo, 1987.

PAZ, Maria; MONTERO, Julio. German Films on the Spanish Market Before, During and After the Civil War. In: WELCH David; WINKEL, Roel Vande (Org.). *Cinema and the Swastika*. The International Expansion of Third Reich Cinema. London/New York: Palgrave Macmillan, 2007. p. 253-264.

SALLUM, Érika. Arrabal no Brasil. *Folha de S.Paulo*, 7 nov. 1997.

STÉPHANE, Nicole (2006). *Revivre Mourir à Madrid*. In: DVD Duplo *Mourir à Madrid*. Paris: Éditions Montparnasse, 2006.

VIANNA, Ruth Penha Alves. *História comparada do telejornalismo: Brasil/Espanha*, 2003. Disponível em: <http://www.redealcar.jornalismo.ufsc.br/anais/gt4_audiovisual/hist%F3ria%20comparada%20do%20telejornalismo.doc>. Acesso em: 6 abr. 2009.

VIDAL, Nuria. *El cine de Pedro Almodóvar*. Barcelona: Destinolibro, 1988.

YOUTUBE. *Guernica 3D*. Disponível em: <http://www.youtube.com/watch?v=eKVCov-XFXw&feature=related.>. Acesso em: 6 abr. 2009.

YOUTUBE. *NO-DO. Prisioneros republicanos* (2007). Disponível em: <http://www.youtube.com/watch?v=UX44zMNvFMs&feature=player_embedded>. Acesso em: 6 abr. 2009

YOUTUBE. *The Bombing of Gernika: The Mark of Man* (2000). Disponível em: <http://www.youtube.com/watch?v=_Cf7CPGIqnc>. Acesso em: 6 abr. 2009

Olhares de Espanha para a Guerra Civil

A CAPITAL DIVIDIDA ENTRE AS DUAS ESPANHAS
Madri na literatura da Guerra Civil

Dieter Ingenschay
Humboldt Universität zu Berlin

R E S U M O

Neste artigo será oferecido um breve panorama de alguns romances que tratam da cidade de Madri durante a Guerra Civil Espanhola, tanto da perspectiva dos defensores republicanos como dos agressores franquistas. Para esta finalidade, serão analisados seis romances, três de cada lado da guerra representantes das diferentes percepções dos acontecimentos na capital espanhola, sitiada de 1936 a 1939, quando vários bairros se encontravam em primeira linha dos combates. O conceito das duas Espanhas antagônicas é aplicado à literatura madrilena da grande cidade escrita na época do conflito bélico.

P A L A V R A S - C H A V E

Madri, duas Espanhas, romances da guerra civil

> ¡Madrid, Madrid! ¡Qué bien tu nombre suena,
> rompeolas de todas las Españas!
> La tierra se desgarra, el cielo truena
> tú sonríes con plomo en las entrañas.[1]

INTRODUÇÃO

Há dois anos, propus utilizar o modelo das duas Espanhas para investigar a apropriação literária de Madri.[2] Desejo especificar agora esse conceito, tomando como base alguns romances urbanos escritos sob o signo da guerra civil. Que existe uma cisma entre as duas cidades de Madri já antes que o termo "duas Espanhas" se impusesse como categoria histórico-cultural, ou seja, antes da Geração de 98 e Ortega y Gasset, disso não se pode duvidar se analisamos os relatos de viagem em que são descritas: já no século 18 distintos viajantes falam da capital espanhola como uma joia arquitetônica e um lugar fascinante, enquanto outros se referem a ela como um lugar sujo e inumano. Isso corresponde ao espectro antropológico-cultural de qualquer reflexão acerca da

---

[1] Machado citado por ALBERTI. *Noches de guerra en el Museo del Prado*; el hombre deshabitado.

[2] INGENSCHAY. *Großstadtaneignung in der Perspektive des peripheren Blicks*, p. 109-128.

cidade, que abarca desde o festejo eufórico da cultura urbana[3] até o ceticismo disfórico (que começa com a meretriz bíblica de Babilônia e chega a Nietzsche e Lévi-Strauss).[4]

A ideia de ler "as Madris" de ambos rivais da guerra civil como expressão das duas Espanhas[5] tem aspectos tentadores. Nunca antes na história moderna, desde as guerras carlistas, os campos progressista e tradicionalista se chocaram com tanta força, nunca antes a polêmica foi tão marcada, a inimizade tão irreconciliável, a divisão, inclusive dentro das famílias e grupos de amigos, tão radical; tudo isso é sabido e tem sido tratado extensamente pela abundante crítica histórica e literária.[6]

Nesse contexto da literatura madrilena da guerra civil, a planejada projeção poderia levar-nos a uma equiparação política muito fácil e evidente: a literatura de corte republicano seria a "boa" e a pró-fascista a "má" ou certamente a "maligna", a literatura dos "vencedores que não foram capazes de convencer", para seguir com o jogo de palavras de Mechthild Albert.[7] Uma visão diferenciadora deverá encontrar argumentos quando se trata do empírico do material histórico: é exclusivamente isso o que me interessa aqui. Não vou ocupar-me, por tanto, da estilização ulterior que caracteriza o crescente tratamento da temática da guerra civil por parte de autores do franquismo tardio ou do pós-franquismo (Marsé, Chirbes, Cercas, Chacón...). Essa nova literatura quer tomar muitas vezes uma posição "mediadora". Não quer seguir escrevendo aquela "literatura dos vencedores" (analisada por Regine Schmolling[8]), mas seu projeto fundamental se torna problemático na medida em que dispõe somente de forma rudimentar disso que ultimamente tem sido chamado "cultura da memória".[9] Essa posição mediadora faz com que, por exemplo, Chirbes trate aos dois bandos como uma família dividida da mesma forma (ou pelo menos quase da mesma maneira, pois naturalmente o filho fascista é um pouco mais torpe). Em contrapartida, na literatura escrita durante a guerra civil qualquer posição mediadora parece especialmente complicada e em todo caso improvável.

---

[3] SCHERPE. *Die Unwirklichkeit der Städte*. Großstadtdarstellungen zwischen Moderne und Postmoderne.

[4] Em relação a esse ceticismo ver: KUHNLE. Ekelhafte Stadtansichten.

[5] Para o contexto geral da noção ver: JULIÁ. El fracaso de La República; JULIÁ. *Historia de las dos Españas*.

[6] Martínez Reverte, em *La batalla de Madrid*, tenta captar em um livro de impressionante complexidade os acontecimentos históricos da chamada batalha de Madri dia a dia desde a perspectiva de fontes e de testemunhas de ambos lados.

[7] Cf. o título do livro editado por ALBERT. *Vencer no es convencer*.

[8] SCHMOLLING. *Literatur der Sieger*: der spanische Bürgerkriegsroman im gesellschaftlichen Kontext des frühen Franquismus (1939-1943).

[9] A noção está baseada nas teorias de Aleida Assmann – cf., em particular, ASSMANN. *Erinnerungsräume*. Formen und Wandlungen des kulturellen Gedächtnisse. Cf. também NORA. *Les lieux de mémoire*; sua atualidade no contexto da Guerra Civil Espanhola se reflete na abundante discussão atual, tal e como esta se encontra não somente na imprensa, mas também – por exemplo – no Colóquio Internacional do Instituto. Cervantes de Berlim "Culturas da memória" (que teve lugar em Berlim em junho de 2005). Antes, a noção de memória histórica se empregava com um sentido mais geral em AGUILAR FERNÁNDEZ. *La memoria histórica de la Guerra Civil Española (1936-1939)*: un proceso de aprendizaje político.

Uma primeira análise do estado da questão mostra que a investigação espanhola mais recente trabalha tanto a literatura do lado republicano como a do lado fascista,[10] e também o faz por meio do conjunto de artigos do volume editado por Bannasch e Holm,[11] ao passo que, fora da Espanha, é a literatura pró-fascista que é tratada de forma mais sistemática e rica em facetas.[12] Da abundante literatura crítica sobre a e suas literaturas, basta destacar no marco deste artigo a bibliografia comentada de Maryse Bertrand de Muñoz[13] pelo seguinte motivo: no segundo volume se encontra a relação pormenorizada dos lugares em que transcorre a ação principal das várias obras literárias reunidas pela pesquisadora. Assim, na categoria "Guerra vivida", encontramos – num exame inicial do material que, entretanto, quase 25 anos depois da publicação, deveria ir sendo completado – nada menos que 29 títulos de romances cuja ação se centra em Madri (sobre tudo quando não se referem aos relatos urbanos típicos). A base empírica para minhas observações é bastante menor: escolho seis romances, três sobre cada uma das duas Espanhas. Mas antes de adentrar-me nos textos, gostaria de adiantar algumas condições básicas sobre um fenômeno-chave na hora de aproximar-se à literatura da cidade de Madri: o "madrilenismo".

MADRILENISMO

O fenômeno do madrilenismo reúne duas perspectivas distintas da cidade: por um lado, aquela perspectiva que vê a Madri como um "poblachón manchego"[14] (Pérez Galdós), e por outro, a que trata Madri como a nova metrópole, a "Paris espanhola". A curiosa coexistência de ambos os pontos de vista se deve à ambivalente situação histórica da cidade de Madri (e também de sua literatura). O centralismo monárquico e dogmático-católico exige uma metrópole, uma vitrine nacional, uma sede administrativa e, especialmente – como aponta Joan Ramón Resina – um centro de poder.[15] Durante grande parte do século 19, Madri segue sendo uma sossegada aldeia, ao passo que Barcelona já havia adquirido um caráter moderno por meio da industrialização e da edificação. A tematização da cidade se incrementa no século 19 baixo o signo do "costumbrismo",[16]

---

[10] RODRÍGUEZ PUÉRTOLAS. *Literatura fascista española*; MAINER De Madrid a Madrigrado (1936-1939): la capital vista por sus sitiadores; ESTEBAN; LLUVIA. *Literatura y Guerra Civil*. Madrid, 1936-1939; MAÑÁ DELGADO. *La voz de los náufragos*: le narrativa republicana entre 1936 y 1939.

[11] BANNASCH; HOLM. *Erinnern und erzählen*: der Spanische Bürgerkrieg in der deutschen und spanischen Literatur und in den Bildmedien.

[12] ALBERT. *Vencer no es convencer*.

[13] BERTRAND DE MUÑOZ. *La Guerra Civil Española en la novela*: bibliografía comentada.

[14] "Poblachón manchego": célebre expressão do escritor Benito Pérez Galdós, que, referindo-se ao povoado de Dom Quixote, ou seja, "La Mancha", atribui à Madri ares de cidade "interiorana". (Nota da tradutora).

[15] RESINA. Madrids Palimpsest. Die Hauptstadt gegen den Strich gelesen.

[16] O termo "costumbrismo" se refere ao intento de retratar em obras artísticas (literárias, pictóricas etc.) os costumes tidos como típicos de um lugar. Esse termo foi usado para designar um movimento artístico que se deu, entre outros países, na Espanha do século 19. (Nota da tradutora).

interpretado por H.-U. Gumbrecht e Juan José Sánchez como um movimento conservador primário,[17] opinião que não pode ser aplicada para a produção literária posterior (refiro-me neste caso a exemplos como Carmen de Burgos e os/as autores/as tratados/as por Michael Ugarte[18]). O que especialmente devemos reter é o fato de que a Madri da gente simples é descrita tanto por autores conservadores (Baroja) como por autores "semiproletários" (José María Rodríguez-Méndez) e que essa circunstância deixa uma marca no madrilenismo, que a propósito não só floresceu continuamente durante o franquismo – recordemos os livros de Cela sobre Madri[19] – mas também e, mais que qualquer coisa, durante a transição, o levante e o pós-franquismo atual.

Os acontecimentos da guerra civil desestabilizam essa imagem tradicional da Madri popularmente boa. Repentinamente, para cada um dos lados existem "forças malignas" no interior dessa comunidade que, com frequência, é caracterizada por meio de metáforas antropomorfas. A situação histórica concreta, ou seja, o fato de que a capital tenha se transformado durante anos no centro da resistência republicana contra os "libertadores" nacionais, deixa alguns autores pró-fascistas abandonados a um profundo desconcerto. Ao mesmo tempo, a literatura "republicana" experimenta um questionamento de seus princípios como efeito da intensidade de uma resistência que também se nutre das forças bélicas da mesma cidade. O que se questiona é nada mais nada menos o que poderíamos chamar a "identidade da cidade", construída especialmente no discurso literário.

Dito concretamente: ambos os lados buscam com afã criar um discurso de identidade, sendo que é precisamente isso o que a situação histórica transformou em problemático, quando não obsoleto. Assim é como Giménez Caballero nas suas "Exaltações sobre Madri",[20] publicadas em 1937 em *Hierarquia,* a "Revista negra da Falange", recorda nostalgicamente uma Madri de classes em harmonia,[21] como se ele pertencesse à esquerda e não à direita. Mas já veremos, e com isso já adianto um dos corolários do meu estudo, que essa divisão é tão problemática quanto à oposição de (não mais que) duas Espanhas.[22] Com todas as oposições ideológicas, na apropriação literária da cidade os dois lados se fixam em modelos similares, apresentando achados parecidos e utilizando semelhantes procedimentos.

---

[17] GUMBRECHT; SÁNCHEZ. Der Misanthrop, die Tänzerin und der Ohrensessel. Über die Gattung "Costumbrismo" und die Beziehungen zwischen Gesellschaft, Wissen und Diskurs in Spanien von 1805 bis 1851.

[18] UGARTE. *Madrid 1900.* The capital as a cradle of Literature and Culture.

[19] Cf. o formoso livrinho de CELA. *Madrid.*

[20] O título se refere a "Exaltações sobre Espanha", subtítulo de seu famoso livro *Gênio de Espanha.*

[21] MAINER. De Madrid a Madrigrado (1936-1939): La capital vista por sus sitiadores, p. 187.

[22] Em uma análise das múltiplas fragmentações dentro da realidade espanhola, publicado em (1981), Juliá recusou o conceito de duas Espanhas como demasiado estreito, dado que existem não duas, mas sim muitas Espanhas – cf. JULIÁ. El fracaso de La República. Contudo, volta depois a esse tão difundido conceito, cf. JULIÁ. *Historia de las dos Españas.*

FRANCISCO CAMBA, *MADRIDGRADO*, E ANTONIO SÁNCHEZ BARBUDO, *SUEÑOS DE GRANDEZA*:
"MADRID NO SE RINDE" — NEM UM NEM O OUTRO

Camba, Madridgado (1939)

Madridgrado, de Francisco Camba, é classificada corretamente por Mechthild Albert como romance de cidade, isto é, como um texto que, no sentido atribuído por Volker Klotz, tem a cidade como protagonista coletivo.[23] O eu-narrador, em contrapartida, permanece envolvido por uma estranha imprecisão, como personagem e em relação à cidade. Já desde a primeira página se destaca da massa de personagens o político galego, o grande burguês Pitipá, que foi governador na administração de Portela e que arrasta ao protagonista para dentro da Madrid dominado pelo governo. Durante as quatrocentas páginas do romance alternam uma e outra vez imagens de Madri com os diferentes fios narrativos, que em geral servem para diferenciar os "bons" (ou seja, os religiosos tradicionalistas) das "hordas rojas" (isto é, do "bando indisciplinado" dos vermelhos). Madri é caracterizada de forma prototípica com uma imagem tomada de Goya:

> Madrid aparece blanco tras las fondas verdiazules de junto al río, como si en vez de sobre el cielo del crepúsculo lo estuviésemos viendo en el lienzo que pintó Goya. Si alguna torre de rascacielo se eleva entre su caserío, no le altera, por fortuna, la graciosa silueta. Con todo el tiempo que ha pasado desde entonces, Madrid, aparentemente, sigue siendo Madrid.[24]

Esta Madri se distingue – como sempre – pela orgulhosa vontade de manter inabalável sua idiossincrasia, que se mostra, por exemplo, no festejo. Apesar de que tudo indica que o povo está armado, Madrid se entrega à festa:

> En la calle de Piamonte, en la de Góngora y la de Gravina, hay, por lo visto, una multitud desharrapada y vociferante a la que se entregan pistolas y fusiles. ¿Cómo se atreven a disponer esto Azaña y Casares Quiroga? ¿El pueblo es, acaso, la chusma? ¿A qué horrores no se va a ver lanzado el verdadero pueblo por haber dejado llegar nuevamente a esos hombres al sitio de donde los arrojó en su único momento de lucidez?
> Por las calles, sin embargo, casi no se nota que vivamos un día diferente al de ayer. Aún hay trasnochadores tras las ventanas de los casinos. Aún en las terrazas de los cafés se comentan regocijadamente los sucesos. Todavía es el Madrid a quien los motines, lejos de quitarle el sueño, le regocijan, por hacerle más interesante en el periódico de la mañana. A altas horas algo le intriga, no obstante. El presidente del Consejo acaba de dimitir. ¿Qué significa esto?.[25]

Se para Camba a Madri oficial dos fins dos anos 1930 se transforma em uma "paródia russa"[26] porque durante os festejos pela Revolução Russa a cidade se torna um mar de bandeiras leninistas e estalinistas (e isso muito depois daquele "7 de novembro" em que

---

[23] KLOTZ. *Die erzählte Stadt.* Ein Sujet als Herausforderung des Romans von Lesage bis Döblin.

[24] CAMBA. *Madridgrado.* Documental Film, p. 12-13.

[25] CAMBA. *Madridgrado.* Documental Film, p. 38-39.

[26] CAMBA. *Madridgrado.* Documental Film, p. 200.

o governo deixou a capital), isso deve ser lido apenas em primeira instância, sem dúvida, como expressão do anticomunismo ideológico, mas também como expressão de xenofobia:

> Efectivamente, en la Puerta de Acalá, utilizando los huecos, se enmarcaban retratos colosales de Lenin y Stalin; las estatuas del bulevar aprovechábanse para sujetar cartelones con la cara de Stalin y Lenin; Lenin y Stalin tenían un monumento en cada plaza, en cada encrucijada, en cada esquina. Sus efigies colgaban de los balcones de casi todos los palacios, y allá arriba, cubriendo el escudo de armas, brillaba el blasón de los nuevos dominadores: la hoz y el martillo, entre banderas rojas que ponían sobre la calle una sombra negra. [27]

Em Camba, como na maioria dos romances madrilenos de ambos os lados, a cidade típica de pessoas boas e simples está no centro, mas a esta se lhe agrega aqui a "classe superior de Madrid" dos tradicionalistas conservadores, que ademais se encontram em tão boas condições econômicas que todo o tempo – começando pelo bom amigo galego Pitipá – sorvem champanhe francês em hotéis de luxo ou andam pela cidade em pomposas carroças Rolls Royce ou Cadillac. A única estratégia dessa narrativa não precisamente bem composta é deixar em evidência o colapso da cidade sob a influência das "hordas rojas apátridas" (bando dos indisciplinados vermelhos sem pátria), mostrando quão baixo já havia caído Madri e quão grande é o sofrimento de todos:

> Cuatro Caminos. Calleja de barrio moderno, pero triste. Sórdidas casuchas desventradas por los obuses. Las calles, desiertas. Y ya cerca del taller del señor Antonio, el espanto lo paralizó. Por la ventana abierta salían los gritos de una mujer. Eran unos gritos de naufragio, como cuando desde el puerto la madre o la esposa ve volcarse la lancha donde va todo lo que ella quiere en el mundo.
> –¡Y a eso ha venido a Madrid! ¡Con tanta ilusión! Yo siempre me opuse. Y, desde que mandan las fieras, bien la animaban a irnos. ¿Por qué me he de callar? ¿Por los asesinos al acecho? Ya no me importa que me oigan. No era mi ama, era como una hija para mí. Mi única hija, y ya no la tengo.
> Y los gritos se detenían en una sola palabra, donde para la pobre mujer iba todo; una palabra de maldición, trágica, ululante, en que parecían temblar los trenos de los antiguos profetas y entraba al cerebro con su aguda sílaba final como un taladro de sierpe:
> –¡Madrid! ¡Madrid!.[28]

Certamente, semelhante colapso só pode ser um procedimento relativo. Curiosamente, o autor esquece de sustentar o medo de perseguição e o perigo que corre o protagonista (somado ao do seu amigo Pitipá); eles se sustentam junto a todos os "bons" que secretamente resistem entre os malvados reinantes. "Madrid no se rinde" (Madri não se rende) é sua armadura mental, mas o conceito de claudicação, de acabar cedendo e renunciando a resistência, é revertido: Madri deve render-se ao lado nacional, que longe de haver-se detido diante das portas da cidade, encontra-se preparado para entrar nela:

> Madrid no se rinde; el Gran Capitán, el alma de Madrid, no quiere verlo, dije un día. Pero hoy digo, por el contrario: ¡Madrid tiene que rendirse! No es el invasor quien está a sus puertas, sino los que vienen a salvarlo. El invasor hace mucho tiempo que lo tiene dentro

---

[27] CAMBA. *Madridgrado*. Documental Film, p. 262.

[28] CAMBA. *Madridgrado*. Documental Film, p. 321-322.

de él. Rendirse es, pues, lo noble, lo humano, lo español, lo madrileño. ¿Más sangre aún? ¿Más estrago por no reconocer esta verdad? Eso sólo interesa a los comunistas, a los verdaderos invasores, los que quieren forzar nuestra vida a seguir rumbos cuyo solo pensamiento estremece, arruinando nuestra tradición, destruyendo todo lo que estimamos digno, acabando con el pensamiento, con el sentimiento, con la idealidad.[29]

Camba assegura que escreve "episódios contemporâneos"[30] e com isso faz explícita referência intertextual aos *Episódios nacionais*, de Pérez Galdós, com os quais sua descrição urbana compartilha a confiança na "cidade semiotizada". Tipicamente madrileno é o fato de que Madri – a Madri dos "malvados" incluída – na realidade e no fundo sempre permaneceu bom. Assim é como o protagonista experimenta a "liberação" como uma salvação milagrosa:

> ¡Madrid, ese Madrid donde ya se han cumplido para mí dos años de cautiverio, donde he visto la muerte tantas veces delante de los ojos! ¡Sentenciado un día a morir; a merced, por las calles, mi vida del miliciano que quisiera arrebatármela: la checa, con el horror por único compañero; la cárcel, sin otra esperanza de salir que las trágicas levas; el combate, adonde abusivamente se me llevó; las heridas horrendas, de que sólo por milagro pude salvarme; los trabajos forzados de Nueva Baztán; el hambre, la suciedad, la miseria, todo eso se acabó. Dentro de una hora, de media tal vez, libre, entre los míos, los que piensan como yo y sienten de idéntica manera y tienen los mismos anhelos.[31]

Por trás desse patético discurso direitista típico de grande parte da literatura fascista se pode reconhecer que *Madridgrado* pertencia a uma fase precoce da ideologia falangista, porque existem algumas críticas muito isoladas às instituições eclesiásticas (como quando os malignos "rojos" são comparados com a Inquisição).

Sánchez Barbudo, Sueños de Grandeza (1940)

Arturo Saavedra, o protagonista de *Sueños de grandeza*, percebe Madri desde a perspectiva do olhar periférico:[32] Não em vão está voltando da fronteira de Córdoba em outono de 1936 para alojar-se na casa de uns parentes, próxima ao Retiro. Gemma Mañá provou que o autor, que no momento de escrever seu romance era redator das importantes edições republicanas de *Hora de España*, decorou seu livro com claros traços autobiográficos.[33] Em princípio, Sánchez Barbudo repassa os "topoi" (lugares) tradicionais da "literaturização" de Madri, o "céu azul e diáfano".[34] O aspecto central e repetido em todas suas variações é a pergunta que atravessa igualmente toda a literatura fascista (Camba, por exemplo), a pergunta sobre se a cidade mudou ou não: "No fundo, via-se as árvores de El Prado e El Retiro. O ar era puríssimo, azulado, transparente. Madri no havia mudado!

---

[29] CAMBA. *Madridgrado*. Documental Film, p. 377-378.

[30] SCHMOLLING. *Literatur der Sieger*: der spanische Bürgerkriegsroman im gesellschaftlichen Kontext des frühen Franquismus (1939-1943), p. 126.

[31] CAMBA. *Madridgrado*. Documental Film, p. 350.

[32] Sobre o conceito de "mirada periférica" na literatura urbana ver: INGENSCHAY. Großstadtaneignung in der Perspektive des peripheren Blicks.

[33] ESTÉBAN; LLUSIA. *Literatura y Guerra Civil*. Madrid, 1936-1939, p. 48.

[34] SÁNCHEZ BARBUDO. *Sueños de grandeza*, p. 31.

El cambio, en todo caso, había sido interno y no perceptible a primera vista."[35] Em um segundo olhar, a mudança se faz patente:

> Paseantes había pocos a esa hora. ¿Los habría más tarde? Después de las elecciones de febrero habíase ya notado un eclipse. Los falangistas habían reprimido su agresividad y no lanzaban esos gritos que producían temor y arrobo en las doncellas elegantes. La palabra se había ocultado para dejar paso a la acción; los jóvenes obreros llenaban con frecuencia la calle de Acalá buscando a los "señoritos". Se vieron miradas de odio y de negro rencor. Los gordos de "la percera", que antes mostraban cada tarde la palidez de su ánimo a través de las vitrinas del Círculo de Bellas Artes ya, prudentemente, no osaban hacer ostentación de su aburrimiento.
> – ¡Cuánto ha cambiado todo desde entonces! –exclamó Arturo.
> Y, en efecto, había cambiado. Algo en el aire, un oscuro presentimiento de sangre y de revancha llenó, de febrero a julio, el silencio o el bullicio de las calles madrileñas; como enturbió la claridad de los campos.... [36]

Mais além de uma curta ação amorosa, a problemática que domina o pensamento do protagonista é a ideia da lealdade à pátria, e a isso se reduz também à temática central dessa novela pobre em ação. A pergunta se torna mais atual durante a visita a Ricardo, um parente "de direita" que se refugiou na embaixada de um país habitado por pessoas loiras e de olhos azuis e que tenta repetidamente relativizar a relação irreconciliável entre as duas Espanhas. Ainda quando Ricardo apresenta o protagonista a seus amigos como "um rojo verdadeiro",[37] Alberto não responde em nada ao habitual herói de pensamento positivo que prima na prosa republicana. Não é um lutador de nascimento, seguro de si mesmo e da causa, não convoca a resistir ao invasor nem inflama os ânimos com sede de vitória, mas expressa em um gesto disfórico sua tristeza pela guerra:

> Nadie dudaba que los fascistas se aproximaban ya a los arrabales de la capital. Los periódicos hablaban de la "voluntad de lucha" de Madrid, de su firme deseo de resistir al enemigo por todos los medios y con toda violencia: hasta el último extremo. Era un grito desesperado. Un toque de campanas que llamaba a la locura. Se presagiaba la catástrofe, la gloria. Era un hundirse y levantarse de nuevo. Una viva zozobra se percibía dentro de esa literatura que exaltaba la próxima defensa heroica de la capital. "Es preciso decirlo: ¡no podemos seguir así!" "Ni un día más." "Los madrileños como en 1808, como los franceses en el Marne..."[38]

Tal como o romance "direitista" de Camba, o texto de Sánchez Barbudo encontra-se claramente sob o paradigma de um madrilenismo nacional. Um passeio pelos bairros baixos mostra, entre outros exemplos, até que ponto o protagonista se sente um madrileno sensível ao espírito da capital antiga e popular:

> Andaba con rapidez dispuesto a cumplir el encargo sin dilaciones, pero al pasar junto al café de San Millán, una sorda llamada (la voz fantasmal de un Madrid en trance de muerte) le hizo detenerse de golpe. No pudo resistir la tentación: entró en el café solemnemente, como si penetrase en un templo.

---

[35] SÁNCHEZ BARBUDO. *Sueños de grandeza*, p. 61.

[36] SANCHEZ BARBUDO. *Sueños de grandeza*, p. 82.

[37] SÁNCHEZ BARBUDO. *Sueños de grandeza*, p. 159.

[38] SANCHEZ BARBUDO. *Sueños de grandeza*, p. 210.

Con sus divanes de rojo peluche y sus bolas relucientes; con sus cansados y familiares camareros en los que parecían adivinarse los calzoncillos largos; con sus acreditados solomillos y su público de actores, pesimistas, "chulos", prostitutas y poetas, aparte de alguno que otro funcionario retirado y extrañas parejas, este café, que evocaba todo el Madrid antiguo y popular, hecho ya cuadro, fue siempre para él como un "museo de almas". Y en seguida comprendió, al atravesar la puerta, que el famoso café ofrecía ahora ese encanto y soledad –ese terror silencioso– que ofrecen en días de pago los verdaderos museos.[39]

Pouco depois, o próprio conceito de madrilenismo é tomado e elevado à parte integrante de uma autodeterminação política sob a que inclusive Arturo pode definir-se como madrileno:

La mujer que hablaba con el camarero, era indudablemente una "rabanera", una "placera". Desgreñada y furibunda hacía pensar que los acontecimientos políticos habían logrado sólo aumentar su "madrileñismo" y hacer que se sintiese más segura de sí que nunca. [...] Ante aquellas venerables caricaturas, sobre todo ante la rabanera que mostraba a su vez al camarero su desdén con un gesto particularísimo de la boca, y oyendo la respuesta de éste, *filosófica* y extraña, sintió algo más que curiosidad o enojo: se sintió madrileño. Y sintió su alma ligada a ese indefinible complejo que hace *bromista* a la gente de Madrid.[40]

Com o foco na tensão entre os sonhos individuais e os sociais, *Sueños de grandeza* é um dos textos menos polêmicos dos aqui apresentados. Sánchez Barbudo se fez conhecido especialmente como repórter de guerra (por exemplo, por sua crônica dos acontecimentos em Yeste, tomados por Goytisolo em *Señas de identidad*); assim, constitui o específico deste romance madrileno o fato de que o autor, fazendo uso de outro registro para integrar em um discurso sobre Madri os sutis estados de ânimo de crises pessoais, extrapola a própria dimensão individual. Esteban/Llusia localizam, com toda razão, o romance de Sánchez Barbudo como parte das reflexões da geração de Rafael Dieste e Juan Gil-Albert, com os quais o autor mantinha uma amizade. A "literaturização" de Madri se presta, nesse sentido, a atuar como armadura para desenvolver a "dialética entre uma Espanha viva e uma Espanha morta".[41] Entre essas duas Espanhas podem-se registrar ligeiros movimentos sísmicos que são expressos de forma sutil:

Todas las personas se sentían cambiadas, y así era en efecto y muy fundamentalmente, aunque este cambio sólo se percibiese en los más finos matices. No en vano un pueblo entero pasa de la inquietud, de la exaltación y el temor, a la alegría y a la fe. Fue como si un fantasma se alejase derrotado, como si la amenaza hecha cuerpo, convertida al fin en drama, hubiera sido superada por la fuerza invencible de la vida, por la honda voluntad de existir que Madrid afirmó al gritar:
"¡No pasarán!" (...)
El fenómeno afectó a los verdaderos defensores de Madrid, pero también a los tibios y a los "emboscados", e incluso, en cierto modo, a los enemigos, a los que ya entonces eran llamados "quintacolumnistas". Si en unos el tránsito fue de la angustia, del sentimiento de la fatalidad al albedrío, al sentimiento de la propia fuerza; en los enemigos que se encontraban ocultos en Madrid, este tránsito fue de la angustiosa espera al abandono y el olvido, a la desesperación total que encuentra consuelo en sí misma. A partir de noviembre muchos dejaron de ser partidarios de Franco o lo fueron menos apasionadamente.[42]

---

[39] SANCHEZ BARBUDO. *Sueños de grandeza*, p. 86.

[40] SÁNCHEZ BARBUDO. *Sueños de grandeza*, p. 87.

[41] ESTEBAN; LLUISA. *Literatura y Guerra Civil*. Madrid, 1936-1939, p. 49.

[42] SÁNCHEZ BARBUDO. *Sueños de grandeza*, p. 229.

Foxá, *Madrid de corte a cheka* (1938/39)

Numa passagem do romance de Sánchez Barbudo, perguntam ao protagonista sua opinião sobre as "tcheca"[43] (prisões republicanas) e ele afirma que se trata de um mal aparentemente necessário tendo em conta as atividades que são realizadas contra o governo eleito. Nas duas das obras literárias pró-fascistas selecionadas, as tchecas aparecem no título, claro indício de seu forte papel político e polêmico (até hoje em dia[44]). O autor da primeira obra, *Madrid de corte a cheka*, Agustín de Foxá, Marquês de Armendáriz, "autor de exaltação falangista", como o chama Rodríguez Puértolas,[45] soube atrair a especial atenção da crítica. Cerstin Bauer-Funke assinala que a luta por Madri nesse romance se refere à temática das guerras carlistas,[46] e José Carlos Mainer sublinha não só o parentesco com Valle-Inclán, mas aponta também, com relação ao tópico urbano nesse livro de propaganda falangista, que é a Madrid moderna, republicana e antitradicional que se opõe ao ideal "hispanizador" e conservador de Foxá;[47] com essa atribuição, Mainer concorda com a posição que representa Juliá quando destaca que a consequência mais grave da guerra civil foi interromper um processo de modernização posto em marcha durante a 2ª república.[48] Pode ser que seja assim, mas a partir de agora gostaria de mostrar que também a literatura madrilena antifascista adere a um sistema de valores tradicionais e "hispanizantes".

José Felix Carrillo, o protagonista fictício de *Madrid de corte a cheka*, é membro da nada fictícia agrupação de intelectuais de direita da "Corte literário de José Antonio",[49] do grupo de Sánchez Mazas. Mediante digressões metaliterárias se faz a descrição de como surge o texto do hino da Falange "De cara ao sol, com a camisa nova" de uma cooperação coletiva dos cérebros do movimento fascista – entre eles, ao lado de Sánchez Maza, estão José Antonio Primo de Rivera, José Mará Haro, Dionisio Ridruejo e o próprio Foxá. Essas digressões extradiegéticas sugerem uma autenticidade histórica que influi sobre a estilização da cidade de Madrid com seus dois bandos enfrentados. Com isso se tematiza o movimento histórico de uma caída e a oposição entre o ontem e o hoje:

---

[43] Prisão republicana inspirada na polícia secreta da Rússia Soviética (tcheca). (Nota da tradutora).

[44] Durante o franquismo, no anos 1950/1960, foram publicados alguns estudos sobre as tchecas. A discussão se atualizou em 2003 devido o anúncio de um livro de César Vidal (*Checas de Madrid. Las cárceles republicanas al descubierto.* Disponível em: <http://www.el-mundo.es/cronica/2003/402/1056973784.html>. Acesso em: 9 dez. 2005). Um artigo que desmascara a posição ideológica do autor historiador que "denuncia" a Alberti como comunista notório se encontra em <http://www.solidaridad.net/noticias.php?not=742>. (Acesso em: 9 dez. 2005)

[45] RODRIGUEZ PUERTOLAS. *Literatura fascista española*, p. 213.

[46] BAUER-FUNKE. *Baile en Capitanía* de Augustín de Foxá: Poetización de la propaganda franquista.

[47] MAINER. De Madrid a Madridgrado (1936-1939): La capital vista por sus sitiadores, p. 183.

[48] JULIÁ. *El fracaso de La República.*

[49] CARBAJOSA; CARBAJOSA. *La corte literaria de José Antonio.* La primera generación cultural de la Falange.

Salió a la calle. Encontró un Madrid desolado, diferente; con los mismos edificios y la misma gente, aquélla era otra ciudad. Se daba cuenta, así, de la fuerza enorme de las ideas. A pesar de la geografía, aquello ya no era España. En la Gran Vía, en Alcalá, acampaba la horda; visión de Cuatro Caminos y de Vallecas, entre los hoteles suntuosos de la Castellana, bajo los rascacielos de la Avenida de Peñalver. (...)
Quedaban todavía residuos del mundo antiguo: los escaparates, las tiendas, los cafés abiertos. Los milicianos, con las pistolas ametralladoras al cinto, entraban en la Granja del Henar y pedían cócteles.
Llevaban una vida divertida. Por las mañanas tomaban el aperitivo en el "Chicote".[50]

Que os "rojos" tomem, repentinamente, seu aperitivo no nobre bar artdeco. Chicote constitui para as elites tradicionalistas um signo de perturbação da semiótica da grande cidade, cujos habitantes são sentidos como intrusos:

La multitud invadía Madrid. Era una masa gris, sucia, gesticulante. Rostros y manos desconocidas, que subían como lobos de los arrabales, de las casuchas de hojalata ya en los muros de yeso y cipreses – con olor a muerte en verano – cerca de las Sacramentales, en el borde corrompido del Manzanares. Mujerzuelas de Lavapiés y de Vallecas, obreros de Cuatro Caminos, estudiantes y burgueses insensatos.[51]

Às cinzentas massas "rojas" se opõem os galeões direitistas, que assistem aos acontecimentos na cidade como a uma função de teatro. Eles dividem a juventude basicamente entre comunistas e fascistas:

Negraba la multitud por la Gran Vía; en su alero de golondrinas del piso último de la casa de la Avenida de Eduardo Dato, Ernesto Giménez Caballero y Ramiro Ledesma, contemplaban el desfile.
–Ernesto, algún día esta masa será nuestra.
Daba el sol, suavizado por el cristal, en la tinta fresca del periódico La Conquista del Estado, donde colaboraba la juventud revolucionaria que, a partir de aquel día, iba a dividirse en fascistas y comunistas.[52]

Os resultados eleitorais concretos contradizem as pretensões de poder dos direitistas: Nas eleições de 1931, os grupos "de esquerda" alcançaram cerca de 70% dos votos nos bairros populares, e ainda em fevereiro de 1936 a Frente Popular chegou a 54% contra 1,2% da Falange.[53] Mas como Madri se converte no cenário da confrontação direta, o pertencimento ideológico determina a percepção da cidade. Assim é que também José Felix vê e ouve a "sua" Madri:

Y al coronar una cuesta, vio de repente a su ciudad. La emoción le ahogaba. Contemplaba la Telefónica, el Palacio Real, Santa Cruz, y el Ministerio de Estado, en cuya buhardilla pasó una noche, y el "Cine de Callao" y la mancha del Retiro.
Estaba en Carabanchel. Aquello ya era Madrid.
Recorría el adoquinado madrileño, las vías del tranvía y los postes, [...] Y ya el acento a la "elle" madrileña, mal pronunciada, en los bares, en una lechería, en alguna tienda que aún estaba abierta.[54]

---

[50] Foxá citado por RODRÍGUEZ PUÉRTOLAS. Literatura fascista española, p. 261

[51] Foxá citado por RODRÍGUEZ PUÉRTOLAS. Literatura fascista española, p. 248.

[52] Foxá citado por RODRÍGUEZ PUÉRTOLAS. Literatura fascista española, p. 249-25.

[53] PORTUONDO. Madrid en la Guerra Civil (1936-1939), p. 26.

[54] Foxá citado por RODRÍGUEZ PUÉRTOLAS. Literatura fascista española, p. 266.

A incompatibilidade da posição ideológica é projetada sobre a geografia da cidade. Como alguma vez na Berlim dividida, o outro lado do centro de Madri parece inalcançável (por exemplo, na citação que segue para os soldados pró-fascistas que estão embaixo da cidade universitária). Se o centro de Madri, tal como é visto desta periferia, fica mais longe que Pequim, então se desarticula aquela semiótica que, mediante a metáfora da legibilidade da cidade, permite experimentá-la:

> –¡Ahí enfrente, tenemos al Batallón "Rosa Luxemburgo"! En un piso cerca del parapeto, entre unos cojines sacados de una casa, el alférez y los cabos escuchaban Unión-Radio de Madrid con un simple aparato de galena. José Félix cogió el fusil y quitó el guijarro de la tronera para asomar al cañón. Veía la ciudad, bañada en una luz de peligro. Aún se tardaría mucho en entrar en ella. Faltaba por limpiar todo el Norte. Pensaba en sus amigos. Por allí andarían a esas horas, anhelantes, escondiéndose, de casa en casa, como bestias, perseguidos. ¡Qué sería de Pedro Otaño, de Joaquín Mora, de sus amigos de la Facultad! ¡En qué *cheka* juzgaría Sonnia Cherof! Acaso en aquella casa blanca, cercana, cuyos geranios distinguía con los gemelos, miraba hacia sus líneas Julia Lozano.
> Pensaba que hasta Franco quisiera, aquella ciudad era inaccesible. Que era más fácil llegar a Pekín o a Chile que a aquellos edificios que veía con todo detalle.
> Estaba a diez minutos de tranvía de la Puerta del Sol; ahí al alcance de la mano, contemplaba a la ciudad más lejana del mundo. [55]

Sender, *El rey y la reina* (1949)

Diferentemente de *Contraataque*, seu livro mais famoso sobre a temática da guerra civil, *El rey y la reina* é uma das novelas menos polêmicas de Sender. O título já sugere o tom de um conto de fadas moderno, no qual a princesa aprende a amar o rapaz simples e pobre. A obra – escrita em terceira pessoa – acompanha a perspectiva do jardineiro da duquesa de Arlanza, que permanece no palácio depois da prisão do duque no dia do assassinato de Calvo Sotelo. A duquesa se esconde no andar superior secreto. Por isso aumenta sua dependência de Rômulo (esse é o nome do jardineiro), a quem ela havia recebido, na manhã do dia em que sucederam os fatos, nua na piscina (explicando a sua dama de companhia que Rômulo não era um homem...). Contudo, durante toda sua estadia secreta, a duquesa aprende a estimar (talvez a aceitar) a Rômulo, mas não a amá-lo verdadeiramente. Somente na imaginação de Rômulo, ele se torna um rei e ela uma rainha, ao passo que o livro mostra – inclusive sob o signo da guerra – que as diferenças de classe parecem insuperáveis. A paixão da duquesa está dirigida a um nobre, amigo dela de juventude e homem de confiança de seu marido, pessoa da direita política; ele a visita através de uma secreta entrada para os serviçais, e os dois realizam seu *louco amor*. Isto é: o desejo da duquesa não se dirige aos trabalhadores de macacão azul ou "homens do povo", como por exemplo, o de uma embrutecida e decadente dama do romance de Borrás, que será tratada ao final deste texto.

Na introdução, Sender cita a Mesonero Romanos, o que situa a narrativa desde o princípio numa dimensão madrilenista, mesmo quando o Hotel Ducal se encontre em Elipa, um bairro periférico de forma alguma afetado pelos acontecimentos. Em geral, a

---

[55] Foxá citado por RODRÍGUEZ PUÉRTOLAS. *Literatura fascista española*, p. 267.

concretização de nomes e lugares (a entrada dos empregados dá para a Rua Santa Genoveva) constitui a exceção: a atmosfera do conto de fadas evita os lugares prototípicos da cidade tanto como os campos de batalha. O que se realça é a mudança de certa forma mágica no dia das detenções, mas Rômulo vive essa situação como se fosse um filme: "A las ocho del día siguiente, Madrid era un campo de batalla. A las diez la lucha parecía concentrarse en el Cuartel de la Montaña, (...). El aire de Madrid, que era un aire de día de labor, parecía de fiesta."[56]

Se a percepção fílmica faz referência ao caráter cênico da vida dos duques, também a guerra é vista pelos protagonistas como um espetáculo teatral, sobretudo pela duquesa, que até o final da novela deixa transparecer, sob uma perspectiva elevada, um olhar tradicional, sobre a cidade, parecendo perceber as explosões como fogos de artifício. E, sob este olhar, a voluptuosidade da própria mulher se projeta na cidade:

> Una noche (...) se dijo: "Desde la terraza del quinto piso se debe ver todo el costado oeste de Madrid." Nunca había pensado que la guerra podía ser un espectáculo. Fue a la terraza. La noche era muy oscura. No era fácil que ningún vecino la viera. El frío de la noche al aire libre tenía una calidad diferente del frío de las habitaciones interiores. En aquella noche inmensa en la cual los horizontes, las sombras, la alta bóveda, parecían animados y vivos, el frío era una circunstancia última y sin valor y si pensaba en ella llegaba a resolverse en una especie de voluptuosidad. A lo lejos, en una extensión de quince a veinte kilómetros de Norte a Sur, el horizonte era como una sucesión irregular y constante de estrellas rojas de diferentes tamaños que se encendían y se apagaban sin cesar (...) .[57]

Com o sonho da abolição das fronteiras de classe se atenua a oposição de ambos os bandos e se relativiza o papel do vencedor:

> Se nosotros hubiéramos ganado seríamos los héroes de la pátria, de la cristianidad, etcétera. Felices os que han hecho lo mismo em Valladolid. Pero em Madrid no hemos ganado, ¿ qué somos? , piensan "los conservadores". Los milicianos parecen relativamente civilizados, los nobles al menos de una cierta (y creciente)humanidad. El retrato vago, como de cuento de hadas, hace que se describa menos lo que percibe el ojo; en su lugar, el texto recurre a los ruidos de fondo de la solitaria y vacía: "La ciudad iba dando la impresión de estar desierta".[58]

EDUARDO ZAMACOIS, *EL ASEDIO DE MADRID* E TOMÁS BORRÁS, *CHECAS DE MADRID*: "MADRID RENASCE EN TI" — IDEOLOGIA E ESTÉTICA

Zamacois, *El asedio de Madrid* (1938)

A obra de Zamacois, como as outras duas obras antifascistas tratadas, foi vítima da censura franquista e, portanto, esteve inacessível por muito tempo. Desde uma crítica politicamente correta (ou seja, os autores nucleados por Gemma Mañá e Esteban/Llusia) esta é uma "voz dos náufragos", como reza o título de uma recopilação de artigos, e em todo caso um modelo exemplar de literatura republicana comprometida. A ação se desenvolve

---

[56] SENDER. *El rey y la reina*, p. 20.

[57] SENDER. *El rey y la reina*, p. 143-144.

[58] SENDER. *El rey y la reina*, p. 90.

em um meio pequeno burguês-proletário, e no centro estão o taxista Juanito, sua jovem esposa Purita ("tipo exemplar de madrilena"[59]), vizinhos como a Senhora Fábia, e o chefe "bom" de Juanito, Lucio Collado. Dentro da inequívoca escala de valores, o proletário bom e aplicado se opõe à "gentalha nacionalista";[60] o texto didático opera com oposições claras. Seu lugar de ação é, portanto, a mais pura Madrid, tal como foi explorada no "costumbrismo" do século 19 por Larra e Pérez Galdós, com uma clara preferência por bairros populares como Lavapiés ou as ruas localizadas ao norte da Gran Vía (c/Hortaleza, c/Fuencarral). Essa Madri é personalizada – como em Balzac, as ruas apresentam atributos humanos[61] – e ao mesmo tempo politizada como "nossa Madri":

> El verdadero carácter madrileño se manifiesta en una plaza –que es la Plaza del Sol– y las plazas, al revés de las calles, incitan a detenerse o a marchar lentamente. Las calles se hicieron para andar y las plazas para la contemplación y el grato tertuliar al aire libre. Las primeras estimulan la diligencia del transeúnte, y las segundas le invitan a acortar el paso. Las calles tienen el espíritu vagabundo de los ríos; las plazas la atracción entrañable de los lagos. En aquéllas, las gentes paradas interrumpen, molestan; en éstas, no. Al amigo que en una calle se saluda desde lejos, en una plaza se le estrecha la mano y se le ofrece un cigarrillo.
> La Puerta del Sol conserva el carácter pícaro de mentidero que tuvo cuando aún existían las covachuelas de San Felipe el Real, y su emplazamiento la permite tender de Este a Oeste un linaje de frontera que divide espiritualmente la ciudad en dos partes. Los habitantes de la zona Norte ven en la acera donde desembocan las calles de la Montera, del Carmen y de Preciados, una orilla, y ahí se detienen. Los de la zona Sur hacen lo propio en su orilla, que es la acera del Ministerio de Gobernación. Creyérase que entre ambas márgenes duerme un lago: que eso, con su alma de remanso, es la Puerta del Sol, rostro y corazón de Madrid.[62]

Ainda que essa descrição de Madri pareça integrar-se no discurso urbano tradicional do século 19, no mesmo texto se encontra a semente de metáforas novas e ousadas, por meio das quais se exalta à cidade em guerra:

> Fuera, en las calles flageladas por la metralla, el viento y la lluvia, el público, que sin necesidad de teléfonos ni de "enlaces" –ioh, desconcertante poder adivinatorio del alma popular!– lo sabía todo, alentaba impávido. Madrid no tenía miedo y siempre que en cualquier lugar de su periferia faltaban hombres enviaba otros. Madrid, heroico, estoico, abrazado fanáticamente a su seguridad en la victoria, cuanto más se desangraba más sangre ofrecía".[63]

Em numerosas variações o texto mostra o que significa fazer da cidade o protagonista coletivo:

> Todos sentían que a su alrededor aleteaba un poder tenebroso, complejo trágico de orgullos satánicos y de felonías, que hasta el último instante hizo cuanto pudo por derrumbar

---

[59] ZAMACOIS. *El asedio de Madrid*, p. 13.

[60] ZAMACOIS. *El asedio de Madrid*, p. 616.

[61] ZAMACOIS. *El asedio de Madrid*, p. 7.

[62] ZAMACOIS. *El asedio de Madrid*, p. 40-41.

[63] ZAMACOIS. *El asedio de Madrid*, p. 254.

[64] ZAMACOIS. *El asedio de Madrid*, p. 250.

Madrid. Y Madrid, sin embargo, en virtud de nadie sabe qué fuerza emanada de sí mismo, aún estaba en pie. Un mosaico de traiciones, de cobardías, de vanidades personales y de heroísmos quijotescos envolvía la ciudad cercada. ¿Cómo adivinar el desenlace de aquellas horas procelosas, dentro de cuyo misterio el Destino parecía inclinarse a forjar el milagro de la victoria?...[64]

As passagens se enlaçam mediante um argumento patético e uma base ideológica inquestionável, a de um socialismo otimista que celebra a Revolução Russa como modelo de liberação da escravidão. Esse socialismo é acolhido pelo madrilenismo tradicional, por exemplo, quando o texto exige que a *Puerta del Sol* seja rebatizada, de uma vez por todas, *Plaza Roja de Madrid*, tão logo o trabalhador bom e diligente consiga amadurecer e aprender com a guerra. O patético marco argumental está dado pela advertência inicial do chefe como modelo para Juan e Purita para que não tragam uma criança a este mundo. No entanto, eles não prestam atenção à advertência, e no clímax do cerco de Madrid (evocado no título), Purita dá luz a seu menino, ajudada pelo marido, e ambos em plena consciência do dever socialista:

> – Sigue, Puri – balbuceaba él –; aunque te despedaces, sigue. Cumple tu deber de parir. *Madrid renace en ti.* En tus entrañas está amaneciendo. Date prisa. En estos momentos sería de mal agüero que nuestro hijo naciese ahogado. [65]

Semelhante esperança, unida à visão futurista de uma Madri do sol em que todas as crianças aprendem a ler,[66] não é obsoleta desde a pluma republicano-esquerdista de Zamacois, posto que o romance já estivesse terminado em 1938, ou seja, antes da caída de Madri.

Trata-se da obra que segue com maior força o modelo de encenação literária de Madri, atribuindo as horas patéticas da urbe um hino da morte.[67] Contudo, a retórica não é sempre totalmente internacionalista. As brigadas internacionais são "o melhor de Europa", mas o caráter nacional de Espanha e de sua "raça"[68] é o melhor, além de que os bons soldados alemães ao redor de Hans Beimler têm por lástima nomes impronunciáveis. Por isso todos os Müller e os Schmitz são rebatizados Fernández e Rodríguez, e o texto não vê nada mau nisso.[69]

Atrás do esboço de um novo mundo, cheio de esperança, surgido da revolução por fazer,[70] o grau de inovação do romance é adiado por longos trechos, ainda que adquira um perfil específico ao gerar metáforas audazes, tais como: a cidade como virgem e o "chocante" cenário de uma cidade pré-agônica.[71]

---

[65] ZAMACOIS. *El asedio de Madrid*, p. 402 (cursiva do autor, D.I).

[66] ZAMACOIS. *El asedio de Madrid*, p. 385.

[67] ZAMACOIS. *El asedio de Madrid*, p. 226.

[68] ZAMACOIS. *El asedio de Madrid*, p. 252.

[69] Sobre o apoio alemão ao bando republicano desde a perspectiva alemã, cf. BERNECKER. "Unsre Heimat ist heute vor Madrid"! Der spanische Bürgerkrieg und die deutschen Antifaschisten.

[70] ZAMACOIS. *El asedio de Madrid*, p. 399.

[71] ZAMACOIS. *El asedio de Madrid*, p. 257.

BORRÁS, *CHECAS DE MADRID* (1940)

Mechthild Albert pontua a estética renovadora de Tomás Borrás fazendo referência à outra novela do autor (na qual nota a prefiguração da escritura "tremendista"[72] do próprio Cela). Não somente comparto essa opinião; parece-me que Borrás – apesar de todos seus erros ideológicos – é mais inovador e muito superior ao discurso de um *Pascual Duarte* ou à apropriação da cidade em *La Colmena*. Por outro lado, parece-me que Albert, em suas anotações sobre esse autor, não destaca de maneira suficiente a horrível dimensão política de Borrás.

A ação de *Checas de Madrid* se centra em Federico, um rapaz secretamente fascista de 16 anos, e sua mãe, além de alguns "direitistas" contemporâneos que são perseguidos pelos "esquerdistas". Muitas cenas têm lugar entre as longas filas dos "rojos malos", como forma de colocar em evidência sua corrupção desde uma presumível perspectiva interna (quando, por exemplo, um grupo de milicianos promete conduzir de caminhão as pessoas ricas até a zona nacional por um preço elevado, mas logo as fuzila como se fossem coelhos). A história está dividida em cinco "ações", duas das quais transcorrem sobre o final nas tchecas; voltarei a elas mais adiante.

Algumas passagens são típicas do discurso da cidade, mais uma vez encontramos a metáfora da colmeia que usaram desde Pérez Galdós até Cela: "Con lo grande que era Madrid, con la multitud que bullía en su colmena, y nadie encontró a su hijo, nadie podía consolarla que estuvo en su casa, nadie oyó de él... Nadie. Nada."[73]

A apropriação da cidade sob o signo da guerra adquire, em *Checas de Madrid*, a nova dimensão de uma estética da máxima desesperação. Isso pode ser visto claramente nas longas passagens que reescrevem com grande ênfase e uma expressividade original a geografia literária da cidade:

> El barrio de Argüelles, miradero de la Sierra, era, con sus edificios, murallón y dique; los asaltos rescatadores se petrificaron en oleadas de trincheras que le ceñían duro; en los labios de las zanjas espumas terrosas. Festón que limitaba la carretera de Galicia, clavaba su punta en el Hospital Clínico, y al arañar el paseo de Rosales con reductos en la Cascada y el monumento a los héroes de Cuba, retrocedía hacía el Manzanares, al amparo del Garabitas, cerro desafiador, humoso de cañones. El césped del parque del Oeste y la Moncloa, raído; los arboledas exhibían colgajos de sus brazos y hendiduras fulminantes de rayo. Enmadejamientos de alambradas, y, detrás de sus pelotones de espino, ranuras en la piedra con iris vigilantes de ametralladora. Las casas, con todos sus huecos amordazados por sacos terreros, tejado en astillas, fachadas con la terrible viruela de la metralla. En cada bocacalle, tapia de espesor de a metro, cemento y adoquines, y aspilleras de tirador; y detrás, en todas las esquinas nuevas de los entresuelos; todo el barrio de Argüelles cortado por parapetos en los cruces, tablero de ajedrez con tabique sobre las líneas. En la cuesta de la calle de la Princesa, plataformas a la rasante de la plaza de la Moncloa, descomunales, de casa a casa, y, entre ellas, el paso justo para un hombre; empinadas arriba, gruesas bocas de fuego, retumbo y alarido perpetuos de proyectiles como aerolitos. Y cañones en la plaza de España, detrás de Cervantes y sus protagonistas, lanzando abanicos de resplandor al Garabitas, de pinares que ardían y artilleros soterrados en cuevas. El cuartel de la Montaña,

---

[72] O "tremendismo" foi uma corrente estética da Espanha do século 20 na qual se buscava exprimir os aspectos mais crus, ásperos e cruéis da vida real. (N. da T.).

[73] BORRÁS. *Checas de Madrid*, p. 65.

vomitona de escombros cuesta del Príncipe Pío abajo; la cárcel, golpeada por la guerra hasta rasgarle ángulos y saltar en estallido techos de galería y celdas con rezumo de desaparición y asesinato (...) Y gráficos de los mismos intelectuales demostrativos de que las bombas de la aviación eran inofensivas si quien las sufría se colocaba en determinadas posturas. La palabra símbolo de aquel Madrid: incautación. "Edificio incautado" "Incautado por el Radio comunista..." Construcciones en cuero, sin puertas, sin mobiliario ni entarimado. Grupos de hombres apretujados entre el laberinto de los parapetos, hormigas por el pasadizo en zigzag. Palacios de la Infanta Isabel, del de Baviera, de sus cortesanos, de Alba, de Osuna, de la Pardo Bazán, con tropa revolcada, cerco de ronquidos, hoguera en el piso noble y el miliciano en cuclillas de pastor que la alimenta con pedazos de sillones, vitrinas, pianos, biombos.[74]

Este estilo "expressionista", tanto pela sonoridade como por suas novas metáforas, inventa uma linguagem para a descrição da catástrofe urbana que já prefigura os sistemas geométricos e o furor descritivo do novo romance francês. Borrás emprega evocações figurativas poderosas que ultrapassam a descrição, através das quais se anuncia uma estética urbana pós-moderna, explorada nos romances dos últimos quarenta anos – basta nomear os museus de lixo em *Terra Nostra*, de Fuentes, *Zero*, de Ignácio de Loyola Brandão, ou a temática do ladrão de cadáveres na periferia em *Madrid 650*, de Francisco Umbral... Em relação com o tema metropolitano, é uma técnica própria de Borrás abandonar frequentemente a zona de descrição concreta e evocar estados de ânimo que não podem ser atribuídas a bairros reconhecíveis:

Calles blancas de madrugada, opacas de silencio, vacías de movimiento de carruajes, ajenadas al chorrear de chafarrinones artificiosos de sus paredes, y a las hipérboles políticas estampadas sobre su cal cadavérica y sobre sus heridas de obús; muertas calles suspensas, con lividez de antesol, disfrazadas con las percalinas reteñidas de la propaganda. En el fondo del desfiladero de esas calles con colgaduras litográficas y ristras de letreros, la quieta cuerda de personas, interminable orla de miseria ceñida a los bloques de los edificios, en espera de un puñado de astillas o de lentejas; calambre en el estómago, sabañones en pies, manos y orejas; deshecha la dentura por la avitaminosis, la anemia de la piel, descolor de pus, los ojos mirando con terror al Terror. [75]

Checas de Madrid mostra por si mesma a transição desde a semiótica urbana madrilenista, que tematiza em seu significado precisamente os bairros sacudidos pela Guerra Civil (Argüelles, Puerta del Ángel...), até uma estética do não-lugar na que, por exemplo, uma tcheca que havia sido instalada num antigo palácio adquire os típicos signos de una heterotopia no sentido de Foucault.

Ni noche, ni alba; amaneceres de automóviles siniestros que violaban calles encogidas de espanto; cacería de hombres y mujeres arrancados, medios desnudos, al reposo del hogar, ya vivos sin alma, con los ojos parados en la última imagen de personas convulsas con su cuerpo para impedir que se los llevasen, en el oído la estela infinita de aquel llanto de desconsuelo sin consuelo que sonaba, que venía entre ruido del coche materializado, posado como un copo de dolor. A los madrileños les calaba la medula el lento tránsito de noche a día, recorrido en sus itinerarios por cuerpos de cera helada, paralíticos del terror, entre criminales enrojecidos de pañuelo y coñac. En las checas saben que el espanto de la madrugada rompe la entereza de los presos por la inminencia de la muerte, por el

---

[74] BORRÁS. *Checas de Madrid*, p. 164.

[75] BORRÁS. *Checas de Madrid*, p. 173.

prestigio trágico de la hora superado por el "mal cuerpo" de levantarse en susto, cortando el equilibrio del sueño. Como convalecientes que agotan su reserva de fuerza, veían aquel momento de la madrugada, el de fusilamiento, desde que comenzó la revolución, pendiente de una palabra suya.[76]

Borrás antecipa em *Checas de Madrid* os princípios e mecanismos do "tremendismo", esboçando elementos de um discurso da cidade que não esperaríamos de um romance espanhol tão "fascistoide". A partir de uma perspectiva política, contudo, Borrás é um ideólogo combativo do fascismo e mais tarde do franquismo, e *Checas de Madrid* é uma calúnia polêmica e controversa, que ademais conduz, para citar a este aspecto, a uma imagem inqualificável de mulher: a mãe de Federico é a caricatura da *Mater dolorosa*, beata e submissa. Em busca de ajuda, se encontra junto à embaixada de um país ideologicamente próximo ao da loira esposa do embaixador, transfigurada em uma espécie de santa Maria salvadora. Enquanto isso, em meio à tcheca, soa uma música de Chopin, tocada pela nobre e angelical Angélica, que põe em cena seu belo corpo, mas que escandalosamente se entrega aos vigorosos jovens milicianos de macacão azul (pelo que será castigada mais tarde com a violação realizada por um homem feio e mal-educado, transformando também a Madri numa cidade violada). Cabe destacar também as chocantes e enfáticas cenas de tortura, cujo caráter cruel e concreto remonta à literatura argentina contemporânea.

Borrás pôde estabelecer-se como autor modelo não somente para uma literatura de corte conservador, já que sua obra é também inter-texto direto de outra novela madrilena recente, *Madrid 1940 Memorias de un joven fascista* de Francisco Umbral. Numa resenha dessa obra, Rodríguez Puértolas acusa a Umbral de utilizar os mesmos procedimentos literários de Borrás:

> (...) boa parte de *Madrid 1940* procede de modo direto (...) de *Checas de Madrid*. Isso com uma muito curiosa particularidade: os horrores que em Borrás aparecem atribuídos aos *rojos* (...), em Umbral se imputa aos falangistas. (...) Acontece que isso não é a repressão do pós-guerra, mas sim a pornografia política do terror *rojo* de *Checas de Madrid*.[77]

Essa polêmica nos conduz a certas conclusões sobre a aplicação do modelo das duas Espanhas na literatura madrilena e sobre suas ambiguidades.

CONCLUSÕES

Os seis exemplos analisados mostram que a novela da guerra civil continua com uma descrição de Madri (cuja tradição remete-se a Larra, Mesonero Romanos, Pérez Galdós), empregando a topografia e a semiótica urbanas a fim de glorificar a cidade. Novo é o movimento rumo aos bairros de combate como Argüelles, Casa do Campo, Usera; nova é também a situação extrema da guerra que desencadeia – apesar de seus horrores – estéticas originais. A mais chamativa entre elas é a "estética da máxima desesperação" em Borrás. O madrilenismo se transforma em um meio para avaliar/desnudar (espécie de pedra de toque) e, ao mesmo tempo, para estabelecer um elo entre as literaturas dos dois bandos.

---

[76] BORRÁS. *Checas de Madrid*, p. 383.
[77] RODRÍGUEZ PUÉRTOLAS. Umbral y los fascistas, p. 11.

Não surpreende, pois, que um madrilenismo semelhante haja sobrevivido à guerra civil e ao franquismo para florescer depois durante o pós-franquismo (mesmo que esta literatura pós-franquista tenha perdido, no final dos grandes ideais, as categorias de grandeza e idealidade que determinam o romance da guerra civil).

O olhar mais intenso e perspicaz descobre que o intento de construir uma Madri única e verdadeira é dificultado, se não estorvado, pelo conhecimento do outro lado das duas Espanhas, que está sempre presente de forma implícita em todos esses textos. O cânone dado de valores madrilenistas se mantém em vigor para ambos os bandos, mas a retórica, tingida de tons patéticos e comovedores, é idêntica somente em parte. Busca-se desesperadamente construir uma identidade cidadã não só por base dos valores e ideias madrilenistas, mas também de valores politizados: os ideais socialistas como a solidariedade e o (relativo) internacionalismo de um lado, os ideais fascistas como catolicismo e nacionalismo, do outro. Mas, através da ostensiva construção nacional da identidade citadina, chega-se à problematização permanente da própria, e a essa presença implícita do outro lado se opõem as retóricas de identidades novamente definidas. Trata-se para os dois lados de definir grupos solidários, separar os "bons" dos "maus", colocar a esperança no discurso e manter uma ideia de grandeza inclusive nos campos de ruínas (por exemplo, num autor republicano como Sánchez Barbudo: "a grandeza de Madri então era ar e luz em meio às ruínas"[78]).

Em linhas gerais, a novela mais avançada no desenvolvimento de uma estética urbana é *Checas de Madrid*, de Borrás, e, uma vez que a mesma vem da pluma de um autor fascista, a questão palpitante é agora situar estas reflexiones brevemente na discussão da literatura ou da arte fascista. Duas posições teóricas ajudam nesse intento: as reflexões de Susan Sontag, por um lado, e os escritos de Theodor W. Adorno, por outro. Sontag lamenta a nova percepção que justifica ou desculpa o fascismo por meio de enfoques estéticos, tal e como ela encontra na recepção dos filmes de Leni Riefenstahl ou na fascinação pelos uniformes; a lúcida crítica estadunidense destaca que tampouco os gostos são inocentes: "Gosto é contexto, e o contexto mudou."[79] Quando considero a novela de Borrás esteticamente lograda, não o faço por motivos de gosto (e menos ainda por uma silenciada ou reprimida fascinação pelo "mal" do fascismo), mas sim pelo fato de que este autor propõe procedimentos literários absolutamente novos apesar de (e não por) sua posição ideológica. Faço-o consciente da barbaridade de sua posição política, com sentimentos ambíguos.

Com relação a essa ambiguidade, cabe referir-se a certos conceitos de Adorno e Horkheimer. Na *Dialética da Ilustração* eles consideram o fascismo como uma nova barbárie, um estado absurdo.[80] Como foi possível que a razão e as boas intenções tenham se transformado em seu contrário é uma questão que, segundo esses autores, não é fácil de responder. Aparentemente, esta transformação deve-se à operação de lógicas próprias ambivalentes, as quais devem levar-nos a perceber a modernidade como ambivalente. A experiência concreta do fascismo obriga o pensamento a ter em conta esta ambivalência, que se reflete de maneira específica nas novelas apresentadas. Não existe simplesmente

---

[78] SÁNCHEZ BARBUDO. *Sueños de grandeza*, p. 243.

[79] SONTAG. Fascinating Fascism, p. 94.

[80] ADORNO; HORKHEIMER. *Dialektik der Aufklärung*.

uma ideologia boa e outra má, mas sim lógicas próprias e ambíguas que operam nestas ideologias de maneira que as obras literárias aparecem como formas ou expressões de diferentes tramas que deturpam a visão (contextos enganosos, que provocam cegueira "*Verblendungszusammenhänge*", como as chamam Adorno/Horkheimer). A chamada ao irracional e a um mundo de valores absolutos deixou sinais nos romances dos dois lados, mas com muito mais persistência e sustância nas novelas fascistas, cujo engano ideológico se inscreve numa patética visão não só nacionalista, mas pseudo-religiosa. Por um lado, as obras "republicanas" de Sender e de Sánchez Barbudo atribuem espaços individualistas aos respectivos protagonistas; por outro, Camba, Foxá y Borrás desdobram mais detidamente dois aspectos que Adorno considera típicos do fascismo: o narcisismo coletivo e a vaidade nacional.[81] Como já foi dito, a glorificação da própria nação forma parte também do imaginário republicano, mas esse situa essa glorificação em contextos abertos, enquanto o imaginário fascista nutre seu nacionalismo de uma marcada ideologia anticomunista que em Espanha – mais ainda que na Alemanha – conseguiu impor como parte de um discurso público comum. Mas adverte Adorno: "(...) o lema da luta contra o bolchevismo sempre serviu de camuflagem a aqueles que não tinham sobre a liberdade uma melhor opinião que aquele."[82]

O orgulho local, tal e como se reflete no madrilenismo, não é idêntico à vaidade nacional fascista, ainda que seja falso calar certas tendências conservadoras que se encontram no seu marco, até nos dias de hoje. No desenvolvimento do romance madrileno posterior – de Cela ao pós-franquismo atual – mostra que o discurso urbano segue investigando novos campos discursivos e produzindo novos elementos estéticos. Prova, além disso, que a maioria desses romances – apesar da função pública de Madri como vitrina das forças no poder e apesar das múltiplas influências correspondentes – consegue manter seu potencial crítico e desperto. ▲▲

Tradução: Luíza Santana Chaves

RESUMEN

En este artículo se pretende hacer un breve panorama de algunas novelas que abordan la ciudad de Madrid durante la Guerra Civil Española, tanto bajo la perspectiva de los defensores republicanos como de los agresores franquistas. Para esta finalidad, se hará el análisis de seis novelas, tres de cada lado de la guerra que representan puntos de vista divergentes de los acontecimientos en la capital española que quedó sitiada de 1936 a 1939 cuando varios barrios estaban en la primera línea de los combates. El concepto de las Dos Españas antagónicas es aplicado a la literatura madrileñista escrita en la época del conflicto bélico.

PALABRAS-CLAVE

Madrid, dos Españas, novelas de la Guerra Civil Española

---

[81] ADORNO. ¿Qué significa elaborar el pasado?, p. 60.

[82] ADORNO. ¿Qué significa elaborar el pasado?, p. 58.

REFERÊNCIAS

ADORNO, Theodor W. ¿Qué significa elaborar el pasado? In: ____. *Ensayos sobre la propaganda fascista. Psicoanálisis del antisemitismo.* Buenos Aires: Ed. Voces y Culturas, 2003. p. 52-70.

ADORNO, Theodor; W. HORKHEIMER, Max. *Dialektik der Aufklärung.* Frankfurt am Main: Fischer, 1983; 1. ed., Nueva York, 1944.

AGUILAR FERNÁNDEZ, Paloma. *La memoria histórica de la Guerra Civil Española (1936-1939):* un proceso de aprendizaje político. Madrid: Inst. J. March/Centro de Estudios avanzados en Ciencias sociales, 1995.

ALBERT, Mechthild (Org.). *Vencer no es convencer.* Frankfurt am Main/Madrid: Vervuert/ Iberoamericana, 1998.

ALBERTI, Rafael. *Noche de guerra en el museo del prado;* el hombre deshabitado. Madrid: Biblioteca Nueva, 2004.

ASSMANN, Aleida. *Erinnerungsräume.* Formen und Wandlungen des kulturellen Gedächtnisses. München: Beck, 1999.

BANNASCH, Bettina; HOLM, Christiane (Org.). *Erinnern und erzählen:* der Spanische Bürgerkrieg in der deutschen und spanischen Literatur und in den Bildmedien. Tübingen: Narr, 2005.

BAUER-FUNKE, Cerstin. *Baile en Capitanía* de Augustín de Foxá: Poetización de la propaganda franquista. In: ALBERT, Mechthild (Org.). *Vencer no es convencer.* Frankfurt am Main/Madrid: Vervuert/Iberoamericana, 1998.

BERNECKER, Walther L. "Unsre Heimat ist heute vor Madrid!" Der spanische Bürgerkrieg und die deutschen Antifaschisten. In: BREMER, Thomas; HEYMANN, Jochen (Ed.). *Sehnsuchtsorte. Festschrift zum 60.* Geburtstag von Titus Heydenreich. Tübingen: Stauffenburg Verlag, 1999. p. 235-248.

BERTRAND DE MUÑOZ, Maryse. *La Guerra Civil Española en la novela:* bibliografía comentada. Madrid: J. Porrúa Turanzas, 1982. 3 v.

BORRÁS, Tomás. *Checas de Madrid.* Con un comentario de Eduardo Comín Colomer. 5ª edición. Madrid: Editorial Bullón, 1963 (Ed. anteriores: *Checas de Madrid. Epopeya de los caídos,* Madrid: Ed. Nacional, 1944, y 1ª ed.: Cádiz, Cerón, 1940).

BUSCHMANN, Albrecht; INGENSCHAY, Dieter (Org.). *Die andere Stadt.* Würzburg: Königshausen und Neumann, 2000.

CAMBA, Francisco. *Madridgrado.* Documental Film. 2. ed. Madrid: Ediciones españolas, 1940.

CELA, Camilo José. *Madrid.* Madrid: Alfaguara, 1966

CARBAJOSA, Mónica; CARBAJOSA, Pablo. *La corte literaria de José Antonio.* La primera generación cultural de la Falange. Barcelona: Crítica, 2003.

ESTEBAN, José; LLUSIA, Manuel (Org.). *Literatura y Guerra Civil.* Madrid, 1936-1939. Madrid: Talasa, 1999.

ESTEVE, Luis A. Madrid en la narrativa republicana del 36 al 39. In.: ESTEBAN, José. LLUSIA, Manuel (Org.). *Literatura y Guerra Civil.* Madrid, 1936-1939. Madrid: Talasa, 1999. p. 35-54.

FOXÁ, Agustín de (1938). *Madrid de corte a checa*. Barcelona: Planeta, 1993

GUMBRECHT, Hans-Ulrich; SÁNCHEZ, Juan José. Der Misanthrop, die Tänzerin und der Ohrensessel. Über die Gattung Costumbrismo" und die Beziehungen zwischen Gesellschaft, Wissen und Diskurs in Spanien von 1805 bis 1851. In: LINK, Jürgen; WÜLFING, Wulf (Org.). *Bewegung und Stillstand in Metaphern und Mythen*: Fallstudien zum Verhältnis von elementarem Wissen und Literatur im 19. Jahrhundert. Stuttgart: Klett-Cotta, 1984. p.15-63.

INGENSCHAY, Dieter. Großstadtaneignung in der Perspektive des peripheren Blicks. In: BUSCHMANN, Albrecht *et al.* (Org.). *Die andere Stadt*. Würzburg: Königshausen und Neumann, 2000. p. 7-19.

INGENSCHAY, Dieter. ¿A dónde se han ido las abejas? Imágenes de Madrid (antes y) después de *La colmena*. *Revista de Filología Románica*, Anejo III, p. 109-128, 2001.

JULIÁ, Santos. El fracaso de la República. *Revista de Occidente*, Madrid, n. 7/8, p. 196-211, nov. 1981,

JULIÁ, Santos. *Historia de las dos Españas*. Madrid: Taurus, 2004.

KLOTZ, Volker. *Die erzählte Stadt*. Ein Sujet als Herausforderung des Romans von Lesage bis Döblin. München: Hanser, 1969.

KUHNLE, Till R. Ekelhafte Stadtansichten. In.: BUSCHMANN, Albrecht; INGENSCHAY, Dieter (Org.). *Die andere Stadt*. Großstadtbilder in der Perspektive des peripheren Blicks. Würzburg: Königshausen & Neumann, 2000. p. 144-156.

MAINER, José-Carlos. De Madrid a Madridgrado (1936-1939): La capital vista por sus sitiadores. In: ALBERT, Mechthild (Ed.). *Vencer no es convencer*. Frankfurt am Main: Vervuert/Madrid: Iberoamericana, 1998. p. 181-199.

MAÑÁ DELGADO, Gemma. *La voz de los Náufragos*: le narrativa republicana entre 1936 y 1939. Madrid: Ediciones de la Torre, 1997.

MARTÍNEZ REVERTE, Jorge. *La batalla de Madrid*. Barcelona: Crítica, 2004.

NORA, Pierre. *Les lieux de mémoire*. Paris: Gallimard, 1986.

PORTUONDO, Ernesto. Madrid en la Guerra Civil (1936-1939) (Notas de introducion histórica). In: ESTEBAN, José; LLUISA, Manuel (Org.). *Literatura en la Guerra Civil*. Madrid, 1936-1939. Madrid: Talasa, 1999. p. 21-31.

RESINA, Joan Ramón. Madrids Palimpsest. Die Hauptstadt gegen den Strich gelesen. In.: BUSCHMANN, Albrecht; INGENSCHAY, Dieter (Org.). *Die andere Stadt. Großstadtbilder in der Perspektive des peripheren Blicks*. Würzburg: Königshausen & Neumann, 2000. p. 122-143.

RODRÍGUEZ PUÉRTOLAS, Julio (Org.). *Literatura fascista española*. Madrid: Ediciones Akal, 1987.2 v.

RODRÍGUEZ PUÉRTOLAS, Julio. Umbral y los fascistas. *El País/ Babelia del 10 de sept. 1994*, p. 11.

SÁNCHEZ BARBUDO, Antonio. *Sueños de grandeza*. Barcelona: Anthropos, 1940.

SCHERPE, Klaus (Org.). *Die Unwirklichkeit der Städte*. Großstadtdarstellungen zwischen Moderne und Postmoderne. Reinbek b. Hamburg: Rowohlt, 1988.

SENDER, Ramón J. (1949). *El rey y la reina*. Barcelona: Destino, 1994.

SCHMOLLING, Regine. *Literatur der Sieger*: der spanische Bürgerkriegsroman im gesellschaftlichen Kontext des frühen Franquismus (1939-1943). Frankfurt am Main: Vervuert, 1998.

SONTAG, Susan. Fascinating Fascism. In:_____.. *Under the Sign of Saturn*. New York: Farrar/Straus & Giroux, 1975. p. 73-105.

UGARTE, Michael. *Madrid 1900*. The capital as a cradle of Literature and Culture. Univ. Park, Pennsylvania: Penn State Univ., 1996.

ZAMACOIS, Eduardo (1938). *El asedio de Madrid*. Barcelona: Editorial Ahr, 1976.

MAX AUB: UMA POÉTICA DO EXÍLIO

Valeria De Marco
USP

RESUMO

Este trabalho percorre as principais obras de Max Aub que tangenciam ou transformam em seu núcleo a circunstância do exílio para examinar a possibilidade de que elas esbocem uma poética.

PALAVRAS-CHAVE

Aub, exílio republicano espanhol, poética, exílio

Em 1961, Otto Maria Carpeaux chamou a atenção do leitor brasileiro para a obra de Max Aub, quando publicou no *Diário de Notícias* do Rio de Janeiro[1] uma resenha de *Jusep Torres Campalans*. Nele, dava também informações sobre "uma trilogia de impressionantes romances", contos, peças de teatro e a revista *Sala de Espera*. Lamentava dificuldades para saber mais sobre esse escritor espanhol, de nome alemão. No entanto, como agudo leitor, reconhecia o cerne da produção de Max Aub. Apontou em Campalans o traço de "sátira sutil e cruel" "contra uma vanguarda que venceu comodamente no mundo burguês", "sátira contra os que abandonam os incômodos problemas morais, quando fica resolvido o problema de sua própria vida e carreira"; montou o perfil do autor: "Mas são esses problemas morais de nossa época que Max Aub não abandonou. São testemunhas disso seus livros sobre a Guerra Civil Espanhola."

Teria Carpeaux se detido na frase do personagem Julián Templado, quando este critica em Fajardo sua fidelidade aos métodos do Partido Comunista: "Para mí los problemas políticos al fin y a la postre son problemas morales. Dejando de serlo, no me interesan."[2] Ou conheceria variações dessa frase tão cara a Aub: "Para mí, un intelectual es aquel para quien los problemas políticos, son ante todo, problemas morales."[3]

O alerta de Carpeaux não abriu para Aub um campo de leitura no Brasil. Mas deve-se também dizer que na Espanha, mesmo depois da morte de Franco, mesmo depois da transição, Max Aub era nome restrito a poucos leitores. Hoje, apesar de algumas de

---

[1] CARPEAUX. A descoberta de Aub. O artigo conserva-se no arquivo da Fundación Max Aub (F.M.A. A.M.A. Caixa 49-131). No recorte do jornal foi colocada, em cursiva e com caneta, a referência ao ano (1961), mas não há indicação de página nem de data. Aub escreveu a Carpeaux, agradecendo a leitura. Inexplicavelmente este texto não foi incluído nos volumes que recolheram recentemente a colaboração de Carpeaux publicada em nossos jornais.

[2] AUB. *Campo de sangre*, p. 348.

[3] AUB. El falso dilema, p. 96.

suas obras estarem em coleções de bolso, não é conhecido como Alberti nem integra conteúdo de disciplinas dos cursos de Letras. Talvez possamos debater hipóteses sobre as circunstâncias que sempre empurraram esse homem e sua obra a viver nas margens, à margem de sólidas instituições. Mas certamente uma delas é o fato de sua trajetória ter sido traçada pelos terríveis eventos históricos que deram ao século 20 a face de "era da catástrofe".

Nascido em Paris, em 1903, filho de mãe francesa e pai alemão, em 1914, no início da I Guerra, como seu famoso pintor Campalans, deixou a França. Apenas com as malas de roupa, a família mudou-se para Valência e o que deixou para trás foi leiloado como "bens do inimigo". Como ele mesmo diz, sua vida espanhola acaba com outra guerra, em 1939. Mas entre a I Guerra e a da Espanha transformou-se em escritor. Chegara falando alemão e francês, adquiriu o castelhano e o catalão. Não fez universidade, pois entendeu que devia auxiliar o pai, também andando pelos povoados da Espanha, vendendo bijuteria para cavalheiros. Convivia com a diversidade geográfica, humana e linguística do país, ao mesmo tempo que lia clássicos e contemporâneos bem como as principais revistas europeias dedicadas às artes. Aos 20 anos, à convivência com os moços inquietos de Valência (José Gaos, Juan Chabás) somam-se as tertúlias dos cafés de Barcelona e Madrid: Lorca, Alberti, Jorge Guillén, Pedro Salinas, Pío Baroja, Valle-Inclán, Ramón Gómez de la Serna e os que seriam dirigentes da República, Luis Araquistáin, Manuel Azaña, Juan Negrín, Alvarez Del Vayo. Começou a escrever frequentando as pautas das vanguardas europeias e publicou seus primeiros textos em revistas importantes, como *España*, *Alfar*, *La Gaceta Literaria*, *Revista de Occidente*.

No contexto prenhe de contradições, sua inserção social foi semelhante à de tantos escritores que, empenhados na experimentação das linguagens artísticas, amadureceram no período da radicalização repressiva da ditadura de Primo de Rivera. Filiou-se ao Partido Socialista Obrero Español e publicou seus primeiros livros. Quando em 1931 as urnas instituíram a II República, Aub seguiu a absoluta maioria da vida inteligente. Colaborou em jornais e revistas, dirigiu "El Buho", grupo de teatro universitário, escreveu peças para as "Misiones pedagógicas", promoveu exposições dos pintores de vanguarda (Pedro Sánchez de Valencia, Genaro Lahuerta) e publicou *Luis Àlvarez Petreña* (1934), romance que se ocupa da vida, da obra e do fracasso de um poeta ensimesmado, uma reflexão sobre a inserção da arte nos diferentes projetos sociais em pauta na luta política e que levara a uma equivocada polarização perante a tese da desumanização da arte formulada por Ortega y Gasset.

A sublevação militar fascista em 18 de julho de 1936 surpreendeu-o em Madri. Como era míope, não pôde ir à frente de batalha e engajou-se nas atividades de propaganda, primeiro em Valência, depois, destacado por Araquistain, na embaixada espanhola de Paris, onde desenvolveu empreitadas importantes: com Malraux trabalhou no roteiro e na filmagem, nos campos da Espanha, de *La esperanza: Sierra de Teruel*, promoveu com Jean Louis Barrault a encenação da *Numancia* de Cervantes e ocupou-se da montagem do Pavilhão Espanhol da Exposição Universal de 37, realizada em Paris. Coube a ele dizer algumas palavras para apresentar Guernica:

Es posible que se acuse a este arte de demasiado abstracto o difícil para un pabellón como el nuestro que quiere ser ante todo una manifestación popular. (…)

A quienes protesten aduciendo que así no son las cosas hay que contestarles preguntando si no tienen dos ojos para ver la realidad española. Si el cuadro de Picasso tiene algún defecto es el de ser demasiado verdadero, terriblemente cierto, atrozmente cierto.[4]

São palavras que antecipavam seu modo de plasmar o seu tempo, palavras tão consoantes com as que escreveria Adorno nos anos 1950:

Se o romance quiser permanecer fiel à sua herança realista e dizer como realmente as coisas são, então ele precisa renunciar a um realismo que, na medida em que reproduz a fachada, apenas auxilia na produção do engodo. A reificação de todas as relações entre indivíduos, que transforma suas qualidades humanas em lubrificante para o andamento macio da maquinaria, a alienação e a auto-alienação universais, exigem ser chamadas pelo nome, e para isso o romance está qualificado como poucas outras formas de arte.[5]

Max Aub, que viveu na própria carne os bombardeios de Barcelona pelos aviões fascistas, que cruzou a pé os Pirineus, em fevereiro de 1939, ao lado de Malraux e de meio milhão de espanhóis em fuga, que foi vítima da política e da polícia colaboracionista francesa, que esteve preso no estádio Rolland Garros, no campo de concentração de Vernet, e depois no de Djelfa na Argélia, ele que em 1942 cruzou o Atlântico em direção ao México onde foi sepultado em 1972, entendeu que precisaria de uma série de campos para narrar esse mundo de campos de batalha, campos de concentração, campos de refugiados e esse vasto mundo pelo qual se dispersaram os exilados. "No tengo derecho a callar lo que vi para escribir lo que imagino",[6] anotou Aub em 45. E escreveu armando mosaicos de vozes que vêm da ampla zona da vida nua, expressão de Agamben para designar essa vida destituída dos direitos políticos, essas vidas que podem ser sacrificadas sem que isso se constitua em crime. Em suas obras estão as vozes dos campos, ou ecos das que escolheram o silêncio e ressoam no nome de Campalans.

Desse projeto, o conjunto mais conhecido e estudado é *El laberinto mágico*, que se debruça sobre a guerra civil e que se compõe de cerca de quarenta contos e seis romances: *Campo cerrado, Campo abierto, Campo de sangre, Campo del Moro, Campo francés* e *Campo de los almendros*. No projeto, Aub começou a trabalhar logo que cruzou a fronteira e os três primeiros livros, os citados por Carpeaux, foram publicados nos seus primeiros anos de exílio mexicano. E a intensa atividade do escritor exerceu-se também em territórios de outros gêneros literários. Frequentou o ensaio, a lírica e o teatro.

Mas a força do *Laberinto mágico* talvez tenha motivado uma distorção do perfil do autor. Até 1990, na bibliografia sobre Aub há um consenso. Três movimentos definiriam o percurso de sua produção. O primeiro, o das obras publicadas antes da guerra civil, seria o do mergulho na pauta das vanguardas europeias, o da vertigem da experimentação, o do autor de, por exemplo, *Poemas cotidianos, Geografía o Fábula verde* e *Luis Álvarez Petreña*. O segundo, nascido da vivência da guerra, representaria uma mudança radical

---

[4] AUB. Palabras dichas (en francés) en la inauguración del pabellón español de la exposición de París, en la primavera de 1937, p. 41, 43, respectivamente.

[5] ADORNO. *Posição do narrador no romance contemporâneo*, p. 57.

[6] AUB. *Diários (1939-1972)*, p. 123.

de direção, pois seria o do escritor comprometido com testemunhar os acontecimentos, o do autor de *El Laberinto mágico*, do livro de poemas *Diario de Djelfa*, de teatro, como *San Juan, Morir por cerrar los ojos*. O terceiro seria o da entrega ao livre exercício da imaginação, do jogo, do humor, aquele Aub de *Jusep Torres Campalans, Juego de cartas, Antología traducida* e outras.

A partir de 1993, com a realização do "Congreso Internacional 'Max Aub y el laberinto español'" em Valencia, a crítica se adensou em projetos de edições anotadas[7] e em um grande número de livros, ensaios, teses acadêmicas.[8] Desenharam-se concomitâncias e continuidades entre esses movimentos do autor, iluminando principalmente o conjunto do *El laberinto mágico* cuja complexidade está agora bastante bem descrita como tributária exatamente do talento de Aub em manter e ampliar o uso dos procedimentos conquistados pelas vanguardas do início do século 20 no tratamento dos violentos acontecimentos que constituem sua matéria bruta. A tal linha de leitura somou-se a de interpretar esses textos na chave da literatura de testemunho. E o reconhecimento da densidade dessa produção como atributo decorrente de sua elaboração estética foi decisivo para avaliar sua intervenção no campo literário, pois permite descrever singularidades de Aub frente a autores como Ramón Sender ou Arturo Barea, cujos textos guardam ainda traços do andamento narrativo herdeiro do realismo do século 19.

Nesse reexame de *El laberinto mágico* ampliou-se o campo de significação do conceito de compromisso, antes associado ao ato de testemunhar ou denunciar, pois se reconheceu que na natureza do compromisso de Aub não se pode dissociar ética e estética.[9] Mas creio que essa associação decorre da real natureza de seu compromisso: um compromisso com a reflexão, como ele mesmo anotou: "Escribo porque es mi manera de pensar";[10] "Escribo para explicar y para explicarme como veo las cosas".[11] E o lócus privilegiado do exercício de sua reflexão é o território do texto literário. Se a vivência da Guerra Civil Espanhola e dos primeiros anos da II Guerra Mundial motivou o projeto estético do *El laberinto mágico*, como espaço para refletir sobre a prática sistemática da violência de estado como marca do século 20,[12] cabe apontar como esse autor comprometido elaborou esteticamente uma reflexão sobre a outra marca do século decorrente da anterior: a transformação do refugiado em "fenômeno de massa".[13]

Proponho aqui examinar como esse Aub lúdico, aparentemente "descompromissado", elabora uma reflexão sobre o exílio desde sua chegada ao México, isto é, simultaneamente à composição do *Laberinto mágico*. Entendo que Aub refletiu sobre o exílio em muitas

---

[7] Desde então Joan Oleza Simò dirige o projeto de publicação das obras completas do autor na Biblioteca Valenciana e a Fundação Max Aub também vem publicando edições facsimilares e/ou anotadas.

[8] Ignacio Soldevila Durante, pioneiro no estudo de Max Aub, ocupava-se até sua morte, ocorrida em 2008, de manter atualizada a bibliografia sobre o autor. Veja-se referência a suas publicações ao final do texto.

[9] MAINER. La ética del testigo: la vanguardia como moral en Max Aub.

[10] AUB. *Nuevos diarios inéditos (1939-1972)*, p. 40.

[11] AUB. *Diários (1939-1972)*, p. 193.

[12] Esta interpretação da história decorre da leitura de obras de Agamben, Arendt e Bauman indicadas na bibliografia.

[13] AGAMBEN. *Medios sin fin*. Notas sobre la política, p. 22.

obras e não apenas no livro *La gallina ciega. Diario español*, sempre assim considerado por ser esta sua temática. Penso ser possível reconhecer como, nas obras atribuídas à sua imaginação fabuladora, a reflexão sobre o exílio transforma-se em dado da própria forma, e talvez assim recolher elementos que possam compor uma poética do exílio.

Tal percurso de leitura requer considerar a natureza da matéria sobre a qual se debruça o escritor. Se no campo textual do *El laberinto mágico* Aub trabalhava sobre acontecimentos que ressoavam no repertório do leitor como ecos de um mundo objetivo, documentados historicamente, o exílio lançava um desafio mais agudo. Se ele, por um lado, nasce de uma ação política violenta também encravada na objetividade, por outro, consuma-se na dispersão e, depois, em um vazio. Refletir sobre o exílio[14] é falar de vidas interrompidas, sem acontecimentos, sem papéis, sem endereço, espalhadas por diferentes lugares do mundo. Por onde andarão aqueles quinhentos mil republicanos que saíram da Espanha, junto com os quais Aub cruzou os Pirineus no inverno de 1939? São vozes que desaparecem e que de repente podem, vinte anos depois, como no conto "El cementerio de Djelfa", mandar uma carta informando que estão desenterrando os ossos dos republicanos espanhóis para dar lugar aos mortos na luta pela independência da Argélia. Falar do exílio é falar de vida errante, suspensa, envolta em silêncio. Como tratar esteticamente esse vazio?

Sala de Espera é o primeiro projeto de reflexão estética do autor sobre o exílio. Aub deu este título à sua revista individual, como era *El Pasajero* de José Bergamín. De 1948 a 1951 foram publicados trinta números. Explicitando seu entendimento de "espera" como gesto ativo, e não como atitude passiva, sublinhou o caráter de ação de sua escrita. Em 1951 justificou o encerramento da série com um argumento que indicava uma nova percepção do exílio, a de que ele seria longo e as revistas "Llevaban camino de convertirse en 'Sala de Estar'".[15] Mas apesar de todos esses acenos de Aub, nota-se a dificuldade crítica de admitir que o projeto configurou uma obra, não uma miscelânea. Não caberia a nós, como leitores, perguntar-nos se a repetida advertência de escritores sobre a insuficiência das línguas para expressar a vivência da barbárie da nossa época não atinge também a sintaxe usada pela crítica para comentar as obras literárias que enfrentam esse desafio?

Sala de Espera põe em circulação, com uma sucessão de textos breves, uma variedade de formas de representar o exílio como uma situação temporária. Esta é, certamente não por acaso, a situação que vertebra *Tránsito*, a peça em um ato que inaugura a série. Escrita em 1944, ela encena o exílio como concomitâncias de espaços – México e Espanha – e de tempos: o presente de cá e de lá, as diversas camadas do passado e a agônica instância do futuro do pretérito, a da especulação: o que teria sido se não tivesse havido a sublevação fascista? Essa articulação de diferentes tempos sugere que o exílio anula o presente como lócus de construção do futuro.

A peça e a revista propõem uma pauta de elaboração da experiência do exílio: trabalhar sobre acontecimentos passados, como tantos contos que se debruçam sobre vivências da guerra civil, caso de "Manuscrito cuervo", "Historia de Vidal"; resistir à idealização da

---

[14] O conjunto de reflexões sobre o exílio que fundamenta este trabalho decorre de vários textos sobre o tema indicados na bibliografia.

[15] AUB. *Sala de espera*, v. III.

terra perdida, encenando a opressão vigente no território conquistado por Franco, como a peça *La vuelta* ou o ensaio "Poesía desterrada y poesía soterrada"; situar o exílio republicano espanhol no contexto de outros do século 20 (*El último piso*); recorrer a distância e ao humor para narrar esse tempo em que a vida nada vale, como os *Crímenes*; adotar o tom elegíaco para lamentar a Espanha que não pôde existir ou ainda fabular no futuro do pretérito e resgatar, em território mexicano, textos de Petreña que viajaram nas malas dos exilados, caso de "Leonor", como também ocorrera com o próprio Aub que, ao chegar ao México, encontrou "el manuscrito de *Campo abierto*, arrumbado en casa de Mantecón",[16] ou com os originais de *Poeta en Nueva York*, de Lorca, que cruzaram o Atlântico com José Bergamin. Depois de encerrar a série, Aub extraiu dela muitos textos para compor livros, como *Cuentos ciertos*, ou *Crímenes ejemplares*, ou para agregá-los a obras já publicadas, caso de *Diário de Djelfa* ou de *Luis Álvarez Petreña*.

Sala de Espera se constrói, poeticamente, sob o signo do trânsito: na sua estruturação, a escrita transita por diferentes gêneros, por múltiplos pontos de vista para abrigar o lócus da enunciação; transita da retórica ingênua de poemas elegíacos à composição exigente; e configura uma obra cuja organicidade se funda na dessemelhança, na lógica da mera ocorrência, na convivência arbitrária da diversidade, em todos os graus, no território do eventual, do tempo da duração de um estado (ou de um ser?) provisório, de um tempo suspenso que nasceu de um deslocamento, de uma viagem, mas que não se ajusta aos parâmetros literários para expressá-la, pois o exílio aniquila qualquer dimensão de futuro, qualquer possibilidade de planejar um trajeto e de prever um retorno.

A continuidade da reflexão sobre o exílio se encontra em duas obras nas quais o autor trabalha simultaneamente, fato que só se pode acompanhar com a leitura de seus cadernos,[17] pois a data de publicação apaga essa simultaneidade. Refiro-me à *Antologia traducida* (1963) e *Jusep Torres Campalans* (1958). Ambas, em gestação desde 54, estruturam-se sobre o uso do apócrifo e da fraude, procedimentos que inscrevem na forma da obra a fratura de origem do exílio, a fratura da identidade e a necessária convivência com a descontinuidade.

O autor apresenta *Jusep Torres Campalans*[18] como biografia cubista que resgata a obra e a vida desse pintor catalão, católico e anarquista cuja obra transita pelo fauvismo, cubismo e expressionismo. Este companheiro de Picasso deixara Paris e a pintura no começo da I Guerra. O livro compõe-se de oito partes: prólogo, agradecimentos, "anales" (um quadro de referências a acontecimentos, personalidades e obras para construir o período de 1886 a 1914, acompanhado de notas), a biografia propriamente dita, "Cuaderno verde" (com anotações do pintor dado a Aub por Jean Cassou), "Las conversaciones de San Cristóbal" (relato de Aub de suas entrevistas com o pintor, feitas em 1955, em Chiapas) e um catálogo (elaborado por um crítico irlandês para a exposição programada para 1942 e suspensa em razão da II Guerra Mundial). Ao longo de todo o livro estão quadros e desenhos do pintor. Como anotou Carpeaux, trata-se de um romance. É um romance cujo enredo do modo irônico se desenvolve através da exploração sistemática e coerente de sua matriz estrutural: a fraude, anunciada nas notas de Campalans:

---

[16] AUB. *Diarios* (1939-1972), p. 269.

[17] AUB. Notas varias. Tres tragedias y una sola verdadera.

[18] Na bibliografia indicam-se estudos imprescindíveis sobre esta obra.

Siempre se ha puesto el pintor frente al objeto. Pintamos a ver qué nos sale, a ver a qué se parece. Qué parece, qué aparece, qué perece. A ver qué sale la pintura. Mentir de cuando en cuando, para dar con la verdad. No hay otra manera. Copiar engaña siempre: vía muerta.[19]

A fraude aqui rompe as relações entre as formas discursivas estabelecidas e o mundo supostamente objetivo ao qual elas se aplicam, se referem ou se dirigem. Se aceitássemos apoiar nosso pacto de leitura da obra no respeito à sequência de suas partes e na atenção aos seus aspectos estritamente discursivos, encontraríamos ao final o conforto de ter lido uma biografia. Mas a fraude se instala nas fraturas entre a convenção da biografia e a correspondência exigida por ela com formas discursivas com as quais se enlaça ou nas quais se apoia. O biógrafo semeia desconfianças quanto à sua fidelidade ao cânon desde o início do texto e as pistas de ruptura com o compromisso estão em todas as partes do livro: desde o prólogo, a causalidade resulta da soma de acasos. No quadro composto por uma enumeração exaustiva de informações, às vezes imprecisas, encontram-se referências ao próprio biógrafo. Apócrifos comparecem nas notas eruditas; o catálogo não corresponde às obras recolhidas no livro. Assim, os gestos incompatíveis com o cânon caminham na direção de criar um fosso entre as palavras e as coisas; a própria obra expõe aos leitores seu modo de construir a fraude, modo que se aplica também à dimensão estritamente plástica do romance. Nesse aspecto, a fraude se instala tanto na quebra da relação autor-obra como na dissolução dos valores de autenticidade e originalidade, pois na composição dos desenhos e pinturas Aub deixou rastros que indicam serem eles imitações de modelos; imitações que sequer respeitam o hiato cronológico entre original e cópia. Exposições e reportagens ampliaram o território da recepção do livro, pondo em circulação um pintor que é, paradoxalmente, um precursor e um artista menor, um "sugundón". E a maior fragilidade do herói irônico do romance está em sua impossibilidade de ver a fraude no funcionamento do mundo, pois forjara sua identidade de pintor na expectativa de correspondência entre a natureza e a ação humana. Ao entrever a ruptura, perde a expressão:

– Dejé de pintar. Si: dejé de pintar. ¿Por qué? ¿Por qué se deja de hacer una cosa? Por voluntad o por desgana. (…) Pintaba para salvarme, como espero salvar mi alma el día, que está cercano, de mi muerte. Salvarme en la tierra suponía hacerlo entre los hombres que, no me cabía duda, serían cada día mejores. Cuando me di cuenta de mi equivocación, renuncié.[20]

Antologia traducida[21] é estruturada também a partir dos mesmos procedimentos. A obra apresenta-se como resgate da produção de muitos poetas menores, cerca de sessenta na edição definitiva. Os "segundones", como os classifica o autor, são de diferentes lugares e diferentes épocas (desde o Egito antigo até nossos dias), e escrevem em diferentes línguas. Aub se figura de dois modos. O primeiro se arma nas instâncias institucionalizadas da produção literária –antologista e tradutor. Ancora sua autoridade

---

[19] AUB. *Jusep Torres Campalans*, p. 217.

[20] AUB. *Jusep Torres Campalans*, p. 316.

[21] Na bibliografia encontram-se as referências aos principais estudos dessa obra.

na pesquisa, exposta em notas explicativas, em informações a ele enviadas por especialistas em línguas ou culturas que não domina e, sobretudo, no cuidado com que articula dados históricos na composição das breves notas biográficas de cada poeta que antecedem os poemas traduzidos. A organização da antologia arremata seu perfil de respeitoso compêndio com a adoção, em sua montagem, da sequência cronológica, parâmetro caro ao modelo enciclopédico. Mas quase ao final do livro surge Aub em uma segunda pele, a de poeta antologizado. E a nota biográfica que o apresenta rebaixa sua estatura e apaga seus traços de escritor e de espanhol:

> Nació en Paris, en 1903. Aunque sale su nombre con cierta periodicidad sospechosa en los libros y revistas, no se sabe dónde está. Lo único que consta es que escribió muchas películas mexicanas carentes de interés. Nadie le conoce. Sus fotografías son evidentes trucos. Nada tiene que ver con su homónimo Leandro Fernández Moratín.[22]

O fragmento reproduz o todo e dá uma pista fecunda para a compreensão da obra, pois ressalta no poeta Aub o elemento mais frequente na trajetória dos autores antologizados: o desaparecimento. Nessa medida, a forma da antologia, valendo-se da sucessão cronológica de fragmentos ou restos encontrados de tantos deslocados, desenha um traço constante da História. Reunindo ruínas, registrando vidas interrompidas de expatriados, a obra arma sobre a descontinuidade uma narrativa de um movimento contínuo da história da humanidade: o banimento. Conhecida face da História se *Antología traducida* estivesse no campo da historiografia. Mas como seu território textual é o literário, cabe dizer que ela dialoga com as formas institucionalizadas da historiografia literária, ao fazer uma história literária dos que foram expulsos das histórias e antologias "nacionais", daqueles cuja existência foi apagada, como se lê na própria nota biográfica de Aub.

Jusep Torres Campalans e *Antologia traducida* mobilizam procedimentos semelhantes – a sobreposição de fragmentos, o apócrifo e a fraude; ambas podem ser interpretadas como crítica a discursos institucionalizados no âmbito das artes plásticas ou no da literatura. Mas esse efeito irônico de corroer a autoridade da biografia, dos autores biografados e suas obras, dos críticos, dos autores de antologias, de histórias da literatura ou da arte, só pode ser construído porque, em ambos os textos, a fraude instala a corrosão na instância autoral. E, ao desestabilizar a canônica autoridade do autor, as obras também desestabilizam as referências do leitor, fraturam sua cômoda credulidade e sugerem uma plausível e motivada poética da instabilidade.

Outra dimensão cruel da mesma instabilidade surge nas duas retomadas de *Luis Álvarez Petreña*, que no percurso passou a ser *Vida e obra de Luis Álvares Petreña*.[23] Nela o escorpião morde a cauda. Aqui a fratura da instância autoral aprofunda-se, pois se projeta no processo inteiro de produção e circulação da obra. Aub arrasta o poeta ensimesmado e suposto suicida de 1934 ao território dos desaparecidos e deste extrai duas novas versões da obra. Na de 64, ele acrescenta dois fragmentos que haviam sido publicados antes em *Sala de Espera*. Um deles, "Leonor", é incorporado tal qual havia circulado na revista, ou seja, com uma nota explicativa de Aub sobre sua origem: um

---

[22] AUB. *Antologia traducida*, p. 256.

[23] Os estudos mais importantes sobre o texto encontram-se na bibliografia.

manuscrito encontrado no México que trazia na primeira folha o nome de Petreña, autor cuja identificação como escritor espanhol conhecido só fora possível pela intervenção do erudito Alfonso Reyes. O outro texto é "Tíbio", que também circulara na revista. O narrador-editor justifica a incorporação do fragmento contando seu encontro com um erudito professor norte-americano que preparava uma tese sobre Petreña e atribuía a este a autoria de "Tíbio". Seguem-se ainda duas breves notas: uma carta de Camilo José Cela, que crê ser de Petreña um corpo enterrado em 1931 como desconhecido e outra carta de um mexicano que atesta a honestidade do depositário do manuscrito "Leonor". Tematicamente, ambos os textos destroem a idealização da musa daquele poeta ensimesmado. Mas o trajeto de ambos representa o retorno do texto desgarrado do suposto autor ao livro, por obra e graça de leitores e de um editor que habitam o território do exílio. Insinua-se que o autor desterrado só pode ser identificado ou reconhecido e lido pelo circulo de leitores do exílio; em sua pátria é dado como morto e sequer se pode encontrar sua sepultura. A obra figura a trajetória mais comum dos escritores republicanos refugiados; sua montagem é uma outra maneira de corroer a instância autoral, pois se exacerba seu caráter flutuante.

A fragilidade da figura do autor contamina integralmente a do editor na nova versão publicada em 1971. Também construída pelo mecanismo de acréscimos de fragmentos apresenta-se como produto de um encontro entre dois velhos doentes em um hospital de Londres, relatado pelo narrador-editor. Aub não reconhece Petreña, mas este sim, reconhece seu editor e sabe que escreve muito. Reata-se o fio da trajetória de Petreña. Andara pela França, chegara à Inglaterra, adotara um nome falso e tivera vida medíocre e solitária. À beira da morte, ele dá a Aub esses dados de sua biografia e, no diálogo entre ambos, faz reparos às edições anteriores, não reconhece a autoria dos textos a ele atribuídos, mas entrega a seu infiel editor mais um caderno. Seu último gesto é providenciar a própria sepultura em cuja lápide estará o nome Luis Álvarez Petreña. Assim, alerta-nos: resta somente o túmulo como possibilidade simbólica de reconciliação da identidade do escritor com sua condição de exilado, já que sua obra está sujeita ao desaparecimento ou a eventuais continuações.

Ao dar ao romance esse perfil de zona instável criada pela permeabilidade entre o terreno textual do escritor, o do editor e o da crítica, com *Vida y obra de Luis Álvarez Petreña*, Aub sugere novo matiz para uma possível poética do exílio, pois figura a perda da autoridade autoral como disputa pelo poder de escrever e pelo poder de interpretar.

Todas essas obras têm traços palpáveis em comum: apócrifos, fraude, soma casual de fragmentos etc. Mas em todas elas está estruturalmente presente uma ausência. A guerra, a violência, que deu origem ao estatuto do exilado está entre parênteses; é uma alusão. E é como uma possibilidade de configuração desse intervalo que se pode ler *Imposible Sinai*.[24]

A obra só foi publicada dez anos depois da morte de Aub. No entanto, ela estava pronta e o autor já estava tratando de sua publicação quando morreu em 1972. Ocupa-se da Guerra dos Seis Dias e se apresenta como um conjunto de poemas encontrados

---

[24] Os dois estudos mais importantes sobre a obra estão indicados na bibliografia.

nos pertences de soldados israelenses e árabes. Em sua maioria, breves poemas narrativos, traduzidos ao castelhano pelo editor que elabora um prólogo de apresentação em que dá conta da origem dos textos, dos critérios de edição do livro e da tradução bem como notas explicativas e um calendário dos passos da guerra naqueles seis dias. Alternando, de modo irregular, vozes de soldados de um e de outro exército, a obra captura múltiplas visões: o desejo de conquistar ou manter uma terrinha, que não se confunde com nação; a adesão à luta, em cuja compreensão nem prevalece a complexidade do conflito internacional nem a opção religiosa, e muitas que expressam o caráter absurdo da guerra, barreira colocada entre amigos ou amantes.

A sucessão de vozes dissonantes, mesmo quando comungam uma perspectiva sobre a guerra, impõe ao leitor, pela acumulação, o vazio de sentido do conflito bélico, o convívio com as vozes dos mortos, dos que deram a vida por ter um lugar, mas que em verdade disputavam uma condição, um ser ou um não ser. A obra é, na sua forma, um campo de batalha, um campo em que se trava a luta por não ser mais um desterrado. E, como ela abriga as vozes dos mortos, apresenta o exílio como uma condição, transportada pelos próprios textos, que atravessa a zona da vida nua e se instala, no reino dos mortos e no território literário. Já no plano estritamente da escritura a multiplicidade de fragmentos, registro das múltiplas visões da guerra, cria um fosso entre, de um lado, o discurso político guerreiro, apoiado em uma coesão em torno de uma mesma causa, como se tratasse de uma arquetípica luta entre o bem e o mal, e, do outro, o campo de batalha, cuja dissonância desmancha a imagem de que cada soldado se vê como representante de uma comunidade política, cultural ou linguística. Com essa fratura *Imposible Sinai* aponta tanto a corrosão da instância autoral como a rarefação do universo de leitores, derivada da repetição desse gesto que povoa o mundo de vozes deslocadas, de vozes desprovidas de contiguidade com um território político, cultural ou linguístico. *Imposible Sinai* absorve em sua forma a impossibilidade do conforto e da inteireza do lócus da escritura e do lócus da leitura.

Creio que muitos pontos desta pauta poética transformam-se em pauta temática na obra *La gallina ciega. Diario español*,[25] publicada em 1971 e escrita com a intenção confessa do autor de registrar sua curta estada na Espanha, sua visita, não seu retorno, como insistiu em dizer.

Aqui a voz exilada que ocupa a enunciação evita rupturas, como a fraude ou o apócrifo; narra e analisa seu estranhamento, deslizando nas margens do diário e do ensaio e desarranjando os limites de ambas as formas. Uma voz em primeira pessoa, sempre amarga, alinhava na habitual disposição do diário de viagem anotações de deslocamentos e encontros com fragmentos diversos: breves narrativas, tensos diálogos, evocações atravessadas pelo lirismo, comparações de andamento analítico e especulações, movimentos sempre desenvolvidos na sintaxe da interpelação. Diferentes combinações, sempre imprevisíveis, de partes tão diversas, configuram um terreno textual como convivência de formas literárias que se estranham e que também despertam no leitor um incômodo estranhamento, esse estranhamento tão ambiguamente inscrito no título do livro. O jogo da cegueira aplica-se ao autor e/ou ao país cego que ele contempla? O adjetivo "español" refere-se ao lugar

---

[25] O estudo mais consistente até o momento sobre essa obra é o de Manuel Aznar Soler que serve de prólogo à edição desta obra citada na bibliografia.

visitado ou a um período histórico longo em que o espanhol, ou a Espanha, viu, brincando de cabra cega, o país fraudar o passado, enterrar a mais lírica utopia do século 20, apagar a obra dos exilados e afundar-se na mediocrização cultural da era Franco. Lúcido ponto de vista que, segundo Agamben,[26] só o exílio pode oferecer nos tempos que correm; doloroso testemunho que confessa seu medo de ser peça de arquivo e que narra, a seu modo, nosso tempo de partido, tempo de homens partidos.[27]

RESUMEN
El estudio examina las obras de Max Aub en la cuales el autor alude a la circunstancia del exilio para considerar la posibilidad de que en ellas se perfile una poética.

PALABRAS-CLAVE
Aub, exilio republicano español, poética, exilio

REFERÊNCIAS

ABELLÁN, José Luis (Dir.). *El exilio español de 1939.* Madrid: Taurus, 1976. 6 v.

ADORNO, Theodor. Posição do narrador no romance contemporâneo. In: ____. *Notas de Literatura I.* Trad. e apres. Jorge de Almeida. São Paulo: Duas Cidades/Ed. 34, 2003. p. 55-63.

ACTAS DEL CONGRESO INTERNACIONAL "MAX AUB Y EL LABERINTO ESPAÑOL" (Valencia y Segorbe: 13-17 diciembre de 1993). ALONSO, Cecilio (Org.). 2 vols. Valencia: Ayuntamiento, 1996. v. II. p. 705-713.

AGAMBEN, Giorgio. *Lo que queda de Auschwitz.* El archivo y el testigo. Trad. Antonio Gimeno Cuspinera. Valencia: Pre-textos, 2000.

AGAMBEN, Giorgio *Medios sin fin.* Notas sobre la política. Trad. Antonio Gimeno Cuspinera. Valencia: Pre-textos, 2001.

AGAMBEN, Giorgio. *Homo sacer.* O poder soberano e a vida nua. Trad. Henrique Burigo. Belo Horizonte: Editora UFMG, 2002.

AGAMBEN, Giorgio. Política del exilio. *Archipiélago. Cuadernos de Crítica de la Cultura,* n. 26-27, p. 41-60, invierno 1996.

ALONSO, Cecilio (Org.). 2 vols. Valencia: Ayuntamiento, 1996. Vol. II, p. 653-658/ e in *Formas de la elusión.* Cinco estudios sobre Max Aub. Mesina: Rubbentino Editore, 1996. p. 75-85.

---

[26] AGAMBEN. Política del exílio.

[27] O exame feito aqui das obras de Max Aub foi apresentado no Congreso Internacional de la Guerra Civil Española 1936-1939, promovido pela UNED e realizado em Madri nos dias 27, 28 e 29 de novembro de 2006, e foi publicado eletronicamente nas atas do evento com o título "Max Aub y los territorios de la escritura del exílio". Em português o texto é inédito e, para introduzir o leitor brasileiro na questão em pauta, julguei ser interessante dar um perfil biográfico do autor e comentar a leitura de Carpeaux. Registro que meus estudos sobre o exílio republicano espanhol contam com o apoio do CNPq.

ALONSO, Cecilio (Org.). 2 v. Valencia: Ayuntamiento, 1996. v. I. p. 488-494; SAID, Edward. Reflexões sobre o exílio. In: _____. *Reflexões sobre o exílio e outros ensaios*. Trad. Pedro Maia Soares. São Paulo: Companhia das Letras, 2003. p 46-60.

ARENDT, Hannah. *Eichmann em Jerusalém*. Um relato sobre a banalidade do mal. Trad. José Rubens Siqueira. São Paulo: Companhia das Letras, 1999.

ARENDT, Hannah. *Origens do totalitarismo*. Trad. Roberto Raposo. São Paulo: Companhia da Letras, 1989.

AUB, Max. *Notas varias*. Tres tragedias y una sola verdadera. Manuscrito. Documento que se conserva no arquivo da Fundación Max Aub: FMA. ADV. Caja 2/7

AUB, Max. El falso dilema. In: _____. *Hablo como hombre*. Edición, introducción y notas de Gonzalo Sobejano. Segorbe: Fundación Max Aub, 2002. p. 89-93

AUB, Max. Palabras dichas (en francés) en la inauguración del pabellón español de la exposición de París, en la primavera de 1937. In: _____. *Hablo como hombre*. Edición, introducción y notas de Gonzalo Sobejano. Segorbe: Fundación Max Aub, 2002. p. 39-44.

AUB, Max. *Campo de sangre, Obras completas, El laberinto mágico II*. Dir. de Joan Oleza Simó, edición crítica, estudio introductorio y notas de Luis Llorens Marzo, Valencia: Biblioteca Valenciana-Institució Alfons el Magnànim, 2002. v. III-A

AUB, Max. *Antología traducida*. Edición, introducción y notas de Pascual Mas i Usó. Segorbe, Fundación Max Aub, 1998.

AUB, Max. *Diarios (1939-1972)*. Edición, estudio introductorio y notas de Manuel Aznar Soler. Barcelona: Alba Editorial, 1998. p. 123.

AUB, Max. *Jusep Torres Campalans*. Madrid: Destino, 1999.

AUB, Max. *Nuevos diarios inéditos (1939-1942)*. Edición, prólogo y notas de Manuel Aznar Soler. Sevilla: Renacimiento, 2003.

AUB, Max. *Sala de espera*. Prólogo de Manuel Aznar Soler. Segorbe: Fundación Max Aub, 2000. 3 v.

AUB. *Imposible Sinaí*. Introducción, edición y notas de Eleanor Londero. Segorbe: Fundación Max Aub, 2002.

AUB. *La gallina ciega. Diario español*. Edición, estudio introductorio y notas de Manuel Aznar Soler. Barcelona: Alba Editorial, 1995.

AUB. *Vida y obra de Luis Álvarez Petreña*. Prólogo de Rafael Chirbes. Madrid: Viamonte, 1999.

AYALA, Francisco. Para quién escribimos nosotros. In: _____. *La estructura narrativa y otras experiencias literarias*. Barcelona: Crítica, 1984. p. 181-204.

AZNAR SOLER. Max Aub en el laberinto español de 1969. In: AUB, Max. *La gallina ciega. Diario español*. Edición, estudio introductorio y notas de Manuel Aznar Soler. Barcelona: Alba Editorial, 1995 p. 7-86.

AZNAR SOLER, Manuel. *Los laberintos del exilio*. Diecisiete estudios sobre la obra literaria de Max Aub. Sevilla: Editorial Renacimiento, 2003.

BAUMAN, Zygmunt. *Modernidade e Holocausto*. Trad. Marcus Penchel. Rio de Janeiro: Zahar Ed., 1998.

CARPEAUX, Otto Maria. A descoberta de Aub. *Diário de Notícias*. Rio de Janeiro, 1961. Documento que se conserva no arquivo da Fundación Max Aub. F.M.A. A.M.A. Caixa 49-131.

CARREÑO, Antonio. Hacia una morfología de *personae* y máscaras: el caso Max Aub. In: ACTAS DEL CONGRESO INTERNACIONAL "MAX AUB Y EL LABERINTO ESPAÑOL" (Valencia y Segorbe: 13-17 diciembre de 1993). ALONSO, Cecilio (Org.). 2 vols. Valencia: Ayuntamiento, 1996. v. I. p. 137-155.

CAUDET, Francisco. Max Aub: *Sala de Espera* y *Los Sesenta*. In: ACTAS DEL CONGRESO INTERNACIONAL "MAX AUB Y EL LABERINTO ESPAÑOL" (Valencia y Segorbe: 13-17 diciembre de 1993).

CAUDET, Francisco. *El exílio republicano en México*. Las revistas literarias (1939-1971). Madrid: Fundación Banco Exterior, 1992.

CHAPUL, Marie-Claude; SICOT, Bernard (Org.). *Max Aub*: enracinements et déracinements. Nanterre, PUBLIDIX, Université Paris X- Nanterre, 2004.

CORELLA LACASA, Miguel. *Jusep Torres Campalans*, una novela del artista de vanguardia. In: MARÍN, Felipe V.; TOMÁS FERRE, Facundo (Org.). *En el país del arte*: tercer encuentro internacional. La novela del artista. Valencia: Biblioteca Valenciana, 2003. p. 59-81.

ETTE, Ottmar; FIGUERAS, Mercedes; JURT, Joseph (Org.). *Max Aub* – André Malraux. Guerra Civil, exilio y literatura. Guerre civile, exil et littérature. Madrid: Iberoamericana; Frankfurt am Main: Vervuert, 2005.

FERNÁNDEZ MARTÍNEZ, Dolores. Jusep Torres Campalans. La obra. In: SOLDEVILA DURANTE, Ignacio; FERNÁNDEZ MARTÍNEZ, Dolores (Dir.). *Max Aub*: veinticinco años después. Madrid: Editorial Complutense, 1999. p. 111-158.

FERNÁNDEZ MARTÍNEZ, Dolores. La leyenda de *Jusep Torres Campalans*. In: *Actas...*, v. II, p. 825-858.

GARCÍA, Manuel (Org.). *Max Aub* – Jusep Torres Campalans. Documenta (1903-1972). Valencia: Generalitat Valenciana, 2000. 2 v.

GONZÁLEZ SANCHIS, Miguel Ángel. Una lectura cubista en la obra de Max Aub del *Laberinto mágico* al *Juego de cartas*. In: GRILLO, Rosa Maria (Org.). *La poética del falso*: Max Aub tra gioco ed impegno. Napoli: Edizione Scientifiche dell'Università degli Studi di Salerno, 1995. p. 49-79.

GRILLO, Rosa Maria. Falso e dintorni. In: GRILLO, Rosa Maria (Org.). *La poética del falso*: Max Aub tra gioco ed impegno. Napoli: Edizione Scientifiche dell'Università degli Studi di Salerno, 1995. p. 13-31.

GRILLO, Rosa Maria. Escritura de una vida: autobiografía, biografía, novela. In: ACTAS DEL CONGRESO INTERNACIONAL "MAX AUB Y EL LABERINTO ESPAÑOL" (Valencia y Segorbe: 13-17 diciembre de 1993). ALONSO, Cecilio (Org.). 2 vols. Valencia: Ayuntamiento, 1996. Vol. I, p.161-171.

GUILLÉN, Claudio. *El sol de los desterrados*: literatura y exilio. Barcelona: Crema, 1995.

LONDERO, Eleanor. "Jusep Torres Campalans, pintor presunto"; "El autor oculto: el apócrifo en Max Aub y en Antonio Machado" y "Max Aub, biógrafo imaginario". In: _____. *Formas de la elusión*. Cinco estudios sobre Max Aub. Mesina: Rubbentino Editore, 1996, p. 11-31, 33-49 e 51-61.

LONDERO, Eleanor. Estudio introductorio a AUB, Max. *Imposible Sinaí*. Segorbe: Fundación Max Aub, 2002. p. 11-44.

LONDERO, Eleanor. Max Aub, traductor fingido. In: ACTAS DEL CONGRESO INTERNACIONAL "MAX AUB Y EL LABERINTO ESPAÑOL" (Valencia y Segorbe: 13-17 diciembre de 1993).

LONDERO, Eleanor. Max Aub: la múltiple patria del desarraigo. In: _____. *Max Aub*: enracinements et déracinements, p. 133-139.

LÓPEZ CASANOVA, Arcadio. Creación poética y poética de ruptura. (Un acercamiento a la obra lírica de Max Aub). In: ACTAS DEL CONGRESO INTERNACIONAL "MAX AUB Y EL LABERINTOESPAÑOL" (Valencia y Segorbe: 13-17 diciembre de 1993). ALONSO, Cecilio (Org.). 2 vols. Valencia: Ayuntamiento, 1996. Vol. II, p. 625-640.

LÓPEZ CASANOVA, Arcadio. Estudio introductorio a Max Aub. In: _____. *Obras completas. Obra poética completa*. Valencia: Biblioteca Valenciana, Institució Alfons El Magnànim, 2001. p. 5-49. v. I.

MAINER, José-Carlos. La ética del testigo: la vanguardia como moral en Max Aub. In: ACTAS DEL CONGRESO INTERNACIONAL "MAX AUB Y EL LABERINTO ESPAÑOL" (Valencia y Segorbe: 13-17 diciembre de 1993). ALONSO, Cecilio (Org.). 2 vols. Valencia: Ayuntamiento, 1996. Vol. I, p. 69- 91.

MAS I USÓ, Pascual. Estudio introductorio a AUB, Max. In: _____. *Antología traducida*. Segorbe: Fundación Max Aub, 1998. p. 21-77.

MORALEDA GARCÍA, Pilar. Un Sinaí imposible: entre la verdad, la superchería y el deseo. In: GRILLO, Rosa Maria (Org.). *La poética del falso*: Max Aub tra gioco ed impegno. Napoli: Edizione Scientifiche dell'Università degli Studi di Salerno, 1995. p. 161-174.

MUÑIZ HUBERMAN, Angelina. *El canto del peregrino*. Hacia una poética del exilio. Barcelona: Associació d'Idees-GEXEL/Universidad Nacional Autónoma de México, 1999.

OLEZA I SIMÓ, Joan. *Luis Álvarez Petreña o la tragicomedia del yo*. In: ACTAS DEL CONGRESO INTERNACIONAL "MAX AUB Y EL LABERINTO ESPAÑOL" (Valencia y Segorbe: 13-17 diciembre de 1993). ALONSO, Cecilio (Org.). 2 vols. Valencia: Ayuntamiento, 1996. Vol. I, p. 93-122.

OLEZA I SIMÓ, Joan. *Jusep Torres Campalans o la emancipación del apócrifo*. In: MARÍN, Felipe V.; TOMÁS FERRE, Facundo (Org.). *En el país del arte*: tercer encuentro internacional. La novela del artista. Valencia: Biblioteca Valenciana, 2003. p. 301-329.

OLEZA I SIMÓ, Joan. Max Aub entre Petreña y Buñuel: estrategias del antagonismo. In: VALENDER, James; ROJO, Gabriel (Ed.). *Homenaje a Max Aub*. VALENDER, James y ROJO, Gabriel (Ed.). México-DF: El Colegio de México, Centro de Estudios Lingüísticos y Literarios, 2005, p. 15-36.

PÉREZ BOWIE "Desficcionalización versus desrealización en la narrativa de Max Aub". In: GRILLO, Rosa Maria (Org.). *La poética del falso: Max Aub tra gioco ed impegno.* Napoli: Edizione Scientifiche dell'Università degli Studi di Salerno, 1995, p. 81-96.

PÉREZ BOWIE. Max Aub: los límites de la ficción. In: ACTAS DEL CONGRESO INTERNACIONAL "MAX AUB Y EL LABERINTO ESPAÑOL" (Valencia y Segorbe: 13-17 diciembre de 1993). ALONSO, Cecilio (Org.). 2 vols. Valencia: Ayuntamiento, 1996. Vol. I, p. 367-382.

PUCCINI, Dario. Verità e nostalgia d'avanguardia nel *Torres Campalans* di Max Aub. In: GRILLO, Rosa Maria (Org.). *La poética del falso*: Max Aub tra gioco ed impegno. Napoli: Edizione Scientifiche dell'Università degli Studi di Salerno, 1995. p. 155-160.

SÁENZ, Pilar. Ambigüedad, ficción y metaficción en *Jusep Torres Campalans.* In: ACTAS DEL CONGRESO INTERNACIONAL "MAX AUB Y EL LABERINTO ESPAÑOL" (Valencia y Segorbe: 13-17 diciembre de 1993).

SÁNCHEZ VÁZQUEZ, Adolfo. *Recuerdos y reflexiones del exilio.* Barcelona: Associació d'Idees-GEXEL, 1997.

SANZ ÁLVAREZ, María Paz. Vivir en España desde la distancia: el transterrado Max Aub. In: SOLDEVILA DURANTE, Ignacio; FERNÁNDEZ MARTÍNEZ, Dolores (Dir.). *Max Aub*: veinticinco años después. Madrid: Editorial Complutense, 1999. p. 159-177.

SAURA, Antonio. El pintor imaginario. In: GARCÍA, Manuel. (Org.). *Max Aub* – Jusep Torres Campalans. Documenta (1903-1972). Valencia: Generalitat Valenciana, 2000. p. 163-185. v. I. 2 v.

SOLDEVILA DURANTE, Ignacio. *El compromiso de la imaginación.* Vida y obra de Max Aub. 2. ed. Valencia: Biblioteca Valenciana, 2004.

SOLDEVILA DURANTE, Ignacio. *La obra narrativa de Max Aub (1929-1969).* Madrid: Gredos, 1973.

STEINER, George. El milagro hueco. In: _____. *Lenguaje y silencio.* Ensayos sobre la literatura, el lenguaje y lo inhumano. Trad. Miguel Ultorio. México, D.F.: Editorial Gedisa, 1990. p. 133-150.

STEINER, George. Extraterritorial. In: _____. *Extraterritorial. A literatura e a revolução da linguagem.* Trad. Júlio Castañon Guimarães. São Paulo: Companhia das Letras, 1991, p. 15-21.

TORTOSA, Virgilio. En un lugar del tiempo llamado siglo XX. *Jusep Torres Campalans* entre el biografismo y la historia. In: *Actas del Congreso Internacional "Max Aub y el laberinto español"* (Valencia y Segorbe: 13-17 diciembre de 1993). ALONSO, Cecilio (Org.). 2 vols. Valencia: Ayuntamiento, 1996. Vol. I, p. 495-511.

UGARTE, Michael. *Literatura española en el exilio.* Un estudio comparativo. Madrid: Siglo XXI de España, 1999.

Francisco ayalA
cenas e projeções da Guerra Civil

Silvia Inés Cárcamo
UFRJ

Resumo

Cenas ou momentos pontuais da ficção de Francisco Ayala relacionados com a Guerra Civil Espanhola e com a reflexão sobre o poder apresentam-se como particularmente instigantes se aproximados, pela leitura relacional, a outros textos da literatura espanhola contemporânea. Sem ignorar os contextos sociais da enunciação dos discursos, cremos válidas as tentativas de leitura de Francisco Ayala que não se restrinjam aos enquadramentos tradicionais, ainda que não questionemos como princípio de organização historiográfica as denominações consagradas de "Geração de 31", ou "Grupo dos exilados, dos *transterrados* ou dos refugiados da guerra civil". Vinculamos momentos textuais de Ayala, Unamuno e Cercas referidos às reatualizações das dimensões política e ética da guerra e do poder.

Palavras-chave

Francisco Ayala; Guerra Civil Espanhola;
narrativa espanhola contemporânea

Para "entrar e sair" de Francisco Ayala

Os relatos de *La cabeza del cordero* (1949), as histórias de poder e violência ambientadas no longínquo passado nacional de *Los usurpadores* (1949), os ensaios que abordam aspectos diversos da cultura e da política da Espanha, e o fascinante *Recuerdos y olvidos*, já da década de 1980, mostram a presença da Guerra Civil na extensa e diversificada criação literária de Francisco Ayala. Essas obras fazem referência, direta ou indiretamente, à experiência mais traumática da história espanhola do século 20.

O critério de organização das memórias de Ayala, escritas já na velhice, indica que a Guerra Civil representou para ele, como para a maioria dos espanhóis que a sofreu, o acontecimento mais fundamental da sua existência. Há um antes e um depois da guerra, uma vida na Espanha da Ditadura de Primo de Rivera, da República e da guerra e uma outra diferente no exílio americano. Há também em *Recuerdos y olvidos* um ir e vir através da memória, uma fusão de passado e presente. Em seu estudo da obra, Antonio Roberto

Esteves fez notar que o memorialista "traça painéis bastante duros da situação da Espanha, principalmente do período Republicano e da catástrofe da guerra civil".[1] Na velhice, entre homenagens, prêmios e entrevistas,[2] acontece a satisfação do encontro com a Espanha moderna e europeia.

O apaixonado, erudito, e em ocasiões, acre debate dos exilados espanhóis, protagonizado por Américo Castro e Claudio Sánchez Albornoz[3] como figuras estelares da polêmica, pareceria chegar ao seu fim com o triunfo do Ayala sobrevivendo aos outros dois para confirmar que a Espanha "não era diferente".[4] O livro de ensaios *La imagen de España* (1986), originado no curso "Continuidade e mudança na sociedade espanhola", que Ayala ditou a convite da Universidade de Nova Iorque, enuncia constantemente esse triunfo. Por outro lado, os textos dessa obra são, em certa medida, uma retomada da antiga questão sobre o "Problema da Espanha" que atormentou à intelectualidade espanhola moderna de várias gerações, confrontada ao atraso nacional como "diferença".

Em nossa intervenção na tradição crítica que já estudou a presença da guerra na obra do autor optamos por um desvio de algum modo aberrante. Longe de qualquer mito de filiação, repudiado por Barthes[5] há muito tempo, surpreenderemos em textos de outros escritores a presença imprevista, inusitada de Ayala. Cenas ou momentos pontuais da sua ficção, relacionados com a guerra civil, apresentam-se como particularmente instigantes se aproximados, pela leitura relacional, a outros textos da literatura espanhola. Em síntese, propomos "entrar" na obra de Francisco Ayala "saindo" de Francisco Ayala.

Em primeiro lugar, interessa-nos confrontar/sobrepor o seu conto "El Tajo",[6] incluído em *La cabeza del cordero*, com a cena central e *leitmotiv* de *Soldados de Salamina* (2001), de Javier Cercas, que mostra o soldado do exército republicano perdoando a vida do falangista Rafael Sánchez Mazas. Essa relação entre textos retrotrai, como exercício de pensar a violência na guerra civil, às dimensões política e ética da guerra reatualizadas por Cercas recentemente. Não conhecemos referências ao conto de Ayala nas muitas resenhas e análises críticas de *Soldados de Salamina* publicadas desde a aparição do famoso romance.

---

[1] ESTEVES. Antepassado de si mesmo ou memórias do século XX (em torno às lembranças e esquecimentos de Francisco Ayala, p. 5.

[2] A revista *Cuadernos Hispanoamericanos* publica o número 329-330, de 1977, em sua homenagem. Recebe o Prêmio Nacional de Narrativa por *Recuerdos y olvidos* em 1983. Em 1984 ingressa à Real Academia Española. Na Universidade de Nova Iorque inaugura, em 1986, a Cadeira Juan Carlos I de Espana. Em 1988 recebe o Prêmio Nacional das Letras Espanholas e é nomeado *Doctor Honoris Causa* pela Universidade Cumplutense de Madri. É Prêmio Cervantes de Literatura em 1991. Em: Revista *Anthropos*, n. 139, 1992.

[3] As diferenças Sánchez Albornoz-Ayala foram difundidas pela Revista *Realidad*. Muitos anos depois, na década de 1980, quando Sánchez Albornoz estava morto, Ayala sintetiza a posição do historiador espanhol como "expresión acrítica y emotiva en exceso de los manidos lugares comunes de la más primaria beatería españolista, es decir, del tardío y más reaccionario nacionalismo patriotero". AYALA. *La retórica del periodismo y otras retóricas*, p. 78.

[4] Na apresentação de *La imagen de España*, Ayala critica a construção estereotipada do país, cuja formulação turística foi "Spain is different". No ensaio "La escentricidad hispana" ele considera que E. Hemingway reforçou a imagem convencional e simplificadora da Espanha que iniciaram os românticos.

[5] BARTHES. *O rumor da língua*, p. 75.

[6] "'El Tajo', por cansada insistencia de Mallea y contra mi deseo se insertó en un número de *Realidad*." AYALA. *Recuerdos y olvidos*, p. 331.

Num segundo momento, construindo vinculações internas sugeridas pelos textos, reparamos na conexão/no diálogo entre o ensaio de Unamuno, *En el Museo del Prado (ante el Carlos II de Carreño)*, o ensaio de Ayala, *La pintura y yo* e o conto deste último autor intitulado "El hechizado". Apesar de ter sido o mais elogiado e analisado[7] dos relatos de Ayala, desconhecemos abordagens desse conto que tenham pensado o texto de Unamuno como precedente. Na nossa leitura, essa vinculação, concebida como assimilação e continuidade, deixaria em evidência a inserção de Ayala na tradição espanhola que "inventa" a Espanha interpretando as suas manifestações artísticas. A figura da *ekfhrasis* da pintura barroca é um dos traços que compartilham Unamuno e Ayala. Ambos refletem sobre o poder e intervêm no discurso de identidade nacional aderindo a versões da História espanhola valendo-se das artes visuais.

Sem ignorar os contextos sociais e discursivos de enunciação dos discursos, literários e não literários, cremos válidas as tentativas de leitura de Francisco Ayala que não se restrinjam aos enquadramentos tradicionais, ainda que não questionemos como princípio de organização historiográfica as denominações consagradas de "Geração de 27", "Geração de 31", ou "Grupo dos exilados, dos *transterrados* ou dos refugiados da guerra civil". Nesse sentido, a publicação de *Partes de Guerra* (2009), editado e prologado por Ignacio Martínez de Pisón, parece-nos um empreendimento original, ainda que o critério de organização do livro possa parecer aberrante. No "Prólogo", Martínez Pisón informa que a reunião de ficções sobre a guerra civil não obedece ao propósito de uma antologia tradicional, razão que justifica a ordem de aparição dos relatos respeitando a cronologia dos acontecimentos narrados.[8] Inicia o livro *La lengua de las mariposas*, publicado em 1996 e escrito por Manuel Rivas, um autor jovem, enquanto "El Tajo", de 1949, criação de Francisco Ayala, figura entre os últimos da série. No conto de Rivas, as tropas franquistas acabam de chegar ao povoado durante os tempos iniciais da guerra, enquanto no relato de Ayala, o protagonista vive os últimos meses da contenda e a derrota republicana.

ENCONTROS/CONFRONTOS NA GUERRA

Durante o seu exílio em Buenos Aires, Francisco Ayala escreveu, para o primeiro número da revista *Realidad*,[9] de janeiro de 1947, uma resenha do romance *Nada*, de Carmen Laforet. Coincidindo com críticos que comentaram essa primeira e famosa obra de Laforet, o escritor considerava que, embora se tratasse de uma ficção, o romance da

---

[7] A revista *Antrhopos* (1992), dedicada à obra de Ayala, inclui dois estudos do conto: "Comentario, crítica, relato? 'El hechizado' de Ayala", de Antonio Sánchez Trigueros e "*Los usurpadores*: una reflexión literaria sobre el poder." Remitimos também à minuciosa análise das vozes do conto de Romilda Mochiuti. MOCHIUTI. O escrito, o narrado e a lectura. As formas veladas do poder de expressão e omissão no conto "El hechizado" de Francisco Ayala.

[8] Depois de dizer que "não se trata de uma antologia em sentido estrito", Martinez de Pisón declara que a sua intenção não foi "reunir un ramillete de buenos relatos sino *contar* la guerra civil, o al menos una parte de ella, a través de las historias escritas por algunos de nuestros mejores narradores". MARTINEZ DE PISÓN. Prólogo, p. 11.

[9] Ayala funda em 1947 a revista *Realidad*. Até 1949 publicam-se 18 números.

jovem ficcionista não deixava de ser um "testemunho" de uma geração que viveu a infância durante a guerra civil e cresceu respirando o "nada" do pós-guerra, o sufocante clima dos anos 1940.

Como explicita o título da resenha, o romance era, para Ayala, um *Testimonio de la nada*. Coerente com as preocupações do resenhista e da linha editorial de *Realidad*,[10] por ele fundada, o "nada" foi interpretado segundo dois contextos simultâneos e não excludentes: a situação interna da Espanha e a da Europa posterior a Segunda Guerra, onde se vivia sob o império do existencialismo. Ayala sublinha que na França de J.-P. Sartre esse pensamento, dominante a partir dos anos quarenta, expressou-se na filosofia e na ficção.

Se aceitarmos que o escritor, quando colocado em situação de crítico, revela frequentemente preocupações que dizem respeito a sua própria obra, é válido perguntar se existiria algo nos comentários de Ayala sobre *Nada* que estivesse falando da sua própria ficção. Para responder a essa pergunta, convém começar por ler o seguinte fragmento da resenha:

> ¿Cómo ve a sus mayores esta joven estudiante, que, en primera persona, escribe la novela de una joven estudiante? ¿Cómo ve a las gentes situadas al otro lado de la grieta generacional? Son gentes desquiciadas, desvencijadas, rotas, caídas al borde de la demencia; gentes cuyo vivir carece de rumbo y de sentido: son los protagonistas de la guerra civil.[11]

O parágrafo citado, composto por acumulação de perguntas, culmina numa resposta contundente que salienta a terrível visão da narradora de *Nada* sobre a geração que lhe antecedeu. Os adjetivos usados com sentido metafórico na resenha de Ayala ("desquiciados", "desvencijados", "rotos", "caídos") caracterizam os homens dessa geração como "objetos", e como "móveis", mais precisamente. No comentário de *Nada*, o crítico destaca uma questão particularmente delicada quando constata que, para a autora do romance, aqueles seres informes foram, na verdade, "os protagonistas da guerra civil." Homens comprometidos por ideais e paixões políticas, defensores de nobres causas, tornaram-se, menos de uma década depois, vidas sem sentido.

Convém deixar neste ponto o comentário de Ayala para ler, como em *continuum*, a resenha de *La cabeza del cordero*[12] publicada no número de setembro/dezembro de 1949 da revista *Realidad*. A nota vem assinada por Jorge Luzuriaga, filho do pedagogo espanhol Lorenzo Luzuriaga.[13] Assim como Ayala, também Lorenzo Luzuriaga estava exilado em Buenos Aires e participava ativamente na edição na revista *Realidad*. O pedagogo tinha feito gestões e conseguiu resgatar dos cárceres franquistas o seu filho Jorge, o mesmo que, também refugiado em Buenos Aires a partir de 1946, escreve a resenha de *La cabeza del cordero*.[14]

---

[10] *Realidad* privilegiava problemáticas centradas na crise do homem contemporâneo e da sociedade ocidental posterior a 1945. A publicação foi espaço para intelectuais espanhóis exilados na América. In: CÁRCAMO. La revista *Realidad* en el horizonte cultural de los cuarenta.

[11] AYALA. Testimonio de la nada, p. 130.

[12] O livro foi publicado pela editorial Losada, de Buenos Aires.

[13] CUENCA TORIBIO. Exilio e historiografía: un binomio simbólico.

[14] Lorenzo Luzuriaga é mencionado muitas veces em *Recuerdos y olvidos*, o livro de memórias de Ayala. No entanto, nada disse do seu filho Jorge Luzuriaga.

O texto de Luzuriaga começa por contextualizar a trajetória de Ayala salientando a prosperidade dos anos imediatamente anteriores à República, o clima de entusiasmo da vida democrática do período republicano e, finalmente, a tragédia da guerra. Coincidindo com apreciações do próprio Ayala,[15] Luzuriaga justifica o abandono da ficção do autor de *La cabeza del cordero* durante os anos do conflito: era necessário atuar, pensar na realidade do presente. Ademais, a ficção era impraticável para o autor vanguardista que sempre tinha rejeitado a ideia da propaganda política através da literatura ou da "arte comprometida". Ultimamente, Raquel Macciuci considerou as dificuldades e os conflitos do escritor levando em conta a sua posição moldada no que ela denomina de "vanguarda ilustrada".[16] No contexto da guerra civil essa posição era dificilmente aceitável para um escritor progressista e funcionário da República.

Mas o que de verdade desencadeia o comentário de Luzuriaga que mais nos interessa é a pergunta acerca de se Ayala teria acertado na representação ficcional da guerra civil em *La cabeza del cordero*. A resposta do resenhista, embora matizada, atenuada, é negativa. Faltou-lhe – disse – apresentar o modo em que se produz o acontecimento social. Esse motivo faz com que os conflitos representados sejam aqueles compartilhados por todas as guerras, e não individualizem "essa" guerra. O resenhista afirma:

> Ninguno de los personajes de Ayala es político, está aquejado por el ansia de poder ni es víctima de una ideología deshumanizada, ni se sirve de ella para dar rienda suelta a otros impulsos o para justificarlos bajo su máscara. En realidad todos ellos, hasta que la guerra sobreviene, viven al margen de la política y cuando ésta llega, "les sucede". [17]

O fato de que a guerra seja algo que "les sucede" vazia de conteúdo político situações e personagens, o que explica a inexistência de "sentimientos altruistas, generosos, que también entran en la lucha"[18] O questionamento do crítico é de índole política e não estética, uma vez que Luzuriaga julga os contos como artisticamente "magistrales".

Se pensarmos agora de maneira conjunta nas duas resenhas, a escrita por Ayala sobre *Nada* e a que Luzuriaga dedica a *La cabeza del cordero*, vamos encontrar, como observação comum a ambas, que nessas representações da guerra civil e dos protagonistas das obras comentadas não há heróis, apenas homens incapazes de explicar as motivações de seus próprios atos.

Seria inútil buscar em "El Tajo", o conto de verdade extraordinário de *La cabeza del cordero*, a figura do herói altruísta e de convicções firmes que supostamente deveria

---

[15] Apreciações registradas em *Recuerdos y olvidos* e também em *Conversaciones con Francisco Ayala*, de Rosário Hiriart.

[16] R. Macciuci propõe que "si se aceptara el aparente contrasentido de la expresión 'vanguardia ilustrada', el apelativo podría definir las prácticas artísticas de Francisco Ayala en los años en que formó parte del selecto grupo de *Revista de Occidente*. Así como hubo un grupo de artistas de vanguardia que no pudo desprenderse de las connotaciones de señoritos burgueses acomodados, a otros no los abandonará un aura de elite intelectual egregia, confiada en poseer los resortes culturales y morales de la modernización de España". MACCIUCI. *Final de Plata amargo. De la vanguardia al exílio: Ramón Gómez de la Serna, Francisco Ayala, Rafael Alberti*, p. 255.

[17] LUZURIAGA. Francisco Ayala. *La cabeza del Cordero*, p. 318.

[18] LUZURIAGA. Francisco Ayala. *La cabeza del Cordero*, p. 318.

se encontrar num autor comprometido com a causa da República. Recordaremos a seguir, com a finalidade de tornar mais clara a análise, o argumento do famoso conto de Ayala. O tenente Pedro Santolalla serve às tropas nacionalistas num posto tranquilo do frente de Aragão e passa os dias mortos com um grupo de soldados. Entediado, sai a andar para se distrair e colher uvas de uma plantação próxima quando se topa com um soldado das milícias republicanas. Pedro mata gratuitamente o miliciano apesar de que, desarmado e desavisado, a vítima não teria como reagir. O executor pega os documentos do morto antes de abandoná-lo. Por causa do fedor do cadáver, os grupos confrontados fazem um alto na guerra para retirar o morto. O mau cheiro penetrante e os documentos de Anastásio López Rubielos, deixados sobre a mesa, trazem culpa, remorso e lembranças no espírito já alterado do tenente. Ativada a memória há uma volta à infância: conta-se algo do período anterior à sua ida para a frente de Aragão, mas nada que indique algum tipo de definição política.

Como vemos pelos seguintes fragmentos, a guerra foi, no caso de Pedro Santolalla, algo que "le sucedió", para usar a expressão de Luzuriaga:

> Al principio, recién incorporado, recibió este destino como una bendición (…)[19]

> Poco después se incorporaba al ejército y salía, como teniente de complemento, para el frente aragonés, en cuyo sosiego había de sentirse, por momentos, casi feliz.[20]

> Ahora todo eso se lo representaba, diáfano y preciso, muy vívido, aunque allá en un mundo irreal, segregado por completo del joven que después había hecho su carrera, entablado amistades, preparado concursos y oposiciones, leído, discutido y anhelado, en medio de aquel remolino que, a través de la República, condujo a España hasta el vértigo de la guerra civil.[21]

A morte inútil de um miliciano indefeso faz Santolalla questionar não a guerra, mas a sua conduta individual, a qual julga negativamente. A sua presença no *front* de Aragão também é algo que "aconteceu." A vida do grupo dos nacionais aparece como descrição das atividades realizadas por eles para esquecer o passo lento do tempo, registro que reforça o não sentido das ações:

> Santolalla no respondió; era siempre lo mismo. Tiempo y tiempo llevaban sesteando allí: el frente de Aragón no se movía, no recibía refuerzos ni órdenes; parecía olvidado.[22]

> Ganas de charlar, por supuesto; no había demasiados temas y, al final, también la baraja hastiaba…[23]

> Y así, en la apacible lentitud de esta existencia, se le antojaban lejanos, muy lejanos, los ajetreos y angustias de meses antes en Madrid, (…)[24]

---

[19] AYALA. El Tajo, p. 388.

[20] AYALA. El Tajo, p. 389.

[21] AYALA. El Tajo, p. 393.

[22] AYALA. El Tajo, p. 385.

[23] AYALA. El Tajo, p. 385.

[24] AYALA. El Tajo, p. 389.

Acabada a guerra – o episódio do *front* de Aragão transcorre nos últimos meses do conflito armado – Santolalla volta à vida normal de Madri, reencontra a família e propõe-se a fazer uma visita à casa da sua vítima. Ali conhece um avô e a mãe de Anastásio, que moram numa vivenda muito pobre. Santolalla comunica o falecimento do rapaz, apresenta-se como seu companheiro de luta e conta que a sua morte deveu-se a uma bala perdida. A conversa com os familiares deriva no tema do herói: eles querem saber se Anastásio morreu como um herói. Pelos documentos sabe-se que ele era afiliado a um sindicato da UGT, e insinua-se uma identificação com a causa republicana, embora isso último não seja muito explícito.

A família se conforma imaginando a morte heroica de Anastásio. O leitor sabe que ele morreu, como disse um dos soldados no começo do conto, "caçado como um coelho". Precisamente é essa a expressão reiterada pela mãe, quando disse que para ela ficará como consolo saber que ele não morreu "caçado como um coelho." Na realidade, a morte foi também para essa personagem algo que "le sucedió" de forma bem pouco heroica. Santolalla oferece ajuda material e quer deixar os documentos da sua vítima com a família, mas ela rejeita tanto o dinheiro quanto os documentos, uma vez que poderia ser comprometedor guardá-los. É a mãe quem disse: "¿Y qué quiere usted que haga yo con eso? ¿Que lo guarde? Para qué, señor? ¡Tener escondido en casa un carné socialista, ¿verdad? ¡No! ¡Muchas gracias!"[25]

O relato acaba com essa cena reveladora da índole dos "protagonistas da guerra civil" que Ayala notava no romance de Carmen Laforet. Se, como vimos, os heróis não abundam no conto de Ayala, também não há o interesse da conservação da memória por parte dos sobreviventes.

Por isso causa espanto a leitura que a censura fez de "El Tajo". Num interessante trabalho sobre os recortes sofridos pelos textos de Ayala durante a Espanha do franquismo, Mª Paz Sanz Álvarez reproduz o juízo do censor, escrito nada menos que no dia 9 de março de 1972, quer dizer, uns poucos anos antes da democratização que tornaria obsoleta e ridícula essa prática leitora e escritural. Copiamos do trabalho de Sanz Alvarez:

> El autor, rojillo exiliado, tenía que asomar la oreja de rojillo, y la asoma en el cuento titulado "El Tajo" que es todo él ligeramente tendencioso y antimilitarista, con su gotita antirégimen al final. Estimamos debe suprimirse el por lo menos hacer tachaduras ABSOLUTAMENTE IMPRESCINDIBLES en las pg. 129-130-136-141-143 y 152.[26]

Pretendendo ler nas entrelinhas, o censor pratica uma leitura barbaramente literal. Enquanto o relato fala, como comprovamos, da ausência dos heróis e do medo que domina os sobreviventes, o censor, numa prática de leitura paranoica, rastreia detalhes alusivos ao franquismo.

Nos últimos anos, junto com a revisão do período chamado de "transição democrática", aparecem, como era previsível, novas avaliações da guerra civil, cujos ecos chegam à narrativa de ficção, agora incorporando o testemunho, a memória oral, a crônica, o discurso histórico e o material de arquivo. A crítica Nora Catelli referiu-se às mudanças

---

[25] AYALA. El Tajo, p. 409.
[26] SANZ ÁLVAREZ. Frente a un centenario: Ayala y la censura, p. 5.

que provocou o romance *Soldados de Salamina* sobre "a complexa trama de figurações bélicas da narrativa peninsular", até conseguir que "toda narrativa da guerra civil anterior a Javier Cercas pareça se tornar passado".[27] Para o nosso propósito, interessa-nos do romance a história do anônimo soldado republicano que perdoa a vida de um falangista.

Para tornar mais claro o desenvolvimento que levará à relação Cercas/Ayala, lembraremos da conhecida história. Já ao final da guerra, com as tropas nacionalistas ocupando todo o território espanhol, os republicanos ordenam um fuzilamento em massa de presos. Um deles, o escritor e líder falangista, consegue escapar e é perseguido por soldados republicanos. Um jovem soldado percebe a sua presença no bosque, olha nos seus olhos e não o denuncia nem o mata. A partir dessa história supostamente real, o narrador, na figura de um jornalista investigativo, sai em busca da reconstrução dos fatos. Interessa a esse narrador saber quem foi esse soldado e por que perdoou a vida de um inimigo.

Notemos como se assemelha esse acontecimento do romance com o fato narrado em "El Tajo". Uma situação, inversamente idêntica à do conto de Ayala, mereceu uma solução oposta. Em "El Tajo", um soldado falangista mata um miliciano. No romance de Javier Cercas, um republicano, para quem também a guerra foi algo que "le sucedió", perdoa a vida de um líder falangista. Como interpretação reatualizada da guerra civil, *Soldados de Salamina* volta a indagar sobre a figura do herói. Aquele soldado republicano reaparece velho e doente, já ao final da ficção para declarar: "Los héroes sólo son héroes cuando se mueren y los matan. Y los héroes de verdad nacen en la guerra y mueren en la guerra. No hay héroes vivos, joven. Todos están muertos."[28]

A ficção de Cercas volta a abrir o debate sobre as responsabilidades na guerra. Na caracterização e na condenação de Rafael Sánchez Mazas também se mostra relevante o discussão sobre a heroísmo em relação à guerra. O escritor falangista, seduzido pela Itália heroica que supostamente Benito Mussolini estaria concretizando na Itália fascista, ambicionou para Espanha esse mesmo modelo nefasto: "Porque la guerra es por excelencia el tiempo de los héroes y los poetas, y en los años treinta poca gente empeñó tanta inteligencia, tanto esfuerzo y tanto talento como él en conseguir que en España estallara una guerra."[29]

Ainda que *Soldados de Salamina* deva ser interpretado no âmbito das discussões sobre a guerra civil dos últimos anos, aproximar o romance de Cercas do conto de Ayala escrito no pós-guerra possibilita situar problemáticas atuais numa línea diacrônica que enriquece a compreensão de ambos textos. O que Ayala vislumbrou nos anos 1940 e levou para a ficção (a necessidade de discutir o estatuto do herói, as sequelas da guerra nos comportamentos coletivos, as dimensões moral e política do conflito) foi retomado por Cercas.

EKPRHASIS NAS TRAMAS DA HISTÓRIA

As alusões às artes plásticas e a descrição de quadros ou esculturas aparecem com frequência em ensaios e ficções. É comum que os escritores se refiram a obras que originaram

---

[27] CATELLI. El nuevo efecto Cercas, p. 1.

[28] CERCAS. *Soldados de Salamina*, p. 199.

[29] CERCAS. *Soldados de Salamina*, p. 83.

experiências artísticas particularmente marcantes. A *Ekprhasis* ou descrição das obras de arte é a figura desse vínculo de palavra e imagem, que mereceu a atenção dos estudos literários e artísticos, atentos à longa tradição desse procedimento na cultura Ocidental.

Claudia Valladão de Mattos[30] estuda, por exemplo, a *Ekprhasis* nas *Vidas*, de Giorgio Vasari, e analisa o modo como essa figura tornou-se um instrumento da crítica, até ganhar o terreno antes dedicado a contar a vida do artista. Em outro trabalho recente, Jorge Carlos Guerrero resume as considerações de W.J.T. Mitchell em *Pinture Theory*, observando que "o texto visual e o texto verbal se entrecruzariam figuradamente uma vez que aquele somente pode se fazer presente mediante a convocação da palavra".[31]

Voltemos à literatura espanhola, mais precisamente a Francisco Ayala e a Miguel de Unamuno. Ambos escritores demonstraram essa atração pela pintura que, como salientamos, é comum a muitos escritores.[32] A aproximação dos textos de Ayala e Unamuno estará pautada pela pergunta sobre o uso que da *ekphrasis* fizeram esses autores quando coincidem na descrição dos retratos de *Carlos II*, o monarca idiota da decadência espanhola. Num outro desdobramento da pergunta pretendemos saber o modo em que certa visão do momento histórico toma corpo nos textos.

A começos de 1919, Miguel de Unamuno publica em *Los Lunes de El Imparcial* o ensaio que leva por título "En el Museo del Prado (ante el Carlos II de Carreño)". Escrevia o crítico G. Lukács no famoso texto *Sobre a essência e a forma do ensaio*, destinado à elucidação desse gênero, que "o ensaio fala na maioria das vezes de imagens, de livros e de ideias".[33] Dissertando sobre algo "que já tem forma", ele refere-se à vida de maneira indireta, através da arte, na maioria dos casos. Unamuno fala de um quadro – o retrato de Carlos II – para falar de uma outra coisa.

Com uma enunciação fortemente marcada – um traço do ensaio como gênero – um eu identificado com o autor, observa e comenta em El Prado o *Carlos II* de Carreño, o discípulo de Velázquez: "Recorriendo las salas del más vivo panteón de nuestra historia, me encontré detenido de pronto, y como fijado al suelo, frente al retrato del rey Carlos II."[34]

A *ekprhase* que concede uma representação verbal à imagem é pronunciadamente interpretativa. O rosto comprido do rei "se cae", a diferença das figuras "hacia arriba" de *El Greco*. O visitante de El Prado faz partícipe da visão ao leitor a outros observadores imaginados: "Os ponéis ante él y no os percibe o coge con sus ojos al miraros; no os vê, sino que proyecta al exterior, a vuestra mirada, su propio vacío íntimo."[35]

Antecipamos que o "vacío" será a palavra que em Ayala designa o poder ilegítimo associado à visão de Carlos II. No ensaio de Unamuno, o observador entra agora à Sala de Velázquez com seus acompanhantes imaginários (*Pasad a la sala de Velázquez*) e, diante

---

[30] VALLADÃO DE MATTOS. *Ekprhasis* e a crítica nas *Vidas*, de Giorgio Vasari.

[31] GUERRERO. Augusto Roa Bastos y *Los conjurados del quilombo del Gran Chaco*: un legado literario para la integración latinoamericana, p. 240.

[32] Ayala relata as suas tentativas de praticar a pintura em "La pintura y yo" (1985). Sobre o Unamuno pintor, ver: TOSCANO. Unamuno, pintor.

[33] LUKÁCS. Sobre la esencia y la forma del ensayo, p. 28.

[34] UNAMUNO. En el Museo del Prado (ante el Carlos II de Carreño), p. 99.

[35] UNAMUNO. En el Museo del Prado (ante el Carlos II de Carreño), p. 99.

do retrato do *Bobo de Coria*, começa a operar a reconhecível retórica de Unamuno que faz o texto avançar por oposições e associações surpreendentes: o bobo do povo (*O bobo de Coria*) é cômico, ao contrário do Rei bobo, que é trágico:

> ¡Terrible idiotez la idiotez entronizada! Ya veis como la serena alegría de la idiotez popular, la de los pobres de espíritu, retratada por Velásquez, se convierte en la trágica lobreguez de la idiotez regia, la del Hechizado, retratada por Carreño.[36]

Ainda completa a série o *Jacob* de Ribera, associado pelo ensaísta à "realidad idealizada", aos "dramas ascéticos". As três imagens permitem vislumbrar "la conciencia de la hispanidad." Essa conclusão, que o ensaísta foi preparando ao longo do ensaio, embora não deixe de ser algo precipitada, parece indicar que a *ekphrasis* é a figura da construção da identidade nacional. Inman Fox[37] estudou muito bem o que significou na Espanha do final do século 19 e começos do 20 a ideia de que a arte revelaria o "caráter nacional". Esse pensamento explicaria a recuperação e revalorização de artistas como El Greco e Velázquez.

O ensaio de Unamuno, como os outros seus publicados em jornais da época, foi expressão do movimento generalizado de busca da identidade[38] na Espanha de fim do século 19 e começos do 20. Se Joaquín Costa, o "regeneracionista" que tanta influência exerceu sobre a denominada "Geração de 98", indagava nas manifestações do coletivismo agrário, Unamuno – como também Azorín – tentava caracterizar, já desde 1895, a "essência" da Espanha. Essa preocupação, que encontrou a sua síntese no "casticismo", foi acompanhada pela ideia da decadência nacional que provinha dos diagnósticos regeneracionistas. José Luis Abellán, referência obrigatória dos estudos do pensamento espanhol, salienta que a atenção ao "problema de Espanha" e a importância crescente do ensaio como forma de expressão dos intelectuais[39] são traços relevantes do período, no contexto do que o crítico define como "a peculiar e dificultosa "modernidade" espanhola".[40]

O "problema de Espanha" esteve presente nas gerações de 98, de 14 e de 27, ou seja, nas três promoções que notoriamente atuaram na vida intelectual espanhola dos primeiros trinta anos do século 20. As condições de emergência de modos diversos de tematização das causas do estancamento o do atraso nacionais na ficção, no ensaio e no jornalismo, são suficientemente conhecidas. O próprio Abellán destacou que o "regeneracionismo" de Joaquín Costa e seu programa modernizador e europeísta de soluções para os problemas nacionais devem ser vinculado com um incipiente desenvolvimento econômico. Durante as primeiras décadas do século 20, mudanças importantes na modernização capitalista tinham propiciado o aumento dos setores operários urbanos e a maior organização desses trabalhadores, com o consequente crescimento de confrontos sociais.

---

[36] UNAMUNO. En el Museo del Prado (ante el Carlos II de Carreño), p. 99.

[37] FOX. *La invención de España* 1998.

[38] SERRANO. Pautas de la actuación intellectual.

[39] O historiador Santos Juliá estudou as "tramas narrativas" construídas pelos intelectuais que são os que criam "*el gran relato histórico que pretende dar sentido al presente y abrir perspectivas para el futuro.* JULIÁ. *Historias de las dos Españas*, p. 19.

[40] ABELLÁN. *Historia crítica del pensamiento español*, p. 26.

No ano da publicação de *En el Museo del Prado (ante el Carlos II de Carreño)* a Espanha vive a etapa prévia ao golpe militar que instaura em 1923 a ditadura de José Antonio Primo de Rivera. O quadro pintado por Carreño é descrito e interpretado segundo parâmetros não estéticos: antes interessa mostrar uma figura que encarna na materialidade da pintura os problemas (e as saídas) da nação espanhola.

Como crítico e professor de literaturas hispânicas, Francisco Ayala escreveu sobre a obra de autores espanhóis e sobre a sua própria obra. A Unamuno,[41] em especial, dedicou-lhe muitas páginas. "Su figura era imponente",[42] disse Ayala na introdução do breve estudo intitulado *El reposo es silencio*, dedicado a corrigir um erro de tradução cometido por Unamuno. Precisamente, era a "imponência" que suscitava a réplica. O fragmento que transcrevemos a seguir é particularmente esclarecedor do juízo de Ayala, que alcançava a toda a geração de 98:

> Esa generación tomó en sus manos y dio vuelo teórico, al mismo tiempo que patetismo literario al llamado problema de España, convertido ahora en rabiosa manía ("me duele España en el cogollo del corazón", declamaba Unamuno; "Dios mío, ¿Qué es España?, se preguntaba Ortega", (...)[43]

Assim que reconhecesse ao longo de texto o legado de abertura desses intelectuais, o autor toma distância das questões e soluções sugeridas por eles. Ainda que o ensaio *La pintura y yo (um retrato)* fosse escrito por Ayala na década de 1980, em plena democracia, reconhecemos nele o essencial e mais constante do seu pensamento. O autor volta a lembrar que seu conto "El hechizado" aludia veladamente, sem nomeá-lo, ao rei Carlos II. O ensaio é a explicação do processo de elaboração ficcional de uma figura histórica construída a partir da observação de um quadro.

Impõe-se a aproximação de *En el Museo del Prado (ante el Carlos II de Carreño)* e *La pintura y yo (un retrato)*, especialmente porque Ayala não menciona o ensaio de Unamuno, muito anterior. A *ekphrasis* é figura central em ambos; a presença dos autores como observadores do quadro no museu de El Prado é outra coincidência nos textos. No entanto, diferentemente de Unamuno, não há em Ayala nenhum desenvolvimento retórico-argumentativo que conduza à relação entre o quadro e a alma da Espanha. Ayala prefere salientar o valor estético da pintura e as transformações sofridas pela arte de Carreño. O olhar crítico deste artista que pintou um rei bobo "habría anticipado la actitud que, un siglo después, iba a asumir Goya ante sus regios modelos".[44]

Em 1944, durante o seu exílio na Argentina, Ayala publica o conto "El hechizado", que mereceu a elogiosa resenha de J. L. Borges.[45] O conto foi incluído em 1949 no livro *Los usurpadores*, uma coleção de relatos que a crítica leu sempre como uma elaboração

---

[41] Merece destaque "El arte de novelar en Unamuno".

[42] AYALA. *Realidad y ensueño*, p. 119.

[43] AYALA. *La retórica del periodismo y otras retóricas*, p. 101.

[44] AYALA. *La retórica del periodismo y otras retóricas*, p. 158.

[45] Lemos no último parágrafo da resenha, publicada no número 122 (dez. 1944) da revista *Sur* "Por su economía, por su invención, por la dignidad de su idioma, El Hechizado es uno de los cuentos más memorables de las literaturas hispánicas." BORGES. El hechizado.

ficcional vinculada estreitamente à guerra civil. Os relatos representavam uma reflexão sobre o poder e a violência provocada pelo próprio poder. Ainda que tempo, espaço e acontecimentos fossem absolutamente estranhos ao conflito *Los usurpadores* aludiriam à história recente. Ao contrário do acontecido com "El Tajo", o veredito da censura consiste em considerar os relatos "novelitas con figuras históricas" e concluir que "pueden publicarse".[46] Estaríamos diante de textos que, relatando acontecimentos do passado remoto da Espanha, evocariam também a violência e a usurpação que representou o levantamento militar na Espanha de 1936.

Chegando ao final, resta reiterar que a obra de Ayala é uma reflexão marcada pelo passado imediato da guerra civil. Devemos acrescentar ainda que o resultado do conflito estimulou um retorno em busca do passado mais distante da vida e da cultura espanholas. Essa volta é realizada de maneira simultânea a um movimento para frente que leva a cabo o exercício intelectual e vital de antecipação do futuro; em síntese, leituras da tradição e tentativas de imaginar o porvir desenhando linhas entrecruzadas no ensaio e na ficção do escritor.

RESUMEN
Escenas o momentos puntuales de la ficción de Francisco Ayala relacionados con la Guerra Civil Española y con la reflexión sobre el poder se presentan con singular interés si los aproximamos, por la lectura relacionante, a otros textos de la literatura española contemporánea. Sin ignorar los contextos sociales de la enunciación de los discursos, creemos legítimos los intentos de lecturas de Francisco Ayala que no queden limitados por encuadramientos tradicionales, aunque no pretendamos cuestionar las denominaciones de "Generación del 31", o "Grupo de los exilados, de los *transterrados* o de los refugiados de la Guerra Civil", ya consagradas. Vinculamos momentos textuales de Ayala, Unamuno y Cercas referidos a las reactualizaciones de aspectos políticos y éticos de la guerra y del poder.

PALABRAS-CLAVE
Francisco Ayala; Guerra Civil Española; narrativa española contemporánea

---

[46] SANZ ÁLVAREZ. Frente a un centenario: Ayala y la censura, p. 4.

REFERÊNCIAS

ABELLÁN, José Luis. *Historia crítica del pensamiento español*. Madrid: Espasa-Calpe, 1989.

AYALA, Francisco. Testimonio de la nada. *Revista Realidad*, v. 1, año 1, ene. /feb. 1947.

AYALA, Francisco. *Realidad y ensueño*. Buenos Aires: Gredos, 1963.

AYALA, Francisco. *La estructura narrativa y otras experiencias literarias*. Barcelona: Crítica, 1984.

AYALA, Francisco. *La retórica del periodismo y otras retóricas*. Madrid: Espasa-Calpe, 1985.

AYALA, Francisco. *La imagen de España*. Madrid: Alianza, 1986.

AYALA, Francisco. El hechizado. In: ____. *Los usurpadores*. Madrid: Iberia, 1987.

AYALA, Francisco. *Recuerdos y olvidos*. Madrid: Alianza, 2001.

AYALA, Francisco. El Tajo. In: MARTÍNEZ DE PISÓN, Ignacio (Ed.). *Partes de guerra*. Barcelona: RBA, 2009.

BARTHES, Roland. O *rumor da língua*. Trad. Mario Laranjeira. São Paulo: Brasiliense, 1988.

BIAGINI, Hugo. Tres paradigmas "Conterrados" en la Argentina. *Cuadernos Hispanoamericanos*, n. 473-74, p. 101-112, nov./dic. 1989.

BORGES, Jorge Luis. El hechizado. In: ____. *Borges en Sur*. Buenos Aires: Emecé, 1999. p. 280-281.

CÁRCAMO, Silvia. La revista *Realidad* en el horizonte cultural de los cuarenta. Revista *Río de la Plata*, (Actas do VI Congreso Internacional del CERCIRP, New York), n. 20-21, p. 361-370, 1999-2000.

CATELLI, Nora. El nuevo efecto Cercas. *El país*, Madrid, suplemento "Babelia", 9 nov. 2002. Disponível em: <http://www.nodo50.org/despage/not_prensa/resennas/babelia2%20livros.htm>.

CERCAS, Javier. *Soldados de Salamina*. Barcelona, Tusquets, 2004.

CUENCA TORIBIO, José Manuel. Exilio e historiografía: un binomio simbólico. *Cuadernos Hispanoamericanos*, n. 473-74, p. 93-100, dic. /dic. 1989.

ESTEVES, Antonio Roberto. "Antepassado de si mesmo ou memórias do século XX (em torno às lembranças e esquecimentos de Francisco Ayala)". Anais do X congresso internacional de Abralic, 2006, p. 1-9.

FOX, Inman. *La invención de España*. Madrid: Cátedra, 1998.

GUERRERO, Jorge Carlos. Augusto Roa Bastos y *Los conjurados del quilombo del Gran Chaco*: un legado literario para la integración latinoamericana. *Revista Iberoamericana*, v. LXXIII, n. 218-219, p. 237-251, ene.-jun. 2007.

LUKÁCS, Georg. Sobre la esencia y la forma del ensayo. In: ____. *El alma y las formas*. Trad. Manuel Sacristán. Barcelona: Grijalbo, 1975.

HIRIART, Rosario. *Conversaciones con Francisco Ayala*. Madrid: Espasa-Calpe, 1982.

JULIÁ, Santos. *Historias de las dos Españas*. Madrid: Taurus, 2006.

LUZURIAGA, Jorge. Francisco Ayala. *La cabeza del Cordero. Realidad*, Buenos Aires, n. 17-18, v. 6, p. 313-319, set./dic. 1949.

MACCIUCI, Raquel. *Final de Plata amargo*. De la vanguardia al exílio: Ramón Gómez de la Serna, Francisco Ayala, Rafael Alberti. La Plata: Ediciones Al Margen, 2006.

MARTÍNEZ PISÓN, Ignacio. Prólogo. In: MARTINEZ PISÓN, Ignacio (Ed.). *Partes de guerra*. Barcelona: RBH, 2009.

MOCHIUTI, Romilda. O escrito, o narrado e a lectura. As formas veladas do poder de expressão e omissão no conto "El hechizado" de Francisco Ayala. *Anuario Brasileño de Estúdios Hispánicos*, n. 9, p. 101-116, 1999.

SANZ ÁLVAREZ, Mª Paz. Frente a un centenario: Ayala y la censura. Revista *Espéculo*, n. 34, 2006. Disponível em: <http://www.ucm.es/info/especulo/numero 34/ceayala.html>.

SERRANO, Carlos. Pautas de la actuación intellectual. In: RICO, Francisco (Org.). *Historia y crítica de la literatura española*. 6/1. Modernismo y 98 (Primer Suplemento). Org. José Carlos Mainer. Barcelona: Crítica, 1994.

TOSCANO, Nicolas. Unamuno, pintor. *Cuadernos Hispanoamericanos*, n. 492, p. 89-96, jun. 1991.

VALLADÃO DE MATTOS, Claudia. *Ekprhasis* e a crítica nas *Vidas*, de Giorgio Vasari, *ALEA*, v. 4, n. 2, p. 161-177, jul./dez. 2002.

UNAMUNO, Miguel de. En el Museo del Prado (ante el Carlos II de Carreño). In: ____. *En torno a las artes*. Madrid: Espasa-Calpe, 1975. p. 98-102.

DE CÓMO CONFLUYEN *LA CAÍDA DE MADRID* Y *LA GALLINA CIEGA*
memorias incómodas de la otra España

Ana Luengo
Universität Bremen

Para Rafael Chirbes, como agradecimiento a
empujarme a leer en filigrana.

RESUMEN

En este artículo se investiga, comparando *La caída de Madrid*
de Rafael Chirbes con *La gallina ciega* de Max Aub, la memoria
del exilio en el tardofranquismo. A partir del personaje de
Chacón, se apela así a las opiniones que Max Aub dejara escritas
sobre España en su primera visita tras la guerra civil, cuando
descubrió que la España que tuvo que dejar ya no existía.

PALABRAS-CLAVES

Exilio, Chirbes, Aub

Cuando leí *La caída de Madrid* por primera vez, ya conocía las novelas anteriores[1]
de Rafael Chirbes, así que ya estaba predispuesta a encontrarme con un tipo de lectura
y con algunos temas que él había frecuentado: la guerra, la posguerra, la culpabilidad,
la traición...[2] También esperaba encontrarme con esos personajes polifacéticos, complejos
y completos en sí mismos que ya poblaban sus novelas anteriores. No me defraudó en
absoluto la primera lectura de *La caída de Madrid*.

Sin embargo, la segunda vez que la leí, algo había cambiado en mi forma de leerla.
Jauss[3] escribió que toda obra literaria "suscita recuerdos de cosas ya leídas, pone al lector
en una determinada actitud emocional". Entre las dos lecturas de *La caída de Madrid*,
descubrí *La gallina ciega* de Max Aub, lo que me llevó a vislumbrar una serie de huellas

---

[1] Aquí me refiero sobre todo a *La buena letra* (1991), *Los disparos del cazador* (1994) y *La larga marcha* (1996).

[2] En 2003 Rafael Chirbes publicó *Los viejos amigos*, en la que unos camaradas, que hace años estuvieron
unidos por el proyecto de la revolución, se reúnen. Se podría considerar esta novela como una
continuación coherente del ciclo anterior, esta vez contextualizada en una época de vacío ideológico
que lleva a la miseria privada de sus personajes.

[3] JAUSS. *La historia de la literatura como provocación*, p. 164. Cito según la traducción de Juan Godo Costa.
Para leer el originial en alemán, ver *Literaturgeschichte als Provokation* (1970), en Suhrkamp Verlag.

del libro de Aub en la novela de Chirles;[4] este hecho a mí me permitió acceder a una nueva clave para la comprensión de la novela. Se trata de un diario de viajes por España publicado por primera vez en 1971[5] en la editorial mexicana Mortiz, aunque el viaje de Aub ya había sido en 1969. Para explicar por qué razón *La gallina ciega* significó para mí un cambio cualitativo en la segunda lectura de *La caída de Madrid*, tendré que centrarme en algunos puntos. En primer lugar destacaré la estructura en filigrana de la novela de Chirbes, señalando los tres campos temáticos principales. En segundo lugar me fijaré en uno de los personajes, el profesor Chacón, gracias al cual explicaré la relación de *La caída de Madrid* con *La gallina ciega* de Aub. Finalmente trazaré un esbozo del estado de la sociedad española del tardofranquismo que se ficcionaliza en *La caída de Madrid*, a partir de una lectura de la novela-diario de Aub, testimonio parcial y perspicaz, sin duda, de aquellos días.

LA CAÍDA DE MADRID: ¿UNA RADIOGRAFÍA MORAL?

En el año 2000 Chirbes publica *La caída de Madrid*, es decir, veinticinco años después de la muerte de Francisco Franco. Por esa razón, en ese año se conmemoraba en programas y dominicales, con cierta euforia, que había pasado un cuarto de siglo desde el final de la dictadura.

Chirbes sitúa su novela en el 19 de noviembre de 1975 y la llama *La caída de Madrid*. Un título pesimista que parece evocar más bien a lo que había pasado en marzo de 1939. La primera reacción, al empezar el primer capítulo, es preguntarse: ¿Por qué caída? ¡Pero si Franco por fin se iba a morir! Reacción mucho más acorde a todos los festejos celebrando el aniversario del principio de la Transición. Cuando se lee la novela se advierte el sarcasmo: se va trazando finamente la gestación de la Transición a la democracia mediante estrategias y pactos personales, pero no en las Cortes ni en El Pardo, sino entre la población. Veinticinco años después del final de la dictadura, no coopera a la alegría de que Franco se muriera de viejo; porque veinticinco años después, en *La caída de Madrid*, se desgrana lo que la sociedad era en ese momento y para lo que se preparaba, forjando una serie de personajes que se relacionan entre ellos —aun sin saberlo en algunos casos—, y no se deja apenas espacio para el optimismo. Se describe esa espera pasiva de algunos hombres y mujeres que arrastran su propio pasado y sus deseos, y que aguantan las últimas horas de vida del dictador, mientras van ocupando unos puestos estratégicos, preparados para tomar el relevo, para sobrevivir a la muerte de la dictadura, o para sobrevivir a secas.

---

[4] Como se verá a continuación, la relación intertextual entre los dos libros se apoya en ejemplos tangibles. Creo que es muy probable que el autor de *La caída de Madrid* conozca el texto de Aub. Aprovecho aquí para agradecerle a Rafael Chirbes el que pusiera a mi disposición varias de sus conferencias y reflexiones sobre literatura, en las cuales Max Aub ocupa un lugar privilegiado. Muchos de esos ensayos se publicaron en 2002, bajo el título de *El novelista perplejo*.

[5] Se tuvo que publicar en México, aunque al autor le habría gustado publicarlo en España (AUB. *La Gallina ciega*, p. 99). Sin embargo, Aznar Soler señala que sí que se conoció en España gracias a reseñas críticas y estudios, así como el primer fragmento del día 29 de septiembre en Madrid, que publicó la revista *Ínsula* como "Fragmentos de un diario". Además afirma que circuló clandestinamente, como era habitual en la época con cierto tipo de textos (SOLER. Introducción, p. 40).

Lo que pasó, en la realidad fáctica, después de que Franco expirase, los lectores lo sabemos: el llamado "pacto de silencio". Dice Preston al respecto:

> En aras de la construcción de un consenso democrático, las víctimas de la represión renunciaron a sus deseos de venganza[6], sin exigir un ajuste de cuentas. No se realizó una purga de ejecutores, torturadores, carceleros, informadores, ni de aquellos próximos[7] a Franco que se habían enriquecido durante los años de la dictadura.[8]

La estructura de esta nueva novela se asemeja a la de *La larga marcha*, por la cantidad de personajes diferentes, y al principio hasta ajenos a los demás, que van avanzando en el relato. El narrador es extra-heterodiegético, y va acompañando a los diferentes personajes, apropiándose también de la perspectiva de éstos, mediante la focalización interna. Una diferencia es que en *La caída de Madrid* el relato primero[9] no dura años, como sí que lo hacía en *La larga marcha*, ni avanza junto con las historias de cada personaje, de cada generación. En *La caída de Madrid* el relato primero dura apenas unas catorce horas, pero éste está lleno de diálogos; de reflexiones, más o menos trascendentales, de cada uno de los personajes; de asomos al abismo de la incertidumbre de lo que está por llegar y, sobre todo, de miradas hacia atrás, miradas introspectivas, que no sólo nos hablan de cada uno de ellos desde la intimidad, sino de nuevo de la trayectoria desde la guerra que ya se trazó en *La larga marcha*.

Pero volvamos al relato primero, esas catorce horas del 19 de noviembre de 1975. De la fecha ya se advierte por primera vez sólo comenzar la narración, cuando don José Ricart se está despertando el día de su septuagésimo quinto cumpleaños: "Se permitía un puro en la sobremesa de algunos días señalados, como el de hoy, diecinueve de noviembre".[10] Son las seis de la mañana.

A partir de ese momento, en *La caída de Madrid* existe una historia que no es sólo una historia, sino tantas como personajes aparecen y tantas como se entrecruzan entre ellos, formando así una filigrana en la que se destacan tres campos temáticos principales.

El primero tiene la forma de un hilo argumental que va engarzando las diferentes historias de la novela y dotándola de unidad: la preparación del cumpleaños del patriarca de la familia Ricart, para el cual la cursi de su nuera ha organizado una fiesta a la que ha invitado a casi todos los personajes, pero no a todos – lo que ya marca una clara escisión entre ellos. En cualquier caso, casi todos ellos organizan su día en referencia a ese hecho, o les afecta indirectamente.

El segundo campo que se destaca es la muerte de Franco. Al igual que en *La gallina ciega*, en *La caída de Madrid* aparece la figura de Franco también como el entramado de una

---

[6] Yo diría más bien de justicia.

[7] Gente enriquecida entre la que estaban -y siguen estando, como nos demuestran las innumerables revistas y programas del corazón tan frecuentados en España- los mismos parientes y descendientes de Franco. Lo que viene a decir que en el 2000 las cosas no habían cambiado tanto.

[8] PRESTON. *Franco "Caudillo de España"*, p. 969.

[9] Me refiero al nivel temporal principal de la novela. En relación al relato primero se construyen las alteraciones de orden del relato, lo que da fenómenos de anacronía: analepsis y prolepsis. Véase GENETTE. *Figures III*.

[10] CHIRBES. *La caída de Madrid*, p. 9.

filigrana,[11] que está latente durante toda la novela, por su cercanía física. Pero la muerte del dictador no llega a ocurrir dentro de la novela, aunque todos esperan que pase antes o después. Que no muera al final, aunque los lectores sabemos que es su último día, hace que la novela se apropie de la expectación que en la realidad fáctica significó tal espera. Y también lo es para el lector o la lectora, que cree que va a presenciar esa muerte ficcionalizada. Pero no: la novela empieza y acaba en el 19 de noviembre, y por ello lo hace con la certidumbre de que la vida del dictador llega a su fin, mas con la incertidumbre de cuándo va a pasar. Probablemente porque, aunque Francisco Franco muriera físicamente un día después, el Franquismo en sí más que morirse se transformó lentamente en otra fuerza que ocuparía también un lugar en la democracia que iba a llegar. No dejarle morir a nivel ficcional bloquea cualquier lectura optimista y festiva.

Ya en el primer capítulo se narra:

> En cualquier caso, aquella música y la voz del locutor le dijeron lo suficiente; le dijeron que Franco aún vivía, puesto que, de no ser así, y según habían previsto los ministerios de Gobernación y Turismo para cuando llegara el momento, todas las emisoras habrían conectado con Radio Nacional y estaría sonando música clásica, la misma en todas ellas. El día anterior había hablado con Maxi, siempre enterado de primera mano de cuanto ocurría en el Pardo y en el Hospital de La Paz. Su amigo le había asegurado que a Franco ya no iban a poder mantenerlo con vida otras cuarenta y ocho horas.[12]

Como es sabido, Franco llevaba gravemente enfermo desde el día 15 de octubre de 1975, en que sufrió un primer ataque al corazón, seguido por otros. El día 25 del mismo mes recibió la extremaunción, y el día 26 de octubre ya no parecía que fuera a sobrevivir. A partir de ahí se fue descomponiendo a velocidad vertiginosa, mientras los médicos de La Paz se desvivían por mantenerlo con vida a base de operaciones, transfusiones, máquinas y demás parafernalia. Finalmente, tras tal larga agonía, decidieron dejarle morir, así que el día 19 de noviembre a las once y cuarto lo desconectaron de las máquinas. El parte médico decía que había muerto a las cinco y veinticinco de la madrugada del día 20 "de un shock endotóxico provocado por una aguda peritonitis bacteriana, disfunción renal, bronconeumonía, paro cardíaco, úlcera de estómago, tromboflebitis y enfermedad de Parkinson".[13, 14] Esta agonía se ficcionaliza en la novela en un capítulo sobre Maximino, con apariciones del mismo Franco en el discurso directo regido del doctor Pozuelo,[15] en que éste explica que Franco le dice: "¡Qué duro es esto, doctor!"[16]

---

[11] Véase: "TEXTO QUE DEBE LEERSE EN FILIGRANA A TRAVÉS DE TODAS LAS HOJAS DE ESTE LIBRO" (AUB. *La gallina ciega*, p. 103).
En *La caída de Madrid* también debe leerse a través de todas sus páginas, pero esta vez es la muerte del dictador, el final de su biografía.

[12] CHIRBES. *La caída de Madrid*, p. 11

[13] PRESTON. *Franco* "Caudillo de España", p. 959 *et seq.*

[14] Realmente por mucha intención que le pusieran, con fines políticos, como el nombramiento del Presidente del Consejo del Reino el día 27, con tal parte médico era obvio que no podía durar mucho más. En *La caída de Madrid* también aparece esa fecha y esa razón (CHIRBES. *La caída de Madrid*, p. 52).

[15] Vicente Pozuelo Escudero era, en efecto, uno de los consejeros médicos de Franco (PRESTON. *Franco* "Caudillo de España", p. 969).

[16] CHIRBES. *La caída de Madrid*, p. 51.

Aunque los personajes de *La caída de Madrid* no tienen por qué saber que ese día es precisamente el último día de vida del dictador, en toda la novela existe esa posibilidad, y cada uno de ellos sabe que va a tener que enfrentarse con un nuevo futuro. Lo pueden ver con terror, como el comisario Maximino Arroyo; con desconfianza, como José Ricart; como una oportunidad para volver a la lucha de la primera Falange, como su nieto Josemari; con cómoda esperanza, como el profesor Juan Bartos y su mujer; con cierta excitación revolucionaria, como Quini y sus amigos; o con necesidad de una revolución real, como Lucio, el obrero. Aunque muchos de los personajes viven ese final del régimen centrados en el cumpleaños de Ricart, a todos ellos les afecta la posibilidad de que por fin se muera Franco o de que le hagan durar apenas unos días más. Pero lo viven sin saber que es el último día, que sí que se va a acabar muriendo el dictador, mas que lo hará un día después.

El tercer campo temático es mucho más amplio y abarca todas las relaciones personales y los conflictos que se van desarrollando en la novela. Como ya he señalado, *La caída de Madrid* empieza con el despertar de José Ricart. Sin embargo, acaba con Lucio el obrero –uno de los no invitados a la fiesta, a propósito–, a eso de las ocho de la tarde, unas tres horas antes de empezar a trabajar en el metro. Entre medio el narrador acompaña a varios personajes que recuerdan, que van tomando unos puestos y que actúan con unas intenciones, empujados por su pasado o por sus ambiciones. Como se ve, en este campo no se tiende un solo hilo, sino varios: Desde las discusiones por el futuro de Ricartmoble, hasta la traición a Lucio el obrero de la mano del mismo abogado oportunista Taboada, –"Quiero que explote de una vez todo eso, y vosotros me ayudáis con vuestra acción", le dice éste a Lucio.[17] Desde la violencia de Josemari con su camisa azul, hasta la oposición de los estudiantes que organizan manifestaciones antifranquistas y corren delante de los grises, traicionando a menudo su propio mundo. Desde la brutalidad del comisario aterrado ante la perspectiva de acabar como los *pides*, hasta la lucha de los obreros revolucionarios que han caído en una trampa de grandes dimensiones. Desde los intelectuales que manifiestan una oposición cómoda y segura, e incitan a los jóvenes a tomar ciertas posiciones, hasta la alta burguesía que se organiza comprando a los primeros y que a la vez pacta con quienes han de tomar el relevo y que han estado traicionando a los revolucionarios... Hilos estratégicos que se tejen a veces coincidiendo, cortándose los unos a los otros, anudándose, enlazándose como en una maraña. Pero entre todos ellos, solo y sin estrategia que seguir, está el profesor Chacón, el viejo exiliado.

EL EXILIADO: UN TESTIGO PARCIAL

Para entender la sociedad del tardofranquismo, es interesante centrarse en este personaje de la novela. Aparece relacionado con otro, y tampoco está invitado a la fiesta de cumpleaños de don José Ricart. El profesor Chacón aparece en el capítulo 12, ya por la tarde, e introducido en la narración sobre el profesor Bartos:

---

[17] CHIRBES. *La caída de Madrid*, p. 152.

Ese día ya había cumplido – de manera poco afortunada, por cierto – con uno de sus escasos ritos sociales, la periódica comida con el profesor Chacón, que hacía unos años que había vuelto del exilio tras jubilarse como profesor de literatura en la UNAM de México. El profesor Chacón, después de una primera etapa de cierta euforia, en la que contactó con viejos republicanos, se entrevistó con jóvenes que no habían conocido la guerra y se interesó por los movimientos de la oposición, se había encerrado en su piso en las cercanías de la calle Princesa, donde no recibía más que a tres o cuatro incondicionales (entre los cuales estaba Bartos).[18]

En una segunda lectura de *La caída de Madrid*, caí en la cuenta de que este personaje se podía relacionar con el Max Aub de *La gallina ciega*,[19] lo cual se explica por la siguiente razón: el profesor Chacón es el único personaje que, aunque sea español, es capaz de mirar el país de otra forma; no hablo de imparcialidad, sino de la perspectiva de alguien que no ha sido testigo de lo sucedido en los últimos treinta años. Se exilió tras la victoria nacionalista –"Algunos huyen, otros se destierran/ Para no perecer de propia cólera", como escribió Jorge Guillén (En "Guirnalda Civil", de *Y otros poemas*) en 1973.[20] Después de unos treinta años fuera del país, el profesor Chacón ha vuelto a una España para él desconocida; y eso mismo fue lo que le pasó a Max Aub, tal como dejó constancia en *La gallina ciega*. "El país que dejó no es ya el destruido física y moralmente por la guerra civil", escribe Juan Goytisolo en 2001 con respecto a Aub. El país al que ha llegado el profesor Chacón –y al que vino Max Aub en su momento–, es una España donde ya no se habla de Cruzada, o no tan a menudo,[21] sino de Paz. Un país donde se publica la moderna revista *Triunfo*, se conducen seats y simcas, los turistas ya son parte constituyente del paisaje y las chicas llevan minifalda. Es una España acostumbrada y acomodada al Franquismo. Nada que ver con la España que haya podido imaginar que iba a encontrarse, parecida a la de la posguerra quizás, deudora de la República. Quizás por todo ello, le dice Bartos al profesor Chacón: "Usted (...) posee una autoridad moral que no puede escatimarle al país en un momento como éste. No son franquistas quienes lo admiran a usted, quienes admiran su obra, sino antifranquistas".[22] Y también por ello, el viejo exiliado le responde con enojo: "Los antifranquistas de los que me hablas son herederos de Franco".[23]

Eso le tiene que diferenciar sin duda de los españoles que se han quedado o han nacido en la dictadura. Hay que tener en cuenta que, tras la Guerra Civil en España, se impuso un gobierno totalitario que controlaba cualquier manifestación en la esfera de lo público, y también en la de lo privado en la gran medida en la que le era posible.

---

[18] CHIRBES. *La caída de Madrid*, p. 185.

[19] Téngase en cuenta que cuando me refiero así al Max Aub de *La gallina ciega*, me refiero al personaje/ narrador de Max Aub en la novela. Al igual que Aznar Soler (*La gallina ciega* (Introducción y edición de Manuel Aznar Soler), p.17 *et seq.*) en su introducción, que Soldevila Durante (1975) y que Gerhardt (2006), considero que *La gallina ciega* se puede leer como un epílogo de su *Laberinto mágico*, por lo que debería leerse como una novela. Aparece como diario de viajes, pero no es más que una modalidad formal.

[20] Jorge Guillén también se había exiliado. Aunque en 1977 ganaría el Premio Cervantes y volvería a España hasta su muerte.

[21] Para la evolución de la memoria oficial de la Guerra Civil en la dictadura y en la Transición, recomiendo la lectura de Aguilar Fernández (1996).

[22] CHIRBES. *La caída de Madrid*, p. 187.

[23] CHIRBES. *La caída de Madrid*, p. 187.

Para los vencidos de la guerra que se quedaron en España, no hubo ninguna posibilidad de rememorar el pasado como no fuera junto con la memoria oficial franquista – lo que contradecía a su propio recuerdo de la guerra– o en la esfera más íntima de lo privado. Para los vencedores fue mucho más sencillo sobrevivir a la desolación de la posguerra y de sus propias pérdidas, pues habían ganado una guerra y el gobierno del momento los amparaba con su propio discurso oficial: la bandera roja y gualda, las fiestas nacionales, la educación nacionalcatólica, la iglesia, la radio, la censura, el No-Do, la Sección Femenina... y, claro está, los *lieux de mémoire* fascistas que hasta principios del siglo XXI se han visto por toda España.[24] Entonces, ¿qué les quedaba a los vencidos? ¿Dónde estaban? Guillén escribió en el mismo poema que antes cité: "Cadáveres sepultos no se sabe / Dónde: no hay cementerios de vencidos" (*Guirnalda Civil*). El Valle de los Caídos siempre fue sólo de unos caídos, y eso que muchos de los otros cayeron construyéndolo.[25] Además la guerra no había acabado el día 1 de abril de 1939 para una gran parte de la población, que siguió sufriendo sus consecuencias, basadas en esa distinción entre vencedores y vencidos. La represión de la guerra llegó a durar hasta el 28 de marzo de 1969, cuando se firmó la Primera Amnistía General para los delitos[26] cometidos antes de abril de 1939. Luego siguió funcionando la represión del sistema dictatorial, por supuesto. Eso significa treinta años de silencio, y hasta de encierro, para una gran parte de la sociedad, como se recoge en *Los topos*,[27] libro que Manuel Leguineche y Jesús Torbado confeccionaron con los testimonios reales de hombres escondidos en los lugares más variopintos durante años.[28]

Además de todo ello, existe otra razón, esta vez personal, para que me fijara en la mirada del personaje exiliado. El día anterior a la muerte de Francisco Franco, y que sirve de marco cronológico a *La caída de Madrid*, yo no tenía ni un año. Evidentemente no recuerdo nada: ni las botellas de champán que la gente compraba, ni las caras largas, ni los miedos, ni las alegrías contenidas. Me han contado cómo fue, he leído cómo fue, he visto algunas imágenes del entierro de Franco en la televisión; eso es todo. Mi conocimiento de los últimos tiempos de la dictadura se compone, pues, de todas esas lecturas y recuerdos ajenos, y entre ellos algunos han tenido más trascendencia que otros.

Por eso se puede decir que, entre mi primera lectura y mi segunda lectura de la novela, *La gallina ciega* me cambió la perspectiva como lectora y me descubrió muchas cosas sobre una época que yo no viví. Chacón me condujo a Max Aub, o me lo recordó por varias razones. Y tras leer a Aub creí comprender mejor a Chacón. He encontrado

---

[24] Con la aprobación de la llamada Ley de la memoria, según sus artículos 15 y 16, esto debería cambiar a partir de finales de 2007 (http://noticias.juridicas.com/base_datos/Admin/l52-2007.html), aunque aun queden tareas tan difícilmente solucionables y a la vez ostentóreas como el aún panteón franquista.

[25] Las obras finalizaron en 1959 y se inauguró el 1 de abril del mismo año, es decir, 20 años después del final de la Guerra Civil. En realidad lo construyeron físicamente los vencidos como panteón de los vencedores, aunque no haya ningún texto del Movimiento como tal. A partir de 2005 se empieza a discutir seriamente en el Parlamento qué hacer con tal monumento y mausoleo de Franco y José Antonio Primo de Rivera, aunque sigue sin tomarse ninguna determinación.

[26] Con ello hay que tener claro que cualquier iniciativa republicana durante la guerra, se podía seguir considerando como delito.

[27] *Los topos* se publicó por primera vez en 1977 en la editorial Argos, y se ha reeditado en 1999 en El País-Aguilar.

[28] En *La gallina ciega* también se narra la historia de un "topo" (AUB. *La gallina ciega*, p. 416).

similitudes biográficas entre ambos, y sobre todo he notado que los comportamientos de ambos a veces se apoyan y explican.

Max Aub había venido a España por primera vez después de la Guerra Civil en 1969, para recoger información con el fin de escribir un libro sobre Buñuel.[29] En aquel momento, él estaba desde 1942[30] exiliado en México y era prácticamente un desconocido en España –"Soy un escritor sin lectores" escribió en su *Diario Personal* (citado por Quiñones).[31] Llegó a Veracruz el 19 de octubre de 1942, después de pasar por los campos de concentración de París, Vernet y Djelfa, y por cárceles de Marsella, Niza y Argel.[32] Esta trayectoria también la ha sufrido el profesor Chacón, a quien "la literatura no le había evitado los campos de concentración del sur de Francia y el exilio"[33] en México. Quiñones escribe al respecto del exilio de Max Aub: "Empezaba así un largo exilio de treinta años del que, con la excepción de los dos breves viajes de 1969 y 1972 a España, nunca le fue permitido regresar".[34] Es verdad que hasta esa fecha no le fue permitido ir a España, [35, 36] y cuando lo hizo fue con la razón de escribir el libro sobre Buñuel, y con un pasaporte mexicano y un visado que le autorizaba a estar en territorio español unos tres meses, del 23 de agosto de 1969 al 28 de noviembre del mismo año.

Max Aub deja así en *La gallina ciega* un valioso testimonio de la "tragedia del desarraigo" del exiliado que llega a España años más tarde –"Vengo – digo –, no vuelvo", escribe allí.[37] En *La caída de Madrid* se nos vuelve a presentar esa tragedia del desarraigo con la misma rabia en la voz y en el comportamiento del profesor Chacón, un exiliado que sí que ha vuelto, aún iluso, a esa España que ya no le pertenece, para quedarse encerrado en su piso cerca de la Calle Princesa: "Abandonaba su casa sólo para ir al cine alguna noche (había escrito un par de guiones y era un enamorado del cine)".[38, 39]

---

[29] El libro fue encargado por editorial Aguilar, Aub lo proyectó como *Buñuel: novela*, un testimonio generacional que quedó inconcluso (SOLER. *La gallina ciega* (Introducción y edición de Manuel Aznar Soler), p. 8). Para algunos datos biográficos ver por ejemplo Soldevila Durante (1994). Un interesante análisis de las notas que Aub dejara, lo lleva a cabo Joan Oleza: Max Aub entre Petreña y Buñuel: estrategias del antagonismo", publicado en J. VALENDER; ROJO. *Homenaje a Max Aub*.

[30] Llegó el 1 de octubre a Veracruz, después de sufrir prisión en varios campos de concentración, y de una larga travesía tanto burocrática como geográfica. Sobre ello, se puede leer sus *Diarios* (1998, p. 96 *et seq.*), editado por Aznar Soler.

[31] QUIÑONES. Max Aub 1936-1942. Los años del compromiso, p. 36.

[32] Cuyo testimonio se recoge en *Campo francés* (1965), *Diario de Djelfa* (1998) y *Morir para cerrar los ojos* (1967).

[33] CHIRBES. *La caída de Madrid*, p. 280.

[34] QUIÑONES. Max Aub 1936-1942. Los años del compromiso, p. 43.

[35] En *Campo de los almendros* se lee: "Lo que quisiera es volver algún día a pisar el suelo de las ciudades que conocía hace medio siglo. Pero no le dejan porque ha intentado contar a su modo – ¿cómo si no?- la verdad" (AUB. *Campo de los almendros*, p. 566). Como se ve, el motivo en ambas obras se repite: el conflicto entre volver o no del exiliado.

[36] SOLDEVILA DURANTE. Nueva tragedia de Rip van Winkle: *La gallina ciega* de Max Aub, p. 151 *et seq.*

[37] AUB. *La gallina ciega*, p. 220.

[38] Quizás una coincidencia biográfica no intencionada, pero es sabido que Max Aub era otro enamorado del cine, y que también había trabajado en él, por ejemplo, en *Sierra de Teruel* junto a Malraux, o en el estudio que le sirvió de pretexto para su viaje a España, *Buñuel: Novela*, sin ir más lejos.

[39] CHIRBES. *La caída de Madrid*, p. 185.

Se introduce de la siguiente forma la postura del personaje exiliado de *La caída de Madrid*: "Chacón, a la vuelta del exilio, tras una inicial etapa de euforia que le había durado escasos meses, se había vuelto huraño, casi insociable".[40] A Juan Bartos le cuesta entender la determinación del profesor de seguir en su encierro, lo que a medida que avance la conversación durante la comida en Casa Fernando, será causa de conflicto y de enfado.

En *La gallina ciega* se lee, en una reflexión del narrador sobre los amigos que encontraba que ya habían vuelto a España, o sobre los que no habían podido, o querido, irse:

> La terrible soledad del intelectual liberal español que se quedó aquí en 1939 o regresó años más tarde (los que sean) a querer trabajar. Si rico y desengañado: en su piso o finca, callado, inmóvil, ignorante; si no, trabajando en lo que no le interesa o echado a punta de pistola (como Bergamín). No hablo del político que vino a jugarse el físico y de eso vive como vivió, clandestino de sí mismo, sino del triste encerrado en su piso, a lo sumo con su mujer; en el mejor de los casos, con sus libros, releyendo, tomando el sol, refugiado por partida doble: el que no soportó el país que le tocó ni es soportado por el suyo, a su regreso. Se queda en casa, viviendo lo que fue, viéndose como en aquel tiempo, imposibilitado para el futuro como lo está para el presente.[41]

El narrador de *La caída de Madrid* explica en unas líneas la razón de la arisca actitud del viejo profesor exiliado: "no había entendido los cambios de mentalidad que se habían producido en el país durante su ausencia y esa incapacidad para entenderlos y para adaptarse a ellos le había agriado el carácter".[42] Es decir, que existe una incapacidad de comprensión entre el exiliado, retornado o no, con quienes nunca han salido del país. En realidad, esos cambios de mentalidad y esa incapacidad de afrontar el futuro merecen una reflexión, que se pueden ir apoyando en el texto de Max Aub en gran parte. Aznar Soler los explica en su introducción de *La gallina ciega* de la siguiente forma:

> Lo cierto es que Max Aub, perdido en *El laberinto mágico* de la España de 1969, se debate dramática y dolorosamente entre su memoria histórica y la realidad actual, entre la calidad política, ética y literaria de un tiempo histórico que fue el suyo y la mediocridad intelectual y la miseria moral que él juzga dominantes en España durante la dictadura franquista.[43]

En *La caída de Madrid*, el mismo profesor Chacón le dice, "con un punto de inge- nuidad", a Bartos: "Yo creía que España se había paralizado a la espera de que volviéramos, que todo seguía igual, con un vacío en algún lugar que nosotros llenaríamos, pero no, no es así. España ha cambiado, ya no es nuestra, es de ellos".[44] Treinta años no pasan en vano, y menos treinta años de dictadura en los que existía un único discurso oficial del pasado y del presente, imposibilitando cualquier forma de oposición en la esfera de lo público, a fuerza de instrumentalizar una conmemoración homogénea y falsificada. España no se había paralizado porque, al igual que el régimen franquista se había impuesto a todos los niveles, para gran parte de los españoles que se habían quedado, aquellos años

---

[40] CHIRBES. *La caída de Madrid*, p. 186 *et seq.*

[41] AUB. *La gallina ciega*, p. 567.

[42] CHIRBES. *La caída de Madrid*, p. 186.

[43] Aznar Soler. In: AUB. *La gallina ciega*, p. 18.

[44] CHIRBES. *La caída de Madrid*, p. 186.

habían sido una larga marcha: hambre, posguerra, cárcel, represión... Y no se había paralizado porque además, y siguiendo los versos de Guillén, "Y poco a poco,/ y sin cesar, inexorablemente/ se reanudan las formas cotidianas/ se inventan soluciones" (en *Guirnalda Civil*). Por lo tanto, qué se puede decir de las siguientes generaciones ya nacidas en esa otra España –diferente y, a su forma, también cotidiana. Chacón dice: "Hay una juventud, una juventud que han formado ellos, que es parte de ellos aunque se les oponga. Son los anticuerpos que ellos mismos han creado para salvarse cuando enfermen de verdad, la vacuna para que el país siga siendo suyo" (*ibidem*). Y con ello diagnostica el estado de la oposición a Franco, y se adelanta a la forma amnésica en que se llevó a cabo la Transición en la realidad fáctica.

También el Max Aub narrador de *La gallina ciega* se da cuenta del estado de esa juventud del tardofranquismo y, de la misma forma que Chacón, se molesta a menudo: "¿cómo van a crecer estos niños? Todavía más ignorantes de la verdad que sus padres. Porque éstos *no quieren* saber, sabiendo; en cambio, estos *nanos* no sabrán nunca nada. Es una ventaja, dirán. Es posible. No lo creo".[45] Esa misma indignación es la que lleva a Chacón a decirle a Bartos: "Esta España de ellos no me interesa para nada",[46] con rabia, así como a algunos periodistas. "Esta España *de ellos*", señalándoles así que no le pertenece a él ni tiene nada que ver con ella, porque es la España diseñada por los otros para ellos mismos.

En *La caída de Madrid*, al final de la discusión entre ambos profesores en Casa Fernando, Chacón acaba exclamando y reiterando lo mismo, esta vez incluyendo ya a Bartos: "–Que no me interesáis nada ni España ni los españoles, coño. Déjame en paz".[47] El mismo desapego aparece a menudo en *La gallina ciega*: "Sí: no era España, no era mi España."[48] Como dice acertadamente Gerhardt:

> La distancia geográfica y temporal confluyen en la instauración de esa alteridad, inevitablemente establecida entre el exiliado y el lugar del que partió. *La gallina ciega* presenta una y otra vez esta irreductible y dolorosa distancia. Aub reconoce en sí mismo a un escritor de la generación "borrada del mapa" y sufre las consecuencias de esa condición.[49]

Es más, a mi parecer, decide aferrarse a esa condición, también para poder conservar la fidelidad por la España que pudo haber sido, y que no fue. Manteniendo esa actitud, y a pesar del poco tiempo de vida que le queda al dictador en *La caída de Madrid*, el profesor Chacón se niega a cooperar en ningún tipo de optimismo. Bartos le anima a salir de su encierro y reunirse con otros intelectuales, diciéndole que es una autoridad moral en el país. Ante lo cual el viejo profesor se enoja. Puede resultar curiosa esa actitud ante la muerte inminente de Franco, pero no hay que olvidar que el profesor lleva algunos años –no se dice cuántos, ¿cinco, quizás? – en España. Nos explica el narrador que después de un tiempo de optimismo, "se había encerrado en su piso."[50] Más adelante, tras la comida

---

[45] AUB. *La gallina ciega*, p. 251.

[46] CHIRBES. *La caída de Madrid*, p. 186.

[47] CHIRBES. *La caída de Madrid*, p. 188.

[48] AUB. *La gallina ciega*, p. 310.

[49] GERHARDT. Ser y no ser: a propósito de la narrativa exílica de Max Aub, p. 117.

[50] CHIRBES. *La caída de Madrid*, p. 185.

en Casa Fernando, y después de que Bartos y Chacón se separen enfadados y dolidos, incapaces de comprenderse, se describe su apartamento, de nuevo focalizado por Bartos:

> Lo imaginó subiendo empapado en el ascensor hasta el último piso y, a continuación, trepando-(...)- por la escalerita que conducía hasta el pequeño ático donde tenía su casa, y en el que había libros por todas partes. Los libros de Chacón habían tardado más de tres meses en llegarle desde México. (...) Durante aquellos meses, Chacón había estado primero nervioso, deprimido por culpa de la tardanza del porte, y luego eufórico, excitado, mientras se esforzaba por ordenar la biblioteca.[51]

Se trata del reencuentro con los libros, única coartada posible de esa soledad del intelectual que se describía en *La gallina ciega*, al imaginarse el narrador unos meses más tarde aún en España (supra). Esos libros colaborarán encerrando a Chacón cada vez más en sí mismo: "había decidido mirar sólo hacia dentro, extraer sólo de dentro de sí mismo y de su relación con los libros cuanto necesitaba."[52] El mismo Chacón le contesta a Bartos, ante su insistencia de que salga: "Yo no necesito ir a ningún sitio", y después: "¿Tú crees que Marx hizo mucho turismo por Inglaterra, o que aprendió en la Biblioteca Británica?"[53]

Cuando Max Aub va a visitar a Américo Castro en *La gallina ciega*, que ya lleva muchos años en España, éste le dice:

> – En veinte años no creo haber ido más de tres veces a la Nacional. Sentado en un sillón desfondado, frente a mi viejo escritorio, el que fue de mi padre, y unos folios en blanco, me invade una sensación de libertad divina que me hace sentirme a la altura del más rico o poderoso de la tierra. No me cambiaría por nadie. Escribo poco, como sabes, releo, corrijo. Fumo. Tomo café.
> – No publicas.
> – No. ¿Para qué?[54]

Pero en el profesor Chacón no se observa ni esa tranquilidad ni esa resignación del Américo Castro de *La gallina ciega*. Chacón vive de otra forma ese encierro voluntario. Trabaja mucho, quizás igual que Castro, pero no se relaciona con nadie, vive absolutamente solo, y se ha enterrado prácticamente en su ático, de espaldas a los cielos de Velázquez que tanto había añorado en México. Probablemente otra explicación de la actitud de Chacón nos la pueda ofrecer el narrador de *La gallina ciega*, al imaginarse de vuelta:

> ¿Qué haría aquí? Morirme. Eso se hace en cualquier sitio, en cualquier esquina, de cualquier manera. Sobre tierra. No puedo. Dime:¿qué haría yo aquí? No he nacido para comer y beber sino para decir lo que me parece, para publicar mi opinión. Si no lo hago me muero (ahora sí, de verdad).[55]

Chacón sí que ha venido para quedarse, ha vuelto, y se ha encerrado. Ha vivido la experiencia en su propia carne de ir cayendo en el olvido, y de escribir para no publicar. Lo que había augurado el Max Aub de *La gallina ciega* el día 28 de octubre de 1969: "Dentro

---

[51] CHIRBES. *La caída de Madrid*, p. 190.

[52] CHIRBES. *La caída de Madrid*, p. 190.

[53] CHIRBES. *La caída de Madrid*, p. 187.

[54] AUB. *La gallina ciega*, p. 376.

[55] AUB. *La gallina ciega*, p. 497.

de un mes, si me quedara, andaría por ahí como Antonio Espina y Fernando González, fantasma de mí mismo. Vuelto a la sombra de lo que fui sin que nadie se acordara del santo de mi nombre ni de una línea de mi figura".[56] Ese olvido que el mismo Chacón se ha impuesto, tras haber estado en contacto con jóvenes que no habían conocido la guerra y haberse interesado por la oposición al régimen franquista. Algo más ha tenido que provocar ese distanciamiento. Quizás haya sido algo que también molesta a Aub durante toda *La gallina ciega* cuando se encuentra con jóvenes, y que ya antes advertí: el desconocimiento del pasado, como la adolescente que no sabe qué es el fascismo,[57] o la falta de interés de los jóvenes en general:

> Estuve el mayor tiempo posible con gente joven o que lo fue hasta hace poco; extraños y familiares: ninguno me preguntó nunca nada acerca de la guerra civil (...). Sencillamente les tiene sin cuidado; tal vez hubiese sido lo contrario si hubiesen pensado en ello. Pero no.[58]

Cuando se lee *La caída de Madrid* se cae en la cuenta de que, esa actitud de desinterés de los jóvenes, quizás sea lo que le provoque tal desapego a Chacón: en la novela en realidad se habla poco de la Guerra Civil, pero está siempre presente, en símbolos, objetos y lugares, aunque quienes más la parecen evocar son los que la vivieron y la vencieron, y el joven falangista. Sin embargo, hay algo que a Aub (¿y quizás a Chacón?) le pasa desapercibido, pero que en *La caída de Madrid* también se puede observar. Es cierto que en el diálogo entre ambos profesores no aparece el tema del pasado de España, como también se lo señala Chacón: "Somos amigos. Eso sólo tiene que ver con España y sus problemas de refilón. Los compartimos como compartimos el asado o la afición a la música",[59] aunque precisamente es eso lo que les distancia. Pero también es cierto que el pasado de España no les tiene a todos los jóvenes totalmente sin cuidado. Dejando de lado la admiración por el falangismo de Josemari, y fijándome en la oposición y la memoria de la República, se observa la existencia de ciertos objetos de conmemoración entre ellos. Éste es el caso del maratón literario que se celebra en el paraninfo de la universidad. Se ha decorado con banderas rojas y republicanas y con consignas que no tienen nada que ver.[60] Lucas lee un discurso grandilocuente sobre el futuro de España, pues el comunismo, según él, ha prendido hasta en las capas dominantes, y "por esa imparable toma de conciencia de la necesidad de un cambio por sectores cada vez más amplios de la población, puede decirse sin temor a equivocaciones que el futuro progresista del país está asegurado; es más, es históricamente inevitable".[61] Hay que recordar que éste es el mismo estudiante descendiente de trabajadores, militante del P.C., trabajador él mismo, que también se traiciona y vive dos moralidades:

---

[56] AUB. *La gallina ciega*, p. 559.

[57] AUB. *La gallina ciega*, p. 563.

[58] AUB. *La gallina ciega*, p. 106.

[59] CHIRBES. *La caída de Madrid*, p. 187.

[60] CHIRBES. *La caída de Madrid*, p. 103.

[61] CHIRBES. *La caída de Madrid*, p. 104.

Cuando le daba por pensar de esa manera vulgar, hasta su militancia en el pecé le parecía vulgar, los del pecé, aquellos camaradas con una ideología falta de matices, que se reunían para asar chuletas en algún lugar de la sierra, se emocionaban sólo porque alguien les pasaba una cinta grabada con la voz de Dolores[62], guardaban las fotos de José Díaz[63] como si fueran estampas y sollozaban tarareando en voz baja "La Internacional"[64]

Aunque ambas moralidades estén igual de poco matizadas ideológicamente e igual de centradas en una simbología arraigada en la Guerra Civil, hay una diferencia entre ellas, pues la que a él le avergüenza del P.C. parece moverse por la nostalgia, mostrándose hasta con patetismo, mientras que la simbología entre los estudiantes universitarios, tiene otro carácter.

En el maratón después le llega "el turno a un chico delgado que, acompañándose de una guitarra, cantó la versión musicada de ese poema en el que León Felipe le deja la espada al general y se lleva la canción",[65] lo que parece ser un guiño irónico del autor implícito: se refiere seguramente a una versión de algún cantautor, basada en el poemario *España e Hispanidad* (1942-1946). Las voces "ese poema" consiguen alejarnos del poema original, que el narrador parece conocer con vaguedad, al igual que los presentes al maratón. Pero el entusiasmo que le sigue no es nada en comparación con el que despierta el poema "Mola en los infiernos" de Pablo Neruda de *España en el corazón*,[66] "que cantaron a dúo dos tipos con la cabeza cubierta por pasamontañas y envueltos en sábanas pintadas con vistosas hoces y martillos".[67]

> ... es arrastrado el turbio mulo Mola
> de precipicio en precipicio eterno
> y como va el naufragio de ola en ola
> desbaratado por azufre y cuerno,
> cocido en cal y hiel y disimulo,
> de antemano esperado en el infierno,
> va el infernal mulato
> el Mola mulo definitivamente turbio y tierno
> con llamas en la cola y en el culo.[68]

Los dos indiscretos camuflados se lo dedican "a quien vosotros sabéis, y que muy pronto irá a hacerle compañía a Mola".[69] Curiosamente hay otro poema ya dedicado a Franco en el mismo poemario, "El general Franco en los infiernos",[70] aunque o no lo conocen o

---

[62] Se refiere obviamente a Dolores Ibárruri, la Pasionaria.

[63] Era el secretario general del P.C. durante la guerra civil.

[64] CHIRBES. *La caída de Madrid*, p. 116.

[65] CHIRBES. *La caída de Madrid*, p. 116.

[66] La primera edición española después de 1939 de este poemario, en *Tercera Residencia*, aparece desde 1977 en Seix Barral. La *editio princeps*, data de noviembre de 1937, y se publicó en Santiago de Chile, en la Editorial Ercilla. En noviembre de 1938, con el sello del Ejército del Este, Ediciones Literarias del Comisariado (500 ejemplares) y en enero de 1939 (1.500 ejemplares) se reedita, bajo la dirección de Manuel Altolaguirre.

[67] CHIRBES. *La caída de Madrid*, p. 116.

[68] CHIRBES. *La caída de Madrid*, p. 106.

[69] CHIRBES. *La caída de Madrid*, p. 116.

[70] Para ambos poemas, véase Neruda (*Obras Completas. De* "Crepusculario" *a* "Las uvas y el viento" *1923 1954*, p. 381 *et seq.*).

no se atreven a recitarlo, haciéndole sólo una sutil referencia. En cualquier caso, toda esa simbología mezclada, sin distinciones, denota una cómica frivolidad en la apropiación de los recuerdos de los vencidos de la guerra, así como el desconocimiento del que se quejan los viejos exiliados.

En realidad, lo que mueve a los jóvenes es el interés por el futuro, aunque lo apoyan en una simbología algo desvirtuada que privaba en la fecha, y que no conlleva siempre una reflexión histórica real. Es decir que la República aparece de forma mitificada, centrada en sus propios símbolos: banderas, canciones, fotos y consignas. Pero de nuevo no se puede olvidar algo que quizás explique esta ingenuidad del maratón literario, y es que a los jóvenes estudiantes de los años setenta sólo les había llegado la conmemoración oficial franquista, porque habían nacido ya en una dictadura de los vencedores que dejaba el recuerdo de los vencidos en el limbo de los mitos personales. Se lee también en *La gallina ciega*, en una reflexión más benévola sobre el desconocimiento de los jóvenes: "La culpa no es de ellos: no les enseñaron nada de ese tiempo".[71]

En cualquier caso, cada cual protagoniza su propia época. Ante la muerte de Franco, la mayoría estaba más concentrada en lo que iba a pasar después: "Les importaba saber qué me parecía España, lo suyo, el futuro",[72] escribe un Aub dolorido. Ésa es, al fin y al cabo, la mayor incomprensión. En *La caída de Madrid*, tras la abrupta despedida, explica el narrador, siguiendo los pensamientos de Juan Bartos, sobre el profesor Chacón:

> Le parecía un empeño inútil y orgulloso. Había vuelto a España y la izquierda lo había recibido con los brazos abiertos. Podía dejarse querer, participar en actividades, asistir a conferencias a las que lo invitaban, y sin embargo él había decidido estúpidamente encerrarse en un agujero, una decisión que sólo explicaba su tozudez ideológica.[73]

Esa opinión del joven intelectual vuelve a marcar de nuevo el desencuentro no sólo entre ambos personajes, sino también entre dos tiempos, escindidos por la dictadura y sus consecuencias irremediables, y dos moralidades. Bartos mira para el futuro, optimista y amoral, pero es que Bartos no ha conocido otra cosa que la España de Franco, y toda su ideología –si se le puede llamar así – se reduce a una serie de símbolos sin cimiento ni coherencia y, al fin y al cabo, agrupados con frivolidad, como se señala con la última imagen:

> El profesor Juan Bartos tenía una fotografía del Che Guevara grapada en el panel de corcho que ocupaba la pared que había a la izquierda de su mesa y en el que también podían verse una reproducción del *Guernica*, el Pont des Arts de París representado en una pequeña postal en blanco y negro, la imagen de una marino portugués con un clavel en la oreja y manteniendo en brazos a un niño, un dibujo de Alberti [...], y un fotograma de King Kong.[74]

El narrador de *La caída de Madrid* explica así la diferencia de actitud entre ambos profesores: "mientras en su desapego (el de Bartos) por el activismo político podía detectarse una confusa mezcla de pudor (...), desidia y pereza, en el encierro de Chacón se mostraba una altivez casi insultante, como si, con su actitud, quisiera culpar a los demás de su

---

[71] AUB. *La gallina ciega*, p. 345.

[72] AUB. *La gallina ciega*, p. 107.

[73] CHIRBES. *La caída de Madrid*, p. 191.

[74] CHIRBES. *La caída de Madrid*, p. 90.

triste aislamiento".[75] (El paréntesis es mío). Quizás sí que sea ésa la forma de echarles en cara a los españoles que no haya pasado nada, que sólo sepan esperar la muerte del dictador sin poder concebir otro fin de esa dictadura. Pero es que Chacón se revuelve, como lo hizo el Max Aub de *La gallina ciega*, al ver en lo que han convertido a la España de su nostalgia desde su moralidad republicana, a la que Bartos llama, desde su amoralidad (anti)franquista, "tozudez ideológica".

Porque la realidad es que en España no se dio ninguna revolución real como sí que se había dado en Portugal (ese miedo del comisario a los *pides* durante toda la novela). Simplemente se iba esperando a que Franco muriera de una vez, asumiendo que era la única salida a ese túnel. Sin embargo, Bartos es en cierta forma consciente de esa dignidad que empuja a la ira al profesor Chacón, y que ellos no han podido –o querido– aprender, y por ello:

> se le hacía aún más arduo a Bartos tener que acudir a la maldita fiesta de los Ricart, porque le parecía que las recriminaciones de Chacón iban a perseguirlo todo el tiempo que pasara en aquella casa, a cuyos habitantes no conocía ni tenía malditas ganas de conocer. Juan Bartos no le recriminaba nada a nadie.[76]

Al final los va a conocer, evidentemente, pero la recriminación moral de Chacón ya está hecha (y quizás también la del autor implícito). Se juntan todos los personajes – salvo Taboada, que "aún" no está invitado – que caracterizan de alguna forma lo que va a ser –y fue– la Transición. Ya han ido tomando sus puestos. Los que no están invitados se quedan bajo la lluvia, en la cárcel, en el encierro de un pequeño ático, en una pensión o en la cocina.

CONCLUSIÓN

Algunos críticos han señalado que la novela contemporánea sobre la Guerra Civil y la posguerra se caracteriza por una pérdida de la ideología y una mitificación del conflicto.[77] Esta generalización quizás tenga una gran parte de razón en varios casos, pero no en todos. La novelística de Rafael Chirbes "se comporta como un signo de la realidad histórica: de ella se alimenta, a ella remite", tal como señalaba Caudet[78] a propósito de la obra de Max Aub. Se fabula, pero sin perder de vista el sentido de los hechos ya históricos y su desenlace, y, por ello, se presenta el pasado de un modo tan incómodo como ineludible, y la lectura de sus novelas lleva a la reflexión histórica; a la vez que se centra en la intimidad de sus personajes "tomando una posición conscientemente contrapuesta a la imagen oficial y pública del tiempo correspondiente".[79, 80] En realidad, leer esta novela no es una

---

[75] CHIRBES. *La caída de Madrid*, p. 191.

[76] CHIRBES. *La caída de Madrid*, p. 192.

[77] BERTRAND DE MUÑOZ. Novela histórica, autobiografía y mito (La novela y la Guerra Civil Española desde la Transición).

[78] CAUDET. El realismo histórico de Max Aub, p.13.

[79] En su estudio, Jacobs se refiere a la novelística de Chirbes hasta *La larga marcha*, aunque la observación me parece igualmente apropiada para *La caída de Madrid*.

[80] JACOBS. Las novelas de Rafael Chirbes, p. 175.

experiencia nostálgica, ni un ejercicio de crítica en la que guarecerse tras el narrador ni tras un determinado personaje.[81] No hay lugar para la inmunidad ni para la mitificación. En *La caída de Madrid* no se reúnen toda la traición, la culpabilidad y la corrupción solamente en el dictador, sino que los personajes son responsables de sus propios actos y de sus estrategias acomodadizas a la espera de la muerte de Franco, a la espera del inicio de una Transición ya diseñada.

Una Transición que sabemos cómo se hizo, amparada por el silencio, y sin traicionar a su vez las Leyes Fundamentales del Movimiento,[82] arropada por el miedo a otra contienda causada por la asumida sangre cainista española.[83] Nunca se llevó una repartición de culpas ni de disculpas, y para que no hubiera peligro de que se pudiera romper ese encantamiento, se impuso la amnesia. En la Transición a Francisco Franco se le convirtió en primer y último responsable de la dictadura, en único monstruo,[84] librando así al resto de cualquier responsabilidad. Franco murió, y, con él, el régimen. Eso fue todo.

A propósito de esto, Buckley ha escrito, y con razón:

> Faltó, en la transición española, ese "quinto poder", esa autoridad moral que, en determinados momentos de la historia, debe ejercer la clase intelectual como contrapeso del poder político, para alejar el pensamiento de la clase política de que aquella transición era, exclusivamente, cosa de ellos.[85]

En el año 2000, veinticinco años después de la muerte de Franco, la mayoría prefería mantenerse aún en esa tranquilidad de conciencia de haber hecho tanto en la oposición al régimen, regodeándose en el limpio y pacífico paso a la democracia, y sin recriminar nada a nadie. Pero tras *La caída de Madrid* es imposible mantener la cómoda actitud contemplativa. Coloca a los lectores frente al pasado reciente, pero esta vez no mitificado, aunque sí enrevesado, exagerado y caricaturizado, lo cual colabora a profundizar en aquellos días, y a explicar, en gran parte, éstos.

[81] Me refiero al uso de personajes en el nivel de lo narrado con la función de manifestar la opinión del autor: los portavoces (GRIMM. *Rezeptionsgeschichte*. Grundlegung einer Theorie mit Analysen und Bibliographie, p. 40).

[82] Véase AGUILAR FERNÁNDEZ. *Memoria y olvido de la Guerra Civil Española*. También es interesante la lectura de FERNÁNDEZ-MIRANDA LOZANA; FERNÁNDEZ-MIRANDA CAMPOAMOR. *Lo que el Rey me ha pedido*: Torcuato Fernández-Miranda y la reforma política Información general, muy detallado sobre la reforma política desde dentro del Régimen.

[83] Se trata, claro está, del mito determinista de las dos Españas. Para una crítica del mismo, ver REIG TAPIA. *Memoria de la guerra civil. Los mitos de la tribu* y LUENGO. *La encrucijada de la memoria*. La memoria colectiva de la Guerra Civil Española en la novela contemporánea.

[84] Juan Luis Cebrián publicó también en 2000 *La agonía del dragón*, refiriéndose a Franco con la animalización mitológica, lo que ya es significativo de por sí.

[85] BUCKLEY. *La doble transición*. Política y literatura en la España de los años setenta, p. xvii.

Resumo

Neste artigo, em que se compara *La caída de Madrid* de Rafael Chirbes com *La gallina ciega* de Max Aub, pesquisa-se a memória do exílio no franquismo tardio. A partir da personagem de Chancón, são invocadas as opiniões que Max Aub escrevera sobre a Espanha em sua primeira visita depois da Guerra Civil, quando descobriu que o país que tivera de deixar já não existia.

Palavras-chave

Exílio, Chirbes, Aub

Referencias

AGUILAR FERNÁNDEZ, Paloma. *Memoria y olvido de la Guerra Civil Española*. Madrid: Alianza Editorial, 1996.

AUB, Max. *Diarios (1939-1972)* (Edición de Manuel Aznar Soler). Madrid: Alba Editorial, 1998.

AUB, Max (1971). *La gallina ciega* (Introducción y edición de Manuel Aznar Soler). Madrid: Alba Editorial, 1995.

AUB, Max (1971). Introducción. In: ____. *La gallina ciega* (Introducción y edición de Manuel Aznar Soler). Madrid: Alba Editorial, 1995. p. 40.

AUB, Max (1968). *Campo de los almendros* (Introducción y edición de Francisco Caudet). Madrid: Clásicos Castalia, 2000.

BERTRAND DE MUÑOS, Maryse. Novela histórica, autobiografía y mito (La novela y La Guerra Civil Espalola desde la Transición). In: CASTILLO ROMERA, José; GUTIÉRREZ CARBAJO, Francisco; GARCÍA-OAGE, Mario (Org.). *La novela histórica a finales del Siglo XX*. Madrid: Visor, 1996.

BUCKLEY, Ramón. *La doble transición*. Política y literatura en la España de los años setenta. Madrid: Siglo XXI, 1996.

CAUDET, Francisco. El realismo histórico de Max Aub. *Ínsula*, 569, p. 13-15, 1994.

CEBRIÁN, Juan Luis. *La agonía del dragón*. Madrid: Alfaguara, 2000.

CHIRBES, Rafael. *La buena letra*. Madrid: Editorial Debate, 1992/2000.

CHIRLES, Rafael. *Los disparos del cazador*. Barcelona: Anagrama (Narrativas Hispánicas), 1994.

CHIRBES, Rafael. *La larga marcha*. Barcelona: Anagrama (Narrativas Hispánicas), 1996.

CHIRBES, Rafael. *La caída de Madrid*. Barcelona: Anagrama (Narrativas Hispánicas), 2000.

CHIRBES, Rafael. *El novelista perplejo*. Barcelona: Anagrama (Colección Argumentos), 2002.

CHIRBES, Rafael. *Los viejos amigos*. Barcelona: Anagrama (Narrativas Hispánicas), 2003.

FELIPE, León. *Antología rota*. Buenos Aires: Editorial Losada, S.A. (Biblioteca clásica y contemporánea), 1957/1978.

FERNÁNDEZ-MIRANDA LOZANA, Pilar; FERNÁNDEZ-MIRANDA CAMPOAMOR, Alfonso. *Lo que el Rey me ha pedido. Torcuato Fernández-Miranda y la reforma política.* Barcelona: Plaza & Janés, 1995.

GENETTE, Gérard. *Figures III.* Discours du récit. Paris: Seuil, 1972.

GERHARDT, Federico. Ser y no ser: a propósito de la narrativa exílica de Max Aub. In: MACCIUCCI, Raquel; CORBELLINI, Natalia (Org.). *De la periferia al centro.* Discursos de la otredad en la narrativa contemporánea española contemporánea. La Plata: Ediciones Al Margen, 2006.

GOYTISOLO, Juan. El regreso a Ítaca. *El País*, Babelia, 28 jul. 2001.

GRIMM, Gunter. *Rezeptionsgeschichte.* Grundlegung einer Theorie mit Analysen und Bibliographie. München: Wilhelm Fink Verlag, 1977.

GUILLÉN, Jorge. Aire nuestro. *Y otros poemas.* Edición de Guillén, Claudio y Antonio Piedra Valladolid: Centro de Creación de Estudios Jorge Guillén. Diputación de Valladolid, 1987. 5 v.

JACOBS, Helmut C. Las novelas de Rafael Chirbes. *Iberoamericana*, v. 23, n. 75-76, p. 175-181 1999.

JAUSS, Hans Robert. *La historia de la literatura como provocación.* Barcelona: Ediciones Península, 1970/2000.

LEGUINECHE, Manuel; TORBADO, Jesús. *Los topos.* Madrid: El País-Aguilar, 1999.

LUENGO, Ana. *La encrucijada de la memoria.* La memoria colectiva de la Guerra Civil Española en la novela contemporánea. Berlin: Edition Tranvía, 2004.

NERUDA, Pablo. De "Crepusculario" a "Las uvas y el viento" 1923 1954. In: _____ *Obras Completas.* Barcelona: Galaxia Gutenberg; Círculo de Lectores, 1999.

OLEZA, Joan. Max Aub entre Petreña y Buñuel: estrategias del antagonismo. In: VALENDER, J.; ROJO, G. (Org.). *Homenaje a Max Aub.* México. El Colegio de México, 2005.

PRESTON, Paul. *Franco "Caudillo de España".* Barcelona: Mondadori (Mitos Bolsillo), 1993/1998.

QUIÑONES, Javier. Max Aub 1936-1942. Los años del compromiso. *Quimera*, n. 134, p. 36-43, 1994.

REIG TAPIA, Alberto. *Memoria de la guerra civil.* Los mitos de la tribu. Madrid: Alianza Editorial, 1999.

SOLDEVILA DURANTE, Ignacio. Nueva tragedia de Rip van Winkle: *La gallina ciega* de Max Aub. *Papeles de Son Armadans*, CCXXX, p. 151-182, 1975.

SOLDEVILA DURANTE, Ignácio. Max Aub 1903-1936. El aprendizaje y la vanguardia. *Quimera*, n. 134, p. 28-35, 1994.

VALENDER, J.; ROJO, G. (Org.). *Homenaje a Max Aub.* México. El Colegio de México, 2005.

"EL CARÁCTER TÉTRICO DE LA HISTORIA"
"Meditações" sobre a Guerra Civil Espanhola na obra de Juan Benet

Gunnar Nilsson

RESUMO

O autor do ensaio analisa o papel exercido pela Guerra Civil Espanhola nos romances e contos de Juan Benet. Considera-se a guerra um dos temas mais importantes na obra literária de Benet. Partindo de um comentário da estética antirrealista do escritor, o autor mostra os procedimentos irônicos que desconstroem a própria representação mimética dos textos. O objetivo – segundo o autor do artigo – é a criação de um discurso alternativo, no qual os enigmas da guerra não são solucionados senão evocados e conservados em sua condição original e tétrica.

PALAVRAS-CHAVE

Estética antirrealista, Guerra Civil Espanhola, ironia

No panorama da literatura espanhola da "Transición"[1] a obra e a posição de Juan Benet é um caso especial. Estamos falando daqueles últimos anos do regime de Franco, anos de grandes transformações no mundo intelectual espanhol, quando a vanguarda da "república das letras" espanhola se encontrava numa fase de reorientação e modernização com repeito a posicionamentos estéticos relacionados a propostas e correntes internacionais.

Juan Benet é um caso excepcional por várias razões: Por idade Benet pertencia à geração dos 50, a geração de romancistas como Sánchez Ferlosio (*El Jarama*), Juan Goytisolo (*Juegos de Manos*), de Ignacio Aldecoa (*El fulgor y la sangre*) e Jesús Fernández Santos (*Los Bravos*), na sua maioria nascidos na época anterior à guerra civil, mas crescidos nos anos mais obscuros do franquismo. Essa geração não tinha participado na confrontação bélica, mas tinha sofrido as graves consequências: a divisão irreconciliável entre as duas Espanhas, a miséria dos anos da "autarquia", a pobreza intelectual causada pela fuga dos cérebros mais destacados, o isolamento do país no contexto internacional e – como origem de tudo – o regime autoritário e retrógrado, irremediavelmente convencido de uma jactanciosa "missão" nacional. É comprensivel que o pensamento desses intelectuais jovens circulava ao redor das sobressalentes injustiças daquela realidade. O "compromisso social" tornou-se a convicção unificadora desse grupo que no momento de se emancipar da cultura oficialista do Estado sofreu cada vez mais a

---

[1] Queremos entender como "Transición" não só a transição política após a morte de Franco, senão todo porcesso de profunda transformação social ocorrida na Espanha naqueles anos decisivos entre 1960 e 1982.

repressão e a censura. O que serviu como padrão estético para os romancistas (e poetas) ia da estética realista à behaviorista impregnada pelas propostas neorealistas do cinema italiano.

Benet conhecia boa parte dessa geração, frequentava várias tertúlias naqueles anos e compartia com eles, sem dúvida, tanto o desprezo ao regime como a vocação artística. Mas o engenheiro de profissão não se manifestou como escritor nesses anos, apesar de ter publicado uma primeira obra – a peça de teatro *Max* (1957) – numa revista. Rechaçava, como escreveria mais tarde, a estética realista de seus contemporâneos. Ele a considerava apenas ambiciosa, estilisticamente pobre e sem repercussão política por causa da censura onipresente.

Se excetuamos outra efemeridade – uma coleção de contos[2] quase desapercebida pela crítica – a vida de Benet como escritor "regular" começa só com *La inspiración y el estilo* (1965), que não era romance mas sim uma descrição de uma estética pessoal, baseada em leituras sagazes de clássicos de todas as épocas: do Antigo Testamento – referência permanente na obra do autor –, passando por Jorge Manrique, Garcilaso de la Vega, Marlowe, Cervantes, Racine, Lessing, Burns, Poe, Baudelaire, Mallarmé, Nietzsche, até penetrar cada vez mais no amado inimigo Flaubert. Queremos, com isso, dizer que Benet tinha publicado um compêndio de convicções estéticas já antes da publicação do primeiro romance – *Volverás a Región* (1967).

Outra surpreendente faceta é que, nos anos 1960 e 1970, Benet se torna mentor estético e inteletual de alguns escritores da nova geração – os chamados "novísimos" (Javier Marías e outros) –, apesar de que seus romances não correspondiam com as temáticas da moda. Pelo contrário: se referiam a matérias não alheias à narrativa do decênio anterior: a guerra civil, os anos do pós-guerra, etc.

A resposta se situa no fato de que Benet – mais do que qualquer outro escritor daquela época – representa a ruptura com as correntes estéticas anteriores. Não queremos dizer que as convicções benetianas se converteram em padrão estético da nova geração. Nenhum dos "novísimos" virou discípulo de Benet. Mas as propostas de Benet e suas leituras da literatura universal formavam um ponto de referência considerável naquela época.

Quais são então os aspectos centrais da estética benetiana? Primeiro, há de se constatar que a estética benetiana se constrói em oposição ao modelo realista, objetivista e científico. Nos seus brilhantes ensaios "Incertidumbre, memoria, fatalidad y temor" (1976) e "La deuda de la novela hacia el poema religioso de la antigüedad" (1978) Benet explica por quê: a partir do Século das Luzes se estabeleceram – segundo ele – os discursos objetivos das ciências naturais, dominados pelos registros da causalidade, da cronologia e da linearidade. Todo mundo sabe que as ciências exatas provocavam uma imensa evolução tecnológica, da qual tiramos proveito até nos dias de hoje. Mas a nova religião da objetividade trazia consigo também a arrogância do positivismo, a convicção equivocada de que o discurso objetivo era capaz de explicar tudo. Uma falácia, diz Benet: "El hombre de ciencia, al tratar de hacer inteligible aquella parte de la naturaleza

---

[2] BENET. *Nunca llegarás a nada.*

o de la sociedad que le importa, por así decirlo, se distancia de ella para envolverla con la concepción congruente con las pretendidas leyes de su pensamiento."[3] Quer dizer que o procedimento objetivista é uma adaptação da realidade ao modelo criado pelo pensamento humano. É o erro absurdo e imperdoável da literatura realista que, apesar de suas limitações, procurava competir com esses discursos copiando seus registros. O verdadeiro poeta

> (...) a sí mismo disciplinado en la escrutación de un objeto invisible, en la imposible averiguación de un destino desconocido y en el ejercicio de prolongación de sus sentidos hacia una sensibilidad no heredada, contempla con desdén (y como un paso atrás) el esfuerzo de la ciencia por dar una respuesta al estado actual del hombre, entendido como enigma.[4]

Para esse poeta,

> (...) el mundo, la naturaleza, la sociedad y el hombre serán siempre enigmas y no puede por menos de observar con cierta sospecha (y bastante sonrojo) la exactitud y plenitud de una investigación que en cada instante afirma haber encontrado un conjunto de leyes que la evolución de la ciencia, en cada estadio, demuestra inexactas o incompletas.[5]

Em contraposição ao conceito das ciências, há – segundo Benet – uma área da realidade que as ciências não conseguem atingir. Essa área ele denomina "zonas de sombra", zonas onde a objetividade fracassa. É o "imperio del oxymoron"[6] e do enigma onde rege a contradição. Só os discursos poéticos e míticos, que rompem com a ditadura da "sucesión lineal cronológica"[7] dos fatos, são capazes de captar esse mundo. Recorrem ao método da "estampa" que oferece "visões" ou "evocações" em vez de "explicações" e "argumentos", como comenta a crítica Lupinacci Wescott: "The 'argumento' offers answers, while the 'estampa' only questions (...) While 'argumento' explains and justifies, the 'estampa' simply describes reality as it is."[8] Como se projeta e combina então essa estética antirrealista com a temática concreta da guerra civil na obra de Benet?

O "COSMOS" BENETIANO NO DISCURSO MIMÉTICO-REALISTA

Parece paradoxal, mas não ha dúvida de que existe uma essência material e temática em todas as obras benetianas, que dão a impressão de que se trata de um universo coerente (no sentido da lógica realista), que, por um lado, transcende os limites de cada um dos romances e, por outro, parece dispor da solidez necessária para formar um sistema de

---

[3] BENET. *Incertidumbre, memoria, fatalidad y temor*, p. 45.

[4] BENET. *La deuda de la novela hacia el poema religioso de la antigüedad*, p. 12.

[5] BENET. *Incertidumbre, memoria, fatalidad y temo*, p. 45.

[6] BENET. *Incertidumbre, memoria, fatalidad y temor*, p. 53.

[7] BENET. *¿Se sentó la Duquesa a la derecha de Don Quijote?*, p. 16.

[8] LUPINACCI WESCOTT. *Benet's Theoretical Essays*, p. 29: "Enquanto o 'argumento' dá respostas, a 'estampa' somente oferece perguntas. Quando o 'argumento' explica e justifica, a 'estampa' limita-se a descrever as coisas achadas na realidade." (tradução do autor)

inteligíveis referências às realidades sociais. É essa "matéria" épica que o próprio Benet relacionou com o "grand style",[9] e a qual – segundo ele – transmite peso a uma obra literária de verdadeira envergadura.

Visto desde uma perspectiva estruturalista, esse fato parece paradoxal. Na sua busca da "literariedade" como elemento diferenciador da obra de arte literária,[10] o estruturalismo menosprezava o papel da referencialidade material. A estética de Benet – que não só pelo desprezo do realismo referencialista nutre-se de concepções muito afins ao estruturalismo[11] – defende o valor póprio da arte como objetivo primoridial da criação literária. Mas existe no ideário benetiano uma ligação à temática da percepção humana muito mais estreita que passa pela matéria e que precisa dela para poder se ostentar.

Entendemos melhor esse conceito aparentemente avariado no meio caminho entre posições referencialistas e autorreferentes quando levamos em conta que Benet menosprezava muito menos os "fracassos gloriosos" do paradigma realista – tanto no seu amado e odiado Flaubert como no próprio Euclides da Cunha (!) – que aquela limitada visão do referencialismo que ele encontrou no costumbrismo. Mas a verdadeira "grandeza" da obra de arte nem nasce – segundo Benet – de qualquer matéria nem se reduz ao mero achamento de matérias adequadas e, por conseguinte, "grandes". A envergadura só vem da matéria de peso em combinação com um estilo capaz de dominar a essas realidades necessariamente tétricas.

É preciso mencionar essas caraterísticas para poder captar melhor a estrutura e os níveis do significado referencial na obra de Benet, que está baseado em tres pilares ou núcleos temáticos que unem a maioria dos romances e contos do autor.

O núcleo temático e "material" que mais salta aos olhos é o contexto natural. *Volverás a Región* (1967), o primeiro romance de Benet, começa com uma vasta descrição desse ambiente que iria ser ampliado mais adiante (nesse romance e nos sucessivos) até formar uma visão de um cosmo, no qual o ser humano só desempenha um papel secundário. Trata-se de uma paisagem no norte montanhoso da Península Ibérica chamada laconicamente "Región", apartada do resto do país por uma cordilheira quase invencível. Já no conto "Baalbec – una mancha" (1961) –, o narrador fictício menciona os obstáculos geográficos combinados com a falta de qualquer ligação de tráfego público que dificultam a viagem ainda nos anos do pós-guerra: "Para un hombre de mi edad, llegar a Región desde Macerta se había hecho imposible. No había ninguna línea regular ni coche de alquiler que aviniese a adentrarse por aquella carretera."[12]

---

[9] Lembramos que "style" na definição inglesa é o resultado de um "successful blending of form with content" (combinação bem feita de forma poética e conteúdo material), e que o conceito do "grand style" diferenciava-se desde a Antiguidade do "middle style" e o "low/plain style" (*Columbia Encyclopedia* 2003). Benet usava a noção inglesa de "grand style" porque achava que os cássicos ingleses da Idade Moderna (Milton, Shakespeare etc.) nunca se salvaram de ser forçados a "entrar en la taberna" (rebaixar-se estilisticamente para descrever os "males da pátria" no mais cotidiano e circunstancial), como aconteceu com os escritores espanhóis da época, desde os autores da "novela picaresca" até o próprio Cervantes (BENET. *La inspiración y el estilo*. 1999 – capítulo IV. "La entrada en la taberna").

[10] KAISER. *Das sprachliche Kunstwerk*, 1948.

[11] Cf. as explicações de Sobejano a respeito em *Novela española de nuestro tiempo*.

[12] BENET. *Cuentos completos*, p. 72.

Región é uma terra inóspita, pobre e retrógrada, dominada pelas forças de um regime natural caraterístico das alturas alpinas: uma geografia irregular com elevações imponentes e barrancos íngrimes, um rio serpenteado – chamado ironicamente "El Torce" – nutrido por torrentes incalculáveis e, por fim, o clima extremo: secas esturricantes no verão e nevadas imensas, acompanhadas por temperaturas árticas, num inverno que atinge a região até abril ou maio.

Em princípio, Benet – que durante muitos anos trabalhou como engenheiro hidráulico na construção de represas no norte da Espanha – deixou-se inspirar pelas vivências nas terras parcas da Cordilheira Cantábrica e, ao mesmo tempo, das descrições sugestivas de Canudos em *Os sertões*, de Euclides da Cunha.[13] No nosso modo de ver, a obra de Euclides trabalhou como fundo para as descrições quase científicas do ambiente "regionato", como bem se pode ver nessa citação de *Volverás a Región*:

> La Sierra de Región – 2.480 metros de altitud en el vértice del Monje (al decir de los geodestas que nunca lo escalaron) y 1.665 en sus puntos de paso, los collados de Socéanos y la Requerida – se levanta como un postrer suspiro calcáreo de los Montes Aquilanos, un gesto de despedida hacia sus amigos continentales, antes de perderse y ocultarse entre las digitaciones portuguesas.[14]

Nesse panorama natural, situa-se o segundo núcleo material da obra de Benet: a sociedade de Región. Embora a natureza não deixe muito espaço para o homem, este povoa a zona há séculos. A captital da região é uma cidade pequena do mesmo nome: Región. Além disso, existem várias povoações à beira do rio "Torce" e algumas aldeias isoladas nas ladeiras pouco férteis da serra.

Análogo às descrições do ambiente natural, contam e analizam-se inumeráveis detalhes históricos da evolução da região. Novamente, trata-se desse narrador quase ubíquo que se dirige ao leitor numa linguagem racional e explicativa, própria dos discursos científico-históricos. O objetivo desse discurso é óbvio: acontecimentos históricos e nexos sociais parecem se tornar cada vez mais transparentes para culminar, depois, numa imagem supostamente clara, lógica e completa do vasto universo "regionato".

Há, para darmos só alguns exemplos, excursos históricos às épocas das Guerras Carlistas nos quais se analizam as fissões entre a Espanha liberal e a Espanha tradicional no umbral da industrialização. Essa última chega muito tarde à Región (mesmo que a toda Espanha) com as atividades mineradoras de certos emprendedores progressistas. São anos de grandes esperanças. Mas o intento fracassa, e depois de alguns anos só veem-se ruínas da mineradora na paisagem: bocas abertas e desmoronadas das velhas construções. Informa-nos o narrador-historiador: "(...) la exploración sólo se ha llevado a cabo mediante unas cuantas incursiones esporádicas, ineficaces y desastrosas."[15] A causa desse destino, os habitantes de Región, paralizados de outrora por esmagantes conflitos interfamiliares, perdem todo "élan vital". Já com anterioridade ao grande

---

[13] Benet fala da sua primeira leitura de *Os sertões* em seu ensaio "De Canudos a Macondo" (1969). Cf. BENET. De Canudos a Macondo, p. 69-80.

[14] BENET. *Volverás a Región*, p. 36.

[15] BENET. *Volverás a Región*, p. 40.

cataclismo – à guerra civil – Región é uma sociedade estagnada que padece de "débiles recursos" e "agonizantes energías".[16] Nem sequer a chegada da Segunda República em 1931 é capaz de afastar essa decadência, que, com a irrupção da guerra, aprofunda-se no pós-guerra.

A Guerra Civil no discurso mimético-realista

O terceiro núcleo temático é a própria guerra civil. Primeiro, há de se constatar que a guerra na sua evolução militar não é conteúdo de todos os textos benetianos. Há romances como *Volverás a Región* (1967), *Saúl ante Samuel* (1980) e, mais do que qualquer outro, *Herrumbrozas lanzas* (1983-1986), nos quais as descrições e explicações sobre contendas ocupam boa parte do texto. Em outras – *Una meditación* (1970), *La otra casa de Mazón* (1973) e *Un viaje de invierno* (1972) – aparecem, sobretudo, como reminiscência ou causa da triste atualidade descrita.

Se tomamos como exemplo *Volverás a Región*, a trama principal desenvolve-se na época do pós-guerra: ao cabo de vários decênios desde a vitória de Franco, a filha de um comandante nacionalista, Marré Gamallo, volta para Región com o objetivo de recuperar a memória de uns sentimentos existenciais vivenciados nos anos da guerra. Visita o doutor Sebastián, que está passando a sua velhice desiludido e amargurado em companhia de um cliente enlouquecido já durante a guerra. Além do narrador "realista" que se propõe a reconstruir os sucessos no fundo (o espaço natural e social), o romance se apresenta ao leitor em forma de diálogo desses dois protagonistas. Em largos monólogos procuram esclarecer a si mesmos o "porquê" de sua miséria emocional no presente e mergulham cada vez mais nos dolorosos acontecimentos passados.

Semelhante condicionamento da atualidade pelas experiências da guerra é o fio condutor da trama em *Un viaje de invierno*, em que o outrora combatente nacionalista, Arturo Brémond, é perseguido por suas vivências passadas, ou em *Saúl ante Samuel*, cuja cena inicial consiste no imaginado reencontro da personagem Simón com um familiar desejado, desaparecido nos anos da guerra.

Não só por isso não abstemo-nos de defender a tese de que só pelo conjunto dos romances e contos benetianos nós podemos nos aproximar do que poderia ser um "panorama completo" da guerra em Región.[17] O proprio narrador "realista" e analista, comentador dos acontecimentos militares em Región, cria a impressão de que o panorama vai ser completado mais tarde no livro, ou pelo menos em outro romance.[18] Não há dúvida de que seu discurso é fragmentado, interrompido por outros discursos, e

---

[16] BENET. *Volverás a Región*, p. 28.

[17] Para corroborar a tese basta lembrar que quase todos os protagonistas das obras que se centram em sucessos posteriores à guerra aparecem como personagens secundárias nas novelas preponderantemente "guerreiras".

[18] Segundo as nossas informações, a publicação do romance *Herrumbrozas lanzas* foi muito esperada pelos leitores "viciados" de Benet, porque se supunha que lá se explicariam os enigmas ainda não solucionados com respeito a certos acontecimentos da Guerra Civil Espanhola em Región.

caraterizado por inumeráveis "linhas em branco". Mas exatamente essa anacronia[19] é que produz a expectativa pela possibilidade de uma recomposião completa do acontecido no final da leitura.

Então, como são as pinceladas gerais desse panorama? Quer dizer: Como começa a Guerra Civil Espanhola em Región e como é o seu decurso? Escreve o mencionado narrador-analista em *Herrumbrozas lanzas*:

> (...) la guerra en una comarca apartada y atrasada viene siempre de fuera, es un regalo más del gobierno y la capital, una irrupción de lo moderno en el reino de la anacronía; sin que nada nuevo haya ocurrido dentro de sus límites de repente la comarca, una mañana de julio, se encuentra en guerra; la palabra es demasiado gruesa para que se pueda restar su importancia aun cuando no haya recuerdo de la anterior (...); nadie sabe qué se debe hacer en tal caso ni cómo se presentará, (...) ¿cómo toma cuerpo? (...)
> La guerra en Región comenzó con la voz de la radio; luego dos camionetas, atiborradas de hombres (y alguna mujer) que agitaban banderas rojas, salieron del barrio de las Ollas; al mediodía se habían sumado en la plaza de la Colegiata unas cuantas más (...).
> El comienzo de la guerra fue la salida de los guardias del cuartellillo, hermanados de grado o por fuerza con el pueblo para recorrer de nuevo las calles, con los tricornios ladeados y cogidos por los brazos, sus miradas frontales animadas de la gélida y alelada alegría de quien acaba de transponer de vuelta el umbral de la muerte; (...)[20]

Como a cidade de Región não é de mínima importância estratégica, ela não dispõe duma guarnição do exército. Por conseguinte, não há militares que se pudessem sublevar contra a ordem do Estado democrático. Na hora do levante nacionalista de 1936 existem tantos simpatizantes "nacionais" como "republicanos" em Región. As rupturas se abrem até nas famílias, como é documentado no romance *Saúl ante Samuel*, no qual a adesão de dois irmãos aos lados opostos conduz ao fratricídio. Mas o povo toma a bandeira da legalidade. Assim, se formam grupos de milicianos pouco aguerridos e insuficentemente coordenados pelo chamado "Comité de Defensa" que se opõem à ameaça que chegará de fora.

O inverso ocorre na vizinha província de Macerta, separada de Región pela "Sierra de Región" e exclusivamente comunicada com ela pelos desfiladeiros de Socéanos e Requerida. A cidade de Macerta sempre atuava como irmã concorrente de Región e subleva-se, agora, como se fosse por lei natural, contra o governo legal da República. O Regimento de Engenheiros lá estacionado assassina os oficiais leais à República e ocupa as posições mais importantes em Socéanos. Quer dizer que na "Sierra de Región" forma-se uma situação comparável com aquela das primeiras semanas na Espanha em geral: o desmoronamento do mapa nacional em pedaços territoriais aderidos a um dos dois lados irreconciliavelmente opostos e a obsessão do lado nacionalista de exterminar o outro, seja qual for o método apto para consegui-lo.

É a frialdade estilística e a aparente falta de emoção do narrador-observador que converte esses trechos nas descrições mais impressionantes da guerra civil na obra de

---

[19] Distinguimos a anacronia narrativa – um discurso narrativo fragmentado e desordenado que permite a recomposição dos acontecimentos narrados na ordem lógica e cronológica após a leitura de uma obra literária – da acronia narrativa que conserva lacunas até o final.

[20] BENET. *Herrumbrozas lanzas I*, p. 74.

Benet. O primeiro ato da tragédia castiga alguns camponeses inocentes da aldeia de El Salvador. Um grupo de falangistas de Macerta invade a aldeola e – interpretando a ingenuidade de seus habitantes como indício de adesão ao outro lado – massacram os supostos dirigentes "comunistas" desse insignificante povoado. O narrador mimético-realista conta esses acontecimentos de uma maneira completamente transparente, limitando-se apenas à reprodução de observações sem qualquer análise psicológica ou interpretação.

O cenário começa com humorismo. Antes de ocupar a aldeia os falangistas espiam a situação de longe:

> Los falangistas llegaron a la vista de El Salvador a última hora de la tarde, pero no se decidieron a entrar en él hasta cercionarse de que no estaba ocupado por las milicias del pueblo. El jefe y tres hombres (...) escalaron un pequeño risco para inspeccionar y vigilar el pueblo desde aquel punto (...) "Me parece que allí veo un centinela", dijo el jefe (...) "No veo nada", dijo el matón.

E depois ocorre uma discussão entre os dois:

> "Tú, ven acá" – ordenó el jefe a uno de los jóvenes –, "¿qué ves allá?", le preguntó, al tiempo que le cedía los prismáticos. El chico se aplicó los prismáticos a los ojos, con mucha fuerza, para despojarse de ellos en seguida y observarlos con extrañeza. "¿Qué te pasa?", preguntó. "Yo no veo nada, jefe." "¿Es que no sabes mirar? Gradúalo con esto." El voluntario lo hizo así, pero tardó un rato en ajustar el foco. Al fin dijo: "Ahora sí que se ve; vaya que si se ve; sucio pero se ve, se ve muy bien." "¿Qué ves? ¿No ves allí un hombre de guardia? ¿No ves que se mueve con el fusil al hombro?" "Aquello es una cuerva, jefe", repuso el joven. "¿Una cuerva? ¿Qué coño es una cuerva?" "Aquello es una cuerva, jefe", es todo lo que supo decir. El jefe se impacientó: "Pero ¿qué coño una cuerva?" "Una cuerva para los pájaros, para que no se coman la fruta, jefe." "¿Qué dices? Trae. Y te he dicho que no me llames jefe; que me llames camarada." "Aquello es una cuerva, camarada", repuso el voluntario. "Ya te dije que no se movía, Amadeo", dijo con suficiencia el matón. Cuando el jefe se dispuso, una vez más, a observarlo, un roce a sus espaldas y una voz ronca – "eeno" – les hizo volverse a los cuatro para contemplar el paso de un burro cargado de fajina y un paisano con una vara que caminaba detrás y apenas les miró.[21]

Mas a ridicularização do comportamento dos falangistas desmascara tanto a fanfarrice do discurso nacionalista como a covardia e a sua incompetência se torna amarga quando o leitor aproxima-se das últimas linhas do trecho:

> Cuando al fin emprendieron su regreso hacia el puerto, con los dos rehenes por delante, estaba bien entrado el día (...). En una revuelta de la senda del puerto, no lejos del caserío donde la vieja les había indicado el camino de El Salvador y en lugar muy apartado de la carretera, fusilaron a los dos rehenes. (...) Hasta el último instante no supieron o no comprendieron que iban a ser fusilados. No sabían lo que era eso. Todavía no habían dado salida a su asombro de la noche anterior, cuando fueron aprehendidos en sus casas. Quizás se habían acostumbrado a sus ataduras y solo esperaban, en cada revuelta de la senda, el gesto de liberación y despedida. No hablaron entre si. Los ataron a dos troncos, muy semejantes. Apenas se miraron. Entonces, sin duda, al verse abandonados de aquella manera el estupor sucedió al asombro; pero no protestaron, como esos perros incapaces de comprender la ley que les impide acompañar a sus amos al interior del establecimiento,

---

[21] BENET. *Herrumbrozas lanzas I*, p. 95-96.

> pero demasiado bien amaestrados como para manifestar su desolación en la acera, sino que esperaban pacientemente su vuelta al cabo de unos pocos pasos. La vuelta fue una descarga cerrada, a seis metros de distancia, sobre el presunto alcalde que cayó de rodillas, con la barbilla hincada en el pecho. El otro apenas tuvo tiempo de volver su mirada sobre sus asesinos, absorto en la muerte de su compañero y pariente; la descarga le cogió de lado (...).[22]

A ironia, em princípio humorístico-desmascaradora e logo trágico-amarga, não é uma ironia discursiva, mas resulta das contradições cruéis da situação. Ou seja, trata-se de uma ironia que se encontra na matéria. É um elemento típico dum discurso realista que deixa "falar" a realidade e que, nesse caso, não se esconde da referência à realidade histórica: a Guerra Civil Espanhola em geral. Despoja-se a guerra de todo heroísmo e constata-se a falta de sentido de suas justificativas. Melhor dizendo: Qual será o sentido de uma matança de alguns camponeses inocentes? E se fossem milicianos republicanos: Que proveito (estratégico, tático, político, etc.) tiram os falangistas ao matá-los? Estamos vendo que o discurso realista de Benet nesses momentos está muito perto do discurso de Euclides da Cunha, que – partindo da lógica positivista do século 19 – procura esclarecer o "porquê" das atrocidades da guerra no sertão (tanto do lado do Conselheiro como do Estado supostamente progressista e moderno). Em comparação a isso, a falta de lógica, no caso da Guerra Civil Espanhola, mostra que se trata de uma guerra que vai muito mais além do que seria a mera luta pelo poder ou pelas ideias. É o ódio inexplicável, o desejo de extermínio numa guerra na qual nem os envolvidos serão capazes de definir a sua meta. Deriva daí o primeiro enigma do qual falaremos mais adiante.

Mas voltemos à trama: o próximo passo será o combate na serra entre Región e Macerta. As milícias republicanas atacam as posições do inimigo em Socéanos e fracassam por falta de experiência e coordenação. Esses trechos dão lugar às descrições de crueldades que se encontrarão variadas em outros trechos até o fim da guerra, até aquela última "campaña de aniquilación" exercida pelas forças nacionais contra os restos de resistência republicana:

> [El] objetivo inmediato [de la última campaña] era la conquista de El Puente de Doña Cautiva y su última finalidad la eliminación de todas las fuerzas enemigas en la orilla derecha del río al objeto de agrupar y constituir un reducido núcleo de resistencia, aguas arriba de aquel punto, que lograse contemporizar hasta la llegada de una paz honorable. Pero era una idea que el vencedor no estaba dispuesto a compartir.[23]

No entanto – depois da batalha inicial e perdida no desfiladeiro de Socéanos –, tem vez o contra-ataque das forças nacionais: largas incursões no territorio "regionato", durante as quais os republicanos só conseguem se defender graças à coragem de alguns comandantes cada vez mais ágeis na prática guerreira. As nevadas do inverno de 1936/37 põem fim às contendas, que só serão retomadas no segundo ano da guerra sem resultado para nenhum dos lados.

Além dos combates se expõe um panorama extraordianriamente rico ao leitor no que diz respeito à vida social atrás da frente na zona republicana: A formação de uma

---

[22] BENET. *Herrumbrozas lanzas I*, p. 101-102.

[23] BENET. *Volverás a Región*, p. 286.

"checa" ao estilo russo por militantes da esquerda, a chegada de milicianos asturianos e representantes do governo de Madri que procuram coordenar as atividades do "Comité de Defensa", os conflitos pessoais e estratégicos entre os dirigentes do grupo republicano, os casos de jogos duplos de certas personagens entre os dois lados, etc.

Mas, abstraindo-se de todo fragmentarismo dessa narração realista e suas numerosas interrupções, há de se constatar que a partir do mesmo discurso mimético eleva-se frequentemente essa enigmática visão trágico-irônica já mencionada que transcende o mero discurso realista. O mecanismo da ironia funciona igual como no caso da cena de El Salvador. Passa da matiz humorístico-cotidiana à tragico-nefasta. No primeiro tomo de *Herrumbrozas lanzas*, por exemplo, descrevem-se as sessões do "Comité de Defensa" como se fossem tertúlias com café e biscoito. A personagem que atua como garçom nesses encontros (a sua profissão é pura contradição nessa situação de fervorosa revolução proletária) é um porteiro anarquista obsecado com a destruição radical da sociedade burguesa. Diz-se sobre ele:

> (...) en cuanto había servido a cada miembro [del Comité] su taza de café, repartido las cucharillas y pequeñas servilletas y distribuido el azúcar, trataba de colocar sus planes para, empezando por el Colegio de los Escolapios, incendiar el barrio viejo para luego pasar a incendiar el barrio de Ollas, luego terminar de incendiar la Colegiata y, por último, incendiar el barrio bajo, y por ese orden consumar el completo incendio de Región de manera científica y en un plazo no mayor de diez días.[24]

Não se trata de um discurso exclusivamente antiburguês e anticlerical, nem anarquista, nem é apenas primeiro plano de uma anedota humorística cujo plano remoto são as gargalhadas dos membros do "Comité" sobre esse senhor obviamente simplório. É uma "visión escatológica"[25] que antecipa simbolicamente o futuro da Región republicana, representado no destino de umas cabras incineradas:

> "Cuando todo Región no sea más que un montón de pavesas – decía el portero – seguiremos por la vega y pegaremos fuego a los huertos, los molinos y hasta los caballos." "¿Y las cabras?", preguntaría alguno, hecho a la idea de dedicar toda la sesión a aquel asunto. "Las cabras también; lo primero de todo las cabras. Pienso que deberíamos quemar las cabras incluso antes que el colegio." "Podríamos quemarlos a la vez", insinuó otro. El portero debió entrar en trance: "Excelente idea, muy acertado, señores; naturalmente – musió –, el colegio y las cabras al mismo tiempo ¿cómo no se me había ocurrido antes?" (...) Vio, en primer lugar, la conventual fachada del colegio envuelta en llamas y oyó cómo el rugido tempestuoso del incendio concertaba con el balido de miles de cabras arrejuntadas en la cuarta planta que, subidas unas encima de otras sin dejar de mirar hacia atrás, observaban con sus ojos amarillos el vacío a sus pies antes de optar – las más atrevidas y convertidas en tizones – por el salto mortal con el que, por una desesperada extrapolación de su confianza en su agilidad, creyeron encontrar su salvación para toparse en el pavimento con la muerte que siempre habían desafiados en riscos, mientras las cerchas metálicas de las cubiertas, retorciéndose de dolor, se abatían sobre un torbellino de chispas y una humareda negra que despedía un sofocante e insoportable tufo a lana cruda quemada (...).[26]

---

[24] BENET. *Herrumbrosas lanzas I*, p. 86.

[25] BENET. *Herrumbrosas lanzas I*, p. 87.

[26] BENET. *Herrumbrosas lanzas I*, p. 87-88.

É claro que nesse momento ninguém no "Comité" está pensando que essa visão se tornará realidade dentro de uns três anos. Mas o leitor já sabe que o "purificar"[27] quase parse será método e justificativa das tropas franquistas na hora de fazer acerto de contas com os seus inimigos.[28] Ainda não há ninguém que queira imaginar o desenlace. E, por fim, o sarcasmo involuntário culmina quando o porteiro compara sua visão pirotécnica com um jogo de meninos:

> [A]l fuego, señores, (...) hay que dominarlo porque es menor de edad, un niño maleducado que devora lo primero que apetece para dejar el plato salpicado de bocados que no le han atraído. El primer deber del incendiario – decía el portero (...) – es saber y dominar al fuego, enseñarle a devorar todo (...).[29]

Assim chega o inverno de 1937/38, no qual o quartel geral das forças republicanas incita o "Comité de Defesa" de Región à ofensiva frontal na primavera de 1938. O objetivo não é tanto a conquista da cidade de Marcerta como o envolvimento maior possível de forças nacionais nesse campo de batalha para alívio das frentes apertadas no resto da Espanha. E acontece a maravilha: a tropa mal equipada derrota a resistência dos nacionalistas no sul da província de Macerta, destruindo um regimento de tanques italianos, e entra na cidade de Macerta, de onde será expulsa para dar passo ao drama final somente no ano posterior. É a hora do coronel Gamallo, pai da mencionada Marré (*Volverás a Región*), que por seus conhecimentos da situação geográfica e pela dissolução moral das tropas republicanas começa a sua incursão exterminadora na zona republicana, de cuja avalanche ninguém iria escapar, como já tinham previsto antes os dois comandantes Arderíus e Mazón: "Dijo Arderíus: '[... La] salida, Mazón, no está sólo en la victoria.' 'Está en la lucha hasta el último cartucho', repuso éste. 'Sin duda', contestó Arderíus, al tiempo que se ponía en pie: 'No se puede desperdiciar ninguno.'"[30]

A DECOMPOSIÇÃO IRÔNICA DO PARADIGMA REALISTA

A nossa exposição anterior do decurso da guerra civil em Región dá a impressão de que o leitor – por meio de uma leitura atenta da obra de Benet – consiga recompor completamente os pedaços fragmentados da trama, e de que todos os enigmas sejam vencidos – quer dizer: solucionados – pela análise racional do narrador realista. Sobretudo o romance *Herrumbrozas lanzas* provoca essa hipótese. Sugere que o pensamento racional seja capaz de dominar a realidade enigmática apresentada no "cosmos" bélico de Región. O editor da última edição dessa obra escreve a esse respeito:

> *Herrumbrozas lanzas* constituye el más ambicioso proyecto literario al que se enfrentó Juan Benet, si atendemos a la amplitud del mismo y a lo que esa colosal crónica sobre la Guerra Civil en el paisaje mítico de Región significaba como desarrollo y cierre de algunas

---

[27] BENET. *Herrumbrosas lanzas I*, p. 87.

[28] BENET. *Volverás a Región*, p. 177-179.

[29] BENET. *Herrumbrosas lanzas I*, p. 87.

[30] BENET. *Herrumbrosas lanzas III*, p. 251.

historias, tan sólo esbozadas en anteriores novelas, y como resolución de ciertos enigmas cuyo planteamiento podrá rastrear el lector curioso a lo largo de la obra benetiana.[31]

Mas a verdade é que nem em *Herrumbrozas lanzas* isso acontece. Segundo o nosso parecer, o romance é uma continuação desse projeto estético já executado nas obras anteriores: um projeto que põe em dúvida e relativiza todo o pensamento racional. Há, primeiro, um discurso altamente fragmentado, tal como nas outras obras do autor. O discurso do narrador mimético-realista se interrompe frequentemente, se cortam trechos e se misturam os intentos explicativos com discursos radicalmente opostos à ideia de transparência e racionalidade. Esse fato já em si mesmo põe em questão o crédito que mereceria o discurso realista. Além disso, o discurso se contradiz. Servirá como exemplo o debate sobre a transcendência da guerra "regionata" em relação ao contexto nacional. Em *Volverás a Región* afirma o narrador: "Todo el curso de la guerra civil en la comarca de Región empieza a verse claro cuando se comprende que, en más de un aspecto, es un paradigma a escala menor y a un ritmo más lento de los sucesos peninsulares".[32] O narrador de *Herrumbrozas lanzas* consente nisso quando diz que muitos acontecimentos em Región "(...) eran en provincia – y sobre todo en una región que era una provincia de la provincia – poco más que una reproducción aguada de cuanto ocurriera en Madrid, Barcelona o Valencia (...)".[33] Mas, no mesmo livro, defende a seguinte teoria:

> Un cierto autor ha venido a describir la guerra civil en Región como una reproducción a escala comarcal y sin caracteres propios de la tragedia española. Sin embargo, ha olvidado o desdeñado el hecho de que toda reducción, como toda ampliación, concluye, se quiera o no, en un producto distinto de la matriz, no sólo formado a veces de una sustancia diferente, sino en el que – a causa de la diversa elasticidad de sus ingredientes en el momento de ser dimensionalmente alterados, aun conservando la homotecia general entre los dos todos – ciertos componentes ejercen sobre el conjunto un influjo que es distinto según sea su dimensión.[34]

Enquanto, nesse caso, se poderia falar ainda duma representação de um debate tal como se projeta em círculos de historiadores, quer dizer em círculos próprios do discurso científico-racional, em outros casos a contradição não se limita a discussões tão transparentes como essa. São inúmeraveis aquelas que tocam as próprias entranhas do discurso objetivo: a exatidão e a precisão.

O leitor acostumado à leitura realista e "objetiva" sempre esperará um mínimo de informação fidedigna sobre a matéria descrita. Subentende-se que a dêixis pessoal, espacial e temporal pertence por essência a esse mínimo, quer dizer, a denominação exata e inconfundível de nomes de personagens, lugares e períodos temporais.

Nos discursos supostamente mimético-objetivos da obra de Benet não existe essa exatidão. Pelo menos topamos frequentemente com jogos enigmáticos com a dêixis. Em *Volverás a Región*, por exemplo, fala-se de um professor militante da causa republicana

---

[31] GARCÍA PÉREZ. *Prólogo*, p. 11.

[32] BENET. *Volverás a Región*, p. 75.

[33] BENET. *Herrumbrosas lanzas III*, p. 44-45.

[34] BENET. *Herrumbrosas lanzas I*, p. 139-140.

chamado "Rumbal". Mas, no mesmo trecho, explica o narrador: "Se llamaba Rumbal o Rombal o algo así."[35] Na próxima página, lemos que não "(...) se sabe si el señor Rombal o Rembal llegó a resolverlo (...)".[36] Nas últimas páginas desse trecho multiplicam-se as variantes da ortografia: "Robal", "Rumbás" e no final: "Rubal".[37] A confusão não se limita a *Volverás a Región*. Até o narrador-cronista aparentemente impecável de *Herrumbrosas lanzas* afirma que "[p]ocos días después, a instancias del señor Rubal, profesor del Instituto de Enseñanza Media, y en un aula de éste, se procedió la creación del Comité de Defensa (...)",[38] para continuar contraditoriamente: "El Comité de Defensa – como queda dicho – había sido creado por inspiración de Aurelio Rumbal, catedrático de Física y Química del Instituto (...)."[39]

Mesma coisa acontece com outra personagem destacada do "Comité de Denfensa: "Constantino Marcos" ou "Marcos Constantino",[40] que no romance *Una meditación* se chamava "Constantino Martín".[41] Não se trata de casualidade. Há momentos nos quais emerge a voz própria do autor do discurso brincando com a paciência do leitor no que se refere aos nomes das personagens: "Mandada [la fuerza republicana] por Eugenio Mazón (...) y conducida por Luis I. Timoner (I. de incógnito), como mejor conocedor del monte, ni siquiera aprovechó la lección para aprender la necesidad de la unión del mando."[42]

Tal jogo reaparece nos retratos das mesmas personagens. No romance *En el Estado* (1977), o caráter do senhor Hervás parece tão contraditório como a descrição de sua aparência física:

> En tiempos se había dicho del señor Hervás que no conocía la fatiga; pequeño de estatura, tras haber disfrutado de un cuerpo macizo en sus años de plenitud ha adelgazado de manera tan desigual que al friso de su sexta década es contradictoriamente gordo y delgado, ancho y estrecho, consumido y lozano, vestido con unas ropas que tanto le vienen holgadas como cortas, rasgos que en buena medida se corresponden con las notas más sobresalientes de su carácter.[43]

A explicação de tal procedimento "confuso" se dá pelo narrador do conto "De lejos": "Era Blaer; acompañado de lo otro, ¿para qué darle un nombre? Si lo tiene ¿es que le hace falta? Su influjo es más evidente que el sonido de un nombre (...)."[44] É óbvio que se trata de um procedimento só aparentemente confuso. Na verdade, o discurso mimético-realista é substituído por outro discurso. É aquele discurso da memória, do mito, da lenda e da poesia que – em oposição ao discurso objetivo – é capaz de atingir a entrada naquelas

---

[35] BENET. *Volverás a Región*, p. 29.

[36] BENET. *Volverás a Región*, p. 30.

[37] BENET. *Volverás a Región*, p. 33, 35.

[38] BENET. *Herrumbrosas lanzas I*, p. 83.

[39] BENET. *Herrumbrosas lanzas I*, p. 85.

[40] BENET. *Herrumbrosas lanzas I*, p. 39.

[41] BENET. *Una meditación*, p. 288.

[42] BENET. *Volverás a Región*, p. 36.

[43] BENET. *En el Estado*, p. 14.

[44] BENET. *Cuentos completos*, p. 407.

"zonas de sombra" onde o detalhe e a objetividade carecem de qualquer importância. Acresce Marré Gamallo: "Pero ¿para qué entrar en detalles? ¿Qué importan las personas, los nombres, los lugares, las fechas (...)?"[45] Nesses momentos, a razão de ser do discurso mimético-realista chegou ao ponto mais fraco em toda obra benetiana. Brad Epps escreve sobre a nossa citação do monólogo de Marré: "Marré 's question is not merely rhetorical, but allegorical, a *mise en cause* of realist aesthetic that Benet so feverently impugns in a variety of texts. At the same time, her question is inescapably ironic, (...) contributing (...) to a poetic play of obscurity."[46]

Por conseguinte, extende-se esse jogo dêitico também além da dêixis pessoal. Há uma considerável incoerência da dêixis espacial e temporal como mostram as contradições inumeráveis na descrição geográfica de Región e na lógica temporal que, lamentavelmente, não podem ser comentadas aqui.

Não obstante, o narrador de tal forma ironizado não consegue cumprir seu objetivo princpal: a explicação dos segredos da guerra que são, entre outros, questões como a do enigmático sucesso inicial da contenda republicana no território de Macerta, o "porquê" do fracasso das milícias em Macerta e – a questão mais importante – o segredo da guerra em si.

O CARÁTER TÉTRICO DA HISTÓRIA

A incorporação da guerra como fenômeno social no discurso objetivo fracassa porque se trata – segundo Benet – de uma realidade ininteligível pelo pensamento e pela linguagem racional que – da sua parte – está caraterizado pela estrutura causa-consequência, cronologia e – isso é o aspecto mais importante – a subjugação da realidade a um sistema alheio a essa. Como já vimos no caso do massacre dos falangistas em El Salvador, na guerra – e especialmente na guerra civil em Región – não há regras. O comportamento dos envolvidos nem é previsível nem explicável. As leis que regem essas pessoas não são as regras racionais. Por conseguinte, o decurso completo da guerra nunca sairá dessa condição profundamente enigmática. Pode ser descrito e explicado pelo discurso objetivo só até certo ponto. Faltará sempre alguma coisa.

Como já mencionamos anteriormente, Benet supõe que as leis do universo não correspondem às regras lógicas do pensamento racional. Nos aspectos mais preocupantes da existência fracassa o discurso racional. É o reino das "zonas de sombra" onde só tem vez o discurso mítico e poético.

O fundo dessa atitude é um ceticismo profundo, a convicção de que na história não existe uma evolução progressiva em direção a formas de convivência coletiva mais humanas. Segundo Benet, todos os historiadores de envergadura admitiam que a história não tem um decurso linear. Pelo contrário: é cíclico e repetitivo. Por isso, repetem-se

---

[45] BENET. *Volverás a Región*, p. 164.

[46] EPPS. *The Cold Furnace of Desire*, p. 43: "A questão de Marré não é meramente retórica. É alegórica e uma referência àquela estética realista que Benet costumava a atacar fervorosamente em seus ensaios. Ao mesmo tempo sua questão é irônica (...) contribuindo (...) a um jogo poético com a escuridão." (tradução do autor)

todas essas tragédias causadas pelo próprio ser humano. A existência da guerra e a impossibilidade de acabar com ela é o exemplo mais evidente nesse contexto. Diz o tradutor Claude Murcia sobre esse assunto: "L'expérience est toujour la même, celle de la peur, de la solitude et de la ruine. Et pourtant, malgré les effets dévasteurs de la guerre, les hommes répètent inlassablement les mêmes erreurs."[47] E era sempre assim. Cultura e guerra parecem ser duas faces da mesma moeda. Desde os primórdios da historiografia a humanidade não é capaz de solucionar seus conflitos importantes sem recorrer à violência. Aqueles que conservam ainda ideias mais otimistas esquecem – segundo Benet – "el carácter esencialmente trágico de la historia que tantos comentaristas y con tanta frecuencia, han puesto de manifiesto".[48]

A origem desse otimismo remonta à Antiguidade grega. Os gregos da época clássica, argumenta Benet, ainda não dispunham da expêriencia histórica necessária para pôr em dúvida a "confianza en el entendimiento humano". O historiador grego ainda não encontrava "a su alrededor tantas ruinas como hoy":

> El entendimiento [– según los griegos –] había de crecer siempre; no cabía pensar que el hombre no fuese capaz de aprender de sus antepasados y siendo así que todo hallazgo del entendimiento tenía una virtud imperecedera ni podrá ser de otra manera; la lucidez del hombre – y por ende la riqueza de los pueblos – no podía conocer merma mientras se gobernase por su razón y por unas leyes cada día más generosas y sagaces.[49]

O assassinato vergonhoso de Sócrates marcou o início do fim dessa crença porque documentava que era possível driblar o "progresso" no "imperio da razão". Mas o verdadeiro desengano só viria mais tarde com a perda de toda confiança na época do Império Romano. O velho Tácito com o pesimismo irremediável dos "Annales" é – segundo Benet – o ponto final do descobrimento dessa fatalidade. Na história recente do Império havia muito pouca coisa louvável. O que mais saltava aos olhos era aquele "elemento irracional y pasional"[50] que seria – transposto ao contexto "regionato" – a matéria-prima dos romances benetianos.

Assim, não é de estranhar que se encontrem numerosas referências a essas ideias nos textos literários do autor. Numa cena tardia de *Herrumbrozas lanzas*, esse processo se evidencia de forma muito impactante. Quando os maiores dirigentes da ofensiva republicana conversam com um grupo de inimigos arrestados, Arderíus – companheiro do "herói" Mazón – explica-lhes a diferença fundamental entre os conceitos de Estado dos dois lados envolvidos no conflito: "'(...) Se trata de dos concepciones diferentes del Estado, una basada en el modelo militar y la otra en el civil. (...).'"[51] E acresce em defesa da República que o exército na sociedade democrática é encarregado "'(...) del trabajo

---

[47] MURCIA. *Dans la pénombre de Región*, p. 55: "A experiência é sempre a mesma: É a experiência do temor, da solidão e do arruinamento. Mas, mesmo assim, apesar de todas as conseqüências terríveis da guerra, a humanidade continua cometendo e repetindo os erros de sempre." (tradução do autor)

[48] BENET. *Sobre el carácter tétrico de la historia*, p. 179.

[49] BENET. *Sobre el carácter tétrico de la historia*, p. 181.

[50] BENET. *Sobre el carácter tétrico de la historia*, p. 177.

[51] BENET. *Herrumbrosas lanzas III*, p. 247.

sucio y tenebroso, imprescindible para que el resto de la sociedad tenga un poco de decoro y bienestar; de forma que ese Estado resultante de la hipertrofia del ejército y de la policía sólo puede ser sucio y tenebroso en su totalidad. (...)'".[52]

As explicações têm grande efeito no círculo dos presentes. Todo mundo louva a "excelencia de aquella representación y de aquel irreprochable alegato".[53] Mas, pouco depois, num momento em que os dirigentes republicanos se reunem de novo, muda o tom da conversa. Fala novamente Arderíus: "'(...) Qué más quisiéramos que corresponder a la imagen que tratamos de dar de nosotros mismos: amantes de la libertad, enemigos del tirano y hasta un poco heroicos. (...)'".[54] A liberdade e o ódio ao tirano agora parecem ser meros pretextos para motivos muito diferentes. Mas motivos verdadeiros escapam à compreensão racional:

> (...) somos todos de la misma calaña y bajo los estandartes de los grandes principios luchan dos clases diferentes de matones. De otra suerte la guerra sería inexplicable, pues las razones que alegan uno y otro bando sólo calan hasta cierta jerarquía, por debajo de la cual hay otra cosa, otras razones inconfesables y más fuertes. (...) [55]

A evocação tenebrosa e fascinante de toda essa "zona de sombra", que é o fenômeno da guerra, a sua condição enigmática, tétrica e inexplicável, é, segundo o nosso entender, uma das preocupações centrais da obra de Benet.

ABSTRACT

The author of the article analyses the role played by the Spanish Civil War in Juan Benet's novels and short stories. The Civil War and its poetic representation is considered one of the most important themes in Benet's literary works. Departing from Benet's anti-realistic aesthetics, the author shows how his narrative - in a systematically ironic procedure - destroys its own modes of mimetic representation, pretending to reach other levels of discourse in which the enigmas of war find themselves less resolved than evoked and conserved in their original, terrifying and indissoluble status.

KEYWORDS

Anti-Realistic Aesthetics, Spanish Civil War, Irony

---

[52] BENET. *Herrumbrosas lanzas III*, p. 247.

[53] BENET. *Herrumbrosas lanzas III*, p. 248.

[54] BENET. *Herrumbrosas lanzas III*, p. 250.

[55] BENET. *Herrumbrosas lanzas III*, p. 250.

REFERÊNCIAS

BENET, Juan. De Canudos a Macondo. In: BENET, Juan. *Artículos*. Madrid: Ediciones Libertarias, 1983. p. 69-80. v. I (1962-1977).

BENET, Juan. *Cuentos completos*. Madrid: Alfaguara, 1998.

BENET, Juan. La deuda de la novela hacia el poema religioso de la antigüedad. Un ensayo. In: BENET, Juan. *Del pozo y del Numa*. Un ensayo y una leyenda. Barcelona: La Gaya Ciencia, 1976. p. 7-95.

BENET, Juan (1977). *En el estado*. Madrid: Alfaguara, 1993

BENET, Juan. *Herrumbrosas lanzas I* (Libros I-IV). Madrid: Alfaguara, 1983.

BENET, Juan. *Herrumbrosas lanzas II* (Libro VII). Madrid: Alfaguara, 1985.

BENET, Juan. *Herrumbrosas lanzas III* (Libros VIII-XII). Madrid: Alfaguara, 1986.

BENET, Juan. *Herrumbrozas lanzas* (Libros I-XII, XV [reconstrucción], XVI [fragmentos]). Madrid: Alfaguara, 1998.

BENET, Juan. Incertidumbre, memoria, fatalidad y temor. In: BENET, Juan. *En ciernes*. Madrid: Taurus, 1976. p. 43-61.

BENET, Juan (1966). *La inspiración y el estilo*. Madrid: Alfaguara, 1999.

BENET, Juan. Max. *Revista Española*, n. 4, p. 409-430, 1953.

BENET, Juan. *La otra casa de Mazón*. Barcelona: Seix Barral, 1973.

BENET, Juan (1980). *Saúl ante Samuel*. Madrid: Cátedra, 1994.

BENET, Juan. ¿Se sentó la duquesa a la derecha de Don Quijote? In: BENET, Juan. *En ciernes*. Madrid: Taurus, 1976. p. 11-41.

BENET, Juan. Sobre el carácter tétrico de la historia. In: BENET, Juan. *Puerta de Tierra*. Barcelona: Seix Barral, 1970. p. 168-196.

BENET, Juan (1970). *Una meditación*. Madrid: Alfaguara, 1985.

BENET, Juan (1972). *Un viaje de invierno*. Madrid: Cátedra, 1980.

BENET, Juan (1967). *Volverás a Región*. Barcelona: Destino, 1991.

COLUMBIA ENCYCLOPEDIA. *The Columbia Electronic Encyclopedia*. Columbia (Sixth Edition) 2003 (<www.cc.columbia.edu/cu/cup/>).

EPPS, Brad. The Cold Furnace of Desire: The Site of Sexuality in *Volverás a Región*. In: MARGENOT, John B. (Org.). *Juan Benet*: A Critical Reappraisal of His Fiction. West Cornwall: Locust Hill Press, 1997. p. 33-91.

GARCÍA PÉREZ, Francisco. Prólogo. In: BENET, Juan. *Herrumbrozas lanzas* (Libros I-XII, XV [reconstrucción], XVI [fragmentos]). Madrid: Alfaguara, 1998. p. 11-16.

KAYSER, Wolfgang (1948). *Das sprachliche Kunstwerk*. Eine Einführung in die Literaturwissenschaft. Munique: Francke, 1992.

LUPINACCI WESCOTT, Julia. Benet's Theoretical Essays: Beneath the Mask of Representation. In: MARGENOT, John B. (Org.). *Juan Benet*: A Critical Reappraisal of His Fiction. West Cornwall (Connecticut): Locust Hill Press, 1997, p. 19-32.

MURCIA, Claude. *Juan Benet*: Dans la pénombre de Región. Paris: Éditions Nathan, 1998.

ORRINGER, Nelson R. Epic in a Paralytic State: *Volverás a Región*. In: MANTEIGA, Roberto C.; HERZBERGER, David K.; COMPITELLO, Malcom A. (Org.). *Critical Approaches to the Writings of Juan Benet*. Hanover/London: UP of New England, 1984, p. 39-50.

SOBEJANO, Gonzalo. La novela estructural. De Luís Martín Santos a Juan Benet. In: ____. *Novela española de nuestro tiempo*. En busca del pueblo perdido. Madrid: Prensa Española, 1975. p. 545-609.

Do sol à lâmpadA

intermidialidade no romance espanhol contemporâneo
La larga marcha, de Rafael Chirbes

Thomas Sträter
Universität Heidelberg

Resumo

O romance *La larga marcha* (1996), de Rafael Chirbes, faz parte de uma trilogia sobre a época crucial da Guerra Civil Espanhola. O livro focaliza o período do franquismo e dedica uma ênfase maior à chamada transição para a democracia durante os anos 1960. Como uma metáfora da paralisação de um país inteiro, encontramos nas suas página frequentemente uma iluminação crepuscular sem sol. Um fato que lembra o famoso quadro *Guernica*, de Pablo Picasso. Como no quadro, onde uma lâmpada mal ilumina um grupo de animais e seres humanos, todos eles torturados ou em agonia, também no livro de Chirbes a lâmpada tem uma função pouco consoladora.

Palavras-chave

Guerra Civil Espanhola, transição, intermidialidade

Raios de luz na escuridão

O título de meu ensaio pode parecer estranho à primeira vista devido às duas fontes de luz citadas. No entanto, ele remete de fato a uma questão específica numa obra narrativa e propõe, a partir dessa questão, a interpretação de um dos mais importantes romances sobre a época pós-franquista. Desse modo, nele interessa menos a questão sobre o avanço técnico de fontes de luz artificiais – como o historiador Wolfgang Schivelbusch[1] claramente apresentou, no que diz respeito à economia de energia e à abolição da lâmpada tradicional na Europa – do que às implicações estético-políticas da luz nas obras de arte. Ele diz respeito, como elucidado no subtítulo, ao romance espanhol mais bem-sucedido na Alemanha atualmente, *La larga marcha*, de Rafael Chirbes, e à sua relação com a famosa pintura *Guernica*, de Pablo Picasso. Aclamada por crítica e público, a obra de Chirbes é parte de uma trilogia que abrange desde o período pós-guerra até a contemporaneidade.

---

[1] SCHIVELBUSCH. *Lichtblicke*: zur Geschichte der künstlichen Helligkeit im 19. Jahrhundert.

A primeira vez que me deparei com *Guernica* e sua mensagem política panfletária de 1937 foi em uma das primeiras aulas do curso de arte na escola, ainda no ensino médio. Nosso professor, de quem corria o boato ser ele próprio um pintor famoso, apresentou-nos a figura em uma pequena reprodução. Ele nos contou – a nós, que na época não tínhamos sequer ideia da Guerra Civil Espanhola – sobre a cidade basca bombardeada, sobre Picasso, e nos explicou cada figura da pintura. Apesar de permanecer forte a lembrança daquela primeira aula sobre o período da guerra, eu estaria mentindo se afirmasse que aprendi muito do que fora dito, ou que gostei da figura escura, em preto e branco, ao contrário. Mas algo deve ter me impressionado efetivamente.

Há pouco tempo deparei-me novamente com ela em forma de caricatura. Naturalmente ela não enfatizava o pano de fundo trágico representado pela morte e a destruição, mas focalizava aquela lâmpada meio apagada, para a qual eu gostaria de chamar a atenção. No desenho da dupla Greser & Lenz há um casal perante o quadro *Guernica*. A mulher comenta indignada, em sua imensa ignorância: "Horrível, horrível que esse Sr. Picasso ainda faça propaganda para essa lâmpada que desperdiça energia."

Ainda no período da faculdade, em Madri, deparei-me novamente com a obra, dessa vez no original: no início dos anos 1980 – época do despertar cultural na era pós-franquista da chamada *movida madrileña* –, *Guernica* foi exposto pela primeira vez na Espanha, no pavilhão do Casón del Buen Retiro logo atrás do Prado.[2] As pessoas caminhavam em filas até a obra de arte descomunal e impregnada de símbolos, que eles até então só conheciam por ilustrações. Quando finalmente consegui ficar em frente ao quadro, ou melhor, em frente a uma vidraça blindada que o protegia, a minha impressão foi de assombro diante daquela composição monumental, com sua linguagem imagética perturbadora, quase oito metros de largura e três e meio de altura. Impossível evitá-la.

Muitos anos depois, quando li o romance de Rafael Chirbes, *La larga marcha* – que, é preciso ressaltar, não retrata a guerra civil, mas o período subsequente –, a lembrança do quadro *Guernica* se insinuou a mim involuntariamente repetidas vezes, sem que eu fosse capaz de responder pela relação secreta estabelecida. Investigar essa intertextualidade ou, mais precisamente, essa intermidialidade, foi o ponto de partida do presente artigo, fundamentado intelectual e teoricamente no estudo de Carlo Ginzburg *A espada e a lâmpada*.[3]

O enorme quadro *Guernica*, de Picasso, considerado uma das mais famosas pinturas do século 20, é um ícone da chamada época das catástrofes, abundante em rupturas traumáticas. Como reação espontânea às imagens de destruição da cidade basca pelas bombas da legião alemã Condor, a representação monumental de guerra e barbárie foi produzida para a Exposição Mundial de 1937, em Paris. A pintura é tida hoje como manifesto antifascista: exemplo raro de uma obra de arte significativa que transmite com sucesso uma mensagem política. Há alguns anos, a imagem reapareceu nas manchetes da imprensa, quando sua versão em tapeçaria instalada no prédio das Nações Unidas, em Nova Iorque, foi coberta com panos. A intenção era evitar que aquela representação de criaturas em sofrimento servisse de pano de fundo para o então ministro americano das

---

[2] ZEILER. *Guernica und das Publikum*: Picassos Bild im Widerstreit der Meinungen.

[3] GINZBURG. *Das Schwert und die Glühbirne*: eine neue Lektüre von Picassos Guernica.

relações exteriores, Powell, ao apresentar supostas evidências sobre a existência de armas perigosas no Iraque e declarar guerra contra aquele país.

O historiador Carlo Ginzburg, conhecido como representante da chamada micro-história, fez uma interpretação de *Guernica* que traz uma nova perspectiva em relação à lâmpada representada no quadro, a partir da qual construiu uma nova tese sobre seu legado antifascista. Em seu estudo, Ginzburg reproduz os diversos estágios de desenvolvimento da obra.[4] Em sua versão final não há mais, como havia inicialmente, o sol brilhante, mas apenas uma lâmpada; o brilho ofuscante desse astro central cai sobre um mundo barbarizado cheio de formas de vida artificiais, porém sem iluminá-las. O motivo da lâmpada desenvolveu-se, como o do punho fechado dos militantes comunistas, num processo de muitas metamorfoses até encontrar sua forma definitiva. O sol redondo original – como se pode verificar em estudos preliminares – tornou-se um sol oval com um olho inerte, no qual finalmente foi introduzida uma lâmpada.

Perto das várias figuras metafóricas reconhecíveis – como um cavalo, um touro e uma mulher –, a lâmpada ilumina do alto o mundo estilhaçado, mas ela o mergulha apenas em tonalidades pretas, brancas e cinzas. Em seu estudo, Ginzburg estabelece uma relação entre a realização artística de Picasso e as ideias político-estéticas de seu amigo íntimo George Bataille, a partir da qual a lâmpada representaria, segundo Ginzburg, a interpretação batailleana da arte moderna como "sol decadente", "soleil pourri", que causa terror. Dessa forma, o autor lança uma luz ambivalente sobre a mensagem política de *Guernica*, "um quadro em essência antifascista, no qual o inimigo fascista não existe, e sim, no seu lugar, uma comunidade de homens e animais ligados pela tragédia e pela morte."[5] Com palavras semelhantes, Bataille posicionou-se contrário à encenação dirigida por Jean-Louis Barrault da peça de Cervantes, *El cerco de Numantia*, na qual a história se transforma em uma parábola sobre o cerco de Madri na Guerra Civil Espanhola: "a comédia que – sob cor de democracia – opõe o cesarismo soviético ao cesarismo alemão".[6]

TEMPO DE SILÊNCIO

O escritor espanhol Juan Goytisolo descreveu sua pátria como a terra de Caim e Abel, "la pátria de Caín y Abel", para ilustrar a divisão da nação espanhola após a guerra civil de 1936 a 1939. Uma divisão que até hoje não foi superada e que impossibilita um consenso nacional sobre aquela época. O período, que compreende a década do pós-guerra até a morte do *Caudillo* Franco no ano de 1975, foi descrito como *Tiempo de silencio*, título emblemático do romance de Luis Martín Santos, de 1962. Uma época deprimente que pesou como um sino, isolado na vida pública e privada ao outro lado dos Pirineus. Apesar de ter se formado na Espanha uma oposição clandestina que sempre organizou manifestações, essas forças eram fracas demais para se impor contra o forte regime do

---

[4] GINZBURG. *Das Schwert und die Glühbirme*: eine neue Lektüre von Picassos Guernica, p. 60.

[5] GINZBURG. Das Schwert und die Glühbirme: eine neue Lektüre von Picassos Guernica, p. 70.

[6] "la comédie qui – sous couleur de démocratie – oppose le césarisme soviétique au césarisme allemand". Bataille *apud* GINZBURG. *Das Schwert und die Glühbirme*: eine neue Lektüre von Picassos Guernica, p. 69.

pretenso *Caudillo por La gracia de Dios*, que até mesmo em sua agonia, que durara meses, mandou executar muitas sentenças de morte contra opositores políticos. Seu desaparecimento não significou uma ruptura cultural ou política, mas sim uma transição gradual, que finalmente estabeleceu a Espanha como um país democrático na Europa e a presenteou com um enorme auge econômico e com um florescimento nas artes, que, no meio literário dos anos 1980, manifestou-se no impulso da *nueva novela española*. Nesse movimento estão incluídos nomes como Antonio Muñoz Molina, Eduardo Mendoza, Javier Marías, sem mencionar autores mais antigos, como Delibes, Goytisolo, Benet, e o vencedor do Prêmio Nobel, Cela, entre outros. E certamente uma nova geração de escritoras entrou em cena: Rosa Montero, Esther Tusquets, Soledad Puértolas, Almudena Grandes podem ser citadas como nomes representativos. A literatura daquele tempo, principalmente após o fim da censura em 1978, situa-se inteiramente sob o signo de uma discussão pós-moderna e pós-totalitária sobre a própria história e, em especial, sobre a mais recente controvérsia em relação à guerra civil como ruptura traumatizante. e crucial e ao franquismo.

   Na década que se seguiu à morte de Franco, foram publicados mais de 170 textos em prosa, que tratavam do passado mais próximo. Porém essa voga logo se acalmou; no final dos anos 1980 e início dos anos 1990, havia apenas uma mão cheia de livros por ano, ou até menos, que se ocupavam dessa época. Dessa forma, em 2007, um correspondente e crítico literário de um grande jornal alemão pode afirmar: "O que a Guerra Civil Espanhola ainda significa hoje para os espanhóis dificilmente pode ser considerado assunto para best-seller."[7] O motivo desse comentário foi o arrasador e surpreendente sucesso do romance *Soldados de Salamina*, de Javier Cercas. O livro conta a história real do poeta da Falange, Rafael Sánchez Maza, que graças a um acidente sobreviveu a um comando de execução republicano; o romance teve uma tiragem de mais de 200.000 exemplares e em um ano alcançou 19 edições. Recebeu críticas entusiásticas, entre outras, a de Mario Vargas Llosa e, consequentemente, muitos prêmios literários respeitáveis. De forma contrastante estão as vendas modestas de Rafael Chirbes na Espanha e seu renome literário restrito a poucos conhecedores. Fora de seu país, porém, e principalmente na Alemanha, conta com uma obra de oito volumes, chega a ser um dos autores espanhóis contemporâneos mais bem conceituados e mais resenhados. Virtuosidade linguística combinada com refinamento narrativo e, ainda, integridade moral e intelectual, tornam-no quase unanimemente reconhecido.

   Seria de se questionar a razão pela qual Rafael Chirbes é muito mais bem conceituado na Alemanha do que na sua pátria espanhola. É de se supor que não se pretenda compreender tão exatamente a época de Franco e o falso compromisso entre as gerações. Alguns na Espanha ainda dizem que a anistia após a morte do ditador teria sido comprada com a amnésia dos envolvidos. Isso tudo leva a crer que uma obra sincera e incômoda sobre esse tema, como a de Chirbes, só pode contar com pequena aprovação; ao contrário de Cercas, que despertou a lembrança traumática da Guerra Civil Espanhola e, ao mesmo tempo, anestesiou-a com uma narrativa sentimentalista. Em Cercas, uma história de fome, opressão

---

[7] "Was immer der Spanische Bürgerkrieg für die Spanier heute ist, man wird ihn kaum als Bestsellerstoff bezeichnen". INGENDAAY. Soldaten von Salamis, p. 33.

e morte se transforma num conto conciliador que não apenas arranca a atuação dos agentes de então, mas também renuncia a qualquer responsabilidade histórica. A música triste de um velho *paso doble*, que é dançada em várias cenas-chave, o motivo central do livro, concilia vencedores e vencidos. E então poder-se-ia perguntar se a história de Rafael Sánchez Maza não mostra que as vítimas da guerra civil se encontravam ora de um lado, ora de outro, e que tudo no final se equilibra, e enfim, que se deveria querer concluir o capítulo da guerra civil em nome da santa paz?

TEMPO DE TRANSIÇÃO

Chirbes nasceu em 1949, filho de uma família republicana ferroviária, em um vilarejo próximo a Valência e cresceu como semiórfão em vários internatos. Estudou História Contemporânea em Madri, nos anos 1960, lecionou em cursos técnicos populares em bairros operários e associou-se a um grupo estudantil de esquerda. Como muitos de seus colegas politicamente engajados, várias vezes é preso devido às suas atividades antifranquistas e, em 1978, deixa seu país e vai para Marrocos como professor por alguns anos. Chirbes decepciona-se com a chamada transição à democracia, na qual tinha depositado suas esperanças. Em uma entrevista há poucos anos Chirbes explicou sua rejeição à transição, sempre tão louvada pelas instituições oficiais e vista de forma positiva, sempre descrita como necessária:

> La transición parece que fue una cosa de unos políticos que la mayoría de ellos incluso estaban viviendo fuera y ni siquiera vivieron estos momentos. Al sufrimiento que me refería era a todos estos militantes que en la posguerra pelearon, en las fábricas y en todas partes. Yo creo que ha habido un silencio sobre la guerra civil durante los años en los que los socialistas han estado en el poder. En el momento en el que han visto el peligro que iban a perderlo y ha ganado el Partido Popular, los intectuales y escritores del Partido Socialista de repente han recuperado la memoria, milagrosamente, y han empezado escribir libros sobre el franquismo, novelas sobre la transición, etc. en un tono que no me interesa absolutamente para nada, porque es un tono propagandístico, la resistencia heroica, etc. El primer dato que hay que tener en cuenta es que Franco se murió en la cama. Es decir, nadie luchó, la transición se hizo por un pacto internacional sobre el régimen que debía mandar en España.[8]

Chirbes começa a delimitar, após a publicação de *Mimoun*, e dos romances *En la lucha Final*, *La buena letra* e *Los disparos del cazador*, do início dos anos 1990, o grande tema de sua vida: a devastação da guerra civil na sociedade e nas almas dos que nela estiveram diretamente envolvidos e também das gerações seguintes. Nesses romances opõe-se a nós predominantemente um eu narrador que, do centro da história, narra os acontecimentos a partir de uma perspectiva interna. Sua ação não ocorre nem na capital Madri, nem no interior do país. *La larga marcha*, o quinto romance, também o mais extenso, com quatrocentas páginas, e o mais ambicioso em termos de técnica narrativa, apresenta um amplo espectro de personagens de todos os círculos sociais, de autônomos a latifundiários,

---

[8] WICHMANN. *Von politischer Geschichte zu alltäglichen Geschichten*: die Darstellung Franco-Spaniens in Rafael Chirbes' Roman *La larga marcha*, p. 136.

um retrato social rico em nuances da geração espanhola da guerra e do pós-guerra, do final dos anos 1940 ao início dos anos 1970.

La larga marcha é parte de uma trilogia, antecede o último volume, *Viejos Amigos*, e constitui a continuação de *La caída de Madrid*. Uma trilogia no sentido de um tríptico narrativo, não como partes ligadas pela vida pessoal dos protagonistas, mas como *dramatis personae* cambiantes, um panorama que abrange historicamente a última metade do século passado na Espanha.

De diversas histórias particulares, Chirbes faz surgir um imenso retrato social da Espanha de Franco: à família Amado, da Galícia – pequenos agricultores que se veem forçados a deixar seu vilarejo devido à construção de uma represa –, juntam-se a um ferroviário, que sofre pela desavença com seu irmão oportunista, que se virou para o lado oposto, e pelo próprio fracasso, e um limpador de sapatos de Salamanca, para quem as promessas da máquina propagandística franquista nunca se realizaram, e que na bebedeira perdeu suas pernas entre os trilhos do trem.

Outras personagens são ainda retratadas: um médico que, devido à sua escolha pelo partido republicano, teve de sofrer social, física e psiquicamente, condenado a passar seus dias desiludidos; um camelô vigarista, que acredita poder assegurar uma sobrevivência melhor com sua correção militar glorificada; uma herdeira burguesa, que apenas percebeu a guerra civil como uma perturbação momentânea da ordem, e que se casa finalmente com um emergente e vencedor da guerra; e por fim um jornaleiro, que da vida só conhece a humilhação, a impotência e a pobreza.

Duas gerações, os pais e seus filhos, encontram-se numa "longa marcha", do isolamento político e cultural da Espanha da era pós-guerra civil até a fase final do Franquismo. É principalmente essa representação de duas gerações, que significa uma nova base na discussão literária sobre a época de Franco: a arte narrativa de Chirbes não tem nada a ver com aquela iniciada com Cela, ligada a um humor sarcástico de crueldades descritas de um chamado *tremendismo*, ou ao acusatório *realismo social*. Com aproximadamente vinte e cinco capítulos e dividido em duas grandes partes, *El Ejercito del Ebro* e *La guardia joven*, o livro revela em vários episódios, em forma de caleidoscópio, um panorama da sociedade espanhola daquela época. Já nos títulos o colapso é antecipado: o exército republicano do Ebro foi aniquilado e a jovem guarda esperançosa enterra suas atividades políticas no porão de tortura dos falangistas sob o brilho tenebroso de uma lâmpada incandescente. Na primeira parte do livro, a dura luta pela sobrevivência confronta-se com o oportunismo perante o regime fascista autoritário, ou, no centro, a resignação e a "emigração interna". Na segunda parte, os fios da narrativa vindos inicialmente das diversas regiões da Espanha, como Galícia, Valência, Castela e a Estremadura dirigem-se ao centro, à metrópole Madri. Aqui uma geração de jovens estuda, ama e faz propaganda política. Ela não conheceu a guerra civil por experiência própria, porém não consegue apagá-la da lembrança por causa de seus pais traumatizados. O regime que resultou desta guerra e continuou sob o comando do ditador Franco com seus mecanismos brutais de opressão, é o adversário por excelência, para cujo fim trabalha-se com todos os meios disponíveis, ou com o qual se chega a um acordo.

Em minha pesquisa sobre intermidialidade são investigadas duas questões principais: a transmissão cultural e a relação entre Literatura e História. Aqui, no caso da mais artisticamente rica interligação de Chirbes entre a História e o dia a dia, questiona-se o conceito do romance histórico e a posição teórico-histórica do autor sempre em primeiro plano. Assim como o historiador Carlo Ginzburg, Chirbes foi influenciado principalmente pelos historiadores franceses da escola *Annales*. É preciso mencionar Fernand Braudel, sua perspectiva de uma "história de baixo", a saber: não a história dos políticos e homens de Estado, mas dos homens anônimos e suas biografias desconhecidas. Toda a obra romanesca de Chirbes segue a ruptura programática dessa escola de uma narrativa da História dos Fatos do determinismo positivista, como aquela ligada ao historicismo. Sua abordagem interdisciplinar de economia, sociedade e civilização é muito estimulante para o romance histórico contemporâneo, que não pode mais preservar a fé na solidez dos fatos, na força afirmativa das datas comemorativas e na metafísica do factual na História. O simples ato, outrora confiável, de identificação e descrição dos objetos encontrados no romance histórico tradicional, tornou-se obsoleto na historiografia literária pós-moderna.

Durante seus estudos, Rafael Chirbes entusiasmou-se com essa interpretação histórica, considerada por muitos, de forma geral, como inspiradora, ou até revolucionária. Uma influência especial foi a do famoso livro de Fernand Braudel sobre o Mar Mediterrâneo da época de Phillip II, que levou o valenciano a dedicar ao professor uma antologia de reportagens de viagens em volta do *mare nostrum*, que une e separa o Ocidente e o Oriente. É fácil observar como o modelo para descrição de tempos históricos em três níveis, conhecido como Paradigma-*Annales* e que tem suas origens em Braudel, reflete-se na concepção literária de Chirbes. Braudel faz uma distinção entre o tempo dos eventos, de curto prazo, o dos movimentos sociais e econômicos, de médio prazo, e o que ele chama *longue dureé*, período em que se concretizam apenas os fatores biológicos, geográficos e climáticos, que se modificam muito lentamente. Seguiram essa linha Duby, Le Goff e Leroy Ladurie, com pesquisas direcionadas a uma História da Mentalidade. Criticada pela classe dos historiadores alemães como ahistórica e determinista, essa linha de abordagem busca novos objetos de estudo como representações de tempo e espaço, fé, piedade, gênero, corporeidade, infância, idade e morte, medos e esperanças e o imaginário. Em outras palavras, uma História investigativa do dia a dia, suas práticas sociais, maneiras e costumes tradicionais à sombra de datas políticas espetaculares e rupturas, na qual as atitudes coletivas e disposições mentais determinam a relação de grupos sociais entre si e com seu ambiente.

Quando se trata de literatura contemporânea, cuja primeira publicação ocorreu há poucos anos, não se pode falar de uma discussão cientificamente fundamentada da hispanística internacional, nem mesmo de uma "literatura secundária" em relação a Chirbes. As críticas literárias são volumosas nos noticiários impressos espanhóis e alemães, assim como em outras mídias, principalmente resenhas e entrevistas, porém o debate científico da sua obra constitui um trabalho pioneiro ainda a ser realizado.

No início de *La larga marcha* há uma cena noturna: numa madrugada de fevereiro, num casebre de camponeses no noroeste da Galícia, três gerações da família Amado se reúnem. O nascimento de uma criança é esperado. A cena é iluminada pela luz trêmula do fogão, que se sobrepõe à lume da lamparina de querosene:

> Había nevado durante varios días, luego había salido el sol, después había llovido, y ahora el torrente arrastraba toda el agua resultante del deshielo, y ramas secas y piedras que, al ser tranportadas, producían un tremendo fragor. En la casa se advertía especial agitación. Las mujeres entraban y salían de la cocina con ollas humeantes y en la chimenea ardía un fuego poderoso que imprimía un tono rojizo a la escena que se desarrollaba allí, imponiéndose la luz que salía del espacio de la chimenea a la del quinqué que colgaba del techo y a la del que permanecía encendido encima de la mesa (...).[9]

A iluminação arcaica pelas fontes de luz naturais fortalece a impressão de integridade e aconchego da vida comunitária agrária. A cena da casa de campo é mergulhada numa luz avermelhada, quente e confortante, que antecipa a alvorada preste a surgir.

Já no final da primeira parte de *La larga marcha*, um cão perdido se arrasta pela rua, faminto e abandonado: uma espécie de metáfora animal da Espanha vencida. Talvez ele tenha caído de cansaço numa vala da rodovia ou tenha sido atropelado por um dos caminhões velhos, nos quais as personagens de Chirbes chegaram a Madri:

> Caminaba con la lengua hinchada, el cuerpo cubierto de barro y sangre, sediento a pesar del hielo que quemaba la lengua, y sin abandonar aquella línea azul, ligeramente más templada que el resto del paisaje que lo rodeaba. Tenía tanto miedo y dolor y hambre, que ya ni siquiera pensaba en comer. Caminaba con paso vacilante, pero uniforme. Caminaba sin detenerse y volviendo la cabeza para atrás de cuando en cuando, y estremeciéndose con algo que parecía fiebre cada vez que un vehículo pasaba a su lado, pero sin detener el paso. La luna brillaba sobre el asfalto y en algunos tramos, las fatigadas patas del perro dejaban imperceptibles huellas de sangre.[10]

Nesse mundo noturno e sombrio, típico em *La larga marcha*, não há lugar ao sol para seres humanos como animais, assim como em *Guernica*, de Picasso. Quando ele brilha sobre a Espanha, que ao mesmo tempo carece do sol e é golpeada por ele, é apenas um pálido reflexo de um dia de inverno.

Assim como são esclarecedoras e convincentes as afirmações de Ginzburg sobre a interseção entre os círculos estético-filosóficos do escritor e do pintor, parece-me necessária uma outra explicação, ou melhor, a indicação de uma evidência. Desde 1935, os falangistas ultranacionais reuniam-se sob o comando de seu chefe Antonio Primo de Rivera – mártir posteriormente encenado por Franco – entoando o hino "Cara al sol", que culmina na exclamação: "¡España una! ¡España grande! ¡España libre! ¡Arriba España!". Conforme foi publicado pela imprensa no final de 2007, a Espanha havia há pouco escolhido um texto para seu hino nacional por meio de um concurso, porém descartado posteriormente.

---

[9] CHIRBES. *La larga marcha*, p. 9.
[10] CHIRBES. *La larga marcha*, p. 175.

"Cara al sol" tornou-se definitivamente o hino fundador da identidade dos franquistas após a guerra civil. Em *La larga marcha* ele se torna tema central novamente, quando o "sol decadente" joga, com ironia cruel, a sua luz deprimente sobre a Espanha. A seguinte passagem pode ser considerada representativa de várias outras semelhantes: "El sol se había ocultado de repente y unas nubes negras ocupaban veloces el cielo, poniendo plomo en el centro del paisaje (...)."[11] Em primeiro lugar, eu penso que houve a degradação do símbolo pelo hino dos vencedores, a degradação daquilo que o sol representa para a compreensão humana, principalmente quando ele se funde o máximo possível com o conceito do meio-dia, e "[representa] calma matemática e elevação espiritual",[12] segundo as palavras de Bataille. Ele representa, por um lado, a discussão sobre os escritos estético-artísticos de Bataille e, por outro – e precisamente –, o mau uso político do símbolo do sol pelos franquistas. Provavelmente ambas razões teriam levado Picasso a transformar o sol – tomado como símbolo positivo da vida e empregado de forma geral e também pela esquerda para fins emancipatórios ("Irmãos ao sol, à liberdade") – em seu negativo e a substituí-lo por uma lâmpada. Num país, no qual o dia 1º de abril, como final da Guerra Civil Espanhola, não era festejado como o dia da paz, senão sempre como o dia da vitória, e a população era obrigada por lei a ir ao cinema, a um concerto ou ao teatro e a cantar o hino "Cara al Sol" com o braço erguido, a oposição submergiu na sombra dos perdedores. Chirbes descreve esta cena como exemplo dos dois irmãos que se tornaram inimigos devido à ideologia:

> Cuando vinieron a contarle que, una tarde de domingo, en el cine, al final de la sesión – y según las normas que habían impuesto los vencedores-, se levantaron los espectadores para entonar brazo en alto el "Cara al sol", y que Antonio, que estaba entre ellos, hizo lo mismo, y un camisa vieja lo abofeteó delante de todo el mundo, diciéndole que un hijodeputa rojo no tenía derecho a manchar el himno de José Antonio... (...).[13]

Em outras palavras: os republicanos vencidos perderam até mesmo o direito de cantar o hino. A trincheira entre os partidos inimigos permaneceu aberta como de costume.

Anteriormente, já havia demonstrado a relação entre as obras de Picasso e Chirbes no que diz respeito ao significado metafórico dos animais. Também no final da segunda parte, no último capítulo de *La larga marcha*, ouvem-se latidos e rosnados de cães. A cena se passa nos últimos anos do regime franquista. Vários protagonistas do grupo político Alternativa Comunista, cujas biografias o leitor pôde acompanhar desde o seu nascimento, encontram-se nos porões da polícia de segurança pública em Madri, perto da Puerta del Sol. O cenário fica mergulhado no brilho sombrio de uma lâmpada constantemente acesa; a luz do dia nunca o penetra:

> Los tuvieron incomunicados durante casi un mes en celdas de apenas dos metros en los sótanos de la Dirección General de Seguridad, porque les aplicaron las normas de estado de excepción implantado en el país, según las cuales la policía podía retener a los detenidos todo el tiempo que creyera necesario antes de ponerlos a disposición del juez. Encima de

---

[11] CHIRBES. *La larga marcha*, p. 58.

[12] GINZBURG. *Das Schwert und die Glühbirne*: eine neue Lektüre von Picassos *Guernica*, p. 73.

[13] CHIRBES. *La larga marcha*, p. 29.

la puerta metálica de las celdas, a cuya mirilla se asomaban cada poco rato los guardias que estaban de servicio para vigilar a los presos, había una bombilla que no se apagaba nunca (…) allí dentro no entraba la luz del dia (…).[14]

E as últimas sentenças do romance fortalecem ainda mais a impressão do isolamento desesperançoso e mal iluminado dos torturados.

Ya no se oían ni pasos ni voces, sólo los gruñidos y jadeos de los perros. Encima de la puerta metálica alumbraba sin tregua la bombilla. Allí dentro era siempre la misma hora y el mismo día. Una eternidad llegada después del instante que se había ido. [15]

CONCLUSÃO

Compreendida como metáfora literária de uma pausa aparentemente eterna e do isolamento na Espanha de Franco e, possivelmente, como uma alusão a *Guernica*, a lâmpada constantemente acesa fecha nessa cena final o círculo que se abriu com o nascimento do jovem Amado no início do romance, conforme descrito na cena inicial. O caloroso sol do fogão que, naquele momento, iluminou o nascimento de uma nova pessoa com uma luz avermelhada e esperançosa transforma-se, na cena final – na qual aquela mesma pessoa, agora um rapaz, é presa e torturada pela polícia –, no sol artificial do lixo, no "sol decadente" de Bataille: "Aquele sol que preenche o olho estático com o horror, o olho que de uma lâmpada de arco voltaico acaba em brasa branca", como escreve Ginzburg.[16]

A trilogia de Rafael Chirbes torna consciente que a História narrada, particularmente a da Guerra Civil Espanhola, não pode e não precisa deslizar no pitoresco conciliador. No entanto, seria um equívoco lê-la como um romance histórico do período pós-guerra. Ela apresenta muito mais um projeto literário consequente que busca descobrir como o presente se explica pela História. Para Chirbes, trata-se menos do contraste de certa forma ingênuo de "fatos e ficções" do que da busca desobrigada pela verdade da Pós-Modernidade. Sem esse objetivo não pode haver ciência ou pesquisa; o reconhecimento histórico, assim como a prática literária são possíveis por esse caminho. Para utilizar as palavras já citadas de Ginzburg, agora modificadas para o romance de Chirbes, poderia concluir: *La larga marcha* é, em essência, um livro antifranquista (assim como *Guernica* é uma pintura antifranquista), no qual, porém o inimigo franquista quase não aparece, apenas sombrio no pano de fundo. No seu lugar surge, no entanto, uma comunidade de homens e animais que permanecem unidos pela tragédia e pela morte.

Tradução: Larissa Agostini Cerqueira
Revisão: Volker Jaeckel

---

[14] CHIRBES. *La larga marcha*, p. 388

[15] CHIRBES. *La larga marcha*, p. 391.

[16] GINZBURG. *Das Schwert und die Glühbirme*: eine neue Lektüre von Picassos *Guernica*, p. 63.

Resumen

La novela *La larga marcha* (1996) de Rafael Chirbes forma parte de una trilogía sobre la época crucial de la Guerra Civil Española. El libro focaliza el periodo del franquismo dedicándose con mayor énfasis a la famosa llamada *transición* de los años setenta. Como metáfora de esta paralización de un país entero encontramos en sus páginas muy frecuentemente una iluminación crepuscular sin sol. Un hecho que recuerda el famosísimo cuadro „Guernica" de Pablo Picasso. Como en este cuadro una bombilla que mal ilumina un grupo de animales y seres humanos, ambos torturados o en agonía, también hay en el libro una bombilla poco consoladora.

Palabras-clave

Guerra Civil Española, franquismo, transición, Picasso, intermedialidad

Referências

CERCAS, Rafael. *Los soldados de Salamina*. 19. ed. Barcelona: Tusquets, 2002.

CHIRBES, Rafael. *La larga marcha*. Barcelona: Anagrama, 1996.

CHIRBES, Rafael. *Der lange Marsch*. Trad. do espanhol por D. Ploetz, München: Kunstmann, 1998.

GINZBURG, Carlo. *Das Schwert und die Glühbirne*: eine neue Lektüre von Picassos Guernica. Trad. do inglês por R. Kaiser, Frankfurt/M.: Suhrkamp, 1999.

GOYTISOLO, Juan. *Spanien und die Spanier*. Trad. do espanhol por F. Vogelsang, Frankfurt/M.: Suhrkamp, 1982 [1969/78].

INGENDAAY, Paul. Soldaten von Salamis. *Frankfurter Allgemeine Zeitung*, 9.8.02, Nr. 183, p. 33.

SCHIVELBUSCH, Wolfgang (1983). *Lichtblicke*: zur Geschichte der künstlichen Helligkeit im 19. Jahrhundert. Frankfurt/M.: Fischer, 2004

WICHMANN, Julia. *Von politischer Geschichte zu alltäglichen Geschichten*: die Darstellung Franco-Spaniens in Rafael Chirbes' Roman La larga marcha. Dissertação de mestrado no Instituto de Línguas e Literaturas Românicas, Johann Wolfgang Goethe-Universität. Frankfurt am Main, 2001.

ZEILER, Annemarie. *Guernica und das Publikum*: Picassos Bild im Widerstreit der Meinungen. Berlin: Reimer, 1996.

"QUE MI NOMBRE NO SE BORRE DE LA HISTORIA"

La transposición intertextual de la novela histórica de la posguerra española al cine: el caso de *Las trece rosas*

Ana María Iglesias Botrán
Universidad de Valladolid

RESUMEN

La Guerra Civil Española supuso uno de los acontecimientos más tristes y sangrientos de la historia de España. Después, durante los años de posguerra, los perdedores sufrieron una cruel represión por parte de los fascistas. La visión de los hechos que permite la distancia en el tiempo da lugar a un tipo de literatura basada en la utilización de estos episodios traumáticos como escenarios o bases argumentativas. Los acontecimientos de la historia desde la visión del perdedor se reflejan en la novela y en el cine como una forma de evocar lo olvidado y que constituye la base de los horrores de la guerra. En este sentido, la rememoración del tema de las trece jóvenes fusiladas durante la posguerra cobra importancia desde hace unos años en España manifestándose en los diferentes formatos de tratamiento como son dos novelas sobre el mismo tema, un documental, una película y un análisis histórico riguroso del caso de las llamadas "Trece rosas".

PALABRAS-CLAVE
Guerra Civil Española, perdedores, literatura de trauma

INTRODUCCIÓN

La Guerra Civil Española supuso para la historia de España años de tragedia colectiva en la que miles de personas se vieron involucradas. Tanto vencedores como derrotados sufrieron la desdicha de vivir en primera persona los horrores que toda guerra supone para una sociedad que, hasta el momento del levantamiento del General Franco, disfrutaba de años de relativa serenidad en el ámbito de la República. La guerra destruyó todos los valores democráticos y sociales existentes hasta ese momento y dejó destrozado un país que tardaría décadas en volver a reconstruirse como sociedad estable y en paz. La posguerra no fue menos dolorosa, sobre todo para los vencidos, que fueron perseguidos, encarcelados y fusilados cuando no tuvieron la oportunidad de exiliarse a países lejanos que, inevitablemente, trastocarían sus vidas y sus historias personales para siempre.

El contexto bélico influyó también en las manifestaciones intelectuales de la época de la guerra y la posguerra de tal forma que, tanto la novela como la poesía, presentaron esta nueva realidad desde la primera persona, desde el punto de vista del autor que vive de cerca los horrores del conflicto tanto en un bando como en otro.

Muchos años después, la generación que no vivió la guerra, la nacida de la democracia, volvió a abrir la puerta a la memoria histórica de España en un ejercicio de restablecer la dignidad de las víctimas de un tiempo gris y desolador. La Ley de Memoria Histórica aprobada en 2007 por el gobierno del Presidente José Luis Rodríguez Zapatero inició el reconocimiento y la ampliación de los derechos de aquellos ciudadanos que sufrieron la persecución y la violencia durante los años correspondientes a la guerra civil y a la dictadura militar. Esta Ley, aprobada en el Congreso de los Diputados el 31 de octubre de 2007, proclama abiertamente "el carácter injusto de todas las condenas, sanciones y expresiones de violencia personal producidas, por motivos inequívocamente políticos o ideológicos durante la guerra civil, así como las que, por las mismas razones, tuvieron lugar en la dictadura posterior".[1] En definitiva,

> la presente Ley quiere contribuir a cerrar heridas todavía abiertas en los españoles y satisfacer las demandas de los ciudadanos que sufrieron, directa o indirectamente, en primera persona o por sus familiares, las consecuencias de la tragedia de la guerra civil o de la represión de la dictadura.[2]

La legislación relativa a las víctimas de la guerra y la dictadura se considera un síntoma de la preocupación por esta cuestión, como también lo es un movimiento dentro del ámbito intelectual que hace surgir novelas y películas basadas en estas novelas acercando al receptor la historia de su pueblo, de esta manera:

> El paso del texto literario al fílmico supone, en casi todos los casos, una resignificación del primero, una transfiguración de sus contenidos semánticos, de sus presupuestos ideológicos, de sus categorías temporales, de las instancias enunciativas y de los procesos retóricos que producen la significación misma de la obra y en este paso se pone de manifiesto el carácter histórico y hasta político de toda lectura.[3]

Se habla de una transposición, de un "pasaje" o de un "tránsito" de un lenguaje a otro[4] que, en el caso del texto literario actualizado en el cine, supone una distribución

---

[1] *Proyecto de Ley de Memoria Histórica por el que se reconocen y amplían derechos y se establecen medidas a favor de quienes padecieron persecución o violencia durante la Guerra Civil y la Dictadura.* Ministerio de la Presidencia. " Entre otras, las medidas tomadas en esta ley otorgan mejoras de derechos económicos en favor de todas las personas que perdieron la vida en defensa de la democracia, favorecen la toma de decisiones con relación a los símbolos y monumentos conmemorativos de la guerra civil y la dictadura y financian con fondos estatales la apertura de fosas comunes en las que aún yacen restos de víctimas de la guerra El juez Baltasar Garzón recibió en la Audiencia Nacional en septiembre de 2008 un informe detallado remitido por las 22 asociaciones que defienden la memoria histórica de las víctimas, en el informe figuran 130.137 nombres de víctimas y pistas sobre su paradero. Entre ellos cabe destacar el informe de Federico García Lorca. *El País Digital*, 22 sept. 2008.

[2] Ver cita 1.

[3] FERRARI. "Recordando y olvidando": cine y narrativa en la España postfranquista, p. 15.

[4] STEIMBERG *apud* FERRARI. "Recordando y olvidando": cine y narrativa en la España postfranquista, p. 15.

masiva de la información insertada en los hábitos sociales de la actual realidad de consumo. En este sentido, consideramos que el cine es un instrumento de transmisión de conocimientos históricos en el caso de las películas cuyo tema central se basa en los hechos reales enmarcados en el contexto de la guerra y posguerra españolas, puesto que:

> El desafío del nuevo milenio es sin duda optimizar los fabulosos alcances masivos del cine, como dispositivo de expansión del lenguaje literario y cultural de una sociedad, enriqueciendo de miradas y lecturas heterodoxas la complejidad histórica y alentando nuevas prácticas de articulación y diálogo entre los distintos sistemas artísticos que componen nuestra polifacética sociedad multimedial.[5]

Con todo este contexto histórico y cultural, en este artículo nos proponemos, en primer lugar, acercarnos al tema de la posguerra en la literatura española actual, para después centrarnos en el caso que nos atañe concretamente en este estudio que es el de las llamadas "Trece Rosas". Pasaremos a continuación a ver en detalle las obras referidas a estas jóvenes y nos centraremos en las novelas así como en la película inspirada en una de ellas. De esta manera trataremos de alcanzar nuestro objetivo con este estudio que no sólo pretende dar a conocer la historia que protagonizaron estas chicas, sino también tiene como objetivo observar el fenómeno de transposición de un texto literario al séptimo arte.

SUPERANDO EL TRAUMA: LA LITERATURA ESPAÑOLA ACTUAL Y LA TEMÁTICA DE POSGUERRA

La literatura de los años de guerra y de posguerra se hizo eco de los acontecimientos desde un punto de vista directo y fue relatado por autores que vivieron en primera persona los hechos históricos. Hubo una literatura afín con los vencedores como en las novelas *Contraataque* (1938) de Ramon J. Sender, *Madrid de corte a checa* (1938) de Agustín de Foxá, *Eugenio o la proclamación de la primavera* (1938), *Diccionario de un macuto* (1966), *La paz ha terminado* (1980) de Rafael García Serrano. También desde el punto de vista republicano se publicaron novelas como *Diario de guerra de un soldado* de Vicente Salas Viú, o *La escuadra la mandan los cabos* (1944) de Manuel D. Benavides. Otros autores de origen extranjero dieron igualmente su visión sobre la Guerra Civil Española, tales como Vicente Huidobro, Octavio Paz, Cesar Vallejo o Pablo Neruda, y de la misma manera se publicaron novelas extranjeras que se refieren a este momento de la historia de España como *L'espoir* (1937) de André Malraux y *For Whom the Bell Tolls* (1940) de Ernest Hemingway por poner algunos ejemplos. Asimismo, la Generación de escritores del 27, la Generación del 36 y la Generación del 40 se vieron directamente influenciadas por los hechos históricos y desde su poesía formularon su pesar ante la barbarie humana en la que se vieron inmersos durante estos años. Algunos de estos poetas no tuvieron más remedio que exiliarse (Rafael Alberti, Dolores Ibárrui, Marta Teresa Falcón, Hidalgo de Cisneros, Vicente Uribe, entre otros), y en el caso de Federico García Lorca éste no pudo escapar al fusilamiento, acallado durante años, con una muerte que sigue hoy en día sin una explicación clara.[6]

---

[5] SCARANO. Sujetos de la memoria. ¿Quién narra hoy el pasado bélico?, p. 28.

[6] Sus restos que permanecen junto a otras tres víctimas en una fosa común en Granada. La familia ha permitido por fin la exhumación del cadáver. *El País Digital*, 22 sept. 08.

Durante los últimos años en España se multiplican los ejemplos de manifestaciones literarias referidas a esta etapa de la historia que, por otra parte, suscitan mucho interés y son muy bien acogidas por el público en general. Tal es el caso de *Luna de Lobos* (1985) de Julio Llamazares, *El lápiz del carpintero* (1998) de Manuel Rivas, *Soldados de Salamina* (2001) de Javier Cercas, *¿Qué me quieres, amor?*[7] (1996) De Manuel Rivas, etc. Otras novelas si bien no tratan directamente el tema de la guerra civil, sitúan la trama en el contexto de ésta como forma de indagar sobre la cotidianidad de la sociedad en estos años, tal es el caso de las exitosas novelas de Carlos Ruiz Zafón *La sombra del viento* (2001) y *El juego del ángel* (2008) o *El Corazón Helado* de Almudena Grandes (2007). Sin embargo, esta novela actual refleja sin duda la visión del perdedor de la guerra siempre en escenarios cargados de connotaciones más bien tristes y con un intento de restaurar la memoria de las víctimas que han permanecido acalladas y en el olvido a través del tiempo.

En el ámbito cinematográfico, hemos de señalar que algunas de las novelas que hemos citado, a parte de la que en este estudio nos ocupará y que analizaremos con detalle, han saltado también a la gran pantalla con un éxito rotundo de taquilla, tal es el caso de *Soldados de Salamina* (Fernando Trueba, 2002) basada en la novela del mismo título de Javier Cercas, como ya hemos citado, o *Luna de lobos* (Julio Sánchez Valdés, 1997) por citar algunas. Otras producciones fílmicas tienen también como escenario la realidad de la guerra y la posguerra como *Dragon Rapid* (Jaime Camino, 1980), *La vaquilla* (Luís García Berlanga, 1985). *¡Ay Carmela!*, cuyo guión está escrito por Manuel Rivas para el director Carlos Saura (1990), *Libertarias* (Vicente Aranda, 1996), *La lengua de las mariposas* (José Luís Cuerda, 1999) o *El laberinto del Fauno* (Guillermo del Toro, 2000).

Observamos en todos estos casos que la guerra civil se convierte en los últimos años en un tema recurrente en las películas españolas dirigidas por directores españoles y que el interés por este momento concreto de la historia de España implica que podría considerarse un fenómeno común a la literatura desde el punto de vista contextual. Desde instancias políticas, sociales y culturales la revisión del pasado histórico referido a los horrores de la guerra y, sobre todo, a las historias personales insertadas en ella parece topicalizarse y extenderse por todas las manifestaciones tanto sociales como intelectuales. Podríamos quizá interpretar este fenómeno desde el punto de vista del "trauma" puesto que, una de las formas para superar cualquier trauma que padezca un individuo es en un primer momento la impotencia del discurso a la hora de leer el acontecimiento. Según la analista Graciela Ana Pérez, las palabras están ligadas a afectos y la palabra puede ser la solución para que el individuo asimile a través del discurso el

---

[7] La película *La lengua de las mariposas* (1999) está dirigida por José Luis Cuerda y su guión está escrito por Rafael Azcona. El cineasta se basa en los textos del libro *¿Qué me quieres, amor?* (1996) de Manuel Rivas entre los que se encuentra un relato que lleva el mismo título que la película. Los textos en concreto que sirven de fuente de inspiración al director son "La lengua de las mariposas", "Un saxo en la niebla" y "Carmiña", todos ellos escritos originalmente en gallego y posteriormente traducidos al español. "El hilo conductor que enlaza las tres historias es la mirada del protagonista, un niño de seis años, que entabla una relación muy especial con su maestro de primer grado. Es la presencia de este personaje lo que da sentido y une, a veces un poco a la fuerza, los tres cuentos." Cf. RUBIOLO. *La lengua de las mariposas* de Manuel Rivas y de José Luis Cuerda: dos formas de narrar el pasado, p. 79.

trauma surgido por el impacto padecido, de esta manera "el acto de la palabra posibilita la inclusión del lugar excluido".[8]

La distancia en el tiempo de los acontecimientos de la guerra da lugar a una visión de los hechos plasmados en la literatura que, de forma generalizada en las novelas citadas, se basa en la utilización de episodios traumáticos de la historia desde una visión del perdedor, cuyo relato en las novelas sirve de rememoración de todo aquello que permanece olvidado y que constituye la base de los horrores de la guerra civil. Pondremos como ejemplo las novelas contextualizadas en el Holocausto Nazi, las dos Guerras Mundiales o los procesos de descolonización y la globalización. La transposición del concepto médico de "trauma" al ámbito de la teoría crítica literaria da lugar a los llamados "estudios de trauma" y se ocupan en este caso de este tipo de literatura. En sus orígenes, estos estudios parten de los compañeros y discípulos de Paul de Man de la escuela desconstructivista de Yale, tales como Geoffrey Hartman, Shoshana Felman, Cathy Carurth o Dominic LaCapra.

La proliferación de estas manifestaciones que giran entorno al mismo tema parece deberse a un primer momento de superación del trauma que supuso en la sociedad española la guerra que, tras un periodo de reflexión y silencio, inicia una etapa en la que la palabra y la imagen restablecerán la dignidad de muchos individuos y darán a conocer a todo el conjunto de ciudadanos de España y del mundo entero un fenómeno acallado durante años por respeto y, por qué no, por miedo a una mirada hacia un pasado doloroso aún en todas las personas que lo padecieron y que aún siguen vivas con el objetivo de "una comprensión diversificada de lo que pasó en España".[9] Así la proliferación de novelas y de películas que tratan los temas de la guerra y de la posguerra puede significar en la sociedad actual española una forma de superación del trauma tras el silencio doloroso que duró décadas.

> La guerra representa el quiebre de la palabra, la ruptura con todo pacto simbólico posible con el otro. ¿Cómo restituir el decir cuando el quiebre de la palabra fue la causa misma de la guerra? No ceder en las palabras, como nos decía Freud. Conducir el exceso de goce hacia el desfiladero del significante, en un tratamiento del goce por la palabra, es un modo particular de inserción del propio malestar en el mundo del lenguaje. [10]

EL CASO DE LAS TRECE ROSAS: TRANSPOSICIÓN TEXTUAL DE UN HECHO HISTÓRICO

Las novelas a la que nos vamos a referir tienen en común una narración histórica basada en hechos reales, por lo que, como toda novela histórica "pretende satisfacer una demanda social que la historia no puede a veces realizar: rellenar, teniendo en mente el concepto de verosimilitud, las lagunas que deja la ciencia histórica".[11] Al no

---

[8] PÉREZ. Frente a lo traumático de la guerra la ética de la palabra.

[9] SCARANO. Sujetos de la memoria. ¿Quién narra hoy el pasado bélico?, p. 40.

[10] PÉREZ. Frente a lo traumático de la guerra la ética de la palabra.

[11] GUTIÉRREZ; FILARDO. Narraciones y contranarraciones: El caso de la novela histórica, p.705.

haber información sobre todos los aspectos y dimensiones de un hecho histórico el novelista posee la licencia para rellenar áreas haciendo uso de su imaginación[12] y precisamente por esta libertad de la que el novelista histórico puede hacer uso es por lo que las narraciones resultantes pueden presentar diferentes lecturas o incluso visiones contradictorias de la realidad histórica, del mismo modo que lo hacen los libros de historia.[13] En el caso del corpus de trabajo con el que contamos este fenómeno se refleja claramente en cada una de las dos novelas y en la película en relación con la obra histórica rigurosa que relata los hechos. De esta manera, podemos tener varias interpretaciones sobre un mismo hecho, como en el caso del asesinato del alto cargo militar Gabaldón, la situación final de Enrique el hijo de Blanca, los posibles comentarios que intercambiaron las trece rosas en el momento previo a su ejecución o incluso el mismo fusilamiento.

Durante los años de posguerra, los perdedores, los republicanos, los llamados "rojos" o "bolcheviques", sufrieron una cruel represión y persecución por parte de los fascistas o vencedores de la guerra. Según el documental de TVE:[14]

> El aparato policial era un elemento más del aparato represivo. Las estrategias utilizadas para sembrar el terror entre la población enemiga de la dictadura se basaban en la mentalidad inquisitorial, Franco pretendía ser omnisciente y omnipresente en una maquinaria que funcionaba perfectamente y cuyo objetivo principal era crear el miedo constante entre los ciudadanos para mantener el control, para ello se alienta a la delación y se establecen controles continuos y exhaustivos que hacían que todo el mundo pudiera ser víctima de una denuncia por cualquier razón, siendo conocedores de que una denuncia a la policía por cualquier razón podía llevar a la muerte.[15]

Santiago Carrillo[16] en el mismo documental afirma:

> Yo creo que Franco quería ejemplarizar a esa juventud revolucionaria, combativa de Madrid que le había tenido tres años pegados a las puertas sin poder entrar. Quería hacer un ejemplo y con esas muchachas que estaban peleando cuando ya se había terminado todo. Y hay que decir que en el curso de la lucha por la libertad defendiendo la democracia las militantes de la JSU jugaron un papel muy importante. [17]

Como en toda posguerra, éstos fueron los grandes damnificados de un proceso de control y de exterminio de las ideas contrarias a la dictadura. Para el Régimen de Franco todos ellos eran "rojos" y una vez colocados más allá de la nación, no se les otorgó

---

[12] GUTIÉRREZ; FILARDO. Narraciones y contranarraciones: El caso de la novela histórica, p. 705.

[13] GUTIÉRREZ; FILARDO. Narraciones y contranarraciones: El caso de la novela histórica, p. 705.

[14] QUE MI NOMBRE NO SE BORRE DE LA HISTORIA.

[15] QUE MI NOMBRE NO SE BORRE DE LA HISTORIA.

[16] Santiago Carrillo perteneció a las JSU y llegó a ser secretario general de Partido Comunista Español. Durante el franquismo fue opositor al Régimen y fue perseguido hasta el punto de que tuvo que exiliarse y residir en varios países para poder salvar su vida pero sin alejarse de su lucha política contra la dictadura. Vuelve años después a España y es encarcelado hasta la muerte de Franco. Durante la transición española se presenta a las elecciones generales de 1977 y sale elegido diputado lo que llevó a su participación activa en la elaboración de la Constitución Española. Ha publicado varios libros y tras años de trabajo, en la actualidad está retirado de la vida política siendo una personalidad respetada en los ámbitos políticos, intelectuales y mediáticos.

[17] QUE MI NOMBRE NO SE BORRE DE LA HISTORIA.

derecho alguno.[18] Como consecuencia de esta situación, muchos de ellos tuvieron que exiliarse y los que no pudieron o no quisieron hacerlo padecieron todos los males propios de un régimen que pretendía a toda costa instalarse en todo el país y permanecer vigente el mayor tiempo posible.[19]

Uno de los casos de rememoración histórica sobre el horror que suponían los fusilamientos cotidianos durante el Régimen y que ha motivado la aparición de dos novelas sobre el mismo tema,[20] un análisis histórico riguroso,[21] dos documentales,[22] un poema,[23] una película[24] y hasta un espectáculo flamenco[25] es el caso de las llamadas "Trece rosas". Vemos por tanto en esta proliferación de cruces textuales basados en un mismo hecho histórico y en los que "perdiendo el sentido monolítico y prefijado, la realidad deja de ser textual para pasar a ser intertextual en el sentido de que todo texto supone la absorción, réplica y transformación de textos precedentes".[26] Centrándonos en la película *Las trece rosas* podemos decir que "se trata de un fenómeno que propone el film como una operación de resignificación de un hipotexto mediante la creación de otra textualidad, no vicaria, sino complementaria".[27]

Las Trece Rosas fueron trece jóvenes mujeres, siete de ellas menores de edad, que fueron detenidas, interrogadas, torturadas y encarceladas por sus ideas de izquierdas y su militancia en la JSU.[28] Si bien su destino podría haberse encaminado a largos años de cárcel, un asesinato en el que aparentemente no estaban involucradas las convirtió en víctimas de un juicio y una ejecución ejemplar bajo el punto de vista del Régimen de cara al resto de los españoles. El asesinato al que nos referimos es el del comandante de la Guardia Civil e Inspector de Policía Militar Isaac Gabaldón Irurzún que fue tiroteado junto con su hija de 15[29] años y su conductor Luís Díez

---

[18] GRAHAM. *Breve Historia de la Guerra Civil*, p. 159-160.

[19] FONSECA. *Trece rosas rojas*, p. 44.

[20] FERRERO. *Las trece rosas*; LÓPEZ. *Martina, la rosa número trece*.

[21] FONSECA. *Trece Rosas Rojas*.

[22] QUE MI NOMBRE NO SE BORRE DE LA HISTORIA.

[23] POZO. *Homenaje a las Trece Rosas*.

[24] LAS TRECE ROSAS.

[25] Compañía de danza Arrieritos. Creado por Héctor González y dirigido por Florencia Campo. Fue galardonado en 2005 con el premio Max de Artes Escénicas a la mejor coreografía y el mejor espectáculo de danza. Cf. GUARINOS. Ramos de rosas. Las Trece Rosas: Memoria audiovisual y género, p. 92.

[26] FERRARI. "Recordar olvidando": cine y narrativa en la España postfranquista, p. 16.

[27] SCARANO. Sujetos de memoria. ¿Quién narra hoy el pasado bélico?, p. 28.

[28] Juventud Socialista Unificada. Creada en 1936, un partido que unió a los jóvenes comunistas y socialistas que luchaban contra el fascismo que tenía amenazada a toda Europa. Entre sus componentes había batallones organizados de resistencia. Con la instauración de la dictadura del General Franco esta organización fue duramente perseguida y castigada. Dado que la mayoría de los hombres habían muerto en el frente o permanecían encarcelados, el papel que jugaron las mujeres en las JSU fue fundamental. La represión recayó sobre todo contra las mujeres que se convirtieron en las encargadas de la reorganización del partido, el resultado fue que miles de mujeres fueron retenidas en las comisarías y en las cárceles de Madrid y muchas de ellas juzgadas y ejecutadas.

[29] Las fuentes no se ponen de acuerdo en la edad de la hija de Gabaldón. Fonseca afirma que tenía 18 años, sin embargo en el documental de Sequeiros se dice que tiene 15 años. En cualquier caso se destaca la juventud de la víctima.

Madrigal.[30] El triple crimen apenas fue investigado, el régimen franquista determinó que los jóvenes pertenecientes a la JSU fueran los culpables de los hechos aunque todos ellos ya permanecían encarcelados mucho antes de que se produjera el atentado. Según el periodista Jacobo García Blanco-Cicerón en sus declaraciones en el documental de TVE de Vigil y Almela

> la familia del comandante Gabaldón nunca estuvo convencida de la versión oficial del atentado. Lejos de creer que los autores materiales del crimen hubieran sido los jóvenes de las JSU que fueron acusados de ello sospechaban que el comandante Gabaldón fue tiroteado por los propios servicios de inteligencia franquistas.

Se da la circunstancia de que Gabaldón era el jefe de la inteligencia de la policía militar y una de sus funciones pasaba por custodiar el archivo de masonería y comunismo que contenía los nombres y apellidos de aquellas personas que habían tenido un pasado comunista y masón. Según el testimonio al documental de TVE de Mª del Carmen Cuesta, militante de las JSU y superviviente a los hechos, se sospechaba que en esa lista había militares de alta graduación al servicio de Franco y que Gabaldón estaba dispuesto en el momento de su asesinato a delatar a aquellos enemigos del Régimen integrantes del mismo, y que por lo tanto había interés especial en hacer desaparecer al comandante y a la lista que tantos quebraderos de cabeza estaba dando a personas cercanas a Franco. Por su parte, Concha Carretero, una de las supervivientes que fue acusada del crimen mientras estaba encarcelada en Ventas por ser militante de las JSU, afirma que: "ni idea teníamos de nada cuando vienen y dicen que han matado a Gabaldón y que qué sabemos nosotras de eso",[31] con su testimonio parece reflejar que los acusados que permanecían encarcelados en Ventas poco o nada tuvieron que ver con el asesinato.

Sin embargo, había que buscar de forma inmediata a los culpables, y por eso la justicia de Franco recayó en total sobre 164 acusados en Madrid y Talavera, la gran mayoría de ellos fueron condenados y ejecutados. Según el documental de Televisión Española (TVE):

> De todos los consejos de guerra relacionados con el caso Gabaldón resulta especialmente cruento el celebrado el 3 de agosto de 1939 en las Salesas de Madrid en el que 57 acusados fueron condenados a muerte y posteriormente fusilados, entre ellos estaba el grupo de trece muchachas-siete de ellas menores de edad- que permanecía desde hacía meses en condiciones infrahumanas en la Cárcel de Ventas por su militancia en la JSU. El Régimen determinó que al pertenecer a la misma organización comunista todos eran cómplices, todos enemigos de la patria aunque no estuvieran directamente involucrados en el crimen.[32]

Desde ese momento a las jóvenes condenadas se las conoce con el nombre de "las trece rosas".[33]

---

[30] El comandante Gabaldón disfrutaba de un permiso por enfermedad y volvía de visitar las obras de una casa que se estaba construyendo en el campo, su coche es interceptado y tres supuestos oponentes al Régimen les tirotean a bocajarro provocando su muerte inmediata.

[31] QUE MI NOMBRE NO SE BORRE DE LA HISTORIA.

[32] FONSECA. *Trece rosas rojas*, p. 222.

[33] Carmen Barrero Aguado (20) , Martina Barroso García (24), Blanca Brisac Vázquez (29), Pilar Bueno Ibáñez (27), Julia Conesa Conesa (19), Adelina García Casillas (19), Elena Gil Olaya (20), Virtudes González García (18), Ana López Gallego (21), Joaquina López Laffite (23), Dionisia Manzanero Salas (20), Victoria Muñoz García (18), Luisa Rodríguez de la Fuente (18) (Fonseca 2004: 259-262). Recordaremos que en la época la mayoría de edad se alcanzaba a los veintiún años.

Su ejecución era realmente una venganza y sobre todo un castigo ejemplar, en el que ni siquiera se cumplió el formalismo burocrático que establecía el propio Régimen por el que las penas de muerte no se llevarían a cabo sin el "enterado del caudillo",[34] formalismo que no se cumplimentó hasta ocho días después de la ejecución de estas mujeres.[35]

Los hechos a los que nos referimos desde diferentes fuentes están relatados en una publicación de carácter histórico escrita por Carlos Fonseca en 2004 y titulada *Trece Rosas Rojas*. En ella el autor hace un repaso exhaustivo de cada una de las víctimas y de sus familias. De la misma manera, Fonseca nos presenta escenarios desoladores de posguerra en los que cabe destacar un Madrid asfixiado por el nuevo Régimen, con avenidas que estrenan nombres que intentan dar propaganda a todo lo relacionado con la gran victoria del caudillo:[36] "El Madrid heroico de los republicanos había dado paso al Madrid mártir de los fascistas, con aroma a cuartel y a sacristía",[37] y con puestos de vigilancia exhaustiva en cada punto de la ciudad con el objetivo de detectar, detener y encarcelar a todo ciudadano susceptible de ser considerado enemigo: "Madrid era una enorme cárcel en la que se perseguía con inquina al derrotado".[38] De la misma manera, la descripción detallada del estado, usos y costumbres dentro de la Cárcel de Ventas[39] nos presenta la visión de lo que, no sólo las protagonistas de esta historia, sino también otras tantas miles de mujeres que allí permanecieron durante meses tuvieron que padecer y que Fonseca resume: "Aquello era como un pudridero humano en el que se hacinaban miles de mujeres."[40]

Esta publicación es un relato objetivo de hechos y escenarios históricos en los que Jesús Ferrero parece basar su novela *Las trece rosas* (Siruela) y Emilio Martínez Lázaro en su película del mismo título (2007).

LAS TRECE ROSAS

El caso de las llamadas Trece Rosas que hemos explicado en el apartado anterior es un ejemplo del salto de la(s) novela(s) al cine. La primera edición de la novela de Jesús Ferrero fue publicada en 2003, y el tratado histórico referido al mismo tema tiene fecha de 2004, de la misma manera, la novela de Ángeles López centrada exclusivamente

---

[34] Firma oficial del General Francisco Franco que autorizaba el fusilamiento de uno o más condenados a muerte.

[35] FONSECA. *Trece rosas rojas*, p. 240.

[36] El Paseo de la Castellana pasó a llamarse Paseo del Generalísimo Franco, la Plaza de las Cortes, Plaza de Calvo Sotelo, y la Avenida Príncipe de Vergara, Avenida del General Molo. Cf. FONSECA. *Trece rosas rojas*, p. 69.

[37] FONSECA. *Trece rosas rojas*, p. 59.

[38] FONSECA. *Trece rosas rojas*, p. 63.

[39] La Cárcel de Ventas fue el centro penitenciario en el que eran encarceladas las mujeres durante la posguerra. Una cárcel diseñada por Victoria Kent para unas 400 personas pero que acogía en el momento al que nos estamos refiriendo a más de 1400. La escasez y carestía de medios facilitaba la hambruna, las enfermedades y la mortalidad infantil. En la novela, en el tratado histórico y en la película se relata cómo la proximidad de esta cárcel con el cementerio y el paredón en el que se cometían los fusilamientos permitía escuchar los tiros de escopeta.

[40] FONSECA. *Trece rosas rojas*, p. 167.

en una de las protagonistas *Martina, la rosa número* trece es publicada por primera vez en 2006. Por lo tanto parece claro que la novela de Jesús Ferrero fue la inspiradora de toda la trama histórica y de la película posterior que no aparece hasta el año 2007. La cronología de las apariciones de estas obras nos muestra claramente el aumento del interés por este caso concreto que parece calar hondo en la conciencia de la sociedad acrecentado incluso por el testimonio directo en varios documentales televisivos de los familiares de las víctimas de las JSU así como el de algunas de las supervivientes que convivieron con estas trece jóvenes en el periodo en el que estuvieron privadas de libertad en la Cárcel de Ventas de Madrid. Otro de los factores por lo que esta historia pueda motivar tal interés quizá también sea por el hecho de que fueran mujeres, puesto que según el mismo Santiago Carrillo, militante y máximo dirigente durante décadas del PCE:

> las mujeres, en definitiva, en este tipo de dramas históricos como son las guerras civiles son las que más sufren, mucho más todavía que los hombres y el Régimen de Franco tuvo un interés especial en destruir el espíritu que la República había creado ya en la mujer, el espíritu de libertad, e hizo todo lo posible por destruirlo.[41]

LA CARCEL DE VENTAS

Nos gustaría comenzar este análisis centrando nuestra atención en uno de los escenarios más importantes tanto de las novelas como de la película y que podríamos considerar como un personaje más de todas estas manifestaciones sobre el tema de las Trece Rosas. Se trata sin duda de la Cárcel de Ventas. En un primer momento veremos cómo se representa y se dibuja su perfil en las novelas, en segundo lugar presentaremos testimonios de militantes de la JSU supervivientes a la condena para finalmente analizarlo en la película. Nos interesa este espacio singular puesto que es uno de los elementos que permanece fiel a sus características tanto en las publicaciones como en la producción cinematográfica. Podemos adelantar que en todas ellas se mantiene como factor común la crueldad y la miseria de un entorno que castiga a las protagonistas por sus ideas en algunos casos, o gratuitamente en otros.

Las acusadas por el régimen por delitos como pertenecer a las juventudes socialistas JSU o al PCE eran encarceladas en la Cárcel de Ventas. El objetivo inicial de esta prisión era el de rehabilitar al preso, sin embargo durante la posguerra se convirtió en un lugar de castigo y humillación.

> Si una vez hubo cama, mesilla y armario por celda, todo aquello se había diluido en lodo humano. Doce, cuando no quince, mujeres por chabolo, a la intemperie de un mobiliario que ya no lo era. Almacén de mujeres, lo llamaría (...). Algunas, sin saber la razón, dormían en váteres, corredores y escaleras. Si esperar es una tragedia, lo es más si no tienes dónde reposar tu espera.[42]

---

[41] QUE MI NOMBRE NO SE BORRE DE LA HISTORIA.

[42] LÓPEZ. *Martina, la rosa número trece*, p. 195.

La prisión estaba masificada y el aumento incontrolado de presas supuso un problema de alimentación ya que durante los años de final de la guerra y la posguerra los alimentos escaseaban y se distribuían con cartillas de racionamiento. En la cárcel las limitaciones con respecto a los alimentos no eran menos que en el exterior, se habla con detalle de la carestía y la mala calidad de los alimentos.

> Agua del grifo y ración escasa de lentejas de Negrín, con un microcosmos interno de pajas, palos y bichos o "la paella valenciana": cazo de arroz partido con gran gusto a pimentón, olor a humedad y gusanos vivos o muertos (...) Todo era tan aleatorio que podía ser desayuno, comida o cena. A cualquier hora del día o la noche...Si es que aquel día tocaba comer.[43]

El agua también escaseaba y provocaba en las mujeres sarna causada por las mínimas condiciones de higiene que no les permitía prácticamente ni siquiera la posibilidad de aseo personal.[44] Ferrero y López lo describen de una forma más personal en su novela pero plasmando igualmente estas malas condiciones de vida:

> Las funcionarias abrieron las puertas que conducían a las galerías y las asaltó un estruendo de humanidad agitada que tenía poco que ver con el silencio de las calles. Los ruidos llegaban en aludes intermitentes, confundidos con los olores a sudor, orín y tristeza.[45]

> Al tercer día en prisión conocería la galería de ancianas. Con la mano a modo de mascarilla para no inhalar los fragores de excrementos, vómitos y orines de aquellas sexagenarias. Largas colas para acceder a un retrete. Mejor mearse y cagarse encima. Total, ya habían perdido toda la divinidad.[46]

Todas estas características físicas y reales de la cárcel aparecen dibujadas en las dos novelas con tintes de tristeza, de miedo y de muerte así como con constantes referencias a claroscuros y a la locura. Observamos como se describe en ambas novelas la entrada a la cárcel; en una como un largo pasillo de la penitenciaría que se estrecha cada vez más debida a la perspectiva provocada por su longitud y por el que pareciera ir caminando hacia la muerte, y en la otra novela citada como un basurero de mujeres vivas:

> ¿Cómo iba a ser aquello la cárcel? Aquel túnel que no acababa nunca, y que cuanto más se estrechaba más cuerpos parecía contener, no podía ser la cárcel ¿Querían volverla loca?[47]

> No vio lo que luego aprendería de memoria: los intersticios de aquel "hotelito" de cinco estrellas lleno de niebla y de mujeres que vagaban (...) mujeres muriéndose de inanición en la enfermería, consecutivas fila de jergones de paja tirados en el suelo (...) Sótano. Mazmorra. Bodega. Subterráneo.[48]

Y en ocasiones se utiliza la acumulación de elementos para mostrar el hacinamiento y el horror del interior del lugar:

---

[43] LÓPEZ. *Martina, la rosa número trece*, p. 202.

[44] FONSECA. *Trece rosas rojas*, p. 178-179.

[45] FERRERO. *Las trece rosas*, p. 87.

[46] LÓPEZ. *Martina, la rosa número trece*, p. 200.

[47] FERRERO. *Las trece rosas*, p. 88.

[48] LÓPEZ. *Martina, la rosa número trece*, p. 199-200.

Carmen conocía todos los ritmos de la cárcel. Los gritos, los gemidos, las conversaciones, los zumbidos, el ruido de las cañerías, de las cacerolas, de las llaves en las cerraduras, de los mosquitos y de las moscas que danzaban entre los muertos.[49]

Otra de las reclusas la describe directamente haciendo uso de la intertextualidad como los infiernos de la *Divina Comedia*:

> Al principió lo veía todo como los dibujos de la *Divina Comedia*, pero más borroso. La impresión que tenía era la de haberme extraviado en el valle de las almas perdidas. Un valle subterráneo, envuelto en brumas fosforescentes, donde lo visible se confundía con lo invisible, formando un mismo magma (...) Otras veces me parecía que nos hallábamos en una casa muy alejada en el espacio y en el tiempo. Una casa remota en una atalaya remota, sobre la que se abatía un mar muerto y gris. Y nadie sabía que hacíamos allí, en aquella región junto al mar que parecía la región de la soledad (...) Daba la impresión de que el mundo se había olvidado de nosotras.[50]

Vemos de nuevo en el tratamiento de la cárcel que el historiador selecciona y ordena el acontecimiento. El hecho de explicarlos supone un trabajo sobre el desarrollo del suceso sobre los hechos resultantes, de esta manera, todas las explicaciones causales de la historia son narraciones.[51] Por otro lado, vemos como el novelista o narrador toma toda esta información más o menos objetiva y con ella teje un discurso intimista y personal que no tiene por qué ceñirse completamente a los hechos reales tal y como sucedieron, sino que pretende contar la misma historia desde quizá otro punto de vista recurriendo a las técnicas narrativas que él considere oportunas para causar el efecto deseado de verosimilitud.

En el documental de TVE al que ya nos hemos referido en este estudio varias veces se pueden constatar interesantes pero desoladores testimonios de algunas de las supervivientes a las acusaciones de la dictadura y que vivieron durante años en la cárcel de Ventas. Transcribimos a continuación alguna de sus impresiones al llegar a la cárcel:

> Cuando llegamos al portón de Ventas yo me desmoroné. Al entrar, cuando vi aquella puerta por donde tenía que pasar, imagínate, con 15 años, me acordé del cuento de mi abuela del castillo de irás y no volverás" "Iba por los pasillos y pisaba piernas. Me decían: ¡compañera!, y yo me reía y lloraba al mismo tiempo. Yo me desmoroné". (Mª del Carmen Cuesta, militante JSU)
> La cárcel era grande, pero estaba llena y dormíamos en los patios con unas colchonetas que nos mandaban de casa. (Maruja Borrell, militante JSU).
> En cada celda había doce, trece o catorce mujeres, y luego todas las galerías llenas, más las salas que eran para recreo llenas, allí todo eran petates alrededor y todo lleno de mujeres, ¡que me dio una impresión! (Concha Carretero, militante JSU).[52]

En la película se nos abre la puerta de la cárcel de la mano de las protagonistas. La focalización es externa puesto que la imagen que vemos en pantalla nos muestra la

---

[49] FERRERO. *Las trece rosas*, p. 111-112.

[50] FERRERO. *Las trece rosas*, p. 113.

[51] RODRÍGUEZ GUTIÉRREZ; FILARDO LLAMAS. Narraciones y contranarraciones: El caso de la novela histórica, p. 707.

[52] QUE MI NOMBRE NO SE BORRE DE LA HISTORIA.

escena desde fuera, aunque son Blanca Brisac y Julia Conesa las que nos van llevando casi de la mano por las oficinas, por los pasillos, por las escaleras, por los patios acompañadas por la directora y las funcionarias de la prisión. Son escenas en las que estas dos mujeres plasman en su rostro y en sus actitudes el horror de un lugar que da miedo, en el que se hacinan miles de mujeres. Cuando llegan a la prisión es de noche y todas están dormidas, unas junto a otras, en cualquier parte, sin espacio ni para moverse, sin colchón, sin mantas, como si fueran animales en una granja. La miseria y el dolor se pueden observar de forma casi nítida en los escenarios que nos van enseñando y coinciden exactamente con las descripciones que se hace de este lugar tanto en las novelas como en la obra histórica. El hacinamiento y la falta de higiene puede percibirse en los colores y la iluminación del escenario que se tiñe de ocres, claroscuros y lugares sin luminosidad con una luz que sólo aparece en las escenas de los patios.

LOS PERSONAJES: DE LA NOVELA A LA PELÍCULA

Las protagonistas de las novelas y de las películas son las trece muchachas pertenecientes es mayor o menor implicación en las JSU y que fueron encarceladas y posteriormente fusiladas. Si bien sus nombres aparecen en las novelas y en la película sus apariciones en las mismas son diferentes y se les otorga papeles principales y secundarios variables de unas obras a otras. Veremos a continuación qué personajes son los que se ven representados en ambas novelas, qué importancia se les otorga y las similitudes o diferencias que hay con respecto de éstas a la película. Primero analizaremos la novela de Ángeles López y seguidamente la de Jesús Ferrero.

I- MARTINA, LA ROSA NÚMERO TRECE

En *Martina, la rosa número trece* (López, 2006) el título ilustra y anuncia el contenido de la narración puesto que se centra en la vida de Martina Barroso de 22 años de edad en el momento de su fusilamiento. En el título se le otorga el nombre de la rosa número trece, el último lugar para no quitar importancia a las otras doce muchachas que fueron fusiladas junto a ella y cuya biografía se ve resumida en esta frase, haciendo de esta manera hincapié en que ella no sufrió más que las demás ni está en definitiva menos viva que el resto sino que es una víctima más de la tragedia. En esta novela es Paloma[53] la nieta de la hermana de Martina la que narra cómo descubrió la historia de su tía abuela desde una focalización interna y después ella se convierte dentro de la novela en la narradora de la historia. Sin embargo la narradora no es la misma persona que la autora aunque así quiera parecerlo. En las páginas de esta novela se recrea la historia personal e íntima de Martina en la que los miembros de su familia son los personajes secundarios junto con otros que ilustran su detención, interrogatorio y su paso por la cárcel. La narración se presenta como una historia basada en lo que se contaban unos

---

[53] No pudimos corroborarlo pero es posible que se trate realmente de Paloma Massa Barroso García, sobrina nieta en la vida real de Martina Barroso.

familiares a otros en la familia Barroso y que Paloma, tras una investigación de documentos, ordena y reconstruye relatando los últimos meses de vida de Martina. Las demás Rosas aparecen de soslayo en la cárcel y su función es ayudar a entender la historia de la protagonista de esta novela.

II. *Las trece rosas. La novela*

A diferencia de la narración de Jesús Ferrero, en *Las trece rosas* se dedica un capítulo a cada una de las víctimas en las que se presenta más o menos la historia individual de cada una de ellas en capítulos titulados con su nombre divididos en bloques, de esta manera tenemos los capítulos: "Avelina", "Joaquina", "Pilar", "Blanca", "Ana", "Julia", "Virtudes"; "Elena", "Victoria", "Dionisia", "Luisa", "Carmen" y "Martina". Se trata por tanto de una novela en la que el narrador otorga presencia a cada una de ellas dando también vida a otros personajes que participaron en la historia real de forma directa, como por ejemplo el policía que las interroga, o indirecta como el comandante Gabaldón.

En el primer bloque de la novela se cuenta las distintas formas y técnicas que ponía en práctica la policía para detener a los sospechosos de atentar contra los intereses del Régimen de Franco o de haberlo hecho en algún momento durante la guerra. De esta manera, cuenta cómo el padre de Avelina la entrega a la policía ignorando que, tras su interrogatorio, no la dejarían en libertad como le habían prometido; la forma por la que detienen en la calle a Joaquina y a su hermana Lola; la traición de un camarada que llevó a Pilar a la cárcel y hacerse amiga de Joaquina; la turbación de Blanca cuando detienen a su marido y días después a ella misma sin ninguna explicación. Las dudas de Ana al verse obligada a elegir entre huir con su novio al extranjero o quedarse en Madrid para atender a su familia. Cómo utiliza la policía a Julia permitiéndole salir de la comisaría donde la estaban interrogando para dejarle ir al entierro de su hermana y así poder capturar a más gente. Se cuenta también la escena en la que rapan el pelo a Ana nada más llegar a la jefatura de policía para ser interrogada, una práctica muy común entre las presas que servía de escarmiento y de humillación.

En la segunda parte se relata a través de otras protagonistas cómo era la vida en la Cárcel de Ventas y lo que supuestamente sintieron las muchachas al llegar allí así como durante el periodo que duró su estancia antes de ser fusiladas. Igualmente, a través de Elena nos aproximamos a los colores y olores nauseabundos de la cárcel. Con Victoria escuchamos por primera vez los disparos de los fusilados en el paredón del cementerio del Este, no muy lejano al recinto penitenciario y cuyas detonaciones se llegaban a oír desde sus celdas cada medianoche. Dionisia nos cuenta que se lava por la noche cuando todas están durmiendo para no tener que soportar las colas y la escasez de agua durante el día. Se detalla también el eterno silencio de Luisa que no volvió a pronunciar una palabra desde su ingreso en la prisión. Carmen nos presenta los sonidos de la cárcel, el zumbido incesante de personas atrapadas en un infierno del que sólo podían alejarse a través de la imaginación, la misma imaginación que transporta continuamente a Martina al exterior en donde ella asegura está el hombre de su vida que aún no conoce y que nunca conocerá.

Los capítulos de la tercera parte se centran en el juicio en el que se condena a las jóvenes y el episodio en el que escriben las cartas de despedida a sus familiares horas antes de ser ejecutadas. Destacaremos por su crueldad el dedicado a la elección de las trece víctimas en el que los tres policías, Roux, Cardinal y el Pálido, deciden prácticamente de una forma caprichosa quiénes serán las acusadas del asesinato del comandante Gabaldón.

> Señores, ha llegado el momento de decidir quiénes van a ser las quince de la mala hora. Bastará con ponerle un nombre a cada una de las rosas. Hagan memoria y decidan según sus preferencias. Empezaré yo -dijo el Pálido tomando una flor-. Y bien, esta rosa se va a llamar Luisa. No conseguí que esa bastarda pronunciara una sola palabra en los interrogatorios. Por poco me vuelve loco.
> – Y esta se va a llamar Pilar- dijo Cardinal apartando una flor.
> – Y esta se va a llamar Virtudes- susurró el Pálido con precipitación.[54]

Ferrero se esfuerza sobre todo en recrear momentos claves del final de las vidas de las jóvenes como en la citada escena en la que son trasladadas a la capilla de la Cárcel de Ventas para la última confesión ante el sacerdote que les otorgaba el derecho de escribir una carta de despedida a sus familiares. Poco se sabe de lo que pasó realmente en esa escena previa a los fusilamientos puesto que ninguna de ellas lo pudo contar después, sin embargo, Jesús Ferrero introduce las conversaciones entre las jóvenes, el nerviosismo, los últimos pensamientos, el miedo a la muerte, los últimos detalles de camaradería entre ellas así como sus silencios: "porque estando silenciosas hablaban más que antes, que de tanto hablar ya sólo expresaban silencio, ya sólo callaban".[55] Ferrero enuncia el momento en que comienzan a escribir las cartas: "Las trece conformaron una nueva piña en el centro de la capilla y empezaron a escribir las cartas, con lápiz y en papel de seda",[56] pero acota y omite el contenido de las mismas, sólo hace una pequeña referencia a la de Julia Conesa que fue la que más se popularizó quizá por la rotunda frase final de despedida que nosotros hemos reproducido en el título de este artículo "Qué mi nombre no se borre de la historia". Ferrero se detiene en ese momento de la narración con un contenido similar al del tratado de Fonseca para crear estos instantes íntimos y últimos de las Trece Rosas. Hay que señalar que estas cartas existen y su contenido se reproduce en su totalidad, incluso con los propios manuscritos, en su estudio histórico,[57] por esta razón el momento en que las escriben es recreado casi de forma verosímil por el novelista constituyendo así una realidad que por tanto inspira una vez más a la ficción.

En el último bloque de capítulos se recrea el fusilamiento conjunto de las trece jóvenes frente a una de las paredes del cementerio próximo a la Cárcel de Ventas llamado el Cementerio del Este:

---

[54] FERRERO. *Las trece rosas*, p. 129.

[55] FERRERO. *Las trece rosas*, p. 177.

[56] FERRERO. *Las trece rosas*, p. 180.

[57] FONSECA. *Trece rosas rojas*, p. 273-299.

Antes de que las colocaran en fila, y mientras los guardianes ponían a punto sus armas, volvieron a formar una piña y estuvieron hablando entrecortada y enloquecidamente, como si fuesen voces sin cuerpo (…) no mucho después ya se hallaban todas formando una hilera ante el paredón (…) los proyectiles tocaron la carne y la atravesaron como seda que oscilara en el aire. Los cuerpos se elevaron ligeramente y luego cayeron a tierra crispados.[58]

Igualmente en estos capítulos se concluye la historia con escenas posteriores a la ejecución que forman parte de la ficción puesto que se relata, por ejemplo, el momento en el que uno de los personajes que trabajaban en la cárcel, una religiosa llamada María Anselma, cuenta al día siguiente de la ejecución de las jóvenes cómo fue su muerte y lo que ella sintió. "No os hablo de ellas para aterrorizaros, os hablo para que sintáis lo mismo que yo sentí: el escalofrío. Os hablo para que os envuelva mejor su recuerdo."[59]

Un personaje ficticio, Benjamín, es el encargado de abrir y cerrar la novela. En las primeras páginas Benjamín es un enfermo mental internado en un centro psiquiátrico muy cercano a la Cárcel de Ventas que ve desde su ventana, como si de una película se tratara, a las jóvenes que entran y salen de la cárcel así como la vida de los patios. La locura es un tema recurrente durante toda la novela y tanto las situaciones como los lugares aparecen como producto de una sinrazón permanente y cruel que hace desaparecer toda lógica y cordura en las situaciones que se viven durante esa época llegando hasta extremos impensables. La novela avanza sumergida en esta especie de bruma mental que impide ver con claridad, tanto a los ejecutores como a las ejecutadas, las causas y los efectos de sus decisiones y de sus actos.

–Te he hecho una pregunta-dijo el Pálido acercándose-
¿Tú qué crees?
– Yo creo que esto es una locura.[60]

No podía ser la cárcel, ¿querían volverla loca?"[61]

En ocasiones la locura pasa por el filtro de la razón de alguna de las jóvenes y, en otros momentos, ni ellas mismas son conscientes de lo que les está pasando intentando huir de la realidad a través de su imaginación, único recurso para escapar de las cadenas de la prisión y de la muerte que les espera a pesar de que, como en la misma novela se afirma: "hay universos tejidos para que ningún sueño pueda servirnos de punto de fuga durante mucho tiempo".[62]

El final de la historia se sitúa en un Madrid luminoso y alegre liberado ya del Régimen de Franco. En ese momento Benjamín ya ha salido del centro psiquiátrico y a través de sus ojos vemos los fantasmas de un pasado que nunca vuelve de igual forma que los muertos tampoco regresan. Sin embargo abre la puerta a la esperanza de la

---

[58] FERRERO. *Las trece rosas*, p. 194-197.

[59] FERRERO. *Las trece rosas*, p. 212.

[60] FERRERO. *Las trece rosas*, p. 71.

[61] FERRERO. *Las trece rosas*, p. 88.

[62] FERRERO. *Las trece rosas*, p. 93.

incesante vida que se renueva constantemente. "Luego pensó que quizá sólo poseía una verdad: la vida, inmensa y leve y única en cada mirada y en cada sonrisa. Si alguien nos la quitaba ¿nos quitaba la eternidad?"[63]

III. *LAS TRECE ROSAS, LA PELÍCULA*

Una vez analizados los personajes principales de las novelas pasaremos a continuación a ver quiénes son las personas de la historia que participan en la película dirigida por Emilio Martínez Lázaro y que estuvo en los carteles de los cines de toda España en el año 2007. La película cuenta la misma historia basada en los hechos reales añadiendo elementos inventados por el director, el guionista y los propios actores del film. La motivación por parte del director de hacer una película basada en estos hechos es como el mismo afirma en una entrevista al *El País*:

> No se han hecho tantas películas de la guerra civil como suele decirse. Además, en su mayoría la guerra o la posguerra sólo es un telón de fondo. La novedad argumental de mi película es que muestra por primera vez la arbitrariedad y desanía de una de tantas ejecuciones sumarias que se produjeron al final de la guerra.[64]

La historia comienza con la entrada en Madrid de las tropas de Franco y la persecución que se hace a todo aquel susceptible de ser opositor al Régimen, en especial a los adeptos al bando republicano. Se puede ver cómo van deteniendo e interrogando a algunos de los personajes para después llevarles a la Cárcel de Ventas. Se nos muestra la vida cotidiana de la cárcel, el juicio y, como no, la ejecución de las trece jóvenes.

Aunque en la película aparecen actrices interpretando a cada una de las trece rosas, la trama se centra en cinco de ellas: Julia Conesa Conesa (modista, 19 años), Blanca Brisac Vázquez (pianista, 29 años y madre de un niño), Virtudes González García (18 años, modista), Adelina García Casillas (19 años) y Carmen Cuesta (15 años). La razón de la elección de estas cinco según el mismo director se debe a que no había tiempo en el metraje de la película para incluir las historias de las trece mujeres, era necesaria una labor de síntesis a la hora de escribir las escenas para de esta manera adaptarlo a las necesidades y exigencias de una película.[65] Para ello, no sólo fue necesario dejar de lado a algunos personajes sino también incluir otros que ayudan a dotar de realismo y verosimilitud a la historia, por eso el director, en la misma entrevista que estamos citando, afirma que hay muchos personajes que son inventados, que se han respetado los sucesos de la historia añadiendo elementos de ficción, como en el caso de Perico el novio de Julia, que aunque se tenga constancia de que ella estaba saliendo con un chico, en la película se inventa el nombre y se exagera el personaje, de esta manera éste está realmente inspirado en tres o cuatro personas de la vida real.[66] Por otra

---

[63] FERRERO. *Las trece rosas*, p. 231.

[64] MARTÍNEZ LÁZARO. Entrevista de los internautas a Emilio Martínez Lázaro.

[65] MARTÍNEZ LÁZARO. Entrevista a Emilio Martínez Lázaro, director de "Las 13 rosas".

[66] MARTÌNEZ LÁZARO. Entrevista a Emilio Martínez Lázaro, director de "Las 13 rosas".

parte, el personaje del comisario de policía Fontenla, interpretado por Adriano Gianini, era de mayor edad en la vida real y en la película se le quiso dar un aspecto más agradable del que tuvo la persona en la realidad.

Así se va construyendo la historia y la trama del film: Por un lado, basándose en hechos reales, en lo que se cuenta en las novelas, en los testimonios reales de supervivientes que compartieron esos momentos con las víctimas; y por otro, en elementos inventados para que la película tenga sentido novelesco, enganche al espectador y tenga éxito en taquilla. En este sentido en el que se observa que no se basa totalmente en hechos reales el director afirma: "Todos sabemos que una película histórica es una pequeña traición a la historia y al mismo tiempo puede ser fiel a los datos más importantes del hecho real".[67]

De la misma forma, la gran diferencia que se puede encontrar entre las novelas y la película es la crueldad de los hechos. En todas estas obras se encuentra el horror de la guerra, la miseria de la Cárcel, el miedo a la muerte, la injusticia del juicio y la ejecución de las jóvenes. Sin embargo en la película, al ser un arte visual, se omiten expresamente muchas escenas crueles con el objetivo de no dañar la sensibilidad del espectador, un aspecto que quizá en las novelas sea todo lo contrario para hacer mostrar la realidad cruel de los hechos y de la cárcel. Según el director:

> Aunque para el espectador es horrible, yo sé, y los supervivientes lo sabrán si ven la película, que es muchísimo menos de lo que pasó. Una broma comparada con lo que les sucedió de verdad (…) Al ser tan dramática la película, yo sabía que había que dar al espectador una especie de curva de sentimientos donde no todo fuera horrible.[68]

A parte de todo el trabajo realizado sobre la trama y los personajes, hemos de centrarnos también en la Cárcel de Ventas, puesto que se trata de un lugar clave en la historia y, si bien encontramos similitudes en la descripción de ésta en las novelas en las que se refleja una imagen de este lugar un tanto lúgubre tanto en las características del espacio como en la vida que las mujeres llevaban allí, es importante destacar que en la película esta descripción es diferente con respecto a la segunda característica. Si bien de la misma manera que en las novelas los escenarios recreados de la cárcel son oscuros, sucios, con miles de mujeres flacas y hacinadas, por otro lado, la vida en el centro penitenciario tal y como nos lo cuenta en la película parece ser un poco más jovial de lo que en realidad fue si nos atenemos a los testimonios de las supervivientes. En la película vemos a Carmen Cuesta bailando claqué, a las niñas del departamento de menores jugueteando y haciendo bromas con el personal encargado de supervisarlas, las vemos recibiendo cartas y paquetes de sus familiares, riendo y cantando en los patios. Sin embargo se omiten imágenes de los castigos reales, de la falta de higiene, del hambre acuciante, de la tristeza por la injusticia y la soledad. No todo es alegría en las escenas de la cárcel en la película, puesto que se muestra cómo escuchan los disparos de la ejecuciones o cómo salen del recinto los ataúdes de los bebés de las presidiarias que mueren cada día, no obstante lo que llega al espectador es una visión quizá un tanto suavizada del horror que supuso para éstas jóvenes la vida cotidiana en ese lugar. El

---

[67] MARTÌNEZ LÁZARO. Entrevista a Emilio Martínez Lázaro, director de "Las 13 rosas".
[68] MARTÌNEZ LÁZARO. Entrevista a Emilio Martínez Lázaro, director de "Las 13 rosas".

mismo director lo defiende: "En la película ni de lejos he querido mostrar el horror de lo que fue aquello para aquellas chicas, puesto que no se hubiera podido soportar en la pantalla. En ese sentido la película está muy dulcificada."[69]

Otro de los momentos que cabe destacar en la película y que constituyó un hecho real son las escenas dedicadas a la redacción de las cartas. Tanto en las novelas como en la película hay un tratamiento especial a estos minutos dedicados a las despedidas de las jóvenes. El hecho fue real puesto que nos quedan como testimonio las cartas originales que las chicas escribieron a sus familias y, basándose en éstas, se intenta recrear el lugar y lo que sucedió en ese espacio de tiempo. Trágicas son las escenas de la película en las que se puede ver el pánico a la inminente muerte en los rostros de cada una de las condenadas; nervios y un silencio sepulcral recrea lo que pudo haber pasado en esas horas previas a los fusilamientos en las que ellas son plenamente conscientes de su inminente muerte y que no existe escapatoria posible. En la novela de Ferrero se dedican dos capítulos enteros a esta escena y el autor nos hace llegar a través de las conversaciones la desesperación de las muchachas:

> Se sintieron perdidas. Se escuchaban unas a otras sin oírse, sin escucharse. Hablaban todas a la vez, en un tono que tenía algo de salmodia, y entre todas conformaban un murmullo de colmena que crispaba a las guardianas. Bastaba con mirarlas para sentirse flotando en el jardín de la locura […] –Como me maten hoy, será terrible. Me condenarán a no morir nunca del todo. Porque nadie puede borrar de repente todo lo que guarda mi mente ahora mismo, nadie.[70]

No obstante, en la película las protagonistas aparecen en silencio, escriben sus cartas llorando de miedo al escuchar las detonaciones de los disparos que proceden del paredón del cementerio. En el caso de Blanca Brisac, ella sabe que entre los que acaban de fusilar, está su marido. El horror, a diferencia de la novela, no aparece reflejado en lo que dicen sino en sus rostros pálidos y sudorosos, en sus labios blancos y resecos por la angustia así como en los ojos enjugados en lágrimas. Este momento es clave en el desarrollo de la historia tanto en las novelas como en la película porque permite que el lector o el espectador pueda empatizar con los pensamientos y sentimientos de las jóvenes en estos momentos trágicos, provocando la catarsis en el receptor, quizá mucho más allá de lo que pueden provocar las escenas del fusilamiento mismo, aunque no por esto queramos decir que las escenas de los fusilamientos sean menos trágicas y dolorosas, puesto que lo son tanto en las novelas como en las películas, sin embargo el miedo es un sentimiento común, conocido por el género humano, que se repite en la vida, se recuerda y se teme, y sin embargo la muerte en sí es desconocida por el hombre hasta su llegada. En todas ellas aparece la ficción puesto que no se tienen datos de cómo fue realmente ni tampoco de lo que se dijo momentos previos y posteriores a los disparos. La huella de las trece rosas en vida se pierde en el preciso instante en que salen de la cárcel para ser trasladadas al Cementerio del Este. Las otras presas supervivientes cuentan que las Trece Rosas rojas camino de la inevitable muerte en el paredón del Cementerio del

[69] MARTÌNEZ LÁZARO. Entrevista a Emilio Martínez Lázaro, director de "Las 13 rosas".
[70] FERRERO. Las trece rosas, p. 179-180.

Este de Madrid iban entonando la canción de las JSU que definía hasta en esos últimos momentos la trayectoria de su vida y también la de su muerte. La canción es "La joven guardia" y así aparece reflejado en la película también:

> Somos la joven guardia/ que va forjando el porvenir./ Nos templó la miseria/ sabremos vencer o morir./ Noble es la causa de librar/ al hombre de su esclavitud./ Quizá el camino hay que regar/ con sangre de la juventud.

CONCLUSIÓN

Este momento de la historia que nos hemos parado a estudiar fue uno de los más tristes de la posguerra española y así lo han intentado plasmar con diferentes técnicas escritas y visuales varias formas de expresión artística. Podríamos quizá pensar cada posicionamiento de cada autor en cada una de las manifestaciones, sin embargo, hay algo que posiblemente vaya más allá de esa característica y es la necesidad del hombre de contar sucesos dolorosos de su historia, ya sea personal como universal, con el objetivo de superar el sufrimiento y enseñar al mundo la sinrazón del ser humano en determinadas episodios de la Historia. La palabra y la imagen se alían en este caso para lanzar un único mensaje al receptor con diferentes técnicas y lenguajes, este mensaje supera las barreras de la realidad para residir en la lengua escrita y, como hemos podido comprobar, también en el cine para que todos podamos recibir una idea común: la crueldad de la guerra. La literatura y la gran pantalla se hermanan creando conjuntamente un mundo cultural que se complementa con sus estilos y formatos personales.

Como hemos visto en el análisis realizado, el caso de las Trece Rosas es sólo un ejemplo más de los muchos acontecimientos históricos que se han utilizado en la literatura contemporánea para superar el trauma de la Guerra Civil Española. En este caso representado en varias manifestaciones artísticas entre las que nosotros hemos seleccionado dos novelas, un libro con apuntes históricos y una película, todos con gran éxito de público. Las estrategias discursivas que se utilizan en cada uno de los soportes y medios analizados difieren, pero en todos ellos vemos un intento común de superar el horror de la guerra civil, manifestado en este caso en el horror de la cárcel así como el sufrimiento y la angustia de quienes van a morir. Es destacable la importancia que se da a la "despedida" de las mujeres y su escritura de cartas a sus familias, quizás uno de los momentos que reflejan con mayor crudeza la angustia psicológica, y los intentos de superar hechos traumáticos a través de la reflexión sobre el final de sus vidas. La literatura y la transposición de ésta al cine se convierten así en tentativas para superar aspectos realmente crudos de la sociedad, haciendo un esfuerzo para que hechos históricos — caracterizados por su "negatividad" y crudeza, como puede ser el caso de una guerra — se mantengan en la memoria de la gente, a la vez que se intenta superar el horror y trauma social causados por los mismos. Quizás, como Julia Conesa escribía en su carta a su familia, sea bueno que su "nombre no se borre de la historia", y que la ficcionalización de determinados hechos traumáticos del pasado nos permita recordar la crueldad de cualquier guerra. Ⓐ

Resumo

A Guerra Civil Espanhola foi um dos acontecimentos mais tristes e mais sangrentos da história da Espanha. Mais tarde, nos anos do pós-guerra, os perdedores sofreram uma repressão cruel pelos fascistas. A distância no tempo permite uma visão dos fatos históricos que dá lugar a um tipo de literatura baseada na utilização de estes episódios traumáticos como cenários ou bases argumentativas. Os acontecimentos históricos desde a visão do perdedor se plasmam no romance e no cinema como uma forma de evocar o esquecido e constitui a base dos horrores da guerra. Neste sentido, o fato de relembrar o tema das treze jovens fuziladas durante o pós-guerra ganha importância ha alguns anos na Espanha manifestando-se nos diferentes formas de abordagem do mesmo tema como são os dois romances, um documentário, um filme e uma análise histórica rigorosa.

Palavras-chave

Guerra Civil Espanhola, perdedores, literatura de trauma

Referencias

FERRARI, Marta B. "Recordando y olvidando": cine y narrativa en la España postfranquista. In: FERRARI, Marta B. (Ed.). *De la letra a la imagen*. Narrativas postfranquistas en sus versiones fílmicas. Mar del Plata: EUDEM-Universidad Nacional del Mar del Plata, 2007. p. 8-24.

FERRERO, Jesús. *Las trece rosas*. Siruela. Madrid: Siruela, 2003.

FONSECA, Carlos. *Trece rosas rojas*. 3. ed. Madrid: Temas de Hoy, 2004.

GRAHAM, Helen. *Breve Historia de la Guerra Civil*. Madrid: Espasa-Calpe, 2006.

GUARINOS, Virginia. Ramos de rosas. Las Trece Rosas: Memoria audiovisual y género. *Cuadernos de Cine*, Alicante, n. 3, p. 91-103, 2008.

LAS TRECE ROSAS. Dirección: Emilio Martínez Lázaro. España: 2007. (124 min.).

LÓPEZ, Ángeles. *Martina, la rosa número trece*. Barcelona: Seix Barral, 2006.

MARTÍNEZ LÁZARO, Emilio. Entrevista de los internautas a Emilio Martínez Lázaro. *El país Digital*, 26 oct. 2007. Disponible en: < http: //www.elpais.com/edigitales/ entrevista.html?encuentro=3152&k=Emilio_Martinez_Lazaro.> (Página consultada el: 12 ene. 2009).

MARTÍNEZ LÁZARO, Emilio. Entrevista a Emilio Martínez Lázaro, director de "Las 13 rosas". *El blog del cine Español*. 24 oct. 2007. Disponible en: <http://www.elblogdecineespanol.com/ ?p=105>. (Página consultada el: 12 ene. 2009).

PÉREZ, Graciela Ana. Frente a lo traumático de la guerra la ética de la palabra. *Seminarios Virtuales ElSigma*. 28 jun. 2007. Disponible en: < http://www.elsigma.com/ site/detalle.asp?IdContenido=11470>. (Página consultada el: 29 jun. 2008).

POZO, Julián Fernández del. *Homenaje a las Trece Rosas*. Enero 2004. Disponible en: <http://www.foroporlamemoria.info/documentos/poema_jfernandez_pozo_ene2004.htm>. p. 705-716. (Página consultada el: 29 jun. 2008).

QUE MI NOMBRE NO SE BORRE DE LA HISTORIA. Dirección: Verónica Vigil Ortiz y José María Almela. España: Delta Films, 2004 (2006, 2008). Documental de Televisión Española, Documentos-TV. (120 min.).

RODRÍGUEZ GUTIÈRREZ; Marta María; FILARDO LLAMAS, Laura. Narraciones y contranarraciones: El caso de la novela histórica. In: SINTES, Alejandro Alcaraz *et al.* (Ed.). *Proceedings of the 29th AEDEAN Conference*: Universidad de Jaén 15 al 20 diciembre 2005, p. 705-716.

RUBIOLO, Diego. *La lengua de las mariposas* de Manuel Rivas y de José Luis Cuerda: dos formas de narrar el pasado. In: FERRARI, Marta B. (Ed.). *De la letra a la imagen*. Narrativas postfranquistas en sus versiones fílmicas. Mar del Plata: EUDEM. Universidad Nacional del Mar del Plata, 2007. p. 79-97.

SCARANO, Laura. Sujetos de la memoria. ¿Quién narra hoy el pasado bélico? In: FERRARI, Marta B. (Ed.). *De la letra a la imagen*. Narrativas postfranquistas en sus versiones fílmicas. Mar del Plata: EUDEM. Universidad Nacional del Mar del Plata, 2007. p. 25-42.

Olhares do Mundo para a Guerra Civil

GEORGE ORWELL E OS DESDOBRAMENTOS LITERÁRIOS DE UMA PRESENÇA NO FRONT

Carlos Gohn
UFMG

RESUMO

Esse trabalho apresenta as circunstâncias que rodeiam a ida de George Orwell como combatente voluntário à Espanha e a redação de *Homage to Catalonia* após seu retorno à Inglaterra.

PALAVRAS-CHAVE
George Orwell, *Homenagem a Catalunha*,
Guerra Civil Espanhola

Cenas tomadas de um filme fictício: Orwell, aos vinte e poucos anos, policial concursado na Polícia Imperial britânica na Índia (em região hoje do país Myamar, anteriormente parte da grande Índia Britânica), vê um oficial inglês chutar um carregador nativo. A compreensão visceral do significado da palavra "imperialismo" cai como um raio sobre ele. Pouco tempo depois, pedirá sua demissão do serviço militar e inviabilizará a perspectiva de ter uma carreira segura. Mudança de cena: Barcelona, em 1937. Como combatente voluntário nas Milícias do POUM, recém-entrado nos trintas anos, encontra um jovem voluntário italiano que lhe aperta as mãos com força. O sentido da palavra "fraternidade" se torna repentinamente óbvio para Orwell.

Os fatos. Orwell (no registro civil tinha o nome de Eric Arthur Blair) chega a Barcelona no dia 26 de dezembro de 1936. Viera movido por uma convicção de base. Nas palavras de Pontes:

> Antes de lutar *por aqueles* que estavam sendo ameaçados pelos rebeldes franquistas, eles lutam *por aquilo* que está em risco. A luta, para eles, é menos uma luta entre civis partidários de uma república recentemente instaurada num país estrangeiro e militares golpistas que querem derrubar esta República do que entre a liberdade e a opressão, entre o progresso e o retrocesso políticos representados, respectivamente, por legalistas republicanos e nacionalistas franquistas. O "teatro de operações", no fundo, é irrelevante.[1]

Mostra-se, assim, como subjacente à vinda dos voluntários, a obrigação moral de lutar na Espanha contra o fascismo, presente na motivação de Orwell e na de tantos outros combatentes (entre eles mais de uma dezena de intrépidos brasileiros), que viam não só a necessidade de dar um freio à expansão do fascismo – e de seus propagadores

---

[1] PONTES. A boa luta perdida: As reminiscências dos veteranos da Brigada Abrahan Lincoln no filme *The good fight*, p. 2.

na Itália e Alemanha –, como de dar tempo ao socialismo de assumir a vanguarda na reconstrução da Europa em crise dos anos 1930. As razões íntimas para a vinda de Orwell, atento desde 1931 ao que acontecia na Espanha, mereceram debate entre os analistas daquele país. Gutierrez[2] questiona Teresa Pámies, uma adepta do "revisionismo eurocomunista" dos anos 1970, quando essa escritora se pergunta se Orwell queria experimentar, por razões literárias, o que sente um homem em uma guerra de verdade. Pámies afirma ainda que a Espanha ofereceu a Orwell "a possibilidade de viver o que Malraux chamou de *mon heure lyrique*". Muito mais justo, diz Gutierrez, é Luiz Romero, ao reconhecer que Orwell não era um literato de salão, nem um "filhinho de papai", mas um intelectual inglês que se empenhou a fundo naquilo que acreditava ser a revolução proletária, com todas as contradições inerentes a uma posição como essa. Gutierrez prefere, ao final, a opinião do biógrafo de Orwell, Bernard Crick, quando este diz que o escritor se encontrava literariamente "seco" e buscou na Espanha uma fonte de inspiração. Contudo, continua Gutierrez, "houve uma combinação de fatores, entre os quais a vontade de combater pela liberdade não foi o último, embora o fator literário tenha sido o primeiro".[3] Deve-se ainda, conclui Gutierrez, destacar que Orwell não manteve pose de escritor durante seu período na Espanha e que lá correu muitas vezes perigo de vida.

Ao chegar à Espanha, Orwell estava ainda em um período de "lua de mel" com os comunistas. Embora tivesse repugnância pelos "Processos de Moscou", não generalizava as implicações dos fatos acontecidos para todos os comunistas que estavam fora da União Soviética. Explica-se, assim, a falta de percepção inicial por parte de Orwell quanto às sutilezas da disputa fratricida entre grupos de combatentes na ala republicana, que transformava a guerra num conflito "triangular". Havia os fascistas, ajudados pela Itália e Alemanha; os comunistas, auxiliados pela Rússia, e os anarquistas. Para os comunistas espanhóis, a sujeição às determinações do Comintern se fazia muitas vezes mais no sentido de visar os interesses da política externa de Stalin nos anos 1930 do que, aquilo que seria esperado em uma situação de guerra, os interesses dos republicanos espanhóis.

Logo as características do embate e suas melancólicas consequências para a causa dos progressistas se tornarão claras para o escritor combatente. Entre os escritos de Orwell, *Homage to Catalonia* [Homenagem à Catalunha], publicado em 1938, e *Looking Back on the Spanish War* [Recordando a Guerra Civil Espanhola], publicado em 1942, além de outros de menor extensão, dão testemunho da mudança de sua percepção sobre aquilo que estava em jogo. O texto de 1938, pensado inicialmente sob a forma de um relato jornalístico, adquiriu logo um caráter de denúncia. É preciso lembrar que Orwell havia chegado à Espanha como correspondente do *New Leader*, órgão do ILP, assim como de outros jornais e revistas. De resultado algo inesperado, escreveu muito pouco enquanto estava em solo espanhol e assinava como E.A. Blair, nome com o qual era absolutamente desconhecido.

Os antecedentes. Orwell tentara em vão obter uma carta de recomendação do Partido Comunista Britânico para ir à Espanha. Em tempos de alinhamento stalinista, o partido desconfiava da ortodoxia de Orwell, uma vez que as opiniões do escritor sobre a

---

[2] GUTIERREZ. Orwell, un poumista atípico. Edición digital de la Fundación Andreu Nin, p. 2.

[3] GUTIERREZ. Orwell, un poumista atípico. Edición digital de la Fundación Andreu Nin.

intelectualidade marxista, prestes a aparecerem na publicação de *The Road to Wigan Pier* (O caminho para Wigan Pier), já eram públicas. Orwell consegue então uma carta do ILP (Independent Labour Party), para se juntar a membros da organização que se encontravam em Barcelona, lutando junto ao POUM (Partido Obrero de Unificación Marxista). É a eles que se reúne, permanecendo praticamente todo o tempo no front durante os seis meses em que ficou na Espanha. Antes de chegar a esse país, Orwell encontrou em Paris o escritor Henry Miller, cuja criatividade narrativa ele admirava como algo necessário aos novos tempos. Ao final do encontro, relembra o secretário de Henry Miller, este deu a Orwell uma jaqueta de veludo, como contribuição à causa espanhola.

Algumas pistas para a compreensão dos motivos de Orwell nesse engajamento podem ser vistas em sua história de vida. Nasceu em 1903 no estado de Bengala (Índia), onde seu pai era funcionário da coroa britânica e sua mãe, professora. Retorna com a mãe para a Inglaterra no ano seguinte, seguindo estudos que o conduziram à prestigiosa escola de Eton e que poderiam tê-lo levado, quase como uma consequência natural, a cursar as universidades de elite de Cambridge ou Oxford. Ao invés disso, presta concurso para a Polícia Imperial aos 19 anos e, aprovado, solicita nomeação na Birmânia (atual Myanmar), onde permanece por cinco anos, antes de pedir demissão e voltar à Inglaterra.

A vocação de escritor havia se imposto a Orwell. Na arguta observação de Claude Roy, "o escritor Orwell começa, à maneira de Zola, perscrutando a verdade através de vivências, e termina como La Fontaine, fazendo-se inventor de fábulas inesquecíveis".[4] Orwell havia escrito dois livros de reportagem social , antes da viagem à Espanha. O primeiro deles foi *Down and out in Paris and London* [Na pior em Paris e Londres], com publicação em 1933, onde faz um relato de suas experiências, em solo inglês, sob o disfarce de um mendigo e de suas vivências como trabalhador braçal no Quartier Latin em Paris. A boa acolhida dessa primeira publicação, que trazia ressonâncias de Dickens e Jack London, enseja que o editor Victor Gollancz lhe encomende um relato da situação dos mineiros no norte da Inglaterra. Resulta daí o livro *The Road to Wigan Pier* [A caminho de Wigan Pier], publicado em 1937, em que Orwell pinta o que viu, ao mesmo tempo que critica intelectuais que seriam socialistas "à l' anglaise". O autor conquistara, assim, uma certa presença na cena literária inglesa.

No Brasil, *Homage to Catalonia* e *Looking Back on the Spanish War* foram primeiramente publicados como *Lutando na Espanha* e *Recordando a Guerra Civil*, edição de 1967, pela Civilização Brasileira, com tradução de Affonso Blacheyre. A mesma tradução dos dois textos foi relançada em 1986 pela Editora Globo, que publicaria uma outra edição revista e ampliada em 2006. Em 2001 havia sido publicado na Inglaterra *Orwell in Spain*, editado por Peter Davison, com material retirado dos vinte volumes de sua edição impecável das obras completas de Orwell. A edição de 2006 da Editora Globo foi feita a partir da edição de Peter Davison. A revisão mais significativa no texto de *Homage to Catalonia* segue instruções que Orwell teria deixado para uma segunda edição inglesa, no sentido de colocar os capítulos V e XI da primeira edição como apêndices ao final da narrativa, pelo caráter mais analítico destes. As alterações feitas por Peter Davison foram contestadas por alguns estudiosos, o mais veemente dos quais é Stephen Schwartz. A

---

[4] ROY. Il fut l'un des grands maîtres d'incrédulité: Orwell est de retour, p. 1.

edição de 2001 aparecia no contexto de uma reavaliação da obra de Orwell, a partir de 1980, principalmente no cenário norte-americano. A obra não ficcional de Orwell é então, através de artigos, reproblematizada no campo das ciências políticas, economia e história, ampliando-se o quadro interpretativo de sua análise das condições de vida na Europa dos anos 1930 e 1940.

Orwell in Spain incluía todos os textos de Orwell sobre a Guerra Civil Espanhola. A Editora Globo publica em 2006, portanto, a tradução feita por Ana Helena Souza dos textos constantes em Orwell in Spain sob o título de Lutando na Espanha: homenagem à Catalunha, recordando a Guerra Civil Espanhola e outros escritos. A seleção, organização e prefácio dessa nova tradução foi feita por Ronald Polito. Em seu Prefácio, ele faz uma aproximação entre Orwell e dois outros escritores, Erich Maria Remarque e John Reed.[5] O romance Nada de novo no front, de Remarque, de 1929, sobre a participação desse autor na Primeira Guerra Mundial, obteve grande êxito. O mesmo pode ser dito de obras de John Reed, como Dez dias que abalaram o mundo, texto de defesa do governo bolchevique, publicado em 1919. À diferença desses dois livros, observa Polito, Homage to Catalonia não teve sucesso inicial. Desde sua publicação em 1938 até a morte de Orwell em 1950, apenas novecentos exemplares foram vendidos, com a primeira reedição inglesa datada de 1951. Em 1948 houve uma tradução em italiano e apenas em 1952 apareceu uma edição norte-americana. Na esteira do sucesso com a publicação de Animal Farm, em 1945, e de Nineteeen eighty-four, em 1949, Homage to Catalonia foi traduzido em vários idiomas e tem tido uma exitosa carreira como um texto clássico sobre a Guerra Civil Espanhola.

É certamente irônico que Orwell, falecido em 1950, tenha sido enganado em seu leito de morte por um agente contabilista, Jack Harrison, que posteriormente ficou com o grosso dos rendimentos dos direitos autorais do escritor. Um acordo compensatório foi feito no início da década de 1980 e, tendo naquela ocasião acesso ao dinheiro, Richard Blair, filho adotivo de Orwell, faz uso dele no fundo para o Orwell Prize, que premia anualmente estudos de crítica cultural-política no Reino Unido.

Homage to Catalonia evidencia a reação inicial de Orwell ao chegar à Barcelona de finais de 1936, com o curto espaço de tempo em que a região viveu um período revolucionário em que distinções de classe tinham sido apagadas (mas é inevitável pensar aqui numa das frases mais conhecidas de Animal Farm, uma de suas próximas ficções: "Todos são iguais, mas alguns são mais iguais do que os outros").

A admiração de Orwell pode levar a um equívoco sobre o título do livro, que não se refere à Catalunha enquanto região com identidade nacional, cultural ou linguística. Orwell celebrava uma epifania política que ia marcar toda sua obra posterior e pensava, antes, numa homenagem às pessoas que ele encontrara na Catalunha, com seu ideal libertário.

O "caleidoscópio de partidos políticos e sindicatos, com seus nomes cansativos – PSUC, POUM, FAI, UGT, JCI, SJU, AIT –, o atordoava. Orwell foi integrado à milícia do POUM (por ter carta de apresentação do ILP) e não às Brigadas Internacionais. Ele chegou a se lamentar que isso tivesse impedido sua ida a Madrid, centro da guerra civil. O escritor não se dava conta, inicialmente, das brigas internas entre os movimentos representados pelas várias siglas.

---

[5] POLITO. Prefácio, p. 13.

Polito,[6] na introdução anteriormente citada, divide o relato de *Homage to Catalonia* em cinco períodos temporais. Primeiramente, a entrada no POUM em dezembro de 1936 e o precário "treinamento" recebido antes do deslocamento para a frente de batalha. O segundo período, o mais longo, cobre de janeiro a abril de 1937, com a atuação na região de Aragão, inicialmente nas cercanias de Alcubierre, no front de Saragossa, e depois perto de Huesca. A ação era pouca e o relato de Orwell traz considerações provocadoras e irônicas sobre sua situação nas trincheiras nos meses de inverno, com a presença mais ameaçadora e constante do frio e dos ratos do que dos combatentes fascistas propriamente ditos. Ele foi promovido a cabo logo após sua chegada ao front, tendo o comando de doze homens, embora o sistema de hierarquia nas milícias fosse muito atenuado e todos, do general ao soldado raso, se tratassem como "camaradas" e recebessem o mesmo soldo. O retorno a Barcelona por duas semanas, ao final de abril, permite-lhe reencontrar a esposa. Esse terceiro período apresenta maior intensidade dramática e cobre os fratricidas combates de rua após 3 de maio, com a tomada do prédio da telefônica por forças governamentais, forjando-se a justificativa de terem sido roubados armamentos dos arsenais do governo por milícias anarquistas e membros do POUM (o que viria depois a justificar a cassação do partido e a prisão de seus membros com a falsa acusação de conluio com Franco). O quarto período diz respeito à volta ao front, quando Orwell, promovido a tenente, comandava trinta homens, entre ingleses e espanhóis. Após dez dias, ele será ferido no pescoço por uma bala perdida, que por pouco não atinge uma artéria. Faz então um percurso por hospitais. Seu retorno a Barcelona cobre o quinto e último período. O POUM já estava na ilegalidade e Orwell e sua mulher conseguem, com dificuldade, sair da Espanha por trem, em 23 de junho, retornando à Inglaterra via Paris.

O material coletado por Orwell (muito dele confiscado pela polícia no seu quarto de hotel em Barcelona) e suas lembranças o motivam a iniciar, ainda em 1937, a redação de *Homage to Catalonia*. Em fevereiro de 1938 entrega a seu agente uma cópia do livro, que é publicado em 25 de abril do mesmo ano pela Editora Martin Secker and Warburg. Na observação de Miquel Berga,[7] o livro mescla vários gêneros, como o relato autobiográfico, a narrativa de guerra e literatura de viagem. A esses gêneros Polito acrescenta ainda o de análise político-ideológica.[8] Orwell fará aqui também a denúncia da campanha sistemática de difamação contra os anarquistas orquestrada pela imprensa sob controle ou influência comunista, representada pelo *Daily Worker* – jornal oficial do PC nos EUA –, e pelo *News Chronicle* e o *New Statesman*, publicados na Inglaterra. Foi para ele uma surpresa descobrir que a imprensa de esquerda pode ser tão enganadora quanto a da direita. Em seus últimos tempos na Espanha, o próprio Orwell foi acusado de "trotskysta" (sabendo-se que essa pecha equivalia a de traidor dos ideais do proletariado internacional e não simplesmente a de opositor a Stalin), tendo de passar para a clandestinidade para não ser preso antes de retornar à Inglaterra.

---

[6] POLITO. Prefácio, p. 15-16.

[7] BERGA. Homenatge a Catalunya, p. 1.

[8] POLITO. Prefácio, p. 11.

A publicação de *Looking Back on the Spanish War* (Recordando a Guerra Civil Espanhola) em 1942 dará a Orwell a ocasião de aprofundar sua compreensão daquilo que vivenciara na Espanha e de acrescentar mais alguns relatos. Chamam a atenção suas reflexões sobre a expansão do totalitarismo e suas indagações sobre a possibilidade de se chegar à verdade histórica, o que terá repercussão direta na escrita de *Nineteen-eighty-four*. Nesse contexto, é preciso ter em mente que a ditadura franquista impôs um longo período de silêncio sobre fatos ocorridos durante a guerra, através do chamado *Pacto del Olvido*. A reabertura democrática da Espanha, na década de 1970, permitiu a retomada dessa discussão.

Roy[9] descreve o escritor como um dos "mestres da incredulidade", como um daqueles que tiveram um efeito esclarecedor sobre o seu tempo. Orwell poderia ser colocado ao lado de uma Simone Weil e seu desvelamento das contradições de vida num mundo capitalista, de Hannah Arendt e sua análise do totalitarismo, de Simon Leys e sua visão do totalitarismo na China, de Victor Serge e seu repto ao apoio de Gide à União Soviética; e de Soljenitsyne com sua denúncia do Gulag. No dizer de Nóvoa, "Orwell, ao escrever suas memórias realiza com muita competência e também com muita consciência de causa o projeto de Walter Benjamin que diagnosticava e prognosticava para aqueles tempos a necessidade de escrever a história a contrapelo".[10]

A escrita de Orwell reflete artisticamente o que foi vivido pelo escritor na Espanha. Berga, fazendo uma análise de *Homage to Catalonia*, aponta alguns recursos usados pelo autor:

> Os tempos verbais se combinam entre a imediatez dos fatos vividos e a reflexão posterior em um jogo sutil de ponderação sobre o valor das "primeiras impressões"; o narrador sabe se situar habilmente dentro e fora da narração dando, assim provas de "objetividade" ao leitor; o narrador alerta continuamente o leitor sobre suas próprias limitações e suas simpatias; o percurso entre o idealismo ingênuo do voluntário que chega na Catalunha e o homem consciente da revolução traída se reflete na estrutura de *Homage to Catalonia*, numa seqüência de fuga musical, os movimentos de ida e vinda, entre Londres e Barcelona e o *front* de Aragão; o narrador é extraordinariamente escrupuloso quanto às informações que dá sobre os aspectos menores de sua experiência para superar a suscetibilidade potencial do leitor quando é necessário enfrentar as duras "verdades" que o autor descobriu; o narrador tem muito presente que, como o demonstraram os escritores combatentes na Primeira Guerra Mundial, a tentação de heroicismo nas narrativas de guerra perde o seu valor de testemunho e a sua "voz" é a do soldado raso, sempre pragmática e desprovida de uma retórica grandiloqüente.[11]

Em texto anterior, Berga[12] havia dado exemplos de como o narrador orweliano de *Homage to Catalonia* usa predominantemente formas verbais típicas do discurso direto, intercalando-as com referências claras ao tempo transcorrido: "Estávamos no fim de dezembro de 1936, há menos de sete meses de quando escrevo e, no entanto, é um período que já recuou a uma distância enorme."[13] Pelo uso desse artifício, diz Berga,

---

[9] ROY. Il fut l'un des grands maîtres d'incrédulité: Orwell est de retour, p. 1.

[10] NÓVOA. Sobre o livro de Louis Gill, George Orwell da Guerra Civil Espanhola à 1984, p. 3.

[11] BERGA. Homenatge a Catalunya, p. 1.

[12] BERGA. Orwell en España.

[13] ORWELL. *Lutando na Espanha*: homenagem a Catalunha, recordando a Guerra Civil e outros textos, p. 28.

assumimos que o narrador conta sua história já de forma enriquecida por uma reflexão posterior, com a "emoção recordada num estado de tranquilidade", seguindo o que propõe o poeta Wordsworth. Como nos romances do século 18, diz Berga, o autor interrompe a voz narrativa e insere comentários sobre as razões pelas quais escreve. Nesse sentido, após alguns parágrafos em que elogia as milícias, ele acrescenta: "Não estou escrevendo um livro de propaganda e não quero idealizar a milícia do POUM."[14] A estrutura de fuga musical, mostra Berga, já está presente no primeiro capítulo de *Homage to Catalonia*, com a chegada a Barcelona e a incorporação às milícias, terminando com a saída do narrador em trem para o front. Essa viagem está em posição antitética àquela descrita no parágrafo final da obra, onde o narrador descreve a viagem para a segurança pessoal e para a Inglaterra que se encontra em "um sono profundo (...) do qual eu às vezes temo que jamais acordaremos, até que sejamos arrancados dele pelo rugido das bombas".[15] Ainda segundo Berga, Orwell sabe que continua a ressoar na memória dos leitores dos anos 1930 a descrição das batalhas da Primeira Guerra Mundial por Remarque, Hemingway, Graves, Owen, E.E. Cummings e Sassoon, que vacinaram o público leitor contra qualquer retórica que faça uma sublimação dos horrores da guerra (Orwell apresenta seu narrador quase como um anti-herói, diríamos, embora o efeito cumulativo da narração seja, merecidamente, o inverso). O narrador assim se posiciona: "Na guerra de trincheiras, cinco coisas são importantes: lenha, comida, fumo, velas e o inimigo. No inverno, no front de Saragoça, elas eram importantes nesta ordem."[16] A conclusão de Berga é que "Orwell é um narrador autoconsciente que organiza seus materiais com uma vontade estilística e que entende que o relato autobiográfico, para ser eficaz, deva submeter-se a uma estrutura narrativa escrupulosamente planificada."[17]

Orwell morreu aos 46 anos (segundo alguns, esgotado pelo esforço de escrever *Nineteen-eighty-four*), permanecendo fiel à crença em um socialismo democrático e igualitário. Um último dado que dá mostras da coerência de Orwell. Poucos meses antes de falecer, já auferindo parte do dinheiro que provinha do êxito de *Animal Farm*, ele oferece apoio econômico a antigos camaradas poumistas no exílio, que haviam organizado em Paris a Federación Espanõla de Internados y Deportados, segundo cartas que não se encontram nas obras completas, mas que podem ser encontradas no Arquivo do Centro de Estudios Históricos Internacionales (CEHI) da Universidad de Barcelona.

[14] ORWELL. *Lutando na Espanha*: homenagem a Catalunha, recordando a Guerra Civil e outros textos, p. 36.

[15] ORWELL. *Lutando na Espanha*: homenagem a Catalunha, recordando a Guerra Civil e outros textos, p. 203.

[16] ORWELL. *Lutando na Espanha*: homenagem a Catalunha, recordando a Guerra Civil e outros textos, p. 47.

[17] BERGA. Orwell en España, p. 3.

ABSTRACT

This paper presents the circumstances under which George Orwell went to Spain as a volunteer fighter and the writing of *Homage to Catalonia* after his return to England.

KEYWORDS

George Orwell, *Homage to Catalonia*, Spanish Civil War

REFERÊNCIAS

BERGA, Miquel. Orwell en Espanã. Edición digital de la Fundación Andreu Nin, novembro de 2003. Disponível em: <http://www.fundanin.org/berga1.htm>. Acesso em: 10 fev. 2009.

BERGA, Miquel. "Homenatge a Catalunya". Edición digital de la Fundación Andreu Nin, junho de 2006. Disponível em: <http://www.fundanin.org/berga4.htm>. Acesso em: 15 de fev. 2009.

GUTIERREZ, Pepe. Orwell, un poumista atípico. Edición digital de la Fundación Andreu Nin, Junho de 2003. Disponível em: http://www.fundanin.org/gutierrez5.htm. Acesso em: 18 de fevereiro de 2009.

NÓVOA, Jorge. Sobre o livro de Louis Gill, George Orwell da Guerra Civil Espanhola à 1984. *O Olho da História*, ano 12, n. 9, p. 3, dez. 2006. Disponível em: <http://oolhodahistoria.org/artigos/RESENHA%20louis%20gill-jorge%20novoa.pdf>. Acesso em: 10 dez. 2009.

ORWELL, George. Looking Back on the Spanish War. London: New Road, 1943.

ORWELL, George. *Lutando na Espanha e Recordando a Guerra Civil*. Rio de Janeiro: Civilização Brasileira, 1967.

ORWELL, George. *Down and Out in Paris and London*. London: Penguin Books, 1986.

ORWELL, George. *Lutando na Espanha e recordando a Guerra Civil*. Rio de Janeiro: Globo, 1986.

ORWELL, George. *The Road to Wigan Pier*. London: Penguin Books, 1989.

ORWELL, George. *Orwell in Spain*. Org. Peter Davison. London: Penguin Books, 2001.

ORWELL, George. The *Complete Works of George Orwell*. Org. Peter Davison. London: Penguin Books, 2001.

ORWELL, George. *Lutando na Espanha*: homenagem a Catalunha, recordando a Guerra Civil e outros textos. Rio de Janeiro: Globo, 2006.

POLITO, Ronald. Prefácio. In: ORWELL, George. *Lutando na Espanha*: homenagem a Catalunha, Recordando a Guerra Civil e outros textos. Rio de Janeiro: Globo, 1986. p. 13.

PONTES, Lopes Gabriel. A boa luta perdida: as reminiscências dos veteranos da Brigada Abraham Lincoln no filme *The Good Fight*. O Olho da História, ano 12, n. 9, p. 3, dez. 2006. Disponível em: <http://oolhodahistoria.org/artigos/RESENHA%20the%20good%20fightgabriel%20lopes%20pontes.pdf>. Acesso em: 10 dez. 2009.

ROY, Claude. Il fut l'un des grands maîtres d'incrédulité: Orwell est de retour. *Nouvel Observateur*, 9 nov. 1995. Disponível em: < http://hebdo.nouvelobs.com/hebdo/parution/p1618/articles/a19220orwell_est_de_retour.html.>. Acesso em: 5 dez. 2009.

ERNEST HEMINGWAY E A GUERRA CIVIL ESPANHOLA

Tom Burns
UFMG

RESUMO

Este artigo discute o romance *For Whom the Bell Tolls*, 1940 [Por quem os sinos dobram], do escritor e jornalista americano Ernest Hemingway, uma ficção sobre a Guerra Civil Espanhola que o autor escreveu na Espanha enquanto servia como correspondente de guerra. O romance, favorável à causa legalista, parece assumir uma posição mais política que os romances e histórias anteriores de Hemingway, mas, na verdade, desenvolve mais uma variação do típico "herói de Hemingway", celebrado em quase toda a obra do autor: o indivíduo solitário, corajoso, destinado ao fracasso, mas determinado a extrair algum significado da vida em um mundo absurdo.

PALAVRAS-CHAVE

Guerra Civil Espanhola, herói de Hemingway, literatura de guerra

A política externa dos Estados Unidos na década de 1930, diferentemente daquela praticada durante meio século depois da Segunda Guerra Mundial, foi decididamente não intervencionista. O espírito predominante entre o público era o de isolamento, em parte em virtude da Grande Depressão, quando todos os países se esforçavam por salvar a si mesmos a qualquer preço, ainda que à custa de outros países, e parcialmente pela aversão que a experiência da Primeira Guerra Mundial provocou neles. Diversos historiadores "revisionistas" e debatedores da década de 1930 atribuíram aos banqueiros, aos empresários que lucravam com a guerra, aos fabricantes de armas e à fraca liderança dos líderes mundiais a responsabilidade pela guerra. Além disso, a literatura criativa que descreveu aquela guerra, como as obras ficcionais de Ernest Hemingway, de John Dos Passos, de Lawrence Stallings e de William March, entre os mais notórios exemplos americanos, representou a guerra como um terrível equívoco.

A atitude oficial de não intervenção pode ser observada na recusa dos Estados Unidos de intervirem quando o Japão invadiu a Manchúria (1931), a Itália invadiu a Etiópia (1935) e quando o general Franco iniciou a guerra civil na Espanha (1936). Entretanto, como demonstrado pelo incidente manchuriano, a atitude de não intervenção pode ter sido entendida pelos agressores como sinalização de que não sofreriam a oposição das forças militares americanas, nesse caso, por sua atitude de neutralidade ou isolacionismo e não de intervenção militar, e pode ter sido mais prejudicial à causa da paz do que se a atitude fosse a favor de uma intervenção seletiva.

Como mostra o exemplo da Guerra Civil Espanhola, naquele momento, foi a esquerda que apoiou uma intervenção militar. Portanto, a condenação do fascismo espanhol foi somente assumida por cidadãos americanos, mas não pelas Forças Armadas americanas. Diferentemente da Segunda Guerra Mundial, quando comunistas soviéticos e nações democráticas capitalistas lutaram lado a lado como aliados contra as forças do Eixo Fascista e para a qual o conflito espanhol foi somente um prelúdio, a guerra na Espanha delineava uma clara divisão entre esquerda e direita e se tornaria, de fato, um "campo de teste" para a agressão fascista na Segunda Guerra Mundial que se seguiu, quando Hitler e Mussolini enviavam tropas à Espanha, enquanto a esquerda espanhola somente podia contar com a ajuda secreta dos soviéticos e das Brigadas Internacionais. Desse modo, diversos jovens idealistas americanos, até mesmo alguns que viriam futuramente a contribuir para a literatura americana, juntaram-se à Brigada Abraham Lincoln para combater o fascismo.

Hemingway, que uma década antes havia partido para a guerra como jovem de 19 anos, não estava nesse grupo. Ele havia servido em uma unidade de ambulâncias do Exército italiano durante a Primeira Guerra Mundial, ocasião em que foi ferido depois de presenciar pouca ação de combate, experiência na qual baseou seu romance *A Farewell to Arms*, 1929 [Adeus às armas]. Ele havia iniciado sua carreira em jornalismo, enquanto ainda adolescente, ao assegurar um trabalho como repórter júnior do jornal *Kansas City Star*, um aprendizado que contribuiu para ele criar seu famoso estilo "objetivo", muitas vezes imitado, mas nunca igualado: frases paratáticas, urdidas com poucos adjetivos e advérbios, admiravelmente adequadas à mordacidade e à ironia. Depois de ser dispensado pelo Exército americano por causa de um ferimento no olho, sofrido no boxe, ele trabalhou para o jornal *Toronto Star*, como correspondente estrangeiro, onde teve a boa sorte, ainda com pouco mais de 20 anos, de poder cobrir toda a Europa, entrevistar figuras notáveis, como Mussolini, e viver durante cinco anos no ambiente literário modernista de Paris nos primeiros anos da década de 1920, onde desenvolveu seu estilo sob a orientação de Gertrude Stein.

Hemingway, primeiramente, viajou para a Espanha em 1931, depois da queda da monarquia, e nos anos seguintes, enquanto trabalhava como correspondente em Paris, observou o desenvolvimento da situação política na Espanha, retornando à Espanha em 1937, como correspondente de guerra para a North American Newspaper Alliance. Nessa ocasião, já escritor com alguma fama, anunciou, enquanto ainda estava na Espanha, que escreveria um romance sobre a guerra, que veio a ser intitulado *For whom the Bell Tolls* (*Por quem os sinos dobram*) e publicado em 1941. Esse romance foi dedicado à Martha Gellhorn, sua terceira esposa, que se distinguiu como correspondente na Segunda Guerra Mundial.

Quando se lê o romance, com suas várias observações sobre o logro dos comunistas, o leitor pode não suspeitar que o autor houvesse passado os dois anos anteriores escrevendo e falando com o objetivo de levantar fundos financeiros para a causa. Ele assumiu dívidas para comprar ambulâncias, atacou o fascismo no congresso dos escritores norte-americanos e colaborou em um filme para a causa, *The Spanish Earth* [A terra espanhola], junto com os escritores engajados John Dos Passos, Lillian Hellman e Archibald MacLeish. Sobre a guerra, ele também escreveu uma peça fraca, *The Fifth Column* [A quinta coluna, 1940], e alguns contos no mesmo livro, todos tendo como contexto Madri durante o ataque das forças de Franco. Quanto ao romance, *For whom the Bell Tolls*, o autor transita em um território que lhe é mais inspirador para quem gostava, quando adolescente, de pescar e caçar nas montanhas de Montana com o pai: o cenário natural exuberante das montanhas da Espanha.

O protagonista do romance *For whom the Bell Tolls* é Robert Jordan, um jovem de Montana, estado da região noroeste americana, que havia vivido na Espanha e viajado por esse país durante dez anos, assimilando a língua e a cultura do povo espanhol. Ele deixou o emprego de instrutor em espanhol na Universidade de Montana, onde receava não poder voltar: "Suponho que serei rotulado de comunista e incluído para sempre na lista negra geral",[1] já pressagiando a perseguição empreendida pelo senador McCarthy aos intelectuais de esquerda nas universidades na década seguinte. Jordan retorna à Espanha para lutar pela "causa" e operar atrás das linhas de combate como guerrilheiro, com os partisans, como especialista em demolição (ele havia aprendido esse ofício trabalhando durante as férias de verão em projetos de engenharia): "Ele agora combatia nessa guerra porque essa era uma guerra que havia começado em um país que ele amava. Além disso, acreditava na República e, se esta fosse destruída, a vida se tornaria insuportável para todos aqueles que acreditavam nos ideais republicanos".[2] Essa afirmação humanista esconde o idealismo político que ele, inicialmente, declara ser sua motivação para a luta.

O contexto histórico da ação é a primavera de 1937 e a trama, fiel às chamadas unidades aristotélicas, se desenvolve em três dias. Ela começa em *in medias res*, com Jordan nas montanhas fazendo o reconhecimento de uma ponte que ele fora incumbido de destruir, mas recebera ordens de seu comandante russo, o general Golz, de que a ponte somente deveria ser destruída depois do início do ataque da divisão nas montanhas, embora o cético Golz acreditasse que interferências políticas, provavelmente, fariam com que as coisas dessem erradas e o ataque não se concretizaria. Para a missão de Jordan, portanto, o elemento tempo é crucial, do contrário os fascistas conseguiriam trazer reforços até a ponte e impedir o ataque. Esse é o objetivo militar, que Jordan entende imediatamente ser de alto risco, que estrutura a narrativa.

Nessa arriscada operação, Jordan recebe o apoio de um bando de guerrilheiros chefiados por Pablo, um homem mal-humorado que dizia ter prestado bons serviços aos republicanos no passado, mas que agora se mostra atemorizado e inoperante. Ele também consegue alguns cavalos em seus ataques de surpresa a trens e, por causa disso, seus companheiros consideram que ele está se tornando capitalista. Jordan, imediatamente, começa a ficar preocupado com Pablo porque sua condição se parece com a de homens que abandonam ou traem a causa, mas ele não deseja matar Pablo, porque não é boa política matar um líder diante de seus subordinados, embora os membros do grupo estivessem esperando que ele fizesse exatamente isso, e, ao deixar passar essa oportunidade, Jordan perde algo em sua luta pela liderança. A mulher de Pablo, Pilar, também acha que o grupo talvez não queira destruir a ponte porque, diferentemente de trens, em pontes não há oportunidade de pilhagem; além disso, o grupo terá de deixar as montanhas onde vivem e de onde conduzem suas operações logo depois de concluir a missão, pois, caso contrário, será caçado pelas forças fascistas. Um dos membros do grupo, Agostín,

---

[1] HEMINGWAY. *For Whom the Bell Tolls*, p. 160.
[2] HEMINGWAY. *For Whom the Bell Tolls*, p. 158.

adverte Jordan sobre seus explosivos, que ele precisa resguardá-los de Pablo e que também terá de enfrentá-lo, uma vez que estão operando no território dele. Jordan acredita que, quando Pablo começar a encobrir sua hostilidade para com ele, já que Jordan é a pessoa que os republicanos enviaram para realizar a missão a que Pablo se opõe como não lucrativa e demasiadamente arriscada, esse será o sinal de que Pablo terá se vendido ao inimigo.

Quando eclode a crise de liderança, Pilar, uma mulher forte do campo, assume o poder decisório, mas, em questões militares, é Jordan que recebe ordens do comando republicano para destruir a ponte, uma vez que ele conhece mais sobre armas, pode reconhecer aviões e veículos inimigos e, dessa forma, avaliar o poder do inimigo, que começa a impor a liderança. O grupo logo passa a confiar nele, e ele começa a sentir afeição pelos membros do grupo, exceto por Pablo, e a reconhecer a força de Pilar e o bom senso dela. Pilar e Jordan também desenvolvem uma ligação, visto que ambos desejam proteger Maria, uma mulher machucada física e emocionalmente (com feições de rapaz, cabelos curtos e seios pequenos, um tipo favorecido pelo autor tanto em sua ficção como em sua vida de casado). Como ex-prisioneira dos fascistas, Maria foi estuprada coletivamente em cativeiro, mas foi mais tarde libertada pelo grupo e passou a ser cuidada pela bondosa Pilar. Jordan e Maria começam a ter um caso de amor, com a aprovação de Pilar, que provavelmente conseguirá "curar" Maria de suas terríveis lembranças do passado, bem como redimir o fatalista Jordan e lhe dar alguma esperança para o futuro.

Jordan é um típico herói de Hemingway, uma constatação que não é irrelevante, tendo em vista o que os críticos identificaram décadas atrás como o "código" de Hemingway, pois o autor claramente desejava encontrar um lugar para o heroísmo em um mundo no qual essa reverenciada qualidade tem se tornado cada vez mais irrelevante, e muito menos na guerra moderna, tecnológica. Nas guerras atuais, uma pessoa demonstra coragem enfrentando passivamente a possibilidade de morte e de mutilação, ao contrário dos heróis da literatura clássica que tinham atitudes agressivas, e que estabeleceram o modelo para os guerreiros.[3]

Como soldado, Jordan é determinado e eficiente. Ele acredita que a ponte pode ser destruída de forma "científica" e "correta", de maneira diferente dos métodos de Kaskin, o russo responsável por detonações que lhe precedeu e que foi morto pelo próprio Jordan (por solicitação do próprio Kaskin). Entretanto, à medida que o romance avança, vários fatores vêm a ocorrer que levam Jordan a temer que ele não sobreviva às consequências deles: a inconfiabilidade de Pablo, o número insuficiente de membros do grupo, a falta de disciplina e de treinamento militar do grupo, a grande quantidade de homens e de equipamentos militares que os fascistas traziam pelas estradas e até mesmo as condições climáticas. De fato, na parte final do romance, depois de o grupo ser atacado pela artilharia de um tanque, Jordan quebra a perna quando cai de seu cavalo. Ainda assim, envia o restante do grupo para local seguro, apronta sua metralhadora e se prepara para morrer enquanto aguarda estoicamente a chegada do inimigo. O espírito coletivo dos republicanos espanhóis, que o autor evidentemente desejava celebrar em seu romance, se torna secundário à necessidade de Jordan de ter uma morte heroica. Esse tipo de individualismo, como se vê adiante, está relacionado com a incerteza política desse herói específico.

---

[3] O'CONNELL. *Of Arms and Men*: A History of War, Weapons, and Aggression. passim.

O comportamento correto, portanto, é agir com coragem e determinação, não se descuidar dos companheiros, ser "profissional", se esse comportamento pode assim ser classificado, e manter os padrões éticos mesmo quando – pode-se dizer especialmente quando – um homem (e é sempre um homem, pois o mundo de Hemingway é decididamente masculino) está diante de sua própria derrota e da vitória do inimigo. Basta pensar nos diversos personagens de Hemingway: Francis Macomber, Jake Barnes ou Frederick Henry. Jordan está disposto a se sacrificar e não teme a morte porque sua preocupação maior é com a tarefa a ser executada, enquanto mantém-se consciente das contradições morais envolvidas em se combater em uma guerra. No final, ele se sacrifica pelas pessoas, pois já tinha perdido a fé na causa. Arruinado, ele aceita a condição de negatividade e, conforme o "código", tenta alcançar alguma dignidade mediante um comportamento "correto".

A morte é uma possibilidade futura, até mesmo uma probabilidade para o herói de Hemingway, mas, de acordo com o código, uma pessoa tem de agir com "elegância mesmo nas situações mais adversas" (uma qualidade que o autor admirava especialmente nos toureiros). O herói de Hemingway não se rende em desespero e sua postura é sempre significativa: é esse o código que lhe permite capturar algum significado de uma vida que parece ser negada pela certeza da morte, a característica do "nada" que o garçom de Hemingway no conto "A Clean, Well-Lighted Place" reconheceu como a única prece possível: "Nosso nada, que está no nada (...)." A prece mostra que o código é extremamente não cristão. A vida vale a pena ser vivida pelos prazeres imediatos que ela oferece (comida, bebida, sexo), pelo amor e pelo respeito aos companheiros. A morte nada significa e é definitiva; e não há vida após a morte.

Jordan admite para si mesmo que muitas vezes é necessário matar se o inimigo tem de ser derrotado. Aliás, no passado, ele não hesitou em matar, pois acreditava que existiam ordens "necessárias", em contraste com seu guia camponês, Anselmo, que em sua rudeza do campo representa algo como um padrão moral. Anselmo, que é caçador, não está inclinado a matar outros seres humanos, o que, para ele, é um ato pecaminoso, embora tenha deixado de acreditar em Deus: "Deixe que eles [os fascistas e o clero] tenham Deus." Ele preferia que bispos e latifundiários trabalhassem e vivessem como camponeses a morrer para ensinar-lhes valores legítimos. Como Jordan observa, Anselmo é "um cristão. Algo muito raro em países católicos".[4] Por fim, com seu crescente apreço por Anselmo e por outros membros do grupo e seu amor por Maria, Jordan perde um pouco de sua dureza e, finalmente, admite que entre os aproximadamente vinte e poucos homens que havia matado somente dois eram, de fato, fascistas.

Instala-se um clima geral de desilusão à medida que o romance se desenvolve. Fica claro aos membros do grupo que os fascistas estão em número maior e estão mais bem equipados (seus aviões Fiat sobrevoam diariamente o esconderijo do grupo e os carros Mercedes-Benz do escalão superior cruzam a ponte enquanto são observados por Anselmo), e a fuga deles das montanhas está carregada de incerteza. Enquanto Jordan ajuda o grupo a defender a montanha, instruindo-os como usar a metralhadora e a importância de um campo de fogo desobstruído, ele os aconselha a evitar combates, se

---

[4] HEMINGWAY. *For Whom the Bell Tolls*, p. 273.

de todo possível, para que não atraiam atenção sobre si mesmos. O verdadeiro objetivo do grupo é a ponte, que é parte do plano para ganharem a guerra. Parece que ele não acredita tanto nessa possibilidade quanto sente que isso é necessário para elevar o moral do grupo, como requisito de um bom líder. Agora que está apaixonado por Maria, ele decide que deseja sobreviver à guerra para viver a vida com ela e começa, então, a pensar que a "causa" não merece o sacrifício de se morrer por ela.

No entanto, está no código individual do herói de Hemingway que nem ideais ou preferências pessoais devem determinar o curso de uma ação, o que impossibilita um final feliz para Robert Jordan. Também é emblemático o fato de que até mesmo sua missão pode ser desnecessária e a ofensiva planejada não passe de uma tática diversionária. Para ele, contudo, essas ironias são irrelevantes, visto que foi incumbido de um trabalho que tem de ser feito. Embora passe a maior parte do tempo pensando, ponderando as objeções morais, fantasiando com a possibilidade de sobreviver e ter uma vida feliz com Maria, avaliando se os líderes republicanos servem aos objetivos da causa, em última análise, precisa-se é de ação, e não de pensamento.

As políticas das personagens do romance, evidentemente, refletem as próprias prioridades de Hemingway. Uma das principais ironias do romance é que os membros do grupo guerrilheiro, que representam o povo espanhol comum, em nome do qual a guerra foi ostensivamente embatida, são, de modo geral, ignorados pelo comando republicano, mas eles, ainda assim, acreditam que a república é o caminho para uma vida melhor. Eles, contudo, não canalizam sua fé em ideais, como Jordan inicialmente o faz, cujo ardor político eles nem sempre levam muito a sério. Jordan faz objeção, por exemplo, quando os camponeses o chamam, em tom jocoso, de "Don Roberto", o tratamento respeitoso reservado à classe dominante, mas algumas vezes entrega-se ao espírito de humor do grupo em discussões sobre ser um bom republicano na Espanha, citando, por brincadeira, um de seus antepassados que, segundo ele, era um grande "republicano" nos Estados Unidos.

Os soviéticos são citados no romance como responsáveis pelo treinamento de muitos dos líderes espanhóis depois da revolução de 1934, além de camponeses e trabalhadores, que "pegaram as armas" depois de fugirem do país para serem educados na Rússia. Embora louve a disciplina e o ânimo combativo dos comunistas e admire o jornalista russo Karkov, que o treina objetivamente na realidade da guerra, Jordan prefere muito mais os mexericos políticos e as histórias de altivez arrogante, nas quais se pode acreditar somente em 10% do que é dito, que ele ouve no Hotel Gaylord de Madri, um hotel luxuoso que os russos confiscaram arbitrariamente para si mesmos, ao "comunismo puritano religioso" do Velásquez,[5] o palácio que foi quartel de comando das Brigadas Internacionais. Essa preferência é, sem dúvida, refletida no apreço crítico de Hemingway, o jornalista, e pode ser constatada nos quatro contos que ele escreveu sobre a guerra ("The Denunciation", "The Butterfly and the Tank", "Night Before Battle", e "Under the Ridge"), nos quais a política das Brigadas Internacionais é igualmente louvada e criticada na visão do jornalista-narrador. Os anarco-sindicalistas também são criticados, em pelos menos duas ocasiões, como indivíduos fanáticos que recorrem a *slogans* em vez de ao pensamento político,

---

[5] HEMINGWAY. *For Whom the Bell Tolls*, p. 63.

e que são demasiadamente ávidos por autossacrifício: "Sempre que as coisas ficam realmente complicadas [os anarquistas] desejam por fogo em alguma coisa e morrer."[6]

Em determinado momento, Jordan se surpreende pensando nesses chavões e critica sua própria atitude. Um jovem membro do grupo de El Sordo, que se encontra sitiado por forças inimigas no topo de uma colina, tenta encorajar seus companheiros, repetindo as frases retóricas de La Pasionaria, mas é ignorado ou tratado com zombaria pelos outros homens, que lhe dizem que os líderes comunistas, até mesmo La Pasionaria, haviam enviado os próprios filhos à Rússia para que estudassem e ficassem fora de perigo. A troça do velho soldado, El Sordo, ao enganar um capitão fascista, um tolo e execrável que vive brandindo seu revólver, a ficar de pé e ser executado, é, evidentemente, para o autor, um comportamento mais heroico de alguém que aguarda a morte do que recitar chavões revolucionários. O ingênuo rapaz, por fim, retorna aos seus compromissos iniciais de lealdade, repetindo "Ave-Marias" (com clichês e orações de igual valor e ineficácia) antes de todos os homens do grupo de El Sordo serem executados por aviões fascistas e decapitados pelas tropas que os haviam sitiado.

Por fim, o amor se torna mais importante que a causa, que é precisamente a situação em que se encontra um protagonista anterior de Hemingway, o tenente Frederic Henry, em *Adeus às armas*, um romance que foi alvo de críticas dos marxistas exatamente por esse motivo. É importante que se diga que a história de amor do romance anterior é tematicamente mais justificável como "alternativa" a uma situação absurda do que o caso de amor entre Jordan e Maria, que se torna sua fantasia de fuga à realidade dolorosa, pois ele acredita que não sobreviverá à missão dele.

O melhor exemplo dos sentimentos de Hemingway em relação à justiça e à fidelidade política pode ser visto na magnífica narrativa do assassinato dos "Dons" do vilarejo, que parecem ser fascistas ou monarquistas simplesmente porque é isso que se espera que sejam os homens de sua classe social e econômica. Pablo comanda o espetáculo patético, no qual esses homens, gordos e calvos, que rezam desesperadamente com um padre em um edifício público, são trazidos um a um para fora para enfrentar um corredor formado por camponeses armados com paus e foices, que os golpeiam até a morte e, em seguida, sem cerimônia ou formalidade, os atiram penhasco abaixo. Eles enfrentam a morte com altivez, indiferença e terror, mas o que é interessante nessa passagem é a reação daqueles que perpetram o massacre. Pablo que, em seu desatino, acabara de atirar nas cabeças de quatro pobres membros da *guardia civil*, que enfrentaram sua execução com notável dignidade, evidentemente desfruta seu momento de poder. Alguns dos camponeses que participaram do massacre de seus patrões, no entanto, sentem asco pela matança, especialmente a execução do último homem, mero comerciante, enquanto outros, caracterizados por Pilar como a pior representante do bando de bêbados e anarquistas, tratam o episódio como uma grande festa.

O autor consegue, desse modo, despertar alguma simpatia por indivíduos que claramente representam o inimigo, ao mesmo tempo que critica os motivos daqueles que estão do lado "correto", e faz isso direcionando o foco para o repúdio que Pilar sente por aquilo que seria supostamente um ato de justiça revolucionária e que se torna em algo

---

[6] HEMINGWAY. *For Whom the Bell Tolls*, p. 289.

profundamente cruel e desumano, ainda que os leitores sejam constantemente lembrados dos atos cometidos pelos fascistas que são igualmente, ou ainda mais, abomináveis (logo no capítulo seguinte, por exemplo, o leitor se depara com o assassinato despropositado de toda a família de um dos membros do grupo). A visão do autor parece indicar que em uma guerra justa nem sempre é feita justiça, que a violência pode facilmente sair de controle, que pessoas de todos os tipos, especialmente aquelas que pouco percebem os desdobramentos de uma guerra, são muitas vezes as que mais sofrem e que, em algumas situações extremas, a virtude do indivíduo pode ser mais importante que sua fidelidade política.

Na verdade, no decorrer do romance, o cenário político passa por considerável mudança: o marxismo dialético que ele havia aprendido com Karkov é contrastado com os chavões falsos da Frente Popular. Jordan, em determinado momento, diz a si mesmo, talvez com um pouco de galhofa, que prefere "Liberdade, Igualdade e Fraternidade", e "Vida, Liberdade e a Busca da Felicidade", os *slogans* revolucionários francês e americano, aos clichês soviéticos, que identificam a visão política de Jordan como liberal, antifascista e individualista em vez de radical, como também fica claro, em uma passagem anterior, que sua simpatia pelos comunistas é puramente pragmática: "Ele estava sob disciplina comunista durante todo o tempo. Aqui, na Espanha, os comunistas ofereciam a melhor, mais perfeita e mais racional disciplina para que os objetivos da guerra fossem alcançados."[7] No final, a sua política é individualista, mas reflete o código do homem virtuoso que não está muito distante dos ideais que inspiraram os soviéticos. Pablo, por exemplo, que supostamente traiu seu próprio grupo ao desertar levando consigo os explosivos e os equipamentos de demolição, retorna, afinal, comentando a "solidão" que sentira, além de não poder suportar o fato de haver abandonado seus companheiros. Parece irônico que os dois aguerridos adversários, Pablo e Robert Jordan, se unam novamente movidos pela noção de solidariedade humana, o tema da "Meditação 17" do poeta inglês John Donne, no qual os sinos que dobram, referidos no título do romance, representam a cerimônia de um funeral: "Nenhum homem é uma ilha (...) a morte de cada homem me diminui porque faço parte da humanidade; por isso nunca mandes perguntar por quem dobram os sinos; eles dobram por ti."[8] É provável, entretanto, que esse sentimento seja muito mais consagrado ao povo espanhol do que àqueles dois indivíduos.

Na parte final do romance, o episódio da ponte tem importância primordial. Muito tem se dito da importância simbólica da ponte, mas a força desses capítulos finais emerge da própria narrativa. Como forma de criar suspense, os capítulos alternam entre os preparativos do grupo para atacar as sentinelas e explodir a ponte e uma mensagem urgente enviada por Jordan ao General Golz, na noite anterior, solicitando o cancelamento da ofensiva, depois de observar os preparativos fascistas, embora ele não deseje passar a impressão de que deseja cancelar a ofensiva para evitar os riscos de sua missão. Andrès, o homem que é enviado com a mensagem (e por isso fica feliz de escapar da ofensiva e, provavelmente, da morte), enfrenta diversos problemas depois que ele atravessa a ponte e passa pelas linhas republicanas: as sentinelas que pensam que ele é um espião fascista e discutem se devem ou não matá-lo, os atrasos dos burocratas incompetentes e a paranoia do comissário político das Brigadas Internacionais, o francês Massart, que o prende.

---

[7] HEMINGWAY. *For Whom the Bell Tolls*, p. 158.

[8] GRANNER; STERN. *English literature*, p. 300.

Os outros soldados dizem a Andrès que Massart é "loco" e gosta de atirar em republicanos por motivos políticos. De qualquer forma, ele é ridicularizado pelo jornalista Karkov por suas pretensões de líder militar e por sua atitude de autopromoção, interferindo em assuntos militares sobre os quais nada entende e pelos inúmeros homens mortos pela incompetência dele. Quando a mensagem de Jordan finalmente chega a Golz, já é tarde demais. Como comentado pelo narrador, "há uma enorme inércia nas questões de operação militar de qualquer porte".[9] Como ironia final, os líderes republicanos, enquanto bebiam no Hotel Gaylord, em Madri, preocupavam-se somente com o sigilo da ofensiva.

Tanto os críticos espanhóis como os americanos identificaram falhas nas representações da Espanha feitas por Hemingway. Pode-se, razoavelmente, dizer que essas representações são mais sentimentais que naturalistas. Todavia, como tenho procurado mostrar, o autor consegue narrar com sucesso uma boa história de guerra. Ele também consegue realizar outras coisas, como celebrar o mundo natural em face do modernismo incontrolável da mecânica e da velocidade – aqui associadas com o fascismo – e captar tanto a troça quanto a ameaça nas conversas dos soldados. Em lugar de palavras e frases obscenas, normalmente encontradas nas falas dos soldados, Hemingway, escaldado pela censura imposta ao romance *Adeus às armas,* onde esperava poder reproduzir as conversas picantes dos soldados, usa os termos "obscenidade" e "censurado" para substituir palavras e frases que seriam reprovadas pelos censores, como na sentença "Eu obscenidade no leite de sua mãe", como forma aproximada de reproduzir uma expressão popular obscena espanhola. Os diálogos do romance têm a concisão costumeira, apesar de o autor usar repetições para evitar que se tornem estáticos. As descrições são precisas, obstinadas e factuais. Considere o exemplo seguinte, nas linhas finais do capítulo 41, em que Jordan se prepara para explodir a ponte no alvorecer:

> Robert Jordan deitou-se no chão coberto pela folhagem de pinheiros da floresta e escutou a primeira aragem nos galhos dos pinheiros que chegava com o amanhecer. Ele tirou o pente da submetralhadora e moveu o mecanismo de trava para frente e para trás. Em seguida, virou a submetralhadora, com a trava aberta, e, no escuro, colocou a ponta do cano nos lábios e, depois de tocar com a língua a borda do orifício, soprou para dentro do cano o gosto metálico de graxa e óleo. Ele posicionou a arma atravessada sobre seu antebraço, inclinada para cima para impedir que folhas de pinheiro ou sujeiras entrassem dentro do cano, com o polegar removeu todas as balas do pente e as espalhou sobre um lenço, à sua frente. Depois de apalpar cada bala no escuro, girando uma a uma com seus dedos, ele as recolocou, pressionando e deslizando cada bala de volta ao pente. Agora que sentia o pente novamente pesado na mão, recolocou-o na submetralhadora até sentir o estalido do encaixe. E, deitado de barriga para baixo, atrás do tronco do pinheiro, a arma atravessada sobre o antebraço esquerdo, passou a observar um ponto de luz abaixo da colina.[10]

A passagem acima é praticamente quase toda composta de substantivos e verbos, cada um exato em sua referência, uma sequência de ações que não exige palavras extras quando alguns dos substantivos são repetidos para garantir-lhe a exatidão. No contexto de escuridão que antecede o alvorecer, a predominância imagética de sons, paladar e toque, parece precisa e exata.

---

[9] HEMINGWAY. *For Whom the Bell Tolls,* p. 398.
[10] HEMINGWAY. *For Whom the Bell Tolls,* p. 386.

O autor soluciona de duas formas a dificuldade de representar na língua inglesa personagens que falam espanhol. Primeiramente, nos diálogos, frases em espanhol, que traduzem o que já havia sido dito em inglês, ou vice-versa, são frequentemente inseridas, por exemplo, quando Pilar fala com Maria: "Cómo que no, hija? Why not, daughter?" Outras expressões, como a onipresente exclamação, "Qué vá", ou o brinde "salud y cojones", são acertadamente deixadas sem tradução. De modo mais raro, inglês e espanhol são combinados em uma mesma frase, como quando Jordan fala inglês arcaico para dizer a Pablo: "Thou art a bicho raro" [i.e. "Tu és um bicho raro"]. Também, por meio de uma técnica mais ousada que tem sido mais depreciada do que admirada, os diálogos são escritos em um inglês que parece uma má e literal tradução do espanhol: Assim, expressões como *Until soon, old one, That is much horse, What passes with thee?* e *Why not, daughter?* são traduções literais do espanhol que não são idiomáticas em inglês, mas são, evidentemente, usadas para fazer o leitor entender que ele está "ouvindo" uma língua estrangeira.

Existem inúmeros episódios desenvolvidos com esmerada escritura em *For whom the Bell Tolls*: o diálogo tenso entre Jordan e Pablo na caverna, quando parece que um poderá matar o outro; a narrativa de Pilar sobre a execução de cidadãos fascistas no vilarejo de Pablo, já discutida; a eliminação de batedores inimigos na neve do amanhecer e, em seguida, a fuga precipitada, no dia anterior à batalha, de uma situação quase fatal envolvendo o regimento de cavalaria; a resistência até o último homem do grupo de El Sordo nas montanhas; os incidentes inesperados com Andrès, enviado por Jordan ao general Golz para solicitar o cancelamento da ofensiva; e a narrativa final, de forte tensão, que descreve o episódio da ponte e da morte de Robert Jordan, entre outros.

Em outras ocasiões, a escritura desce abruptamente ao anticlímax (*báthos*), como nas passagens em que Jordan e Maria, depois de fazerem amor, dizem que "a terra tremeu", ou na passagem em que Jordan luta com sua consciência sobre a questão de matar seres humanos "Ouça, ele diz a si mesmo. É melhor que pare com isso imediatamente. Isso é muito ruim para você e para seu trabalho," etc.,[11] um suposto diálogo interno que tende a ser prolixo e não convincente, mas que, infelizmente, persiste em todo o romance.

Diferentemente dos grandes escritores europeus, Hemingway não escrevia muito bem sobre casos amorosos ou sobre uma consciência culposa. Seu verdadeiro ponto forte era a narrativa de ação. A partir do brilhante começo do autor, com *The Sun Also Rises*, 1926 [O sol também se levanta,], o romance que definiu o que Gertrude Stein chamou a Geração Perdida, e seu romance sobre a Primeira Guerra Mundial, *A Farewell to Arms* (*Adeus às armas*, 1929), as últimas obras de Hemingway perderam gradualmente o brilho até se tornarem paródias de sua própria obra, como *Across the River and Into the Trees*, 1950 [*Do outro lado do rio, entre as árvores*] e *The Old Man And The Sea*, 1952 [*O velho e o mar*]. Eu diria que o romance *For Whom the Bell Tolls* está situado entre esses dois polos, tanto em termos de cronologia como de qualidade. Depois de sobreviver a dois acidentes de avião, sua morte por suicídio em 1962 (ele atirou em si mesmo com a arma de seu pai, exatamente como o pai de Robert Jordan se suicida com a arma de seu próprio pai, o que, ironicamente, Jordan considera ser um ato de covardia) pode ter alguma relação

---

[11] HEMINGWAY. *For Whom the Bell Tolls*, p. 288.

com a consciência do declínio de sua força como artista, a despeito de sua fama mundial, riqueza e de ter sido agraciado com o Prêmio Nobel de Literatura em 1954.

Ernest Hemingway foi um artesão literário, escrevendo e reescrevendo seus livros inúmeras vezes, mas sua arte literária é mais bem demonstrada em seus contos. Muitos deles são poemas em prosa, nos quais dificilmente se pode encontrar uma palavra errada ou uma sentença excessivamente elaborada e onde a mais difícil das tarefas – expressar profunda emoção sem sentimentalismo – parece ser realizada sem esforço. Talvez seja apropriado concluir, mencionando um conto extremamente conciso – somente duas ou três páginas – intitulado *The Old Man and the Bridge*. O contexto da história é a Guerra Civil Espanhola, embora essa guerra não seja explicitamente mencionada. O narrador, um oficial subordinado em uma missão de reconhecimento, avalia a situação militar no outro lado da ponte enquanto conversa, sem prestar muita atenção, com um velho que havia tentado escapar a pé do exército que avançava, e ali se encontrava, exausto e sem recursos, lamentando alguns animais – dois gatos, alguns pombos e dois cabritos – que havia deixado para trás. O velho diz ao narrador que ele não tem "política" e, depois de cobrir uma considerável distância, descobre que não consegue mais seguir adiante. Mas pelo menos os gatos, ele pensa, conseguirão tomar conta de si mesmos. Nesse conto, a guerra é retratada em seu mais baixo nível: um pobre e indefeso cidadão civil, forçado a deixar o lar, sabe que está sujeito à sina de se tornar, como seus inocentes animais, vítima de forças que ele nem mesmo consegue compreender. No entanto, ele está resignado e somente se preocupa com seus animais. O narrador sabe que nada pode fazer para ajudar o velho e que tem de prosseguir com sua missão. A aridez da declaração do narrador na sentença final da história expressa perfeitamente o *páthos* da guerra: "Nesse fato [por causa das nuvens, os aviões inimigos não podiam voar] e porque gatos sabem tomar conta de si mesmos se resumia toda a boa sorte que o velho poderia algum dia almejar."[12]

Abstract

This article discusses the American writer-journalist Ernest Hemingway's novel *For Whom the Bell Tolls* (1940), his fiction of the Spanish Civil War, which the author wrote in Spain while serving as a war correspondent for the North American Newspaper Alliance. The novel, sympathetic to the Loyalist cause, seemed to take a more political turn than his previous novels and stories, but in fact turned out to work yet another variation of the typical "Hemingway hero" celebrated in nearly all of the author's work – the isolated individual, courageous, doomed, but determined to elicit some meaning from life in an absurd world.

Keywords

Spanish Civil War, Hemingway hero, Literature of War

---

[12] HEMINGWAY. *The Fifth Column and the First Forty-Nine Stories*, p. 178.

REFERÊNCIAS

GRANNER, Robert C.; STERN, Malcolm E. *English Literature*. Rev. Ed. Evanston, Ill.: McDougal, Little & Co., 1987.

HEMINGWAY, Ernest. *The Sun Also Rises*. Nova York: Scribners', 1926.

HEMINGWAY, Ernest. *A Farewell to Arms*. Nova York: Scribners, 1929.

HEMINGWAY, Ernest. *Across The River and Into the Trees*. Nova York: Scribners', 1950.

HEMINGWAY, Ernest. *The Old Man and the Sea*. Nova York: Scribners', 1952.

HEMINGWAY, Ernest. *For Whom the Bell Tolls*. 1941. Harmondsworth, Middlesex: Penguin Edition, 1964.

HEMINGWAY, Ernest. *The Fifth Column and four Stories of the Spanish Civil War*. Nova York: Scribners', 1969.

O'CONNELL, Robert L. *Of Arms and Men*: A History of War, Weapons, and Aggression. Oxford: Oxford University Press, 1989.

UM OLHAR IRÔNICO SOBRE A GUERRA CIVIL ESPANHOLA

a novela "O muro", de Jean-Paul Sartre

Márcia Arbex
UFMG / CNPq

RESUMO

Este artigo aborda a relação de Jean-Paul Sartre com a Guerra Civil Espanhola, por meio da análise da novela intitulada "O muro", publicada em 1939 na coletânea *O muro*, obra que marcou a entrada do autor no cenário literário francês. Examinamos, por um lado, como a Guerra Civil Espanhola constitui o cenário para situar as reflexões sobre o engajamento e a liberdade, observando como se manifestam na narrativa e nas personagens que vivenciam a experiência da consciência; por outro lado, constatamos que a ironia se apresenta, nessa novela, como uma resposta à contingência e ao absurdo da existência humana, questões fundamentais que serão desenvolvidas pelo filósofo em suas obras posteriores.

PALAVRAS-CHAVE

Sartre, guerra, absurdo, ironia

A reação dos intelectuais, escritores e artistas diante das guerras é reveladora de sua concepção filosófica e de seu engajamento político. Pablo Picasso realiza seu célebre quadro *Guernica* (1937) após o bombardeio pelos aviões alemães, em apoio ao nacionalismo do general Francisco Franco, da pequena cidade espanhola de mesmo nome, reduto dos militantes bascos. A cólera e a indignação do pintor se manifestam com violência nessa tela, nos rostos disformes das figuras, nas cores sombrias, nas atrocidades retratadas numa superfície cujas dimensões ampliam a dramaticidade do evento, sem nunca concorrer com ele.

O engajamento de escritores e artistas diante dos eventos trágicos que marcaram a primeira metade do século 20 constitui, cada vez mais, um dos focos de interesse da crítica. Com efeito, o século passado reuniu em curto período da história europeia os conflitos mais acirrados: duas grandes guerras mundiais, guerras de independência, revoluções, cujos relatos ficcionais ou documentais podem ser encontrados sob a pluma de grandes nomes como Louis-Ferdinand Céline, Albert Camus, André Malraux, Louis Aragon, para nos limitarmos a alguns autores no âmbito da literatura de expressão francesa.

O nome de Jean-Paul Sartre também não poderia ser esquecido. Após abandonar o ensino, Sartre se dedica inteiramente à sua obra, à revista *Les Temps Modernes*, lançada por ele em 1945, e ao engajamento político. Ainda que seu engajamento tenha se manifestado com mais veemência contra a Guerra da Argélia, contra o gaulismo e, após 1968, sobretudo, contra os partidos comunistas soviético e francês, suas posições políticas sempre se alinharam ao seu pensamento filosófico, manifestando-se sob diversas formas em seus escritos. Brée e Morot-Sir observam que os textos sartrianos não obedecem a uma lógica de continuidade, de complementaridade ou de contraste: "todos estão mergulhados em seus próprios contextos e seu encadeamento não é outro senão o da fatalidade do acontecimento para o qual exercem o papel de *reativo* (...)".[1]

De acordo com Gaëtan Picon, os primeiros textos de Sartre e os de Camus, bem como toda a produção marcada pela filosofia da existência e do absurdo, inauguram uma época do romance e da literatura em que as relações entre ideologia e criação artística se encontram invertidas. Ainda que as diferenças entre Sartre e Camus sejam bastante significativas, eles compartilhariam do mesmo ateísmo humanista – "a *contingência* de Sartre, o *absurdo* de Camus não estão assim tão distantes daquilo que Malraux nomeia o *trágico*" –; afirmariam os mesmos valores que o homem opõe à sua condição: "*liberdade* para Sartre, *revolta* para Camus, *heroísmo* para Malraux".[2]

A obra de Sartre, complexa e inacabada, desdobra-se em diversos gêneros. Sartre é considerado um grande dramaturgo, um dos maiores críticos literários de nossa época, romancista infatigável e um filósofo cujas ideias são continuamente retomadas por nossos contemporâneos. Títulos como *Huis clos*, *Qu'est-ce que la littérature*, *La nausée* e *L'être et le néant*, para citar apenas um exemplo de cada gênero, tornaram-se cânones da literatura ocidental que fizeram do autor um *chef d'école*, o Existencialismo.

A ENTRADA DE SARTRE NO CENÁRIO LITERÁRIO E A RECEPÇÃO DE *O MURO*

Menos conhecido entre nós, o conjunto de suas novelas chamou a atenção da crítica à época de sua publicação. Escritos em épocas distintas, esses textos foram reunidos numa coletânea intitulada *O muro* (*Le mur*), publicada em 1939. Sartre retoma os modelos narrativos anglo-saxões (Hemingway, Dos Passos, Joyce) criando monólogos e narrativas polifônicas. A coletânea é considerada um marco na história literária (recebe o Prêmio Populista em 1940) e a excelência do autor no gênero é reconhecida, ainda que não tenha repetido esta experiência. Essas primeiras novelas, assim como *A náusea* (*La nausée*, 1938) e o primeiro ensaio *A transcendência do ego* (*La transcendance de l'ego*, 1936), escritas no início de sua carreira, apresentam uma abordagem intelectual e os acontecimentos constituem experiências filosóficas.[3]

---

[1] BRÉE; MOROT-SIR. La littérature en question: Jean-Paul Sartre, Samuel Beckett, p. 375. Esta e as demais traduções dos textos em francês são da autora deste artigo.

[2] PICON. Jean Paul Sartre. De l'existentialisme au Nouveau Roman, p. 1.348.

[3] BRÉE; MOROT-SIR. La littérature en question: Jean-Paul Sartre, Samuel Beckett, p. 375.

A coletânea *O muro*, de título evocador, reúne cinco textos de tamanhos variados que exploram a sexualidade patológica, as mazelas familiares da burguesia, os labirintos da consciência, a loucura, a morbidez. Essas "viagens ao fundo da noite" foram, inclusive, colocadas em referência a Céline. São eles: "O muro" ("Le mur"), "O quarto" ("La chambre"), "Erostrato" ("Erostrato"), "Intimidade" ("Intimité") e "A infância de um chefe" (L'enfance d'un chef). Os textos de abertura e de fechamento da coletânea apresentam, entretanto, um nítido aspecto político: o primeiro trata da Guerra Civil Espanhola e o último, do fascismo na França. Os demais fizeram com que a crítica, sobretudo de extrema-direita, forjasse uma imagem de Sartre como um escritor voltado para o repugnante e o obsceno.

A novela intitulada "O muro", que empresta seu título ao conjunto, nos interessa mais particularmente e se destaca no que se refere à sua relação à Guerra Civil Espanhola. "O muro" foi inicialmente publicado na N.R.F. (*Nouvelle Revue Française*) em julho de 1937,[4] que até então pouco havia publicado sobre o assunto. Escrita um ano após o início dessa guerra, o processo de publicação do texto ocorre paralelamente ao de *A náusea*, cujas circunstâncias merecem ser relembradas, ainda que brevemente. Na biografia de Sartre, Cohen-Solal conta que "a década de 30, que para tantos outros é o período áureo da literatura francesa, vai ser seu [de Sartre] calvário, um enorme vácuo, a travessia do deserto, seus anos de desespero, de dúvida e isolamento". Enquanto a França floresce com editores, escritores, revistas, que escrevem, publicam, viajam, Sartre teria se "atolado" numa carreira e numa vida que despreza. O ano de 1935 é particularmente significativo do ponto de vista político, quando os "contingentes literários" se reagrupam, a esquerda se une, os artistas europeus se reúnem nos congressos antifascistas. Retomando o exemplo citado pela autora, em Paris, em 23 de junho de 1935, no congresso internacional de escritores para a defesa da cultura, os escritores André Gide, André Malraux, Louis Aragon e Paul Nizan "acolhem, de punho direito erguido, os primeiros compassos da *Internationale*, diante de um público vibrante (...)".[5] Sartre, contudo, parece se manter ainda distante desses acontecimentos.

A notícia de que a publicação de *A náusea* – inicialmente intitulada *Melancholia* e recusada um ano antes pela Editora Gallimard[6] – e a da coletânea *O muro* haviam sido aceitas vem fechar "esses anos de dúvida e depressão" pelos quais passou Sartre. As novelas serão publicadas integralmente e consagradas em apenas dois meses:

> *A náusea* e *O muro*, depois de encaminhamentos paralelos, lançados com poucos meses de intervalo, asseguram a entrada espetacular do escritor Jean-Paul Sartre no mundo literário. E, paradoxalmente, essa longa e excessiva espera vai representar, no fim das contas, um trunfo a favor do escritor: é uma chegada em grupo para o público que comenta, de uma assentada, *A náusea* e *O muro*, passando de um a outro, saltando, estabelecendo vínculos, penetrando de uma só vez no universo terrível de Sartre.[7]

André Gide considera *O muro* uma obra-prima; o livro é comparado aos melhores momentos de *A condição humana*, de Malraux; o autor é saudado por Albert Camus e

---

[4] La NRF, n. 286, julho de1937, p. 38-62.

[5] COHEN-SOLAL. *Sartre*, p. 160-161.

[6] COHEN-SOLAL. *Sartre*, p. 163.

[7] COHEN-SOLAL. *Sartre*, p. 173.

aproximado de Céline e de Kafka.[8] Mas o fato que se destaca a nosso ver é que, segundo relata a biógrafa, no conjunto dos cinco textos de *O muro*, dois "já deixam entrever pela primeira vez a atenção de Sartre com os problemas históricos da época".

Esse primeiro sucesso editorial é acompanhado da notícia de que será transferido do Havre para Paris, onde fará sua entrada oficial no cenário literário francês.

A GUERRA CIVIL ESPANHOLA COMO CENÁRIO DO ENGAJAMENTO

Na edição original da coletânea *O muro*, Jean-Paul Sartre explica a natureza de sua empresa:

> Ninguém quer olhar a Existência de frente. Eis aqui cinco pequenos desvios – trágicos ou cômicos – diante dela, cinco vidas. (...) Todas essas fugas são impedidas por um Muro; fugir da Existência é, ainda assim, existir. A existência é um pleno que o homem não pode abandonar.[9]

Tais desvios trágicos ou cômicos podem ser claramente percebidos na novela "O muro" e nos permitem refletir sobre a ancoragem do texto na Guerra Civil Espanhola sob estes dois enfoques. Se para o filósofo a literatura é o produto e o espelho do acontecimento, como se produz em "O muro" esta ancoragem circunstancial chamada "engajamento"? Como Sartre se engaja nessa guerra e como seu engajamento se manifesta no texto?

Situada na Espanha franquista, a narrativa "Le mur" coloca em cena três prisioneiros: Juan Mirbal, Tom Steinbock e Pablo Ibbieta; este, consciência em ação, em devir, narra os acontecimentos na ordem de seu surgimento.

O personagem de Pablo Ibbieta, de acordo com Cohen-Solal, teria tido por modelo instigador Jacques-Laurent Bost,[10] ex-aluno e amigo de Sartre. O jovem Bost, "esquerdista fanático" que quer participar em Paris das "gigantescas manifestações de massa que, em 1935 e 1936, preparam a ascensão e depois a chegada da Frente Popular ao poder", teria solicitado a Sartre que o acompanhasse, mas o filósofo responde que isso não lhe interessa, que não gosta de desfiles. Bost então pede a Sartre que o auxilie a se alistar no contingente das tropas revolucionárias na Guerra Civil Espanhola, ao que Sartre responde, "sem o menor entusiasmo", que Bost deve falar com Nizan, que por sua vez o aconselha a procurar Malraux. Este lhe faz duas perguntas que o desencorajam de vez: "Já prestou o serviço militar? Sabe lidar com metralhadora?" Sartre teria retirado destes fatos alguns elementos que figurarão em "O muro", que, ao que tudo indica, foi escrito nos primeiros meses de 1937.[11]

---

[8] COHEN-SOLAL. *Sartre*, p. 173.

[9] "Personne ne veut regarder en face l'Existence. Voici cinq petites déroutes – tragiques ou comiques – devant elle, cinq vies. (...) Toutes ces fuites sont arrêtées par un Mur; fuir l'Existence, c'est encore exister. L'existence est un plein que l'homme ne peut quitter." SARTRE. *Œuvres romanesques*, p. 1.807. Citado por JONGENEEL. La Chambre: un flirt avec la folie, p. 52.

[10] A autora observa que Jacques-Laurent Bost teria interferido junto a seu irmão Pierre Bost para que o manuscrito de Sartre, *Melancholia* (*A náusea*), fosse reavaliado pela editora Gallimard após a primeira recusa. O jovem teria ainda se casado com Olga Kosakiewicz, a quem Sartre dedica a coletânea de contos *O muro*. Olga Kosakiewicz, também amiga do casal Simone de Beauvoir e Sartre, foi figura central em torno da qual se formou um círculo de relações sentimentais e cujo fascínio inspirou vários personagens destes escritores, encenando ainda como atriz em suas peças de teatro.

[11] COHEN-SOLAL. *Sartre*, p. 166.

O muro ao qual se refere o título é tanto o muro contra o qual os prisioneiros são sumariamente fuzilados, a prisão improvisada em que passam a noite antes da execução da sentença, antecipando o "l'enfer c'est les autres" de *Huis clos*, e, sem dúvida, esse muro que impede o homem de fugir de sua Existência, como diz Sartre.

A circunstância da prisão dos três personagens não nos é revelada, o local exato onde se encontram tampouco. A narrativa se inicia ao chegarem juntos a uma grande sala onde serão interrogados por "quatro sujeitos", civis, atrás de uma mesa.[12] Mais tarde saberão que se tratava não do interrogatório, mas já de seu julgamento. Nessa sala, encontram outros prisioneiros de diferentes nacionalidades que também passam pelo rápido interrogatório: nome, profissão, ou ainda: "Onde estava na manhã do dia 9 e o que fazia nesse dia?", "Tomou parte na sabotagem das munições?". Havia provas de que o irlandês Tom Steinbock integrava a Brigada Internacional; quanto ao jovem Juan Mirbal, seu sobrenome o denunciava como irmão de um anarquista, José Mirbal, ainda que ele alegasse não fazer política, não ser de nenhum partido: "Não fiz nada. Não quero pagar pelos outros".[13] Pablo Ibbieta, por sua vez, é questionado sobre a localização de Ramon Gris por tê-lo supostamente escondido em sua casa do dia 6 ao dia 19.

Ainda que suas localização e data precisas não sejam mencionadas, a situação de conflito é, desde as primeiras páginas, nitidamente indicada. O caráter "internacional" da prisão daqueles homens pode ser percebido pela descrição física e a conotação hispânica, francesa ou anglo-saxônica de seus nomes. O aspecto emergencial é demonstrado pela improvisação e precariedade da prisão – instalada uma das caves de um hospital desativado desde o início da guerra – para onde os acusados são conduzidos e onde passarão uma longa noite. O caráter arbitrário das ações é denunciado pela maneira como é conduzido o interrogatório e decidida a sentença, a qual, algumas horas depois, é anunciada friamente por um comandante acompanhado por dois falangistas: "Steinbock... Steinbock... Aqui está. Você foi condenado à morte... Será fuzilado amanhã de manhã. (...) Os outros dois também."

A narrativa intercala os diálogos entre os prisioneiros, destes com o médico belga que vem reunir-se a eles, com os pensamentos de Pablo Ibbieta. Este observa os companheiros e descobre sem pena que não gosta do jovem Juan Mirbal, já desfigurado pelo medo da morte. Antecipa o diálogo de Inês e Garcin, em *Huis clos*, quando esta diz: "O Senhor não está sozinho e não tem o direito de me infligir o espetáculo de seu medo."[14] Tom Steinbock, que domina bem o espanhol, conta inicialmente com certo entusiasmo a seus dois companheiros de cela as atrocidades cometidas por "eles" – assassinatos sumários sob o olhar dos oficiais, nas estradas de Saragoça, por exemplo, reforçando a situação de tomada de poder e de conflito armado já indicada; revela ainda que havia matado seis "sujeitos" desde o início do mês de agosto.[15] Mas Tom também adquire aos poucos aos olhos de Pablo a coloração acinzentada e o ar miserável que o medo da

---

[12] SARTRE. O muro, p. 9.

[13] SARTRE. O muro, p. 10.

[14] "Vous n'êtes pas seul et vous n'avez pas le droit de m'infliger le spectacle de votre peur." SARTRE. *Huis clos*, p. 26.

[15] SARTRE. O muro, p. 16.

morte imprime ao homem. Sua tendência a "bancar o profeta" desagrava Pablo que, "no fundo não tinha muita simpatia por Tom, afirma, e não via por que, sob o pretexto de que íamos morrer juntos, eu teria a obrigação de aturá-lo".[16]

Pablo Ibbieta, que nunca havia pensado na morte, agora que a ocasião se apresentava e que não havia mais nada a fazer a não ser pensar nisso, imaginava as balas atravessando seu corpo, perguntava-se se haveria sofrimento. Sua viagem introspectiva se inicia sob o olhar clínico, e cínico, do médico belga que chega trazendo cigarros, charutos, e cuja missão é, diz ele, a de assisti-los nesta "penosa circunstância".[17] De fato, Pablo compreende que o médico não estava interessado pelo que os prisioneiros pensavam, estava ali para "observar nossos corpos, que, vivos, agonizavam":[18]

> Olhei durante algum tempo o disco de luz que o lampião projetava no teto. Estava fascinado. Depois, bruscamente, voltei a mim, a roda luminosa desapareceu e me senti esmagado por um peso enorme. Não era o pensamento da morte, nem o medo; era uma coisa sem nome. As faces me queimavam e eu sentia uma dor no crânio. (...) O médico não parava de me olhar, com um olhar duro. De súbito compreendi e levei a mão ao rosto; estava molhado de suor. Naquele porão, no auge do inverno, em plena corrente de ar, eu suava; (...) havia pelo menos uma hora eu suava em bicas e não sentia nada. Mas aquilo não escapou ao safado do belga, que viu as gotas de suor rolarem sobre minhas faces e com certeza pensou: "Eis a manifestação de um estado de terror quase patológico" (...).[19]

Os prisioneiros se veem como em um espelho, perguntam-se se as alterações físicas percebidas nos outros também se viam neles. Começam a se assemelhar "como gêmeos", simplesmente porque iriam "estrebuchar juntos".[20] Tentando compreender a morte, Tom Steinbock imagina a cena de seu fuzilamento:

> (...) Serão oito. Ouve-se um grito: "Apontar", e eu verei oito fuzis apontados para mim. Penso que desejarei penetrar no muro; empurrarei o muro com as costas e toda a minha força, e o muro resistirá, como nos pesadelos. (...) Deve ser horrível. Você sabe que eles fazem pontaria nos olhos e na boca, para desfigurar o sujeito? – perguntou. – Eu já estou sentindo os ferimentos; há uma hora que estou com dores na cabeça e no pescoço. Não são dores verdadeiras, o que é o pior; são as dores que eu vou sentir amanhã. E depois?[21]

A principal questão colocada é, de fato, a do "depois". A situação encenada por Sartre, a de homens diante de sua própria morte, permite ao autor introduzir seu ateísmo e sua concepção filosófica da Existência: "Quer-se pensar em alguma coisa e tem-se o tempo todo a impressão de que afinal a gente vai compreender, mas não, a coisa desliza, escapa, cai. Digo para mim mesmo: depois, não haverá mais nada", diz Tom Steinbock.[22]

Pablo, que compartilha sem o desejar, das ideias de Tom, procura não pensar no que irá acontecer no dia seguinte: "Aquilo não tinha sentido, não encontrava senão

---

[16] SARTRE. O muro, p. 21.

[17] SARTRE. O muro, p. 15.

[18] SARTRE. O muro, p. 20.

[19] SARTRE. O muro, p. 16.

[20] SARTRE. O muro, p. 21.

[21] SARTRE. O muro, p. 19.

[22] SARTRE. O muro, p. 20.

palavras, um vazio." Mas assim que começava a pensar em outra coisa – nas lembranças passadas, em sua vontade de libertar a Espanha, em sua admiração por Pi y Margall, no movimento anarquista ao qual aderira –, a concretude da morte lhe aparecia novamente e ele via canos de fuzis apontados para ele, compreendendo que havia perdido a "ilusão de ser eterno":[23]

> Nesse momento pareceu-me ter toda a vida pela frente e pensei: "É uma grande mentira." Não valia nada, pois havia acabado. (...) Tinha toda a vida diante de mim, fechada como um saco, e entretanto tudo quanto havia lá dentro continuava inacabado. Tentei, num momento, julgá-la. Quisera dizer: foi uma bela vida. Mas não se podia fazer castelos para a eternidade, não compreendera nada. Não tinha saudades de nada; havia uma porção de coisas das quais poderia sentir saudades, do gosto da *manzanilla*, dos banhos que tomava no verão numa enseadinha perto de Cádiz; a morte, porém, roubara o encanto de tudo.[24]

A IRONIA COMO RESPOSTA À CONTINGÊNCIA

Brée e Morot-Sir avançam que tanto na filosofia quanto na literatura, a arma secreta de Sartre é a ironia; "ironia moderna" que desvela primeiro a linguagem escondida por detrás das aparências verbais. Esta ironia seria radicalmente desmistificadora e frequentemente sarcástica, além de estar constantemente em luta contra ela mesma:

> Ela é des-ilusória e sabe que sua tarefa nunca está terminada, que a ilusão renasce com a menor veleidade de linguagem. Volta-se contra si própria para se assegurar que nada a engana, nem mesmo suas próprias defesas. Ela transforma a linguagem em comédia universal.[25]

Após a encenação da descida ao inferno, após a constatação da desilusão pela eternidade, confirmando o ateísmo, a novela "O muro" surpreende com um desfecho que é um exemplo eloquente da ironia sartriana.

Os prisioneiros Tom Steinbock e Juan Mirbal são, como anunciado, fuzilados na manhã seguinte. Pablo Ibbieta, por sua vez, é conduzido, sem compreender o porquê, diante de dois oficiais que pedem informações sobre a localização do amigo anarquista Ramon Gris em troca de sua liberdade. À trágica situação encenada dentro da cela da prisão sucede então o absurdo da condição humana. Pablo observa que "aqueles dois sujeitos agaloados, com seus chicotes e botas, eram, no entanto, homens que também iam morrer"; nota que eles "se ocupavam em procurar alguns nomes em sua papelada inútil, correr atrás de outros homens para prendê-los ou eliminá-los; tinham opiniões sobre o futuro da Espanha e sobre outros assuntos"; e conclui que "suas atividadezinhas [lhe] pareciam chocantes e burlescas" dando-lhe a impressão de que "estavam loucos".[26]

---

[23] SARTRE. O muro, p. 26.

[24] SARTRE. O muro, p. 24.

[25] "Elle est des-illusionnante et sait que sa tâche n'est jamais terminée, que l'illusion renaît avec la moindre velléité de langage. Elle se tourne contre elle-même pour s'assurer qu'elle n'est dupe de rien, pas même de ses propres défenses. Elle transforme le langage en comédie universelle." BRÉE; MOROT-SIR. La littérature en question: Jean-Paul Sartre, Samuel Beckett, p. 380.

[26] SARTRE. O muro, p. 30.

O que lhe causa mais estranhamento é o fato de estar certo de não querer delatar Ramon Gris, preferindo assim morrer em seu lugar:

> Eu o estimava, sem dúvida; era um sujeito duro. Não era por esta razão, porém, que eu ia morrer em seu lugar; sua vida não tinha mais valor do que a minha; nenhuma vida tinha valor. Encostavam um homem num muro, atiravam nele até que morresse – eu, Gris ou outro qualquer era a mesma coisa. Sabia que ele era mais útil do que eu à causa da Espanha, mas Espanha e a anarquia que fossem pro diabo; nada mais tinha qualquer importância. Entretanto eu estava ali, podia salvar a pele entregando Gris e me recusava a fazê-lo.[27]

Ainda que lúcido e convicto de sua decisão, a hilaridade toma conta de Pablo Ibbieta refletindo o absurdo da situação; ele começa a achar tudo muito cômico, tem vontade de rir e se controla "porque se começasse não pararia mais"; vê os falangistas "como se fossem insetos de uma espécie muito rara" e chega a zombar dos bigodes de um deles, chamando-o ainda de "gorducho".[28]

Como uma *blague*, para "lhes pregar uma peça", diz Pablo, indica então aos oficiais um falso esconderijo do amigo: "Sei onde ele está. Está escondido no cemitério, em um túmulo ou na cabana dos coveiros."[29] Vê os oficiais partirem à captura de Ramon Gris com estardalhaço, imagina-os abrindo as lápides, correndo entre os túmulos, projetando um cenário de uma "comicidade irresistível".[30] Mas o desconcerto vem se substituir à comicidade, o absurdo das circunstâncias à realidade dos fatos. Pablo é libertado uma vez que os falangistas encontram seu amigo Ramon Gris exatamente no local indicado por ele. Segundo informações de outros prisioneiros, Gris havia mudado de esconderijo para não comprometer ninguém, indo se esconder, justamente, no cemitério, na cabana dos coveiros.

Ao descobrir que seu amigo revolucionário havia sido capturado e morto por sua culpa, que ao mentir sobre a localização de Gris, ele disse a verdade e traiu seu amigo, ou seja, que se tornou um delator sem o querer, Pablo Ibbieta "ri tanto que as lágrimas [lhe vêm] aos olhos".[31] Se a ironia se baseia nesse jogo entre o que se esconde e o que se revela, como afirmam Brée e Morot-Sir, a descoberta do esconderijo do anarquista Ramon Gris torna-se assim sua metáfora na novela de Sartre.

NA GUERRA, UMA EXPERIÊNCIA DA CONSCIÊNCIA

À tragicidade, ao desespero e à angustia relacionados à primeira parte da novela, se sucede um final irônico, momento em que Pablo Ibbieta toma consciência do absurdo da existência. A ironia constitui, assim, a "verdade do acontecimento".[32]

"O muro" é um dos primeiros textos em que Sartre deixa entrever seu engajamento nos problemas históricos da época. O texto é uma denúncia dos atos arbitrários, das

---

[27] SARTRE. O muro, p. 31.

[28] SARTRE. O muro, p. 31.

[29] SARTRE. O muro, p. 31.

[30] SARTRE. O muro, p. 32.

[31] SARTRE. O muro, p. 33.

[32] BRÉE; MOROT-SIR. La littérature en question: Jean-Paul Sartre, Samuel Beckett, p. 381.

injustiças e crimes cometidos durante o regime franquista. A guerra enquanto acontecimento (e não experiência, no caso de Sartre) compõe um terreno propício para esta tomada de consciência política do autor e sua expressão literária.

Gaëtan Picon observa que *A náusea* e as novelas de *O muro* dão o ponto de partida para a experiência sartriana, que é uma experiência da consciência. A verdade da existência é que o homem existe para nada num mundo que não tem sentido, ele é uma existência sem fundamento num mundo também sem fundamento:

> Nas narrativas do *Muro*, nas peças de teatro que se seguem, *Les mouches*, *Huis clos*, a imagem desesperada desse cogito solitário se estende a nossas relações com o outro: "o inferno são os outros", toda comunicação é impossível, o amor como a amizade. Qualquer valor de vida parece então interditado.[33]

E nada mais absurdo, de certa maneira, do que essa situação histórica desprovida de qualquer sentido. A Guerra Civil Espanhola serve de cenário para o escritor-filósofo "formar e fixar" a experiência ética e metafísica,[34] bem como alguns dos princípios filosóficos que serão desenvolvidos em *O Existencialismo é um humanismo* (1946). Primeiro, a questão da liberdade. Ao afirmar a inexistência de Deus e ao definir o homem como o ser que se constrói, que se inventa através de suas escolhas, que produz sua essência, Sartre afirma que o homem é responsável por sua liberdade. Diante da iminência da morte, o prisioneiro de "O muro", Pablo Ibbieta, vive a "experiência da consciência", afirma seu ateísmo e sua descrença em um "depois da morte". Sua liberdade se manifesta nas escolhas políticas realizadas que o levaram à situação descrita na novela, mantendo suas convicções até o fim, em detrimento mesmo de sua vida.

Mas Pablo Ibbieta parece não se dar conta que a liberdade conquistada se choca sempre com a liberdade dos outros, que é preciso estar consciente de que qualquer escolha pessoal implica em consequências, positivas ou trágicas, para aqueles que nos rodeiam; que todo ato realizado engaja toda a humanidade, como afirmará a filosofia sartriana. A mentira contada pelo personagem, mentira aparentemente "sem consequências", ato individualista de exercício da liberdade, revela-se finalmente plena de um sentido trágico para a coletividade que ele próprio defende.

"O muro" traz, desde os anos 1930, uma denúncia e uma reflexão sobre a contingência e sobre o absurdo que serão, mais tarde, juntamente com a responsabilidade e a moral do engajamento, questões centrais da filosofia e da literatura sartriana.

---

[33] "Dans les récits du *Mur*, dans les pièces de théâtre qui suivent, *les Mouches*, *Huis clos*, l'image désespérée de ce cogito solitaire s'étend à nos relations avec autrui: 'l'enfer c'est les autres', toute communication est impossible, l'amour comme l'amitié. Toute valeur de vie semble donc interdite." PICON. Jean-Paul Sartre. De l'existentialisme au Nouveau Roman, p. 1.349.

[34] PICON. Jean Paul Sartre. De l'existentialisme au Nouveau Roman, p. 1.348.

RÉSUMÉ

Ce travail propose une approche du rapport de Jean-Paul Sartre à la Guerre Civile Espagnole, à travers l'analyse de la nouvelle "Le mur", publiée en 1939. Nous examinons, d'une part, dans quelle mesure le scénario constitué para la Guerre permet à l'auteur de placer ses réflexions sur l'engagement et la liberté, en observant comment ses réflexions se présentent chez les personnages qui vivent l'expérience de la conscience; d'autre part, nous constatons que l'ironie y devient une réponse à la contingence et à l'absurde de l'existence humaine, thèmes fondamentaux qui seront développés par le philosophe dans ses œuvres ultérieures.

MOTS-CLÉS

Sartre; guerre; absurde; ironie

REFERÊNCIAS

BRÉE, Germaine; MOTOT-SIR, Edouard. La littérature en question: Jean-Paul Sartre, Samuel Beckett. In: _____. *Histoire de La Littérature Française*: du Surréalisme à l'empire de la critique. Paris: Flammarion, 1996. p. 373-388.

COHEN-SOLAL, Annie. *Sartre*. Trad. Milton Persson. Porto Alegre: L&PM Editores, 1986.

JONGENEEL, Els. "La Chambre": un flirt avec la folie. *Relief: Revue Electronique de Littérature Française*, v. 1, n. 1, p. 50-63, 2007. Disponível em: <http://www.revue-relief.org>. Acesso em: fev. 2009.

PICON, Gaëtan. Jean-Paul Sartre. De l'existentialisme au Nouveau Roman. In: QUENEAU, Raymond (Org.). *Histoire des Littératures*. Paris: Gallimard, 1978. (Encyclopédie de La Pléiade).

SARTRE, Jean-Paul. *Le mur*: nouvelles. Paris: Gallimard, 1939.

SARTRE, Jean-Paul. *Huis clos*. Paris: Gallimard, 1947.

SARTRE, Jean-Paul. O muro. In: SARTRE, Jean-Paul. *O muro*. Trad. H. Alcântara Silveira. São Paulo: Círculo do livro, [s. d.]. p. 7-33.

A TRAJETÓRIA DE UM GAÚCHO NA GUERRA CIVIL ESPANHOLA

Saga, de Erico Veríssimo

Elcio Loureiro Cornelsen
UFMG

RESUMO

Nossa contribuição visa a refletir sobre o processo de ficcionalização da Guerra Civil Espanhola no romance *Saga*, de Erico Veríssimo, publicado em 1940. Neste caso, a relação entre Literatura e História desempenha um papel fundamental, pois o escritor tomou por base o diário de um ex-brigadista brasileiro para escrever seu romance sobre a guerra fratricida que assolou a Península Ibérica entre os anos de 1936 e 1939. *Saga* também documenta o engajamento político de Erico Veríssimo, numa postura contrária ao regime autoritário vigente no Brasil, na época de sua publicação: o Estado Novo.

PALAVRAS-CHAVE

Guerra Civil Espanhola, Erico Veríssimo, *Saga*

EM BUSCA DE UM ROMANCE ESQUECIDO: *SAGA*, DE ERICO VERÍSSIMO

A comemoração de datas significativas referentes a um dado evento histórico sempre nos oferece o ensejo de revisitarmos o passado através de suas manifestações artísticas e culturais em busca de aspectos que possam ser relevantes para a atualidade. Este ensaio crítico pauta-se justamente por esse viés, ou seja, é fruto de um olhar para trás em relação à Guerra Civil Espanhola (1936-1939). Para isso, elegemos o romance *Saga* (1940), de Erico Veríssimo, no momento em que celebramos, neste ano de 2009, os setenta anos do fim do conflito fratricida e do início do longo período de ditadura franquista na Espanha.

Em primeiro lugar nos deparamos com uma questão inevitável: O que resta ainda a dizer sobre um autor como Erico Veríssimo, verdadeiro galeão do cenário literário brasileiro, e de sua vasta obra, recepcionada de maneira intensa na segunda metade do século 20? Nossa opção pelo romance *Saga* como objeto de análise no contexto comemorativo advém justamente dessa questão. Diferindo de obras como *Clarissa* (1933), *Olhai os lírios do campo* (1938) e *O tempo e o vento* (1948), o romance *Saga*, publicado em 1940, não mereceu maior atenção por parte da crítica literária, o que fez com que, de certa forma, fosse relegado a um longo período de esquecimento. Entretanto, cabe lembrar que, salvo o romance de Erico Veríssimo e de alguns poucos poemas de nomes ilustres do cenário literário brasileiro, como Manuel Bandeira – "No vosso e em meu coração" – e Carlos Drummond de Andrade – "Notícias de Espanha" e "Verso a Frederico García Lorca" –, além do relato de testemunho do militar José Gay da Cunha – *Um brasileiro na Guerra Civil Espanhola* – e da tradução de Monteiro Lobato do romance *For Whom The Bell Tolls*, 1941 [*Por quem os sinos dobram*], de Ernest Hemingway, o conflito na Península Ibérica, um dos mais destrutivos do século 20, não recebeu maior tratamento literário no país. Por isso, a relevância de *Saga* situa-se naquilo que possui de particular: sua gestação como processo resultante da relação entre Literatura e História num período conturbado: o Estado Novo (1937-1945), regime ditatorial sob o governo de Getúlio Vargas.

ESCREVER SOB RISCO EM TEMPOS DE DITADURA

Se refletirmos sobre o contexto em que o romance *Saga* foi publicado, podemos então compreender melhor por que não surgiu um número significativo de obras sobre a Guerra Civil Espanhola no cenário literário brasileiro. O conflito na Península Ibérica, deflagrado em 17 de julho de 1936 em virtude de um levante militar de direita iniciado no Marrocos espanhol,[1] liderado pelo General Francisco Franco contra o Governo republicano de esquerda, e encerrado em 31 de março de 1939 com a rendição de Madri, contou com pouca participação brasileira.[2] No âmbito governamental brasileiro, a presença dominante do Estado Novo instaurado por meio de um golpe militar em novembro de 1937, mas em processo de gestação desde 1930, inibiu qualquer iniciativa em apoio às ações da esquerda brasileira, simpática ao Governo republicano espanhol, legitimamente eleito pelo voto popular em fevereiro de 1936. Além disso, a tentativa de rebelião por parte de comunistas no Rio de Janeiro e em Natal, sufocada pelo Governo de Getúlio Vargas em novembro de 1935, causou a prisão e o exílio de inúmeras pessoas ligadas ao PCB – Partido Comunista Brasileiro, inclusive de vários militares leais ao então líder da tentativa de levante no 3º Regimento de Infantaria, na Praia Vermelha, e na Escola de Aviação do Campo dos Afonsos, Luis Carlos Prestes.

O controle da imprensa pelo DIP - Departamento de Imprensa e Propaganda, criado em 1939 sob a chefia de Filinto Müller tanto para promover uma imagem do país segundo os interesses do Estado Novo como para filtrar notícias contrárias a esses mesmos interesses, limitava a divulgação do conflito espanhol e promovia a versão da guerra como "caos" e como fracasso da "democracia do regime republicano".[3] O controle do Estado não se limitou apenas à censura dos jornais, mas sim se estendeu também à produção artística por meio de atuação direta no resultado dos trabalhos, de modo que restou aos intelectuais um raio de ação limitado para manifestarem sua solidariedade à

---

[1] Cf. MEIHY; BERTOLLI FILHO. *A Guerra Civil Espanhola*, p. 19; cf. também BEIGUELMAN-MESSINA. *A Guerra Civil Espanhola 1936-1939*, p. 69.

[2] Cf. MEIHY. O Brasil no contexto da Guerra Civil Espanhola, p. 117.

[3] MEIHY. O Brasil no contexto da Guerra Civil Espanhola, p. 2.

causa do Governo republicano na Espanha. Embora limitado, como aponta José Carlos Sebe Bom Meihy, "o espaço de oposição se fazia mais importante, porque significava um duplo protesto: protesto contra a ditadura brasileira e oposição ao fascismo".[4]

Portanto, não obstante o reduzido número de nomes, os poemas de Manuel Bandeira e de Carlos Drummond de Andrade, ou mesmo a tradução da obra *For Whom The Bell Tolls*, de Ernest Hemingway, por Monteiro Lobato, feita em plena cadeia onde o escritor se encontrava preso sob a acusação de ter agredido com cartas o presidente Vargas, como forma de romper o silêncio imposto pelo DIP, e principalmente o romance *Saga*, documentam o engajamento político de seus autores pela causa republicana na Espanha e, ao mesmo tempo, sua postura contrária ao autoritarismo vigente no Brasil durante o Estado Novo.

O ROMANCE *SAGA*, VISTO A PARTIR DO OLHAR CRÍTICO DE SEU AUTOR

Erico Veríssimo (1905-1975), gaúcho de Cruz Alta, que iniciou sua carreira literária na década de 1930 do século 20, também foi alvo de perseguição por parte do DIP. Não foi por acaso que, com o lançamento de *Saga* em 1940, o escritor tenha optado pelo exílio voluntário nos Estados Unidos, pois era consciente das implicações advindas de escrever um livro sobre a Guerra Civil Espanhola no contexto do Estado Novo. Mas, como ele próprio apontaria mais tarde, num prefácio datado de 1966, a conformação geopolítica europeia esfacelada pela deflagração da Segunda Guerra Mundial por parte da Alemanha nazista também foi um dos fatores que o levaram a escrever um romance de cunho eminentemente político:

> *Saga* foi escrito naqueles sombrios meses de 1940, quando as tropas nazistas, com suas brutais *Panzerdivisionen*, se aproximavam invencivelmente de Paris. Para nós que amávamos a França e detestávamos o nazismo, isso não era apenas o fim da Guerra, mas também o fim do mundo, o fim de tudo. Rússia e Alemanha tinham firmado um pacto de não-agressão. No Kremlin, von Ribbentrop e Stalin, cada qual com uma taça de champanha na mão, haviam trocado brindes cordiais. Nas altas esferas governamentais do Brasil viam-se figurões civis e militares que não escondiam sua simpatia pelo hitlerismo, seu fascínio pelos feitos da *Wehrmacht*. Tudo nos levava a crer que o destino próximo de todos os liberais seria o internamento num campo de concentração – caso em que não nos importaria a cor da camisa daqueles que nos levassem para lá.[5]

As principais fontes extraliterárias nas quais o livro se baseia são o diário de Homero de Castro Jobim, ex-brigadista do Rio Grande do Sul na Guerra Civil Espanhola, e os relatos de Jesus Corona, um espanhol que, na época, residia no Rio Grande do Sul e que lhe fornecera informes sobre o campo de concentração de Argèles-sur-Mer, onde foram confinados os refugiados da Espanha na França, após a derrota do Governo republicano. A ambos Erico Veríssimo dedicou seu romance:

---

[4] MEIHY. O Brasil no contexto da Guerra Civil Espanhola, p. 3.
[5] VERÍSSIMO. Prefácio, p. XI.

Ao ex-combatente da Brigada Internacional que me deu o roteiro de Vasco na jornada da Espanha, além de muitas outras sugestões valiosas; e ao Sr. Jesus Corona, a quem devo um punhado de notas sobre o campo de concentração de Argelès-sur-Mer, a minha homenagem e os meus agradecimentos.[6]

Sem dúvida, a atenção especial recai sobre Homero de Castro Jobim (1915*), gaúcho de família abastada, que pretendia seguir carreira militar, tendo ingressado na Escola Militar do Realengo como cadete.[7] Embora não tenha participado das ações comunistas de novembro de 1935, foi preso por alguns dias na Casa de Detenção, no Rio de Janeiro, e expulso da Escola Militar por ser, na época, filiado ao PCB desde julho de 1934.[8] Após sua expulsão, regressou ao Rio Grande do Sul, onde atuou como tradutor, até o momento em que o Estado sofreu intervenção federal, levando Homero de Castro Jobim a exilar-se no Uruguai.[9] De lá, partiu para a Europa com ajuda do partido comunista norte-americano, para combater como voluntário na Guerra Civil Espanhola, no âmbito das Brigadas Internacionais. Serviu na 12ª Brigada Garibaldi, na patente de Tenente e, posteriormente, na 15ª Brigada Lincoln-Washington.[10] Repatriado em abril de 1939, Homero de Castro Jobim rompeu com o PCB no mesmo ano. Após esse período, fez carreira como professor universitário de português e como tradutor.[11] É a partir do diário de Homero de Castro Jobim que o romance de Erico Veríssimo se reveste de caráter testemunhal:

> Por aquela época um brasileiro, ex-combatente da Brigada Internacional antifranquista, me havia oferecido seu diário de guerra, sugerindo-me que eu o aproveitasse num romance da maneira que achasse mais conveniente.
> Por que não mandar Vasco lutar na Espanha ao lado dos legalistas? O temperamento do primo de Clarissa, revelado através de livros como Música ao Longe e Um Lugar ao Sol, tornava verossímil esse gesto.
> Não hesitei. Tomei dos papéis do ex-combatente e tirei deles uma série de anotações de ordem geográfica e referentes ao movimento de tropas ainda um punhado de outras descritivas da vida nas aldeias espanholas e nas frentes de batalha.[12]

A relação entre Literatura e História e a questão do engajamento intelectual em momentos de tensão política são os dois focos de interesse de nossas reflexões. Enquanto o primeiro diz respeito a questões de ordem estética – narrativa ficcional e narrativa histórica, a construção literária de personagens e fatos históricos e suas respectivas implicações, etc. –, o segundo está centrado na noção de responsabilidade intelectual frente às convulsões sociais e políticas. No caso de Saga, Erico Veríssimo considerava a obra como "talvez o mais controvertido de todos os meus romances".[13] E mais: "Creio que isso se deve principalmente ao seu conteúdo político, que desagradou com igual

---

[6] VERÍSSIMO. Prefácio, p. IX.

[7] BATTIBUGLI. A solidariedade antifascista, p. 10.

[8] BATTIBUGLI. A solidariedade antifascista, p. 34-35.

[9] BATTIBUGLI. A solidariedade antifascista, p. 127.

[10] BATTIBUGLI. A solidariedade antifascista, p. 149.

[11] BATTIBUGLI. A solidariedade antifascista, p. 184-185.

[12] VERÍSSIMO. Prefácio, p. XII-XIII.

[13] VERÍSSIMO. Prefácio, p. XI.

intensidade tanto a esquerdistas como a direitistas. O juízo dos críticos literários não foi menos severo para com esta narrativa."[14]

Nesse sentido, Pedro Brum Santos aponta para os seguintes aspectos como sendo decisivos para o surgimento de críticas às obras de Erico Veríssimo na época em que foram publicadas, sobretudo nos anos 1930 do século 20:

> Embora reconhecendo as limitações desse seu pacifismo para a realização literária – posto que a narrativa ficcional vive mesmo é do antagônico, da crise, da falta de solução – Veríssimo insiste no modelo, de modo a reproduzir na ficção convicções pessoais que apontam para um humanismo democrático – de resto, posição difícil de sustentar em um tempo que cobrava a intervenção do intelectual frente a tudo: política, religião, moral, costumes. O autor ouviu muitas críticas pelo fato de enfrentar esses questionamentos sem radicalizar posições. (...)[15]

A seguir, discutiremos justamente a relação entre literatura e engajamento, no intuito de analisarmos o romance *Saga* a partir dessa ótica.

O ROMANCE *SAGA* E A RELAÇÃO ENTRE LITERATURA E ENGAJAMENTO

Em termos políticos, Erico Veríssimo se definia como "socialista democrata", antitotalitário e simpatizante do regime stalinista soviético até 1939, ano em que o pacto entre Hitler e Stalin tornou públicas as conveniências políticas entre as duas nações totalitárias no âmbito europeu. Como o próprio Erico Veríssimo revela, esse acontecimento teve um significado decisivo na maneira como a disputa político-ideológica é apresentada no romance *Saga*:

> Embora nós os socialistas democratas tivéssemos sido sempre antitotalitários, nunca deixáramos – naqueles anos anteriores a 1939 – de considerar a União Soviética a esperança do socialismo. Fossem quais fossem os erros, deformações e violências do stalinismo, uma coisa era certa: nesse tremendo laboratório que é a U.R.S.S. estava-se a fazer uma experiência social e econômica muito séria, capaz de influir decisivamente sobre o curso da História. Agora o pacto nos apanhava de surpresa, deixando-nos tontos e desarvorados. (...)
> Seja como for, essa desilusão com a Rússia – que naquele ano de 1939 afastou do comunismo tantos intelectuais através do mundo inteiro – havia de refletir-se também em *Saga*, levando seu autor a perder o senso de perspectiva histórica ao focar a guerra civil espanhola.[16]

Certa vez, ao pronunciar uma conferência no Instituto para o Estudo do Fascismo, em 27 de abril de 1934 na capital francesa e, portanto, em pleno exílio, Walter Benjamin propôs uma diferenciação conceitual entre "escritor burguês" e "escritor progressista", a qual nos possibilita também uma reflexão acerca da tentativa de Erico Veríssimo manifestar-se literariamente sobre a Guerra Civil Espanhola. Segundo Benjamin, o "escritor

---

[14] VERÍSSIMO. Prefácio, p. XI.

[15] SANTOS. Aspectos do romance histórico em Erico Veríssimo, p. 53-54.

[16] VERÍSSIMO. Prefácio, p. XI-XII.

burguês", ao produzir obras destinadas à diversão, não reconhece a alternativa de decidir a favor de uma causa. Por sua vez, o "escritor progressista" não só conhece tal alternativa, mas, no campo da luta de classes, se coloca ao lado do proletariado, decretando assim o fim de sua autonomia.[17] Podemos dizer que Erico Veríssimo se enquadraria nesta segunda categoria conceitual, pelo menos em relação ao romance *Saga*.

Outro aspecto relevante para a discussão sobre literatura e engajamento, delineado por Walter Benjamin em sua conferência, diz respeito ao que o pensador chamou de "debate estéril sobre a relação entre a tendência e a qualidade de uma obra literária", fundada na "enfadonha dicotomia":[18] por um lado, a exigência de que o autor siga a tendência correta e, por outro, a exigência de que sua produção seja de boa qualidade. O próprio Erico Veríssimo, mais tarde, fez uma autocrítica em relação ao romance, reconhecendo que nele não apenas a postura política veiculada, como também sua "qualidade" literária era passível de ser questionada: "Mas não serão de natureza apenas política os erros e deformações deste romance. Literária e artisticamente muitas são também as restrições que hoje faço a *Saga*."[19]

Para Benjamin, "uma obra caracterizada pela tendência justa deve ter necessariamente todas as outras qualidades",[20] ou seja, a relação entre "tendência" política e "qualidade" literária deveria ser "verdadeira" na medida em que um fator seria automaticamente prerrogativa para o outro: "Pretendo mostrar-vos que a tendência de uma obra literária só pode ser correta do ponto de vista político quando for também correta do ponto de vista literário. Isso significa que a tendência politicamente correta inclui uma tendência literária."[21]

Como elemento central para suas considerações, Walter Benjamin lança mão do conceito de técnica como instrumento que pode contribuir para a definição correta da relação entre tendência e qualidade, pois é a partir dele que se poderia verificar se "essa tendência literária pode consistir num progresso ou num retrocesso da técnica literária".[22] Todavia, se aplicarmos as categorias de "tendência" e "qualidade" ao caso específico de *Saga*, reconheceremos que, como o seu próprio autor admitiu, a obra em si apresentou altos e baixos na elaboração de seus elementos estruturantes, como, por exemplo, da instância do narrador. De certa forma, a adoção de um determinado viés político – a "tendência" – implicou sua estetização temática do conflito ideológico a partir de um modelo romanesco que estaria mais próximo daquele vigente no século 19 do que das experiências de vanguarda nas primeiras décadas do século 20 em relação ao romance. Esse aparente "anacronismo" estético, sem dúvida, foi o fator que deu margem para que a "qualidade" literária de *Saga* fosse colocada em questão. Consideremos a seguinte reflexão de Erico Veríssimo sobre a construção do foco narrativo e das personagens:

---

[17] Cf. BENJAMIN. O autor como produtor, p. 120.

[18] BENJAMIN. O autor como produtor, p. 121.

[19] VERÍSSIMO. Prefácio, p. XII.

[20] BENJAMIN. O autor como produtor, p. 121.

[21] BENJAMIN. O autor como produtor, p. 121.

[22] BENJAMIN. O autor como produtor, p. 123.

Decidi que o livro seria narrado por Vasco na primeira pessoa. Comecei a escrever, mas com tanto gosto e facilidade, que o contador de histórias que há em mim, isto é, o puro ficcionista que se compraz na narrativa de episódios, anedotas, incidentes, entrou como que num grande feriado da imaginação, perdendo por vezes o contato com o mundo das probabilidades e até mesmo o cenário dramático onde se travava uma das guerras mais absurdas e cruéis de nosso tempo. Pois esse ficcionista não hesitou em criar uma galeria arbitrária ao sabor de sua veia inventiva e das conveniências imediatas da narrativa, e o resultado disso foram personagens falsas e estereotipadas como Paul Green, Sebastian Brown e tantas outras, que parecem saídas de um mau filme de Hollywood.[23]

Embora destaque o êxito no processo criativo quanto à opção por um narrador-personagem em primeira pessoa do singular, plenamente adequado à fonte principal do romance, ou seja, ao diário de um ex-combatente da Guerra Civil Espanhola, Erico Veríssimo também não poupou críticas ao apontar a precariedade de traços que compõem algumas personagens do romance, como, por exemplo, os brigadistas norte-americanos, ou mesmo o emprego de personagens de romances anteriores:

Não terminei, porém, de desfiar o rosário de imperfeições desta obra. Quando Vasco – interpretando o sentido da guerra civil espanhola tão erroneamente quanto o autor – resolve abandonar a Brigada Internacional para voltar ao Brasil, eu me vi numa situação difícil. Tinha escrito a primeira metade do livro e na segunda não sabia que destino dar ao herói. Faço Vasco casar-se com Clarissa e atiro-o depois numa outra espécie de luta. Aparecem nessa segunda metade do romance personagens de histórias anteriores. De todos os "enxertos", o que me parece mais desajeitado, rebuscado e inútil é o de Eugênio Fontes, cujo drama – narrado por extenso em *Olhai os Lírios do Campo* – foi resumido em *Saga* sem nenhum benefício para esta história nem para o original.[24]

Cabe lembrarmos que o romance *Saga* está estruturado em quatro partes: "O círculo de giz"; "Sórdido interlúdio"; "O destino bate à porta"; "Pastoral". As duas primeiras correspondem à fase da guerra propriamente dita. Já as duas últimas se referem à fase pós-Guerra Civil Espanhola, com o retorno de Vasco ao Rio Grande do Sul. Essa fase da história de Vasco, uma verdadeira "saga" dos campos de batalha na Península Ibérica ao interior gaúcho, revela a desilusão de Erico Veríssimo frente à sociedade brasileira e ao cenário político de seu tempo:

Quando o meu desinquieto herói, cansado e enojado da sociedade em que vivia, resolve voltar para a terra, estabelecendo-se como agricultor no vale de Águas Claras (também pura invenção do autor) – o que eu fazia nada mais era que passar procuração a essa personagem para que ela fizesse tudo quanto eu então desejava mas não podia realizar, por uma centena de razões, umas boas e outras (vejo-o agora) inexistentes. É que eu estava saturado da hipocrisia do mundo burguês e ao mesmo tempo desnorteado ante o cinismo stalinista. Repugnavam-me também as tendências claramente direitistas de membros de nosso próprio Governo, a par da indiferença de tantos de nossos homens de letras. (...)[25]

Portanto, as palavras de Erico Veríssimo no "Prefácio" de *Saga* revelam, por um lado, o desapontamento do escritor com os caminhos do socialismo sob a égide de Stalin,

---

[23] VERÍSSIMO. Prefácio, p. XIII.

[24] VERÍSSIMO. Prefácio, p. XIII.

[25] VERÍSSIMO. Prefácio, p. XIII-XIV.

materializado no pacto de não agressão que o estadista soviético selou com a Alemanha nazista em 23 de agosto de 1939,[26] momento em que os extremos da ferradura, aparentemente distantes, chegaram a se tocar, e, por outro, o reconhecimento da postura indiferente de grande parte da intelectualidade brasileira em relação ao Estado Novo e à simpatia que vários de seus membros nutriam pelo nazi-fascismo.[27]

Não obstante reconhecer que não conseguiu atingir um nível literário condizente com seus romances anteriores, como *Caminhos cruzados* (1934; Prêmio Graça Aranha) ou *Música ao longe* (1935; Prêmio Machado de Assis), sem dúvida, Erico Veríssimo apresenta ao leitor brasileiro um quadro ficcional da crise enfrentada pela esquerda na década de 1930 e a ascensão da direita na Europa e na América Latina, em que o "herói" dá "adeus" às armas e ao sonho coletivo para refugiar-se no interior do Rio Grande do Sul, construindo para si uma espécie de idílio individual. Podemos afirmar que o romance recebia de seu autor um misto de aprovação e desaprovação, como revelam suas palavras no "Prefácio":

> Houve, no entanto, muita gente que gostou e ainda gosta de *Saga*. Os comunistas o detestam. Os franquistas o abominam. Quanto a mim, só sei dizer que mais de uma vez, ao fazer a enumeração verbal ou escrita de minhas obras, surpreendi-me a omitir inconscientemente *Saga*.[28]

Como bem aponta Flavio Loureiro Chaves no prefácio introdutório intitulado "*Saga*: um testemunho humanista", a personagem Vasco assume a função de eixo de retomada de obras anteriores, de modo que estas se tornam indissociáveis do romance sobre o conflito na Península Ibérica. Além disso, o engajamento de Vasco pela causa republicana se torna parte de uma trajetória de vida em busca pela liberdade:

> (...) Num certo sentido a narrativa é a retomada de personagens e temas propostos nos romances anteriores que se encontram aqui reunidos, levando o autor a incluir no desenvolvimento da ação pequenos resumos da trama de *Caminhos cruzados*, *Um lugar ao sol* e *Olhai os lírios do campo*. Ora, o ponto de convergência desta síntese está na experiência de Vasco e nela se dá continuidade à investigação sobre a busca da liberdade individual, deslocada do espaço gaúcho para a guerra civil espanhola na qual ele se compromete como soldado voluntário do exército republicano. (...)[29]

Outro aspecto importante destacado por Flávio Loureiro Chaves diz respeito ao fato de que o romance de Erico Veríssimo propõe uma discussão de ordem ideológica mais ampla, fruto de seu contexto de emergência e do engajamento de seu autor:

> A problemática instaurada é, portanto, típica do romance realista e do individualismo burguês – no confronto do homem com a sua sociedade nasce o gesto de rebelião em que está cifrada a busca da liberdade. Em *Saga* esta questão – até aqui considerada quase sempre na órbita particular e restrita do cenário rio-grandense – amplia-se sob a forma duma discussão ideológica. A guerra espanhola permite a abordagem do fascismo e do

---

[26] Cf. KAMMER; BARTSCH. *Nationalsozialismus*, p. 94-95.

[27] Cf. TRINDADE. *O Nazi-fascismo na América Latina*, p. 20.

[28] VERÍSSIMO. Prefácio, p. XIV.

[29] CHAVES. *Saga*: um testemunho humanista, p. XX.

comunismo, transferindo-se a análise das manifestações da violência para uma argüição do sistema totalitário que, em 1940, parecia destinado a predominar no mundo contemporâneo. (...)[30]

Todavia, o caráter político de *Saga* não implica, necessariamente, que esse romance tenha corrido o risco de se tornar panfletário. É importante ressaltar que Erico Veríssimo não assume uma postura político-partidária a ser defendida com unhas e dentes. Pelo contrário: seu romance revela as polarizações político-ideológicas da época, insolúveis, que nos faz lembrar de uma outra obra sobre a Guerra Civil Espanhola, os relatos de testemunho de George Orwell, *Homage to Catalonia* e *Looking Back on the Spanish War*, 1938 [*Lutando na Espanha & Recordando a guerra civil*]. Nesse sentido, Flávio Loureiro Chaves considera que,

> [e]mbora seja um livro político, dada a conjuntura imediata em que foi escrito, *Saga* não define uma escolha política (e muito menos uma adesão partidária) do seu autor. Ao contrário, sua preocupação é traduzir as perplexidades e o amargo ceticismo diante dum mundo fragmentado por cisões insanáveis onde não parece haver grandes chances para a esperança de Vasco de que "quando esta guerra terminar haverá na terra pelo menos um homem novo".[31]

Com isso, *Saga* se reveste de um teor testemunhal. Embora se trate de uma obra de ficção, ela não se furta em prestar testemunho de si – formalmente marcado pela narrativa em primeira pessoa –, como também de seu autor diante do esfacelamento de governos democráticos pelas investidas totalitárias, sejam elas de direita ou de esquerda, conforme aponta Flávio Loureiro Chaves:

> O dilema de Erico Veríssimo neste romance é característico da encruzilhada em que se encontrou a "inteligência" liberal ao anunciar-se a falência dos regimes democráticos nos anos que antecederam a segunda grande guerra mundial. A imposição do totalitarismo encerrava um período histórico, relegando o heroísmo pessoal, a livre iniciativa, a capacidade de transformação pacífica do mecanismo social a um plano ultrapassado. A adivinhação do mundo futuro transparece, então, no ceticismo de algumas passagens que traduzem o desencanto do narrador projetado na experiência da personagem. Note-se que, pela primeira vez, Erico Veríssimo tentou aqui o discurso na 1ª pessoa, acentuando assim a identidade entre o seu pensamento e as palavras de Vasco. (...)[32]

Portanto, o engajamento de Erico Veríssimo fundamenta-se numa postura do escritor diante dos embates ideológicos de sua época, que produziram nos campos de batalha e nos campos de concentração e extermínio um dos capítulos mais funestos da história da Humanidade. Aliás, segundo Flávio Loureiro Chaves, é justamente o "humanismo" o aspecto central desse engajamento. Diríamos que se trata de um humanismo pautado pela ética, a ética do indivíduo, perplexo diante do esfacelamento das liberdades democráticas e do triunfo de regimes autoritários e totalitários:

---

[30] CHAVES. *Saga*: um testemunho humanista, p. XXI.

[31] CHAVES. *Saga*: um testemunho humanista, p. XXI.

[32] CHAVES. *Saga*: um testemunho humanista, p. XXI-XXII.

O humanismo de Erico Veríssimo evolui assim da crítica social já explícita na trama de *Caminhos cruzados* e da profunda adesão aos seres injustiçados para esta dimensão ideológica de *Saga*, que culmina na rejeição ao totalitarismo mas, simultaneamente, no ceticismo diante da condição humana. Este drama é, aliás, patrimônio de quase todo o romance produzido no período que tem por eixo o ano de 1945, espraiando a ficção ocidental nas mais variadas direções – do existencialismo sartriano à filosofia do absurdo em Albert Camus, do realismo épico de Malraux e Hemingway à crise da linguagem em Virginia Woolf e William Faulkner. No caso de Erico Veríssimo, a constatação da crise levou-o a uma profunda reflexão sobre o sentido da literatura e a responsabilidade social do escritor. Não sendo o compromisso partidário uma solução viável, restando apenas a interrogação sobre o homem na expectativa do amanhã, o romancista conta a sua história, re-escreve o mundo subvertido, narra a sua corrupção, denunciando a realidade mediante a criação imaginária a fim de recompor a primitiva naturalidade do humano.[33]

Com relação a esse aspecto, ressaltaríamos ainda o fato de que Erico Veríssimo se vale justamente da ficção para não só criticar o estado de coisas, mas também para propor um fórum de discussões em torno de várias questões, entre elas, do declínio do humanismo ético frente à ascensão do radicalismo e do pensamento autoritário. É nesse sentido que Flávio Loureiro Chaves pauta seu ensaio, sem dúvida, numa leitura precisa e lúcida de *Saga* à luz dos acontecimentos que o originaram:

(...) Trata-se do depoimento dum humanista assaltado por perplexidades e dúvidas no momento em que o humanismo, herança duma cultura liberal e democrática, atravessou a sua pior crise. A literatura apresenta-se então como o território onde as personagens de ficção podem impugnar a realidade, preenchendo a sua insuficiência.[34]

O ROMANCE *SAGA* E A RELAÇÃO ENTRE LITERATURA E HISTÓRIA

A ficcionalização de um dado evento histórico não implica, necessariamente, em pura invenção. Antes, trabalha-se com a plausibilidade do que poderia ter sido. Em grande parte, essa plausibilidade é garantida pelas fontes utilizadas por Erico Veríssimo no processo de criação do romance *Saga*. Fato é que, para alguns teóricos, o ficcional é de ordem discursiva em relação ao "real". Edmundo O'Gorman, por exemplo, diferencia a "sujeição ao real" da "emancipação do real" na relação entre Literatura e História: "la imaginación es ficción de lo imaginado; la sujeción es ficción de lo real".[35] O caráter substancial dessa relação residiria no fato de que "todo depende de la intencionalidad, dirigida a um fin estético".[36] Edmundo O'Gorman considera o essencial da literatura a partir da relação entre o "real" e o "estético":

[33] CHAVES. *Saga*: um testemunho humanista, p. XXII.

[34] CHAVES. *Saga*: um testemunho humanista, p. XXIII.

[35] Citado por MATUTE. Historia y Literatura: nexo y deslinde, p. 391.

[36] Citado por MATUTE. Historia y Literatura: nexo y deslinde, p. 391.

> (...) si en vez de hablar de ficción, de fingimiento y de suceder ficticio, se habla de mostración, de presentación o revelación y de suceder estético, se verá que lo esencial de la literatura (lo que de literatura tiene la literatura *para ser* literatura), es que revela y capta una parte de la realidad que no es la parte teorética.[37]

Podemos nos orientar por essas considerações propostas por Edmundo O'Gorman em nossa análise do romance *Saga*. Pois encontramos nelas dois aspectos fundamentais: as noções de "intencionalidade" e de "fim estético". Por um lado, conforme apontamos anteriormente, Erico Veríssimo não só era consciente da profunda crise político-ideológica em que se encontrava o mundo na década de 1930 do século 20, como também fez dela objeto para elaboração de seu romance no intuito de discutir algo que ia muito além de posições político-partidárias: a crise do humanismo liberal e a fragilidade das democracias frente ao avanço de regimes autoritários, como no caso do Brasil, da Itália, de Portugal e da Espanha, e totalitários, como no caso da Alemanha nazista e da União Soviética sob o domínio stalinista. Por outro lado, tal intencionalidade implicaria um determinado modo de tratamento estético do evento histórico. No nosso modo de entender, a postura ética – individual por excelência – é determinante no modo de tratamento estético da Guerra Civil Espanhola no romance. Há a construção de um *ethos* do narrador-protagonista. E mesmo antes disso ocorre a opção por um narrador em primeira pessoa, que o afasta por si só do narrador histórico, despersonalizado através do recurso da narração em terceira pessoa, como se os fatos narrassem de per si. Ao contrário, como frisado anteriormente, Erico Veríssimo aposta na subjetividade da personagem para a apresentação de um evento traumático como uma guerra.

Por sua vez, Maria Teresa de Freitas propõe uma outra perspectiva possível para se compreender a correlação entre Literatura e História: a partir da "atração que os temas da História exercem sobre escritores e poetas, dada a grande variedade de situações ricas em peripécias e emoções – dois ingredientes básicos da literatura de ficção – que oferecem".[38] Para a autora, os acontecimentos históricos do último século contêm um componente que pode "facilmente alimentar criações fictícias": "o componente básico da tragédia – a catástrofe – através do qual sentimentos e situações são levados ao paroxismo".[39] Em parte, esse seria o caso de *Saga*, em que a catástrofe se avulta no sentido de possibilitar a discussão sobre questões profundas de ordem existencial.

Outro aspecto importante apontado por Maria Teresa de Freitas é a delimitação da obra de ficção "que utiliza como tema de sua trama um assunto histórico": "trata-se da obra que toma uma realidade qualquer do universo histórico – um acontecimento, uma situação, uma personagem – e a transforma em seu próprio tema, ou seja, em parte integrante de sua estrutura interna, fazendo dela matéria estética".[40] Além disso, Maria Teresa de Freitas aponta as seguintes questões que obras dessa natureza – como *Saga*, de Erico Veríssimo –, podem gerar:

---

[37] Citado por MATUTE. Historia y Literatura: nexo y deslinde, p. 393.

[38] FREITAS. Das relações entre Literatura e História, p. 605.

[39] FREITAS. Das relações entre Literatura e História, p. 606.

[40] FREITAS. Das relações entre Literatura e História, p. 606-607.

(...) como e por que ela o faz? Ou seja: quais são os meios ou as técnicas que utiliza o escritor de ficção para transformar a História em romance, e quais são os objetivos que o levam a buscar num universo teoricamente conhecido por todos – e forçosamente possível de sê-lo – matéria para sua ficção?[41]

No caso específico do romance de Erico Veríssimo, além das técnicas e dos objetivos apontados anteriormente, não devemos nos esquecer que o substrato para criação do romance é de ordem documental, composto pelo diário de Homero de Castro Jobim e de depoimentos de Jesus Corona. Aliás, podemos afirmar que estes não são recepcionados pelo escritor apenas naquilo o que informam, mas também na própria forma, uma vez que se aproximam do relato autobiográfico, implicando a construção do foco narrativo em primeira pessoa.

Além disso, Maria Teresa de Freitas chama a atenção, na relação entre Literatura e História, para as noções de "conhecimento" e de "verdade": "o texto literário que se apodera de uma série histórica terá com certeza uma outra significação, tentará passar um conhecimento de outra natureza, uma verdade de outra ordem".[42] Isso se concretiza em *Saga*, uma vez que Erico Veríssimo está menos preocupado em transmitir informações sobre o fato histórico em si, mas sim um dado "conhecimento" que vá além daquele proporcionado pelo discurso histórico: a crise da Humanidade. E, para isso, não se vale de expedientes estéticos que pudessem criar "efeitos de verdade", como se fosse o narrador da História. A "verdade", nesse caso, de fato, é de outra ordem: a verdade da crise do indivíduo frente aos horrores da guerra e a um mundo ideologicamente esfacelado.

Por sua vez, ao refletir sobre o discurso histórico e o discurso ficcional, Benedito Nunes aponta as seguintes diferenças entre História e Ficção: "a imaginação do historiador pretende ser verdadeira"; a ficção é "sinônimo de irreal"; ela se liga à "recriação artística dos fatos".[43] No caso específico de *Saga*, temos como evento central da narrativa sobre a Guerra Civil Espanhola a Batalha do Ebro. Esta já aparecia no diário de Homero de Castro Jobim, que dela participara. Erico Veríssimo transforma as anotações do ex-brigadista, escritas no calor dos combates, para dar vida à sua personagem, o que lhe empresta um caráter testemunhal – e não meramente "irreal".

A relação entre Literatura e História, sem dúvida, pode ser tratada também a partir de um viés específico: a da relação entre romance e História. Nesse sentido, José Américo Miranda diferencia o objeto da História do objeto do romance histórico: "O objeto da história é o passado. É a história que faz vir ao presente o que já não está mais aí. O objeto do romance é a imaginação do homem. É ele que traz ao nosso presente o que jamais esteve aí."[44] Além disso, distingue as duas maneiras de se entender a História: "o historiador, ou a história, escreve o que aconteceu; o romancista ou o romance, o que poderia ter acontecido".[45] E mais: "O que distingue, então, história de romance (ou ciência e arte), é que a primeira é forma sujeita a limitações empíricas, ao passo que a segunda é forma livre, muito

[41] FREITAS. Das relações entre Literatura e História, p. 607.

[42] FREITAS. Das relações entre Literatura e História, p. 608-609.

[43] NUNES. Narrativa histórica e narrativa ficcional, p. 12.

[44] MIRANDA. Romance e História, p. 17.

[45] MIRANDA. Romance e História, p. 19.

embora a liberdade total, absoluta, seja uma impossibilidade."[46] Com relação ao romance de Erico Veríssimo, podemos afirmar que, de fato, no processo de criação literária, o escritor trafegou entre a liberdade de criação e a limitação imposta pelas fontes utilizadas para sua composição.

Outra visão epistemológica não menos relevante procura não estabelecer uma separação rígida entre Literatura e História enquanto formas de linguagem. Para José Luiz Foureaux de Souza Júnior, por exemplo, "[i]sso se sustenta, quando consideramos o sujeito do discurso (por um lado), o historiador que é responsável por uma certa performance que se inscreve num entrelugar, localizado no limiar da ficção (literária) e da documentalidade (histórica)".[47] Para isso, Foureaux estabelece uma relação entre História, ficção e documento: "Essa consideração parece sensata, uma vez que se pode levar em consideração que tanto a escrita da História apresenta aspectos performáticos, quanto a obra ficcional explicita um certo caráter documental."[48] Refletindo especificamente sobre o romance histórico, a relevância deste frente às narrativas da História poderia ser, assim, destacada: "Para além disso, o romance histórico pode problematizar, numa outra visada, as mesmas questões, sem propor soluções aparentemente fáceis, como sonhava um certo positivismo, infelizmente renitente."[49] Consideramos que essas conjecturas também se aplicam a *Saga*, na medida em que Erico Veríssimo transmite ao leitor a profunda crise do individuo "em tempos sombrios", como diria Bertolt Brecht.

A TRAJETÓRIA DE VASCO NA ESPANHA E SEU REGRESSO AO RIO GRANDE DO SUL

Em recente estudo sobre a música na obra de Erico Veríssimo, Gérson Werlang chama a atenção para o fato de que, especificamente no romance *Saga*, estabelece-se "uma linha de raciocínio que parte do elemento épico da luta ao descanso final do guerreiro (quando Vasco retorna ao Rio Grande do Sul e se casa com Clarissa)".[50] Nas cinco primeiras edições do romance, a parte intitulada "O círculo de giz", por exemplo, é precedida pela citação de um fragmento da Terceira Sinfonia de Beethoven, conhecida como *Eroica*. De acordo com Gérson Werlang, originalmente, "a sinfonia exaltava feitos de coragem heróica", de modo que ela estabeleceria "relações estreitas com o impulso de Vasco de ir lutar na Espanha, um impulso heróico, similar à motivação da sinfonia".[51] Desse modo, "[o]s caminhos de Vasco são os mesmos caminhos da *Eroica* de Beethoven".[52]

Por sua vez, a segunda parte do romance, intitulada "Sórdido interlúdio", também é precedida por uma citação da *Terceira Sinfonia de Beethoven*, correspondente ao segundo movimento da *Eroica*, mais precisamente à Marcha Fúnebre. Conforme aponta Gérson

---

[46] MIRANDA. Romance e História, p. 21.

[47] SOUZA JUNIOR. O narrador, a literatura e a História: questões críticas, p. 28.

[48] SOUZA JUNIOR. O narrador, a literatura e a História: questões críticas, p. 28.

[49] SOUZA JUNIOR. O narrador, a literatura e a História: questões críticas, p. 44.

[50] WERLANG. *Polifonia, humanismo e crítica social*: a música na obra de Erico Veríssimo, p. 55.

[51] WERLANG. *Polifonia, humanismo e crítica social*: a música na obra de Erico Veríssimo, p. 57.

[52] WERLANG. *Polifonia, humanismo e crítica social*: a música na obra de Erico Veríssimo, p. 59.

Werlang, "[a] ligação desta seção do romance com a Marcha se torna evidente pela tomada de consciência de Vasco da condição absurda da guerra",[53] pelo momento de fuga da Espanha e da vivência no campo de concentração de refugiados na França, situação que conduz o protagonista-narrador a uma "tomada de consciência e também uma posição ideológica, uma opção pela não-violência, ou ao menos pela visão da inutilidade da guerra como recurso para solucionar diferenças".[54]

Mantendo a mesma estrutura das partes anteriores, "O destino bate à porta" é precedida por uma citação de um fragmento da *Quinta Sinfonia de Beethoven*, cujo tema seria o destino, conforme ressalta Gérson Werlang: "Tantas vezes prenunciado dentro de *Saga*, o motivo do destino define a forma do livro."[55] A estrutura musical do romance assumiria, desse modo, um caráter sinfônico:

> (...) O tema do primeiro movimento citado no início da terceira parte está estreitamente relacionado com o impulso de Vasco na descoberta do seu destino: a princípio voltar para casa, fazer da luta cotidiana dentro de sua província a sua luta, em vez da recorrência a uma luta de pessoas estranhas num país distante. Tendo-se em mente a estrutura sinfônica do romance, o impulso heróico do início (primeiro movimento) se desfaz na visão da inutilidade e sordidez da guerra no segundo movimento (segunda parte), que leva à busca de Vasco pelo seu destino (terceiro movimento). Esta busca se revela diferente do que Vasco a princípio imaginara, a luta cotidiana na cidade traz conflitos, o início da Segunda Guerra evoca a sensação de aniquilação, de fim da civilização. (...)[56]

Do mesmo modo, a quarta e última parte de *Saga*, intitulado "Pastoral", é precedida pela citação de um fragmento da *Sexta Sinfonia de Beethoven*, conhecida por "Pastoral", mais precisamente "um *Allegro ma non troppo* que tem como subtítulo *Erwachen heiterer Empfindungen bei der Ankunft auf dem Lande* (Despertar de sentimentos felizes na chegada ao campo)".[57] Como aponta Gérson Werlang, "[o] diálogo musical-literário se estabelece de forma plena com o sentimento de Vasco ao voltar para o Brasil, e na intenção de se estabelecer no campo, na volta à natureza".[58]

A título de exemplo do tratamento literário do tema da Guerra Civil Espanhola no romance *Saga*, de Erico Veríssimo, elegemos os capítulos 11, 12, 16 e 17 da primeira parte do romance, intitulada "O círculo de giz".

O capítulo 11 apresenta uma cena da campanha militar do Ebro em 1938,[59] na região do povoado de Ginestar, em que as tropas legalistas tentam construir uma ponte

---

[53] WERLANG. *Polifonia, humanismo e crítica social*: a música na obra de Erico Veríssimo, p. 60.

[54] WERLANG. *Polifonia, humanismo e crítica social*: a música na obra de Erico Veríssimo, p. 60.

[55] WERLANG. *Polifonia, humanismo e crítica social*: a música na obra de Erico Veríssimo, p. 62.

[56] WERLANG. *Polifonia, humanismo e crítica social*: a música na obra de Erico Veríssimo, p. 62-63.

[57] WERLANG. *Polifonia, humanismo e crítica social*: a música na obra de Erico Veríssimo, p. 64.

[58] WERLANG. *Polifonia, humanismo e crítica social*: a música na obra de Erico Veríssimo, p. 64.

[59] Segundo Meihy & Bertolli Filho, a campanha do Ebro foi a última grande batalha da guerra civil perdida pelo Governo republicano. Iniciada em 25 de julho de 1938, quando cerca de cem mil soldados republicanos foram deslocados para as margens do rio Ebro no intuito de conter o avanço das tropas franquistas, a Batalha do Ebro chegou ao fim em 16 de novembro de 1938, com a expulsão das tropas republicanas após uma encarniçada guerra de trincheiras, em que estas sucumbiram frente à escassez de munição e de alimentos; cf. MEIHY; BERTOLLI FILHO. *A Guerra Civil Espanhola*, p. 48.

para transpor o rio Ebro e conter o avanço das tropas franquistas. Vasco, o narrador-protagonista, define a guerra criticamente como "o inferno":

> À tarde os aviões inimigos nos atacam encarniçadamente. Deixam cair grandes bombas sobre o rio para impedir o trabalho da construção da ponte. Metemo-nos nos abrigos. As bombas explodem. Voam estilhaços. O ar se enche de poeira e dum cheiro ativo que tonteia. É o inferno.[60]

Nessa altura, o otimismo de Vasco sucumbe aos horrores da guerra e à falta de perspectiva de êxito no combate aos fascistas. Sua narrativa oscila entre a primeira pessoa do plural, num "nós" coletivo que sinaliza o pertencimento a um dos lados beligerantes, o dos legalistas republicanos, e também o destino comum de soldados no campo de batalha, e, noutro momento, a primeira pessoa do singular quando o narrador-protagonista revela o sofrimento solitário diante da morte de um companheiro: "Meto-me no abrigo, atiro-me a um canto, enfurno a cabeça nas mãos e quero chorar. Os soluços me estrangulam, mas o choro não vem. Não posso esquecer... O rosto duma lividez esverdeada, os olhos em branco, as carnes esmigalhadas..."[61] A esse processo resultante da relação entre sujeito da enunciação de um evento traumático e a memória sobre esse mesmo evento Leonardo Senkman designa de "desobjetivação"[62] como um dos paradigmas fundamentais da narrativa testemunhal. Portanto, isto vale também para uma obra que retrata ficcionalmente um relato de testemunho, na medida em que reproduz expedientes estéticos pertinentes a este último.

Com isso, o leitor acompanha a trajetória de Vasco, personagem em transformação, que se distancia daquela postura revelada no início do romance, momento em que parece não se importar com a morte: "Caminho ao encontro de novas sensações. Ou da morte. Que importa? A morte também é uma aventura, a definitiva, a irremediável. Mas o essencial é que aconteça alguma coisa."[63] Ao contrário do espírito aventureiro do início da narrativa, Vasco questiona sua participação na guerra civil: "Olho em torno com olhos aparvalhados. Não sei por que estou metido nesta miséria."[64]

O teor testemunhal do romance *Saga*, além da construção do foco narrativo em primeira pessoa, se constitui também de eventos narrados que o aproximam de relatos de testemunho de ex-combatentes. Um deles é a apresentação dos sentidos extremamente aguçados, adaptados aos sons da guerra como forma de sobrevivência e de percepção do meio ameaçador: "As balas zunem por cima de nossas cabeças, ou cravam-se no chão, perto de nós. Vejo muitos companheiros tombarem. É assustador o som que produzem os projéteis ao entrar no corpo dum homem: um som fofo, rápido, pavoroso. A gente nunca mais esquece."[65]

---

[60] VERÍSSIMO. *Saga*, p. 91-92.

[61] VERÍSSIMO. *Saga*, p. 93.

[62] SENKMAN. Simja Sneh y los límites de la representación testimonial de la Shoah, p. 248.

[63] VERÍSSIMO. *Saga*, p. 3.

[64] VERÍSSIMO. *Saga*, p. 93.

[65] VERÍSSIMO. *Saga*, p. 94.

Além disso, Erico Veríssimo não constrói um quadro maniqueísta da guerra, em que fizesse com que Vasco assumisse a posição dos legalistas e associasse todos os excessos de violência aos franquistas. Ao invés disso, a guerra avulta no romance – e na vida – como algo absurdo, sem sentido. Numa cena do capítulo 11, por exemplo, Vasco revela os excessos de violência, quando um soldado chileno de sua unidade assassina um soldado marroquino das tropas franquistas, que queria se render, recriminando também a si próprio pelo ocorrido:

> Saímos a recolher feridos e prisioneiros. De repente, dum ângulo sombrio, cresce um vulto. É um soldado mouro, vem de braços erguidos implorando que lhe poupem a vida. Antes que eu possa fazer o menor movimento, Garcia leva o fuzil ao rosto e atira nele à queima-roupa. Um estampido. O pobre diabo tomba de costas com uma bala no crânio. / A comoção me tira a voz. Primeiro, é um sentimento de choque, depois de revolta e finalmente de repulsa pelo chileno, por mim e por toda esta sangueira doida e sem propósito.[66]

Desse modo, a guerra também é passível de questionamento por parte de Vasco, que procura nela situar-se. Com isso, a guerra passa a ser não apenas o vivenciado exteriormente, mas também um intenso embate interior, no qual o protagonista parece estar perdendo terreno, pois não consegue justificar para si próprio os horrores da guerra e o fato de nela tomar parte:

> Estamos todos barbudos e sujos. Sinto que devo uma explicação a mim mesmo, à parte boa e pura do meu ser – se é que ela ainda existe. Preciso me justificar perante esse outro eu que nos momentos mais sombrios da minha vida sempre ansiou por subir para a luz, num desejo de beleza, bondade e paz. Mas não encontro palavras capazes de quebrar este silêncio de degradação e morte.[67]

Esse é um sentimento que tomará proporções cada vez maiores com o decorrer do conflito. Em Vasco, alteram-se continuamente momentos de oscilação em seu estado de ânimo:

> Em períodos alternados de fúria impetuosa e depressão, de frieza e entusiasmo, miséria e esperança, marasmo e exaltação – os meus dias passam. Habituo-me aos poucos tanto às coisas imundas e ásperas como ao perigo e à vizinhança da morte. Já compreendi que no fim de contas morrer não é a pior coisa que me pode acontecer.[68]

E o narrador-protagonista é consciente de tal oscilação interior: "E eu sou simultânea ou alternadamente um herói e um poltrão, um anjo e um demônio. Por felicidade, essas mutações se operam invisíveis dentro de mim mesmo e muito raramente têm reflexos exteriores."[69] Para Vasco, trata-se de uma guerra de conquista de territórios interiores, que o conduzirá a uma transformação em relação àquele que chegara à Espanha em busca de aventura:

---

[66] VERÍSSIMO. *Saga*, p. 94-95.

[67] VERÍSSIMO. *Saga*, p. 95-96.

[68] VERÍSSIMO. *Saga*, p. 96.

[69] VERÍSSIMO. *Saga*, p. 97.

Estas palavras me causam uma impressão profunda. Realmente, aqui todas as minhas faculdades estão sendo postas a dura prova. Tudo quanto tenho de bom e de mau no fundo do ser é agitado e trazido tumultuosamente à superfície. Vou conquistando palmo a palmo, com pesadas perdas, territórios interiores que ainda não domino. Quando esta guerra terminar haverá na terra pelo menos um homem novo.[70]

Outro aspecto relevante a se destacar é a apresentação ficcional da guerra como evento transbordante que compromete os processos de rememoração. Vasco tenta se apegar ao passado em momentos de desespero. Porém, a vivência traumática da guerra impede que ele possa recordar plenamente do Brasil e de seus entes queridos: no embate entre a imagem da memória e a percepção sensorial da guerra, esta última triunfa:

Tenho pensado constantemente no Brasil, nos amigos distantes e a lembrança de Clarissa está constantemente comigo e às vezes até mesmo nas horas de combate. Mas quando me vejo afundar muito nesta lama sangrenta, quando ainda tenho nas narinas o cheiro pútrido dos cadáveres insepultos, sua imagem se me apaga da memória.[71]

Por sua vez, o capítulo 12 da primeira parte do romance *Saga* contém uma longa passagem que, no nosso modo de entender, é crucial para a discussão em torno da ficcionalização de um evento traumático transbordante, como uma guerra, pois nela Erico Veríssimo faz com que o protagonista reflita sobre o ato da narrativa de testemunho dentro de um texto ficcional, num procedimento metaliterário:

Deixo aqui alguns episódios e não sei sinceramente se os narro com fidelidade ou pelo menos com isenção de ânimo. Talvez eu tenha uma visão exageradamente artística da vida e o meu amor à pintura e à música faça que eu esteja a procurar no mundo composições para quadros e temas musicais. É bem possível que ao narrar uma história eu altere ou disponha seus elementos de modo a formar com eles uma tela cujo efeito geral tenha valor pictórico, ritmo musical, sentido simbólico. Podemos escolher alguns elementos da realidade, desprezar outros e mesmo desse modo conseguir no fim um efeito muito mais próximo da verdade. As histórias que passo a narrar, bem como a maioria das que ficaram para trás, são apenas uma espécie de reflexo da realidade. Depurei-as um pouco do que elas tinham originalmente de sórdido ou trivial. Este pode ser um modo parcial de ver as coisas, mas é o "meu" modo e, seja como for, este é o "meu" livro. Por outro lado, mesmo quando desço a pormenores desagradáveis, só descrevo aqui homens, acontecimentos e situações que me impressionaram e tiveram maior ou menor influência na minha reeducação sentimental. Eu podia repisar que entre uma e outra pausa dum diálogo os parasitas nos passeavam pelo corpo ou o vento morno do verão nos trazia às narinas o cheiro dos cadáveres insepultos. Poderia falar na rotina da guerra, nas nossas longas horas de estagnação física e moral, na sujeira e no cansaço, na amargura e na miséria da vida nas trincheiras. E nem por isso eu teria atingido melhor o meu objetivo. Porque este livro tem um objetivo. Quero deixar traçada aqui a vacilante trajetória duma alma em busca de rumo.[72]

Nas palavras de Vasco, figuram várias indagações que são próprias da discussão em torno da chamada "literatura de testemunho" enquanto gênero discursivo muito próximo do discurso histórico: apelo à fidelidade, isenção, disposição dos eventos

[70] VERÍSSIMO. *Saga*, p. 97-98.
[71] VERÍSSIMO. *Saga*, p. 96-97.
[72] VERÍSSIMO. *Saga*, p. 103-104.

narrados, seleção, escolha, depuração, e, sobretudo, a singularidade do olhar daquele que vivencia um evento traumático e pretenda relatar sobre ele. Na teoria do testemunho, tal relato é único, intransferível, produto da vivência traumática de uma catástrofe, pois, como ressalta Márcio Seligmann-Silva, "a testemunha é sempre testemunha *ocular*. Testemunha-se sempre um *evento*".[73] Além disso, "[e]ssa literatura implica, portanto, numa nova 'ética da representação'. Ela despreza a indiferença política", uma "nova ética e estética do sublime caracterizada por uma presença daquelas imagens mudas que exigem uma nova performance da linguagem"; "Essa ética e estética da literatura de testemunho possui o corpo – a dor – como um dos seus alicerces".[74] Portanto, a literatura de testemunho, antes de tudo, implica a vivência da cena traumática, a ferida na memória, em suma: o caráter individual e intransferível da vivência da catástrofe, pois resulta da individualidade da própria vivência, marcada por traços subjetivos profundos, que deixaram marcas necessariamente na representação deste "real". Por isso, entendemos como acertada a escolha de Erico Veríssimo por determinados expedientes estéticos que aproximam a narrativa de seu romance do relato de testemunho.

Dois aspectos merecem destaque nessa longa passagem do romance: a noção de "reflexo da realidade", pois narrar sobre um evento real traumático não é apenas a reprodução desse "real" vivenciado, mas também do "real" do trauma, inscrito no ato mesmo de narrar; a noção de "reeducação sentimental", como Vasco define sua trajetória em transformação, "a vacilante trajetória duma alma em busca de rumo". Poderíamos afirmar, nesse sentido, que estamos diante de um romance de formação nos moldes românticos tradicionais. E, no nosso modo de entender, tal aspecto poderia estar associado à própria estrutura sinfônica do romance, de caráter romântico, conforme ressalta Gérson Werlang:

> (...) De todos os romances de Erico Veríssimo, *Saga* é o que mais se aproxima de uma forma sinfônica. Possui quatro movimentos bem estruturados (quatro partes), o segundo movimento é lento (a ligação com a Marcha Fúnebre dá o tom grave, de andamento lento da segunda parte), como costumam ser os segundos movimentos das sinfonias, e o último movimento é um allegro (a última seção onde Vasco encontra a solução para o seu destino). Não é de estranhar a chamada solução "romântica" do romance, já que ele se inscreve claramente num plano dominado por uma estrutura romântica. As sinfonias que compõem o intertexto de *Saga* são obras fundamentais e constituem passos decisivos rumo ao nascente romantismo musical do século XIX. Como o intertexto sinfônico é indissociável, é natural que a estrutura do romance contenha elementos marcantes do romantismo, principalmente na sua parte final.[75]

Já o capítulo 16 da primeira parte marca o momento em que Vasco é ferido em combate e sente a proximidade da morte. O cenário da guerra assume contornos apocalípticos em seus delírios, quando se encontrava no hospital em Mataró, nas proximidades de Barcelona:

---

[73] SELIGMANN-SILVA. A história como trauma, p. 92.

[74] SELIGMANN-SILVA. Literatura de testemunho: os limites entre a construção e a ficção, p. 22.

[75] WERLANG. *Polifonia, humanismo e crítica social*: a música na obra de Erico Veríssimo, p. 62.

Minha primeira quinzena aqui foi negra. Nos pesadelos da febre eu me via jogado vivo para dentro da vala comum, sentia o contato frio, viscoso e pútrido dos cadáveres, cujo sangue me entrava pela boca e pelas narinas, sufocando-me. Dum modo confuso eu era o coveiro de mim mesmo, eu me via enterrando e enterrado. Mãos escuras cobertas duma lama avermelhada me surgiam diante dos olhos e os canhões martelavam-me as paredes do crânio.[76]

E é justamente no capítulo 16 que o leitor encontra a explicação para o título da primeira parte – "O círculo de giz". Desta vez, o narrador-protagonista reflete sobre a procura de ruptura com a sensação de prisão a convenções sociais e com o conformismo, mas que, numa visão nada otimista, tende ao fracasso diante de novas situações que revelam a impotência do indivíduo em superá-las plenamente, num continuum de aprisionamento:

Atravessei o oceano para vir ao encontro justamente das coisas que mais odeio. Não posso culpar ninguém do que me aconteceu. Quando eu vivia no Brasil a minha vida de sonhos insatisfeitos, comparava-me ao peru que, segundo se diz, metido no centro dum círculo traçado a giz no chão, se julga irremediavelmente prisioneiro dele. Um dia achei que devia correr para a liberdade, saltando o risco de giz. Cortei as amarras que me prendiam a todas as convenções sociais e a esse manso comodismo dos hábitos. Dei o salto... E agora, moendo e remoendo experiências recentes, comparando-as com as antigas, chego à conclusão de que a vida não passa duma série numerosa de círculos de giz concêntricos. A gente salta por cima de um apenas para verificar depois que está prisioneiro de outro e assim por diante. É a condição humana.[77]

A insatisfação com os rumos da guerra e a derrota iminente das forças republicanas, associada ao estado de ânimo deplorável em que Vasco se encontrava, culmina com a cena da fuga em massa de Barcelona rumo aos Pirineus e à França no capítulo 17, o último da primeira parte do romance. A estrada apinhada de gente e de cadáveres se torna uma espécie de materialização extrema da trajetória de Vasco desde que chegara à Espanha:

Milhares e milhares de criaturas, numa fileira interminável, caminham pelas estradas cobertas de neve na direção dos Pirineus. Querem fugir aos bombardeios, às tropas mouras que se aproximam, aos tanques italianos – anseiam por atingir uma terra onde possam viver longe do fantasma da guerra. Alguns viajam em carroças, outros montados em cavalos ou mulas, mas a grande maioria segue a pé, com trouxas às costas. Nunca vi tantas caras apavoradas nem ouvi tantos choros e lamentações. É um quadro de miséria e desolação. Os retirantes vivem num pavor constante. Muitas vezes os aviões inimigos descem à pequena altura para os metralhar. Os caminhos ficam juncados de cadáveres que ninguém pensa em sepultar. São marcos sinistros da estrada mais sombria que eu já trilhei em toda a minha vida.[78]

A BUSCA POR UMA VIDA IDÍLICA APÓS A VIVÊNCIA DO TRAUMA

Na quarta parte do romance *Saga*, intitulada "Pastoral", o leitor encontra poucas alusões à vivência de Vasco na Guerra Civil Espanhola. Agora, já no Brasil, casado com

---

[76] VERÍSSIMO. *Saga*, p. 146.

[77] VERÍSSIMO. *Saga*, p. 147.

[78] VERÍSSIMO. *Saga*, p. 157.

Clarissa, o protagonista-narrador atinge uma nova postura antibelicista. A guerra está presente apenas como metáfora em atividades campestres de uma vida idílica no fictício vale de Águas Claras, no interior do Rio Grande do Sul: "O arado é o meu carro de vitória, e quem marca o ritmo desta marcha triunfal são dois lerdos e plácidos bois oscos, bons e vigorosos como o chão que estamos a preparar para as próximas sementeiras."[79] As atrocidades e as paisagens apocalípticas dos campos de batalha na Península Ibérica dão lugar a descrições de *locus amoenus*, em que predomina a sensação visual, e não mais o olfato (cheiro da morte) e a audição (estampidos de projéteis, explosões, gritos, etc.):

> Todos os tons imagináveis de verde e azul parece terem marcado (*sic*) encontro neste recanto do Rio Grande, para minha delícia e tortura. Vivo na alvoroçada ânsia de querer levar para a tela o azul dessas montanhas, céus, sombras e lagunas; o verde dessas árvores, colinas, roças, relvas e florestas; a transparência dessas águas, distâncias e neblinas; e o tépido ouro deste sol.[80]

Esse "novo" Vasco, no Vale das Águas Claras, parece ter superado a inquietação e o espírito aventureiro que, outrora, o fizeram atravessar o oceano e ir combater em terras estrangeiras: "Agora, sim, eu sinto que vivo plenamente com o corpo e com o espírito, e tenho a consciência segura de que meus dias não mais se escoam vazios e perdidos."[81] E, mais uma vez, a guerra aparece em forma de metáfora de afazeres do cotidiano, como o combate a pragas na plantação cuidada por Vasco:

> Tenho uma plantação de acácia e girassol. A acácia tem grande procura para fins industriais. Dentro de quatro anos as árvores estarão todas crescidas. Dão pouco trabalho: a terra se encarrega de tudo. O essencial é que o plantador combata as formigas e o cupim. Desencadeio contra os formigueiros uma violenta guerra química, mas sempre que empunho o fole não posso fugir a um sentimento de piedade ao pensar no mundo socialista das formigas laboriosas, na cidade exemplar que vou destruir. Sinto-me bem como um gigante perverso, quando estou derramando gases asfixiantes pelo buraco de um formigueiro. Enfim, concluo, essa parece ser a lei do mundo: as criaturas vivem umas da morte das outras...[82]

Porém, eclode a Segunda Guerra Mundial, e esta chega ao Vale das Águas Claras através dos jornais e das ondas do rádio. Imbuído de sentimento antibelicista, Vasco decide que seu "novo" mundo idílico tem de ser preservado, impedindo que as notícias cheguem à sua casa. Ao invés de discutir sobre o assunto com Clarissa e a mãe desta, D. Clemência, ele decide pelo silêncio – silêncio este também em relação à sua vivência traumática na Espanha – e por ignorar o que se passava na Europa. Resta-lhe apenas destruir os transmissores das notícias: os jornais e o rádio a válvulas:

---

[79] VERÍSSIMO. *Saga*, p. 331.

[80] VERÍSSIMO. *Saga*, p. 331.

[81] VERÍSSIMO. *Saga*, p. 332.

[82] VERÍSSIMO. *Saga*, p. 332-333.

Os Olhos de Clarissa e de D. Clemência estão fitos em mim. Foram os homens que inventaram a guerra; são os homens que se matam na Europa; eu sou homem, logo cabe a mim dar-lhes uma explicação... Fecho-me num silêncio de constrangimento e vergonha. Nada mais posso fazer senão jogar no fogo os jornais e arrancar e quebrar as lâmpadas do rádio. Ao menos a paz deste vale deve ser preservada. De nada serve para os que sofrem e morrem a nossa aflição ou a nossa piedade. Não deixarei que os jornais continuem entrando nesta casa ou que o rádio todos os dias aí esteja a narrar os horrores da guerra. Porque não quero que o meu filho antes de nascer comece já a sofrer através da mãe, as dores de um mundo sombrio e doido.[83]

Entretanto, isso não significa que o isolamento em seu mundo idílico desperte em Vasco uma crença otimista no futuro. Suas últimas palavras no romance dão conta de uma ambiguidade de sentimentos, plenamente ajustada à época de crise em que *Saga* foi escrito: "Imóveis e abraçados, Clarissa e eu aqui ficamos em silêncio, com os olhos postos no horizonte, a esperar o novo dia com um secreto temor e uma secreta esperança."[84]

Todavia, esse final do romance *Saga* foi alvo de severas críticas. Como ressalta Pedro Brum Santos, "[o] pacifismo ficava cada vez mas difícil de sustentar em um mundo fracionado por antagonismos belicosos. A união entre Vasco e Clarissa, no desfecho deste livro de 40, desde logo foi apontada como uma solução pouco convincente".[85]

CONSIDERAÇÕES FINAIS

Longe de se furtar do embate ideológico de seu tempo, Erico Veríssimo tomou a crise político-ideológica que assolava o mundo na década de 1930 do século 20 e que culminou com a polarização das extremas e com a destruição das bases democráticas, como fator preponderante na criação do romance *Saga*. Se, por um lado, o escritor contou com fontes – o diário do ex-brigadista gaúcho Homero de Castro Jobim e as informações transmitidas pelo espanhol Jesus Corona – para compor seu romance sobre a Guerra Civil Espanhola, por outro, o próprio evento histórico possibilitou que o tema da crise fosse tratado com propriedade. Pois a Guerra Fria, por assim dizer, não se inicia ao término da Segunda Guerra Mundial, mas sim já está prefigurada no conflito fratricida na Península Ibérica, onde ocorrem os alinhamentos geopolíticos junto às frentes republicana e franquista.

Enquanto "escritor progressista", Erico Veríssimo engaja-se não a uma determinada postura político-partidária, mas sim ao humanismo ético. E o faz a partir de expedientes estéticos que afastam o romance *Saga* do realismo naturalista ou do romance panfletário nos moldes do chamado "realismo socialista". As fontes mencionadas acima garantem não só a plausibilidade do ficcional diante do histórico, como também emprestam ao romance um teor testemunhal, sobretudo pelo processo de "desobjetivação" na construção do foco narrativo.

---

[83] VERÍSSIMO. *Saga*, p. 343.
[84] VERÍSSIMO. *Saga*, p. 345.
[85] SANTOS. Aspectos do romance histórico em Erico Veríssimo, p. 54.

Por fim, destacamos o tratamento estético que aproxima o romance de um relato de testemunho como o aspecto crucial da obra. De modo autocrítico, Erico Veríssimo apontou supostos "pontos fracos" de *Saga*, que não encontrou acolhimento nem pela crítica, nem pelos partidários. Todavia, tais "pontos fracos" não devem ser considerados fora de seu contexto, uma vez que as leituras se processavam dentro de um quadro de polarização político-partidária. E é nesse sentido que devemos compreender o engajamento desse escritor, que pretendeu atingir um "fim estético" a partir de uma "intencionalidade": a de denunciar, pela literatura, não só a insensatez da guerra através dos olhos e da narrativa de Vasco, como também a tragédia humana que já se encontrava em curso no ano de 1941 e que culminaria com um dos capítulos mais funestos de toda a história da Humanidade.

⚭

ABSTRACT

This contribution aims at to reflect about the process of fictionalizing of the Spanish Civil War on Erico Veríssimo's novel *Saga*, published in 1940. In this case, the relationship between Literature and History plays a fundamental role, since the writer used as basis the diary of a Brazilian ex-brigadist to write his novel about the fratricide war that destroyed the Iberian Peninsula between 1936 and 1939. Besides *Saga* documents Erico Veríssimo's political engagement on a posture against the authoritarian regime in Brazil at the time from his publishing: the called "New State".

KEYWORDS

Spanish Civil War, Erico Veríssimo, *Saga*

REFERÊNCIAS

BATTIBUGLI, Thaís. *A solidariedade antifascista*: brasileiros na Guerra Civil Espanhola (1936-1939). Campinas: Autores Associados; São Paulo: Edusp, 2004.

BEIGUELMAN-MESSINA, Giselle. *A Guerra Civil Espanhola 1936-1939*. São Paulo: Scipione, 1994. (Série "História em Aberto").

BENJAMIN, Walter. O autor como produtor (1934). In: ____. *Magia e Técnica, Arte e Política. Obras Escolhidas*. 7. ed. Trad. Sergio Paulo Rouanet. São Paulo: Brasiliense, 1994. v. I. p. 120-136.

CHAVES, Flávio Loureiro. *Saga*: um testemunho humanista. In: VERÍSSIMO, Erico. *Saga*. 21. ed. Rio de Janeiro: Ed. Globo, 1997. p. XVII-XXIII.

FREITAS, Maria Teresa de. Das relações entre Literatura e História. In: SOUZA, Eneida M. de; PINTO, Julio C. M. (Org.). *1º e 2º Simpósios de Literatura Comparada*. Belo Horizonte: UFMG, 1987, p. 605-609. v. 2

KAMMER, Hilde; BARTSCH, Elisabet (Org.). *Nationalsozialismus*. Begriffe aus der Zeit der Gewaltherrschaft 1933-1945. Reinbek bei Hamburg: Rowohlt, 1992.

MATUTE, Álvaro. Historia y Literatura: nexo y deslinde. In: SERNA, Jorge Ruedas de la (Org.). *História e Literatura*: homenagem a Antonio Candido. Campinas: Editora da Unicamp, Fundação Memorial da América Latina; São Paulo: Imprensa Oficial do Estado, 2003. p. 385-395.

MEIHY, José Carlos Sebe Bom. O Brasil no contexto da Guerra Civil Espanhola. *Olho da História* – Revista de História Contemporânea da UFBA, Salvador, n. 2, p. 117-124, 1996. Disponível em: <.>. Acesso em: 18 Ago. 2006.

MEIHY, José Carlos Sebe Bom; BERTOLLI FILHO, Claudio. *A Guerra Civil Espanhola*. São Paulo: Ática, 1996. (Série "História em movimento").

MIRANDA, José Américo. Romance e História. In: BÖECHAT, Maria Cecília Bruzzi; OLIVEIRA, Paulo Motta; OLIVEIRA, Silvana Maria Pessoa de (Org.). *Romance Histórico*. Recorrências e transformações. Belo Horizonte: FALE/UFMG, 2000. p. 17-25.

NUNES, Benedito. Narrativa histórica e narrativa ficcional. In: RIEDEL, Dirce Côrtes (Org.). *Narrativa: ficção e história*, Rio de Janeiro: Imago, 1988. p. 9-35.

SANTOS, Pedro Brum. Aspectos do romance histórico em Erico Veríssimo. *O Eixo e a Roda*. Revista de Literatura Brasileira, Belo Horizonte, FALE/UFMG, v. 11, p. 53-59, 2005.

SELIGMANN-SILVA, Márcio. A história como trauma. In: NESTROVSKI, Arthur; SELIGMANN-SILVA, Márcio (Org.). *Catástrofe e representação*. São Paulo: Escuta, 2000. p. 73-98.

SELIGMANN-SILVA, Márcio. Literatura de testemunho: os limites entre a construção e a ficção. *Letras*. Revista do mestrado em Letras da UFSM (RS), Santa Maria, UFSM/CAL, n. 16, p. 9-37, jan./jul. 1998.

SENKMAN, Leonardo. Simja Sneh y los límites de la representación testimonial de la Shoah. In: SELIGMANN-SILVA, Márcio (Org.). *História, Memória, Literatura*. O testemunho na Era das Catástrofes. Campinas: Ed. Unicamp, 2003. p. 247-297.

SOUZA JÚNIOR, José Luiz Foureaux de. O narrador, a literatura e a História: questões críticas. In: BÖECHAT, Maria Cecília Bruzzi; OLIVEIRA, Paulo Motta; OLIVEIRA, Silvana Maria Pessoa de (Org.). *Romance Histórico*. Recorrências e transformações. Belo Horizonte: FALE/UFMG, 2000. p. 27-44.

TRINDADE. Hélgio. *O Nazi-fascismo na América Latina*: mito e realidade. Porto Alegre: Editora UFRGS, 2004.

VERÍSSIMO, Erico. Prefácio (1966). In: VERÍSSIMO, Erico. *Saga*. 21. ed. Rio de Janeiro: Ed. Globo, 1997. p. XI-XIV.

VERÍSSIMO, Erico. *Saga*. 21. ed. Rio de Janeiro: Ed. Globo, 1997.

WERLANG, Gérson Luís. *Polifonia, humanismo e crítica social*: a música na obra de Erico Veríssimo. (Tese de Doutoramento), Santa Maria, Rio Grande do Sul: CAL/UFSM, 2009.

O ASSASSINATO DE GARCÍA LORCA E SUAS REPERCUSSÕES NO BRASIL

Luciana Montemezzo
UFSM

RESUMO

Este texto analisa as repercussões do fuzilamento do poeta e dramaturgo espanhol Federico García Lorca (1898-1936) no contexto intelectual e literário brasileiro. Enfatiza especialmente, para tanto, notícias de jornais anteriores e posteriores ao assassinato, bem como revistas literárias em que a obra lorquiana é analisada e comentada.

PALAVRAS-CHAVE

Literatura espanhola, Guerra Civil Espanhola, censura

> Tardará mucho tiempo en nacer, si es que nace,
> un andaluz tan claro, tan rico de aventura.
> Yo canto su elegancia con palabras que gimen
> y recuerdo una brisa triste por los olivos.[1]

O FUZILAMENTO: ANTECEDENTES E REPERCUSSÕES NA ESPANHA

Passados exatos setenta anos do final da Guerra Civil Espanhola (1936-1939), ainda é surpreendente analisar o legado que este confronto deixou à humanidade. Não só no que se refere à barbárie que toda guerra provoca, mas especialmente às perdas humanas decorrentes dela. Um dos primeiros atos a chamar a atenção do mundo, ainda nos momentos iniciais do conflito, foi o assassinato do poeta e dramaturgo Federico García Lorca (1898-1936). Abatido no auge de sua produção artístico-intelectual, o poeta e dramaturgo granadino acabou se tornando um dos maiores exemplos do que a intolerância humana é capaz de produzir.

Quando eclodiu a guerra civil, muitos intelectuais e artistas espanhóis tentaram resistir, mas, de uma maneira ou outra, acabaram sendo obrigados a sair do país, quando não morreram – direta ou indiretamente – em consequência da guerra, tais como Antonio

---

[1] GARCÍA LORCA. *Obras completas*, p. 545.

Machado,[2] Rafael Alberti,[3] Miguel Hernández,[4] e León Felipe.[5] García Lorca, contudo, parece ter acreditado que poderia resistir e se julgou a salvo em Granada, perto da família. Apesar de não estar vinculado diretamente ao Partido Comunista, Lorca era um dos alvos preferenciais dos fascistas. A estreia de *Yerma*, em 1934, foi o marco decisivo para que o dramaturgo se tornasse um dos alvos mais imediatos da direita espanhola. A crítica aguda ao Estado e à Igreja, veiculadas pela peça, foram, sem sombra de dúvida, determinantes para torná-lo inimigo de uma parte da Espanha, aquela que lutava por manter a imobilidade social e as tradições seculares e combatia as mudanças que já tomavam conta de várias outras nações europeias:

> Al leer las reseñas de *Yerma*, uno se da cuenta de que, desde la óptica de la derecha, la obra constituía una severa crítica a la España tradicional y católica, y de sus costumbres sociales y sexuales. Y no podemos poner en duda que, a consecuencia del éxito del drama (…), Lorca estaba ya clasificado por la derecha como enemigo.[6]

Apesar do obscurantismo com que as fontes oficiais trataram a morte do poeta, favorecido pela convulsão social própria do ambiente de guerra, a imprensa republicana noticiou, ainda em agosto de 1936, a morte de García Lorca. O primeiro jornal a fazê-lo foi *El Diario de Albacete*, em 30 de agosto de 1936.[7] Entretanto, a morte do poeta, amplamente divulgada pelos demais meios de comunicação, somente veio a ser reconhecida oficialmente depois do final da guerra, graças a um processo civil movido por sua família. O atestado de óbito, emitido em 1940, declara que o poeta "falleció en el mes de agosto de 1936 a consecuencia de heridas producidas por hecho de guerra, siendo encontrado su cadáver el día veinte del mismo mes (...)".[8] Assim, a história oficial registra a morte do mais importante poeta da Espanha à época como um acidente, não como uma execução premeditada.

Apesar da dificuldade do reconhecimento oficial, no meio literário e intelectual espanhol, o fuzilamento do poeta repercutiu de maneira profunda e provocou várias

---

[2] Morto na França, em fevereiro de 1939, onde estava exilado há pouco mais de um mês.

[3] Exilado por 38 anos, entre Argentina e Itália, o poeta somente voltou à Espanha em 1977, onde faleceu, em 1999.

[4] Depois de ser condenado à morte por lutar entre os republicanos, Hernández recebeu pena alternativa de 30 anos de cárcere. Faleceu na prisão, aos 31 anos (1942), muito antes de cumprir a sentença que lhe fora imputada.

[5] Apesar de estar vivendo nos EUA quando se ouviram os primeiros sinais da Guerra Civil, retornou à Espanha, onde se incorporou à luta contra o fascismo. Em 1938, exilou-se com a família no México, onde morreu, em 1968.

[6] GIBSON. *El asesinato de García Lorca*, p. 24.

[7] "¿Ha sido asesinado García Lorca?
Guadix. – Rumores procedentes del frente cordobés, que no han sido hasta la fecha desmentidos, revelan el posible fusilamiento del gran poeta Federico García Lorca, por orden del coronel Cascajo. García Lorca, que es una de las más sobresalientes de nuestra literatura contemporánea, parece ser que se hallaba preso en Córdoba, y que en una de las últimas "razzias", de las que acostumbran los facciosos a realizar tras de haber sufrido algún descalabro, ha caído el gran poeta." GIBSON. *El asesinato de García Lorca*, p. 273.

[8] GIBSON. *El asesinato de García Lorca*, p. 251.

manifestações. Imediatamente após o assassinato, muitos de seus compatriotas e colegas de ofício – protegidos pela distância da Espanha – manifestaram-se contra a brutalidade da perda imputada pelos falangistas espanhóis.[9] Assim, várias foram as vozes que se levantaram contra o brutal assassinato do poeta granadino, que passou a fazer parte de um elenco de fatos violentos que, mais tarde, convencionou-se chamar "morte da inteligência". O poeta Antonio Machado (1875-1939), consternado com a situação que imperava em seu país, escreveu o poema "El crimen fue en Granada", enfatizando o irônico fato de que García Lorca tenha sido morto justamente no lugar em que nasceu e ao qual dedicou grande parte de sua obra.[10] Nesse momento, a obra de Lorca, que – ao contrário do homem – não podia ser silenciada, foi tomada como bandeira em nome da garantia da liberdade de expressão, contra a opressão imposta pelo autoritarismo fascista. Irmanado à dor que tomava conta dos espanhóis,[11] o chileno Pablo Neruda – amigo de Federico e cônsul do Chile na Espanha (1934-1938) – publicou *Oda a Federico García Lorca*, na qual ressaltava a tamanha dor que havia se apoderado de todos os que acompanhavam a trajetória do poeta. A despeito da instabilidade política da Espanha nesse momento, o poeta chileno gozava de certas liberdades provenientes do seu cargo diplomático e podia falar com relativa segurança sobre o que muitos precisavam silenciar.

O BRASIL NO ROTEIRO DA DIVULGAÇÃO

Apesar do estrondoso sucesso na Espanha com *Bodas de sangue* (1932), e de uma viagem ao Rio da Prata (1933-1934), acompanhando as montagens da peça em Buenos Aires e Montevidéu, García Lorca era desconhecido do grande público brasileiro. Embora no roteiro de viagem entre os dois continentes estivessem incluídas, tanto na ida como na volta, escalas no Brasil, muito pouco pode ser recuperado desse momento da vida do autor, ou de sua impressão do país. Na vinda, Lorca passou por Santos, mas não há registro na imprensa brasileira sobre o fato. Na volta, a parada foi no Rio de Janeiro, onde o poeta era esperado por Alfonso Reyes, diplomata e escritor mexicano.[12]

---

[9] De acordo com Luisa Trias Folch, "[a] significação poética e social de Federico García Lorca começou a formar-se ainda em vida do poeta, tendo culminado com a sua morte. Assim, em 1938, a editorial Nuestro Pueblo oferecia-lhe uma homenagem popular ao publicar o Romancero Gitano numa edição quase de combate, com um prólogo de Rafael Alberti. Um ano antes, publicava-se (...) um livro intitulado *Homenaje al poeta Federico García Lorca* com uma seleção de suas obras, por ocasião do II Congresso Internacional de Escritores Antifascistas – congresso que durante a guerra reuniu em Madrid e Valencia a maioria dos literatos mais significativos de língua espanhola". TRIAS FOLCH. Presença de Federico García Lorca no Brasil: primeiras homenagens, p. 1.

[10] Além de local de nascimento do poeta, Granada também era conhecida como tradicional reduto de resistência na Espanha, uma vez que foi o último reino mouro a se render à unificação promovida pelos reis católicos, em 1942. Infelizmente, nesse momento, Granada deixa de ser um foco de resistência e se converte em um dos primeiros territórios espanhóis a cair sob domínio fascista.

[11] Além de Machado, também Rafael Alberti, Jorge Guillén, Manuel Altolaguirre, entre outros espanhóis, escreveram poemas em homenagem ao poeta prematuramente falecido.

[12] Numa tentativa de promover e divulgar os artistas espanhóis – Lorca estava em companhia do pintor Manuel Fontanales – Reyes os acompanhou em uma visita à redação do periódico carioca *A Noite*, fato que foi devidamente registrado e publicado na edição do dia 31/03/1934.

Além de uma breve apresentação dos artistas, o texto publicado em A *Noite* ressalta a qualidade das obras de ambos os artistas e conta com uma fotografia do encontro. Essa é a primeira foto de Lorca veiculada no Brasil e provavelmente seja esta a primeira notícia na imprensa brasileira sobre sua existência. O tom da notícia veiculada pelo jornal A *Noite* aponta para o desconhecimento da obra lorquiana no Brasil, onde a divulgação das imprensas argentina e uruguaia parece não ter encontrado eco.

O SILÊNCIO DOS FATOS

Curiosamente, apesar da grande repercussão do assassinato do poeta, tão logo o fato foi noticiado, o Brasil manteve-se distante das manifestações no âmbito mundial e da polêmica que a morte de García Lorca gerou. O que mais se viu à época foram traduções de poemas isolados em revistas literárias, além de escassos artigos, entre os quais se destaca "Morte de Federico García Lorca", escrita por Carlos Drummond de Andrade, em 1937, para o *Boletim de Ariel*. Além deste, também a *Revista Acadêmica* (1933-1945) publicava os poemas de Lorca. Mantida por intelectuais de esquerda, tais como Raquel de Queiroz, Manuel Bandeira e Carlos Drummond de Andrade, entre outros, a revista tinha o compromisso de fazer frente à grande imprensa e levantar a voz contra a situação política mundial, que já apontava àquela época, inevitavelmente, para a Segunda Guerra Mundial. A aproximação do poeta mineiro com o governo de Getúlio Vargas também favorecia, de certa maneira, que se expressasse com relativa segurança.

No mesmo momento em que o Estado Novo estava sendo implantado, Carlos Drummond de Andrade ressaltava a apatia com que o Brasil assistiu à tragédia protagonizada na vida real pelo autor andaluz. No artigo publicado em novembro de 1937, no *Boletim de Ariel* (Rio de Janeiro), Drummond afirma que o Brasil teve notícia da vida de Lorca por causa de sua morte: "A *Revista Acadêmica* deu-nos (...) dois poemas de Federico García Lorca e a notícia de sua vida, porque García Lorca, desconhecido do nosso público, só chegou até nós por essa informação rápida do assassinato do poeta pelos fascistas de Granada."[13]

A partir dessa constatação, Drummond não só explorava um pouco da obra poética lorquiana, ressaltando sua beleza contraditória – tipicamente espanhola, segundo ele – , como também refletia sobre a situação da Espanha intolerante de então:

> García Lorca, porém, soube distinguir entre as contradições de sua pátria e achar através delas, o seu justo caminho. Ficou com o povo, apropriando-se assim do opulento cabedal lírico que o povo costuma oferecer aos que realmente o penetram e assimilam.[14]

O amor ao povo espanhol e sua identificação com ele, ainda segundo Drummond, levaram o autor espanhol da poesia ao teatro, "pois tudo indica que o teatro voltará a constituir (...) uma expressão natural da vida e um meio de ação sobre as consciências

---

[13] ANDRADE. Morte de Federico García Lorca, p. 34.

[14] ANDRADE. Morte de Federico García Lorca, p. 34.

(...)".[15] Tal observação, seguida da enumeração das peças de autoria de Lorca, evidenciava o real interesse do poeta brasileiro pelo conjunto da obra lorquiana, que ficaria comprovada em 1955, quando ele mesmo se encarregaria da tradução de *Doña Rosita la soltera o el lenguaje de las flores*.

Em novembro de 1937 – mais de um ano passado do fuzilamento, ressalte-se – o texto de Drummond somente deixava antever o interesse que estava por vir e se tornava testemunha de sua própria tese: o poeta espanhol foi, durante sua vida, amplamente desconhecido no Brasil. O poeta mineiro encerra seu texto com um juízo sobre o poder da poesia: "Uma voz assim, de um poeta assim (...) era realmente perigosa. Fuzilaram o poeta. (...) Mas o poeta continua. (...) A poesia está viva (...) e sua luz, de tão fulgurante, algumas vezes torna-se incômoda."[16]

Segundo Drummond, Lorca foi morto, provavelmente, por um pelotão adversário da poesia, ressaltando com isso a não vinculação político-partidária do autor. No entanto, ainda segundo o poeta itabirano, isso não aconteceu com Saturnino Ruiz, o impressor dos livros de Lorca, que "morreu em batalha". Ainda que se tratasse de uma revista literária, que certamente não alcançava a mesma circulação que a grande imprensa, o texto provavelmente chegou a muitos leitores e serviu de divulgador da obra de Lorca no país. Não seria fácil, num primeiro momento, entender por que esse texto não foi censurado. Além do tom moderado que perpassa todo o texto – que mescla poesia com opinião política –, há de se considerar, também, o prestígio de que já desfrutava nessa época o poeta Drummond, da mesma forma que não se pode esquecer o interesse governamental em aproximar de si nomes importantes no cenário intelectual da época.

Somente quando a situação nacional começou a dar mostras de abrandamento foi possível falar mais abertamente sobre os temas considerados tabus pelo governo. Se no auge da repressão não se podiam invocar temas que constrangessem o poder e o pusessem em risco, por volta de 1944 – não por acaso no ano da estreia de *Bodas de sangue* no Rio de Janeiro –, a classe intelectual brasileira começa a oferecer os primeiros sinais claros de resistência ao regime de exceção. A representação de *Bodas de Sangue* fez parte de um movimento que enfrentava o poder autoritário de Vargas, iniciado por volta de 1943, com eventos como a mobilização dos estudantes e a fundação da UNE, e redundou, em janeiro 1945, na realização do 1° Congresso Brasileiro de Escritores, em Recife.

Em fevereiro de 1944, a *Revista Leitura* dedicou a García Lorca um número especial, comemorando a estreia de *Bodas de sangue* no Rio de Janeiro. Dela participaram Dulcina de Morais, Mário de Andrade, Rachel de Queiroz e Cecília Meireles, entre outros. Todos foram unânimes em reconhecer o valor literário da obra de Lorca, bem como a importância de trazê-la para o contexto brasileiro. Nota-se, em toda a revista – não só nos artigos anteriormente referidos –, uma enorme preocupação com a Segunda Guerra Mundial – para a qual o conflito espanhol que vitimou García Lorca fora uma espécie de "ensaio" – e com as suas consequências em nível mundial.

---

[15] ANDRADE. Morte de Federico García Lorca, p. 34. Com tal afirmação, o poeta aproveitava para criticar o surgimento do Cinema, emitindo um juízo de valores, em relação ao qual, acreditava, a expressão teatral seria sempre superior.

[16] ANDRADE. Morte de Federico García Lorca, p. 35.

De acordo com Dulcina de Morais, atriz e diretora da peça, a inclusão do nome de Lorca no repertório daquele ano, além de sintonizada com as necessidades cênicas da Companhia Dulcina e Odilon – uma vez que não demandava grandes investimentos –, estava ligada ao desejo que ela própria sentia de fazer justiça ao colega abatido no auge de sua produção artística:

> Pelas mesmas razões e ainda por outra – naturalmente causa psicológica da escolha; solidariedade de artista para artista, homenagem a um poeta que ficou, para todos nós, como símbolo das coisas imperecíveis que violência alguma poderá tirar seu caráter de imortalidade.[17]

Dulcina afirmava ter, também, em relação ao "poeta imolado" um "sentimento de dívida", que provavelmente deve ter sido provocado pelo silêncio que cercou o assassinato na época. Sob o título de "Porque escolhi García Lorca",[18] a atriz confessava seu vivo interesse pela obra dramática lorquiana e sua predileção por *Yerma*, que afirmava também pretender montar: "é possível que um dia realize eu mais um dos meus sonhos, representando *Yerma*. Por enquanto, porém, basta-me a felicidade de poder, enfim, levar à cena uma peça de García Lorca".[19]

Sob o título de "Lorca, pobre de nós",[20] Mário de Andrade traçou uma aguda crítica ao que denominava "inteligência brasileira" – na qual se incluíam as universidades – e ao pouco caso com que a morte de Federico fora tratada no Brasil. Segundo o poeta, à época do fuzilamento, no mundo inteiro, ouviu-se a frase "Lorca, pobre de ti". No entanto, no Brasil, o que se viu foi apatia e desinteresse: "Eram apenas seres desirmanados que choravam e protestavam sozinhos. A inteligência nacional dormia desumanamente ao sol, sonhando os seus sonhinhos. Lorca, pobre de nós!."[21] O poeta modernista não poupou críticas e argumentos para demonstrar o quanto a homenagem ao colega espanhol era tardia, embora necessária. Louvava a atitude da Companhia Dulcina e Olegário em representar *Bodas*, ressaltando o poder da inteligência, única arma capaz de enfrentar a tirania, pois "o próprio pensamento já é uma ação, é um ato moral".[22]

Mário de Andrade, diferente de seus pares, não se dedicou a analisar a obra de Lorca. A única referência feita à produção artística do poeta refere-se aos símbolos e alegorias lorquianos e, sobretudo, à peculiar alegria do poeta granadino. Contudo, o texto é vigoroso ao tomar como mote o assassinato e lamentar a posição do Brasil diante da banalização da barbárie:

> Nos falta sentimento de classe, nos falta solidariedade coletiva, nos falta confiança na idéia. Por isso não conseguimos nos assustar com crimes contra a inteligência no mundo. Por isso não percebemos que com um assassino (*sic*) de um Lorca sofríamos também uma espécie de morte. A mais desastrosas (*sic*), a mais infamante de todas as espécies de

---

[17] MORAIS. Porque escolhi García Lorca, p. 29.

[18] MORAIS. Porque escolhi García Lorca, p. 29.

[19] MORAIS. Porque escolhi García Lorca, p. 29.

[20] ANDRADE. Lorca, pobre de nós!, p. 7.

[21] ANDRADE. Lorca, pobre de nós!, p. 7.

[22] ANDRADE. Lorca, pobre de nós!, p. 7.

morte. (...) O assassínio de Lorca inventa a supressão da Inteligência – essa inteligência que ainda pode pensar calada, que acusa ainda quando muda, e que é a única forma de liberdade nas ideologias totalitárias. O assassínio de Lorca ordena que é preciso matar o pensamento livre.[23]

Seguindo uma tônica muito mais política que poética, Mário de Andrade não poupou palavras para expor a responsabilidade que têm as academias diante da passividade intelectual brasileira. Ressaltava, com seus argumentos, as consequências nocivas advindas da desvinculação do fazer intelectual de um compromisso social: "E, com efeito, a que devia ser a corte suprema da nossa inteligência, a Academia, vem desde sempre se tornando cada vez mais, essa sim! Não uma alegoria franca, mas um símbolo multíplice e tortuoso da servidão – outra espécie de morte!"[24]

A romancista Raquel de Queiroz, na página 28 da mesma edição, destacava a importância da presença do nome de García Lorca no repertório da temporada do Municipal e analisava especialmente o fato de a tradução ter sido confiada à poeta Cecília Meireles. Segundo Raquel, a autora do *Romanceiro da Inconfidência* "está mais próxima de García Lorca que qualquer um de nós".[25] Devido a todos esses atributos, e embora reconheça não haver lido ainda a tradução, Raquel afirmava: "ainda não vi a tradução de Cecília Meireles, mas espero a estréia da peça com a confiança segura de uma admiradora fiel que nunca foi decepcionada".[26] Ao mesmo tempo que tecia comentários sobre as qualidades que garantiram à tradutora o êxito de seu trabalho, Queiroz interpretava brevemente o argumento da peça, destacando suas características trágicas: "a história é esquemática quase, em sua nudez de tragédia. O enredo é singelo e triste como uma dessas canções espanholas que falam sempre de amor, traição e morte".[27] Tal observação evidencia a familiaridade de Raquel de Queiroz com o texto de Lorca, que certamente leu no original, uma vez que confessa, desde o início, não conhecer a tradução brasileira.

Sintonizada com o estilo de seus pares quanto aos predicados do autor espanhol e à brutalidade de seu fuzilamento que significou, nas palavras de Mário de Andrade, a morte da inteligência, Raquel de Queiroz se utilizou da ficção para sintetizar seu sentimento em relação aos fatos, aproximando-a da realidade:

> O fim da leitura de "Bodas de Sangue" deixa na gente uma sensação curiosa: recordou-me de uma certa vez que rolei dum cavalo e machuquei os lábios na areia grossa do chão: durante muitas horas me ficou na boca a lembrança de um contato violento, o gosto da terra e do meu próprio sangue.[28]

O trágico final da peça parece ser, sob essa perspectiva, uma espécie de vaticínio do que viria a acontecer com o poeta. Durante certo tempo, a crítica brasileira, de uma

---

[23] ANDRADE. Lorca, pobre de nós!, p. 7.

[24] ANDRADE. Lorca, pobre de nós!, p. 7.

[25] QUEIROZ. Bodas de sangue, p. 28.

[26] QUEIROZ. Bodas de sangue, p. 28.

[27] QUEIROZ. Bodas de sangue, p. 28.

[28] QUEIROZ. Bodas de sangue, p. 28.

forma geral, costumava ressaltar a obsessão que o autor tinha em relação à sua própria morte. O fato de que tenha tombado morto justamente na terra em que sempre cantou e exaltou atribuiu-lhe, ainda mais fortemente, o caráter de mártir e mito, imagem muito explorada até os dias de hoje.

A aparente contradição provocada pela subvenção estatal à peça não se sustenta, visto que o governo getulista interessava-se em manter próximo de si um grupo intelectual que lhe conferisse credibilidade. O Ministro da Educação, Gustavo Capanema (1934-45), era um grande incentivador da cultura nacional e foi responsável por grandes avanços na condução da educação brasileira.[29] A simpatia de Capanema pelas causas intelectuais é mencionada no editorial da *Revista Leitura*:

> Dulcina e Odilon (...) apresentaram ao Ministro da Educação um plano da temporada e o respectivo repertório (...) que se propunham a cumprir mediante cooperação financeira do Ministério e (...) foram compreendidos pelo ministro Gustavo Capanema que deu e continua a dar a esse projeto artístico seu valioso apoio de ministro de Estado e de intelectual.

Além do empenho do Ministro da Educação, o fato de se tratar de uma peça estrangeira também colaborou para que o projeto se realizasse: a expressão de uma cultura bastante dessemelhante não significaria, *grosso modo*, uma ameaça ao poder autoritário. O tom universalizante da tragédia, que transcende o local e o histórico-político, certamente colaborou para livrá-la dos censores getulistas. Mais uma vez, a arte exerceu seu poder e surpreendeu. No caso de *Bodas de sangue*, o próprio Estado ajudou a alimentar um dos tentáculos que ajudariam a promover seu fim.

Depois da estreia de *Bodas de sangue* e da publicação da *Revista Leitura*, ainda em 1944, também a *Revista Letras* (São Paulo, Editora Continental) dedicou uma edição ao poeta, intitulada "Presença de García Lorca": uma homenagem feita a García Lorca no Brasil que inclui nomes importantes do cenário literário brasileiro,[30] além dos textos anteriormente publicados na *Revista Leitura*.

Em seu artigo para *Leitura*,[31] ilustrado com uma foto do poeta acompanhado de sua mãe, Cecília Meireles faz uma análise apaixonada de *Bodas de sangue*, evidenciando todo o seu lirismo e a sua força trágica, características que, segundo a autora, dão à obra uma grandiosidade que vai muito além do senso comum. Enfatizava Cecília que não simplesmente pelo fato de ter-se tornado um mártir dos algozes espanhóis a obra de Lorca merecia ser retomada e representada:

> Assim, não seria preciso que o sacrificassem barbaramente, para a sua grandeza. E deve-se ter a delicadeza de não amesquinhar a memória do poeta, e suas virtudes literárias, fazendo de seu fuzilamento razão de ser das homenagens que se lhe dirigem como a uma espécie de mera vítima política.[32]

---

[29] FAUSTO. *História concisa do Brasil*, p. 188.

[30] Dentre eles Carlos Drummond de Andrade, Osmar Pimentel, Edgard Cavalheiro, Moacir Werneck de Castro, Medeiros Lima, Macedo Miranda, Augusto Frederico Schmitd, Dulcina de Morais, Cecília Meireles, Rachel de Queiroz, Luiza Barreto Leite, Mário de Andrade e Mauro Alencar. TRIAS FOLCH. Presença de Federico García Lorca no Brasil: primeiras homenagens, p. 2.

[31] MEIRELES. Federico García Lorca, p. 5.

[32] MEIRELES. Federico García Lorca, p. 5.

Sobre a vinculação com os republicanos e com os comunistas, Cecília Meireles mencionava as palavras de Guillermo de Torre, amigo e biógrafo de Lorca, ressaltando que "Federico no había tenido jamás la menor *relación activa* [33] con la política".[34] Cecília Meireles também citava em seu texto, ainda que brevemente, um dos poemas mais famosos de Lorca, além do *Romancero Gitano*, demonstrando grande conhecimento da obra do poeta espanhol, o que certamente lhe garantiu o êxito na tradução de *Bodas de sangue*:

> Em suma, a tragédia é um estremecimento diante da Morte que ameaça o Amor, que o impossibilita e o destrói. Suspensas por aquele "cordón de seda", de que fala o Romancero, todas as figuras nos transmitem o pressentimento de sua queda fatal, tal qual no velho tema de "El enamorado y la muerte". Em todas pesa essa angústia de um estado fatal, que elas mesmas reconhecem a cada instante como destino, sina, fado – e que lhes imprime a grandeza mitológica do drama grego.[35]

Além da enorme afinidade intelectual, a reflexão de Cecília Meireles aponta para o posicionamento da autora em relação aos fatos que marcaram a vida pessoal de Lorca e que acabaram pondo um ponto final na sua produção artística. Traduzi-lo, dessa maneira, é revivê-lo, atualizá-lo, entregá-lo ao público para que seja desfrutado. É, mais do que isso, soltar o grito que fora contido por muitos de seus pares por longos e duros anos:

> Confrange-se nosso coração quando, sob a última linha do drama, corre o nome de Federico García Lorca. É o nome do autor assinando sua peça, e é o nome do homem risonho, carregado de imagens líricas, caído sem seus amigos, sem argumentos e sem explicações, no prado frio de um cemitério, com seu coração transpassado por uma bala bem menor que qualquer faquinha... E pensamos em seu grito, que não pudemos ouvir nem socorrer, em seu grito de menino assassinado, que nunca mais esqueceremos, e de que falaremos sempre, aos que vierem depois, como exemplo sombrio desses tempos bárbaros.[36]

Mais do que um lamento pela perda do poeta, o texto de Cecília toca fundo na ferida aberta deixada pelo fascismo espanhol que, de uma forma macabra, aproximou realidade e ficção. O tom poético de seu texto evidencia a significativa afinidade com o universo ficcional lorquiano, do qual a poeta brasileira estava muito próxima.

---

[33] Grifo meu. É necessário perceber que a preocupação de todos os que conheceram Federico em ressaltar sua desvinculação partidária tinha o caráter de mostrar a tamanha injustiça que se tinha cometido com o poeta. Embora não filiado a qualquer partido político, Lorca era um artista militante e concebia a arte como crítica e engajamento social, sempre tendo como finalidade as desejadas mudanças que libertariam o povo espanhol da pobreza e da opressão imposta pelas tradições seculares muito bem apoiadas no catolicismo e na desigualdade socioeconômica. Foi essa atitude tão livre e, ao mesmo tempo, tão afinada com as práticas de esquerda, que lhe custou a vida.

[34] Citado por MEIRELES. Federico García Lorca, p. 5.

[35] MEIRELES. Federico García Lorca, p. 5.

[36] MEIRELES. Federico García Lorca, p. 5.

Ainda que seja possível afirmar que, num primeiro momento, o Brasil manteve-se apático diante do assassinato de Federico García Lorca, também é plausível pensar que a lacuna existente entre os fatos ocorridos na Espanha e a sua repercussão se deve, por um lado, à censura estado-novista e, por outro, às dificuldades inerentes ao trânsito de informação entre os dois continentes. Sob tal ponto de vista, talvez o mais estranho seja observar a inexistência de notícias referentes ao período em que o poeta esteve entre Buenos Aires e Montevidéu. A notícia veiculada pelo jornal carioca A Noite [37] nos leva a concluir que, embora se tratasse do regresso de uma importante viagem de divulgação, não houve, na imprensa brasileira, repercussão da efervescência ocorrida em Buenos Aires e em Montevidéu.

Fica evidente, também, no texto de A Noite, que as trocas culturais entre o Brasil e os demais países da América Latina ainda eram escassas. Referências à "brilhante turnê à América do Sul" e às "Repúblicas dessa parte do nosso continente" parecem separar o Brasil do restante do continente e revelam o quanto a nação se mantinha isolada dos demais países latino-americanos. Tal fato está relacionado, certamente, à diferença linguística, referida subliminarmente, "em todos os países onde se fala a língua castelhana", deixando antever as dificuldades históricas de relacionamento que marcaram o continente desde as suas origens. É preciso lembrar que tanto o Brasil como os demais países da América Latina eram jovens nações que lutavam por uma autonomia literária, não só em relação aos colonizadores ibéricos, mas também entre si. As barreiras linguísticas eram muito mais fortes, e as fronteiras literárias mantinham-se estanques, o que dificultava, em muito, o trânsito de informações no continente sul-americano. Essa talvez seja uma das razões que mantiveram a obra e o autor afastados do Brasil, justamente na época em que fazia mais sucesso e palestrava alegremente sobre literatura em vários lugares do mundo.

Assim, além dos problemas políticos que tanto a Espanha quanto o Brasil enfrentavam, que incluíam perseguição aos setores mais à esquerda da sociedade e assassinatos orquestrados pelas ideologias nazi-fascistas que se disseminavam pelo mundo, percebemos que, no caso do fuzilamento de Federico García Lorca, houve também dificuldades de ordem linguística e cultural.

É importante ressaltar, nesse contexto, o esforço de alguns diplomatas, tais como Alfonso Reyes e Pablo Neruda, não só no sentido de promover e divulgar o talento de artistas ainda desconhecidos do grande público, mas também pela possibilidade – rara, àquela época – de pronunciamento contra um sem número de atrocidades, oportunidades essas sabiamente aproveitadas, no caso de Pablo Neruda.[38] São igualmente dignas de destaque as atitudes dos escritores e artistas brasileiros que trouxeram para o debate o tema do fuzilamento, numa clara atitude de enfrentamento ao regime autoritário que comandava a nação. Tais atitudes nos levam a crer que a inteligência, que tantos tentaram eliminar à custa de balas e tortura, sempre sobreviverá, apesar dos atos de intolerância que a História não nos deixa esquecer.

[37] Na edição de 31/03/1934.

[38] Que, em outubro de 1968, enfrentaria os militares brasileiros e discursaria na inauguração do Monumento a García Lorca, em São Paulo.

RESUMEN

Este texto analiza las repercusiones del fusilamiento del poeta y dramaturgo español Federico García Lorca (1898-1936) en el contexto intelectual y literario brasileño. Pone de relieve, por ello, noticias de periódicos anteriores y posteriores al asesinato, así como revistas literarias en las que se analiza y comenta la obra lorquiana.

PALABRAS-CLAVE

Literatura española, Guerra Civil Española, censura

REFERÊNCIAS

ANDRADE, Carlos Drummond de. Morte de Federico García Lorca. *Boletim de Ariel*, Rio de Janeiro, p. 34-35, nov. 1937.

ANDRADE, Mário. Lorca, pobre de nós! *Leitura*, Rio de Janeiro, p. 7, fev. 1944.

FAUSTO, Boris. *História Concisa do Brasil*. São Paulo: EDUSP/Imprensa Oficial do Estado, 2002.

GARCÍA LORCA, Federico. *Obras completas*. Madrid: Aguilar, 1972.

GIBSON, Ian. *El asesinato de García Lorca*. Barcelona: Plaza y Janes, 1997.

MEIRELES, Cecília. Federico García Lorca. *Leitura*, Rio de Janeiro, p. 5, fev. 1944.

MORAIS, Dulcina. Porque escolhi García Lorca. *Leitura*, Rio de Janeiro, p. 29, fev. 1944.

QUEIROZ, Raquel de. Bodas de sangue. *Leitura*, Rio de Janeiro, p. 28, fev. 1944.

TRIAS FOLCH, Luisa. Presença de Federico García Lorca no Brasil: primeiras homenagens. *Opinião Acadêmica*. Rio de Janeiro, n. 382. Disponível em: <http://www.riototal.com.br/coojornal/academicos.arquivo.htm.049.htm>. Acesso em: 12 ago. 2007.

DE ESPANHA NEM BOM VENTO NEM BOM CASAMENTO

a figura do espanhol nas narrativas de José Riço Direitinho

Silvana Maria Pessoa de Oliveira
UFMG

RESUMO

O objetivo deste trabalho é analisar a maneira como a ficção portuguesa das duas últimas décadas vem refletindo sobre as representações históricas e ficcionais que caracterizam, de forma ambígua, contraditória e às vezes bastante negativa, a presença do espanhol na Literatura Portuguesa Contemporânea.

PALAVRAS-CHAVE

Literatura portuguesa contemporânea, crítica literária, José Riço Direitinho

José Riço Direitinho é um dos mais destacados nomes da novíssima geração de ficcionistas portugueses, ao lado de Mafalda Ivo Cruz, Possidônio Cachapa, Jacinto Lucas Pires, José Luis Peixoto, Tereza Veiga, Julieta Monginho, entre outros. Dos seus até então publicados cinco livros, dois deles, *O relógio do cárcere* e *Breviário das más inclinações* privilegiam a abordagem ficcional das relações entre Portugal e Espanha ao longo do século 19 e primeira metade do século 20, mais precisamente até o final da Guerra Civil Espanhola (1936-1939).

Durante esse período, inúmeros espanhóis, principalmente os habitantes da região da Galiza, refugiaram-se no norte de Portugal, a fim de escapar aos horrores e arbitrariedades impostos pela perseguição política encetada pelo regime de Francisco Franco a seus opositores, muito embora a nação portuguesa também estivesse sob o jugo de outra ditadura, a de António de Oliveira Salazar. Com os refugiados políticos, chegam também os trapaceiros, os burlões, as mulheres de "comportamento duvidoso", personagens que irão plasmar-se à bucólica paisagem nortenha, a ela incorporando-se.

Em *Breviário das más inclinações*, de José Riço Direitinho, Vilar dos Loivos é o cenário que acolherá os espanhóis em fuga. Ao mesmo tempo que as coordenadas geográficas e espacio-temporais acham-se objetivamente referenciadas no norte português e na fronteira luso-espanhola nota-se um constante movimento narrativo de desreferencialização do espaço. Prova disso são os nomes dos logradouros públicos e localidades próximas a Vilar dos Loivos, os quais remetem inequivocamente para uma indeterminação espacial, tal como se pode ver nestes exemplos listados: Alto do Cervo, Casa do Seixo, Quinta da Moura Morta, Caminho da Abelheira, Pedra do Mocho, Vale Pedrão, Caminho do Canavial, Casa da Eira.

Essa oscilação entre a referencialidade e a indeterminação, entre a fabulação mítica e a consciência histórica, entre o natural e o mágico, entre o universal e o particular constitui a pedra de toque de uma ficção que se assume como artifício e jogo, sem deixar, contudo, de reconhecer as marcas de uma temporalidade que a singulariza enquanto produto de uma determinada cultura, historicamente delimitada e geograficamente posicionada.

É em um contexto marcado por conflitos e tensões, por vezes arcaicos, que estão ambientadas as duas primeiras narrativas de José Riço Direitinho denominadas, respectivamente, *A casa do fim* (1992) e *Breviário das más inclinações* (1994). Personagens como Puríssima de la Concepción, o cego Dom Camilo (natural de Iria Flávia e espécie de duplo do escritor Camilo Cela,[1] de cuja obra *São Camilo* (1936) é retirada uma das epígrafes do *Breviário das más inclinações*), o vendedor de relógios, o fidalgo Afonso Airas de Navarra, os ciganos andaluzes, o agiota de Pedralva de la Praderia, as dançarinas Maria de los Placeres e Marí Carmen Ventura compõem um complexo e diversificado painel de tipos associados à cultura espanhola e, mais especificamente, à galega e à andaluza.

Tais personagens movem-se em um território ficcional que retoma o imaginário arcaico bastante presente no espaço rural à castelhana que aparece encenado em *Breviário das más inclinações*. A narrativa exprime, assim, certa tonalidade trágica e funesta que faz com que determinadas personagens por mais que busquem jamais consigam escapar a um destino que já no nascimento as assinala. Exemplo típico deste desígnio está expresso no protagonista José de Risso, que a despeito de seus poderes mágicos, obtidos graças ao conhecimento acerca do poder curativo da flora campestre, não logra escapar da trágica sorte que lhe fora destinada.

UM PÍCARO DE MÁS INCLINAÇÕES

Um dos elementos do imaginário arcaico que parece ser retomado nessa narrativa é aquele que diz respeito à presença de traços do modelo narrativo típico da literatura pícara produzida na Espanha, entre os séculos 16 e 17, cujos representantes emblemáticos são o *Lazarillo de Tormes* (1554), o *Pícaro Gusmán de Alfarache* (1599) e *Historia de la vida del Buscón* (1626). Não parece fortuito, portanto, o envolvimento dos personagens espanhóis com atos de burla, delinquência e malandragem, numa clara referência a este tipo de narrativa protagonizada por anti-heróis pícaros.

De modo geral, o núcleo narrativo originário do romance picaresco pode ser sintetizado, segundo Mario Gonzalez, como sendo a "pseudo-autobiografia de um anti-herói que aparece definido como marginal à sociedade; a narração das suas aventuras é a síntese crítica do processo de tentativa de ascensão social pela trapaça; e nessa narração é traçada uma sátira da sociedade contemporânea do pícaro".[2]

---

[1] Camilo José Cela é referência recorrente na obra de José Riço Direitinho. O escritor galego aparece referenciado em *A casa do fim* e em *O relógio do cárcere*, o que atesta sua posição de figura tutelar no universo literário deste escritor português.

[2] GONZÁLEZ. *O romance picaresco*, p. 42.

Inscrevendo-se como possível manifestação contemporânea da picaresca no interior de uma literatura que não tem tradição significativa no gênero, o *Breviário das más inclinações*, a despeito de se constituir como a narração das aventuras de um farsante, expande o leque de suas possibilidades. Vilar de Loivos é um microcosmo do submundo de pícaros que a povoam. As "más inclinações" do personagem José de Risso, tais como a burla, a trapaça, a astúcia, o gosto pelo jogo, o estelionato, a rejeição do trabalho são os ingredientes que o transformam em pícaro. Estas más inclinações, comprovadas já ao nascer, a ponto de constituírem marca de nascença, são potencializadas pela chegada dos espanhóis, aos quais o protagonista se alia para incrementar suas aventuras. Exemplar disso é o fascínio precoce de José de Risso pelos espanhóis, comprovado pela atração que sobre o menino exerce a chegada da cigana e dos saltimbancos à aldeia.

Se a princípio os espanhóis que chegam à aldeia portuguesa o fazem por motivos elevados, pois são fugitivos da guerra civil que assola seu país, em seguida aporta uma leva de representantes dos estratos mais baixos da sociedade, tais como ciganos, saltimbancos, loucos, viúvas prostituídas, contrabandistas. É significativo que estas personagens estejam ligadas à representação do espanhol como marginal em luta pela sobrevivência, dado que anuncia o claro propósito de estabelecer diálogo com a tradição picaresca do romance oriundo da Espanha. Por isso é que ao se juntar aos espanhóis, José de Risso reforça, por assim dizer, as suas más inclinações. Sua ligação com a viúva Puríssima de la Concepción, a quem se alia, para entre coisas, a prática do roubo atesta essa condição.

Ressalte-se que Puríssima (e esse nome não é arbitrário) é proprietária do único bordel do povoado, fato que vem reforçar, no imaginário português, a imagem da espanhola como mulher fogosa, sem escrúpulos, perigosa. Não se pode esquecer, também, que paira sobre Puríssima a acusação de haver patrocinado o assassinato do marido.

Outra figura ligada aos espanhóis é o Lobo de Espadañedo, fera que habita o outro lado da fronteira, mas que costuma incursionar por Vilar de Loivos, onde aterroriza a população devido à crueldade com que abate suas vítimas.

As armas utilizadas nas malfeitorias e delitos praticados por José de Risso são, significativamente, de procedência espanhola ou lhe foram presenteadas por espanhóis. Com importante função narrativa, uma destas armas é uma velha navalha espanhola, que lhe serve de instrumento para algumas de suas infrações. Outro de seus apetrechos é uma velha espingarda, também de origem espanhola, que lhe fora presenteada por um espanhol. Parecem claras as ligações entre o burlão de Vilar de Loivos e a tradição pícara dos heróis farsantes e contraventores.

Isso ocorre talvez porque são os espanhóis, nesse universo de pícaros que é Vilar de Loivos, as personagens que podem encarnar, retomando-a, a condição do herói pícaro na ficção da contemporaneidade ibérica. Ao situá-los em um universo rural com traços arcaicos, José Riço Direitinho pode estar chamando a atenção para a impossibilidade da existência de heróis pícaros nas grandes cidades cosmopolitas. Contudo, ao escrever uma narrativa livre de reflexões moralizantes e ao dar ênfase ao submundo de burlões e trapaceiros, o escritor recombina, baralhando-o, o intertexto da novela picaresca oriunda da Península Ibérica. Ao dar continuidade à tradição do herói pícaro, *Breviário das más inclinações*, ao mesmo tempo que constitui uma homenagem a essa tradição narrativa, põe em circulação uma das mais fascinantes personagens da literatura atualmente produzida em Portugal.

Pode-se então pensar que Vilar de Loivos, lugar arquetípico perdido nos rincões agrestes do norte português, torna-se a representação mítica de um espaço onde personagens marginais à sociedade de consumo e massas da era da globalização se movem. A própria designação "vilar" atesta essa característica, já que uma das acepções da palavra é justamente "fração de vila rústica medieval". Refugiado, ele também, nesse mundo agônico, onde as pequenas fraudes e trapaças são o principal expediente para a sobrevivência, vive o ambíguo personagem pícaro, que por deter o conhecimento acerca do poder curativo das ervas, torna-se um misto de médico e bruxo sem, contudo, deixar de praticar as inúmeras variantes da burla e da trapaça que o distingue e caracteriza.

A propensão às más inclinações e o gosto do protagonista pela condição marginal aproximam-no, como se procurou demonstrar, da tradição picaresca do romance espanhol. Contudo, ao fazer incidir sobre o espanhol uma variada gama de atribuições negativas, retoma-se, pela via da ficção, a histórica tensão existente entre os dois países ibéricos, que deu azo à circulação, em Portugal, do ditado que dá título a este texto.

RESUMÉ

L'objectif de ce travail est d'analyser comment la fiction portugaise des deux dernières décennies questionne les representations historiques et fictionnelles qui caractérisant, sous forme equivoque, contradictoire et parfois negative, la presence de l'espagnol dans la Literature Portugaise Contemporaine.

MOTS-CLÉS

Littérature portugaise contemporaine, critique littéraire, José Riço Direitinho

REFERÊNCIAS

DIREITINHO, José Riço. *A casa do fim*. Porto: Asa, 1992. 178 p.

DIREITINHO, José Riço. *O relógio do cárcere*. Porto: Asa, 1997. 160 p.

DIREITINHO, José Riço. *Histórias com cidades*. Porto: Asa, 1997. 208 p.

DIREITINHO, José Riço. *Breviário das más inclinações*. Rio de Janeiro: Griphus, 2001. 171 p.

DIREITINHO, José Riço. *Um sorriso inesperado*. Porto: Asa, 2005. 156 p.

GONZÁLEZ, Mario. *O romance picaresco*. São Paulo: Ática, 1988. 91 p.

TÁLENS, Jenaro. *Novela picaresca y práctica de la transgressión*. Madrid: Júcar, 1975. 283 p.

MONSIEUR PAIN, DE ROBERTO BOLAÑO
a dor da história

Graciela Ravetti
UFMG / CNPq

RESUMO
Este artigo propõe uma leitura do romance *Monsieur Pain*, de Roberto Bolaño, como caso exemplar do transgênero performático que, na contemporaneidade, experimenta formas e linguagens para dar conta das tragédias pessoais e históricas sem cair no didatismo. Para isso busca-se elaborar uma reflexão teórica sobre esta obra da perspectiva da experimentação acerca da representação pela linguagem da dor e das perdas pessoais e culturais, individuais e coletivas, enfim, políticas.

PALAVRAS-CHAVE
Narrativa contemporânea, América Latina, Bolaño,
César Vallejo, Guerra Civil Espanhola

Autor de obras que estão se tornando clássicas na literatura contemporânea da América Latina, o chileno Roberto Bolaño (Santiago 1953 – Barcelona 2003) é um nome que vai crescendo velozmente quanto ao montante de leituras que estão sendo realizadas sobre sua obra e a enorme quantidade de leitores que cativa. Devedor das mais diversas linhas da narrativa mundial, de Thomas Bernhard a G. W. Sebald, de Cervantes a Borges, passando pelos românticos europeus e latino-americanos, surge com uma escrita de estilo inconfundível e consegue se estabelecer como uma espécie de feixe de vetores literários contundentes. Para além de sua ampla experiência internacional – morou e morreu na Espanha, passou grande parte de sua primeira juventude no México –, de sua bagagem considerável de leitura assim como de sua interlocução com muitas figuras importantes da literatura de expressão hispânica das últimas décadas do século 20 (Enrique Vila Matas, Javier Cercas, Rodrigo Fresán, Nicanor Parra), ele conseguiu manter um perfil pouco ostensivo, mas bastante influente no médio literário, especialmente depois de sua morte prematura em 2003, pela qualidade surpreendente de sua linguagem e também por conta de sua prática de exteriorizar opiniões entusiastas ou lapidárias sobre seus colegas de profissão e sobre o funcionamento do âmbito literário, o que inaugura ou, melhor, recupera em moldes novos um exercício de crítica literária que andava em baixa na pós-modernidade.

O livro que me ocupa neste artigo, *Monsieur Pain*, 1999 (publicado por primeira vez *La senda de los elefantes*, em 1994), escrito – segundo declarações de Bolaño – em 1981, mostra a complexidade de seu itinerário criativo, resultado tanto de inspiração quanto de leituras e de ressonância de discursos que revelam afinidades políticas e literárias. Afiliado a uma tradição cervantina e borgiana, visível também na obra de grande parte dos autores do século 20, sua escrita tem como característica mais imediatamente explícita a narração ancorada na realidade vivida em convergência com mundos intensamente imaginados e episódios históricos. O confronto com uma imensa parte da tradição da literatura mundial, o esforço por problematizar o fazer literário com o rigor de um crítico e de um teórico de grande fôlego e, finalmente, mas não menos importante, o movimento de imersão obsessiva num tema, acaba por produzir uma escrita que exerce no leitor o efeito de revelar a enorme ignorância e desinteresse sobre o presente, o passado e até pelo porvir, de grande parte dos indivíduos contemporâneos, ocasionalmente leitores. Embora pareça existir para Bolaño a plena evidência da impossibilidade de resgates totalizadores e ainda que ele compartilhe que algumas compreensões sobre a História mostram a humanidade condenada irremediavelmente a ter acesso só a versões sobre fatos já ocorridos e nunca a certezas consoladoras, nem por isso essas percepções e convicções sobre a precariedade do conhecimento estendem-se como convite a deixar-se amedrontar pela opacidade de qualquer tema histórico-poético, seja que funcione como retificação ou como provocação formal ou temática. De modo exemplar na obra de Bolaño, os impasses de sentido acerca de fatos históricos, quase exclusivamente aqueles que se caracterizam por serem especialmente vividos como traumáticos pela sociedade no presente, são encarados e desenvolvidos com especial cuidado nos seus escritos, nos quais parece restar somente o caos e a incognoscibilidade aumentados pelo clamor incessante dos vestígios espectrais que se alastram pela terra. No romance *Monsieur Pain*, os restos são os do poeta César Vallejo, envolvido na Guerra Civil Espanhola e na articulação comunista da época. Sabe-se que Vallejo ajudou na formação de Comitês de Defesa da República Espanhola, que atuou em Barcelona junto ao Conselho de Defesa das Milícias antifascistas de Catalunha e que participou, em julho de 1936, junto com outros intelectuais, do Segundo Congresso Internacional de Escritores Antifascistas em Defesa da Cultura, atividade que acabou estimulando a composição do livro de poemas *España, aparta de mí este cáliz*. É possível hipotetizar que o romance apresenta certas marcas que levam a pensar o penoso que deve ter sido para o escritor chileno escrever em face a dois assuntos que lhe eram visceralmente caros: a vida/morte de um genial poeta latino-americano e as sequelas das guerras do século 20. Mesmo que o tema da Guerra Civil Espanhola não seja formulado como problema a ser discutido como tal no romance, surge nas entrelinhas como um vetor subterrâneo entretecido a uma zona fantasma de justificativas sobre o aceite e participação das pessoas nos conflitos bélicos, conflitos que acabam sendo sempre intelectualizados e domesticados na tentativa de atenuar não só a gravidade dos fatos como também a responsabilidade da sociedade nas inexoráveis consequências.

No contexto da experimentação de formas de representação pela linguagem da dor e das perdas pessoais e culturais, individuais e coletivas, enfim, políticas e humanas, compreende-se logo o programa poético de Bolaño de recuperar figuras históricas e de existência comprovada – Vallejo, neste caso – ao tempo que é possível seguir e discutir seus traços críticos, introduzidos a partir de suas leituras de formação junto com a narratividade fabuladora que o caracteriza e que faz coro à tradição milenar de narrar para não morrer, de escrever contra a morte, tão tematizada na literatura contemporânea, como é o caso, só para exemplificar, de José María Arguedas em *El zorro de arriba y el zorro de abajo* e de praticamente a obra completa de Jorge Luis Borges. É o que se pode perceber com clareza quando o autor primeiro faz o leitor recuar até o ano de 1938, para depois voltar ainda mais no tempo, a 1920, para colocar o leitor em contato com a problematicidade instalada no ambiente sempre bélico dessas décadas, no que se refere à precariedade tanto das justificativas quanto das consagrações heroicistas dos conflitos armados – Primeira Guerra Mundial e Guerra Civil Espanhola. Outras datas, objetos e personagens tornam-se paradigmáticas na trama e pedem por trabalho interpretativo que, se pensado como um clarificador de questões históricas, estará sempre fadado ao fracasso: as velhas fotografias embaçadas de 1920; a gravura de Félicien Rops; as personagens excêntricas, como os rapazes que constroem cemitérios marinos em miniatura (talvez uma alusão a Valéry) nos quais se revelam cenas de guerra; o filme *Actualidad,* assistido por várias personagens do romance. Não há temporalidade nem espacialidade específicas que sejam inerentes a esses episódios em particular. Na verdade, as paisagens urbanas e as apresentações de personagens individuais e de grupos compõem um continuum na narrativa: diversos espaços e tempos são figurados como uma fórmula cujo máximo comum é a violência mais ou menos institucionalizada e as erráticas ainda que inexoráveis consequências geradas ao longo de territórios e épocas diferentes, caindo inexoravelmente sobre as grandes maiorias atormentadas pela ignorância, a miséria e o medo. As mesmas histórias ocorrem em tempos diferentes e em geografias diversas. Pouco importa se consegue ser demonstrada na realidade extratextual que a data de 1938 funciona como um ponto de contato entre eventos cruciais, ou se é ela mesma um acontecimento fundamental. Esse intervalo de dezoito anos desemboca num clímax que deixa o leitor latino-americano desabrigado em face das presenças do espectro do Poeta agonizante, da Guerra Civil Espanhola acontecendo muito perto do tempo e lugar onde transcorrem os fatos do romance e da Segunda Guerra, cuja preparação macabra está à vista e à percepção de todos.

O cenário da cidade de Paris como arena dos fatos é mais um ambiente rarefeito, construído por sensações difusas e nebulosas, pouco preciso quanto a referências materiais, como é habitual nos romances de Bolaño. Identificações e espelhamentos confusos se sucedem e misturam a máscaras paranoicas, à vigência dos sonhos e dos pesadelos "reais" demais, ao rigor dos desejos e às distorções produzidas pelo desregramento generalizado dos sentidos e ao cheiro da tragédia iminente. No ar paira o espírito sinistro da década de 1930, as lembranças tenebrosas das guerras e o medo ao desencadear das novas ondas de violência anunciadas na França ainda que já uma realidade na Espanha, algo como uma latente serpente se alimentando do núcleo da vida melancólica do entre-guerras. O pesadelo era velho, era passado que se tornava ameaça no presente, passado apenas dissimulado e vergonhoso, recorrente e implacável. De alguma forma todos em Paris eram sobreviventes da Primeira Guerra Mundial e se mostravam inermes e ignorantes, conformados com a ideia de que a qualquer momento iria começar ali um movimento semelhante ao experimentado no passado recente, que incluía destruição massiva e preparava outras. Essa cidade quase inexistente como tal na narrativa, e esse tempo fragmentado e sem o vetor rígido da linearidade, parecem ser representações de uma experiência inexplicável em termos de lógica racionalista, pelo lastro de atos, cenas, lugares e personagens acintosas que se sucedem.

A ideia da esfumaçada personagem de Monsieur Pain foi tomada por Bolaño, ao que parece, da menção a uma pessoa desse nome nos escritos de Georgette Vallejo, a esposa do poeta, que teria sido convocada por sua reputação de mesmerista para curar a Vallejo agonizante. A causa da morte de poeta peruano nunca foi esclarecida a contento e a terapia de Mesmer não deu resultado positivo, salvo o alívio do violento e continuado ataque de soluço que acometeu ao doente, um ilustre desconhecido na França e, portanto, também para o narrador protagonista. O último diálogo do romance e que encerra a parte principal da narrativa é ilustrativo sobre o assunto:

> Madame Reynaud, entonces, dice que no estoy informado de que Vallejo ha muerto y que incluso ya está enterrado, ella asistió al sepelio, muy triste, hubo discursos.
> – No – digo –, no sabía nada.
> – Algo muy triste – confirma Blockman, él también fue al cementerio –, Aragón hizo un discurso.
> – ¿Aragón? –murmuro.
> – Sí –dice madame Reynaud–. Monsieur Vallejo era poeta.
> – No tenía idea, usted no me dijo nada al respecto.
> – Así es – afirma madame Reynaud –, era un poeta, aunque muy poco conocido, y pobrísimo – añade.
> – Ahora se volverá famoso – dice monsieur Blockman con una sonrisa de entendido y mirando el reloj.[1]

A iminente chegada de notícias sobre o andamento da Guerra Civil Espanhola além de acrescentar o pânico da população de Paris afirma a comprovação do avanço do nazismo, que está experimentando na Espanha armas e equipamentos de guerra nunca antes utilizados. O narrador e personagem protagonista, Pain, é um pacato e inofensivo francês, temeroso e fraco, enfrentado a forças obscuras, potências que ficam além, muito além, de suas possibilidades de entendimento. Ele rumina lembranças de sua participação, duas décadas antes, na Primeira Guerra Mundial, da qual saíra com uma mísera aposentadoria por invalidez. Torturado, carrega como herança os pulmões queimados, motivo pelo qual se sente um sobrevivente que sofre muito mais pelas feridas espirituais que pelas visíveis cicatrizes corporais. Foi por isso que desde então se dedicou às ciências esotéricas e se tornou adepto às ideias de Franz Mesmer, de quem lera a *Histoire abrégée du magnetisme animal* e muita bibliografia sobre o tema; era um *expert* no assunto. As ideias, bastante populares na época, de Franz Anton Mesmer, eram conhecidas desde 1772, e afirmavam que era possível curar doenças com o poder da mente. A base da ideologia de Mesmer, seu método terapêutico, descansava sobre a convicção de que a causa de quase todas as enfermidades era o desregramento nervoso, o que podia ser consertado por certas práticas de poder mental. Um mito cientificista registra que pouco antes de morrer, Pierre Curie poderia ter desenvolvido um trabalho na mesma direção do mesmerismo, fato nunca confirmado devido à morte inesperada do cientista francês por atropelamento, em 1906. Anos depois, segundo o romance de Bolaño, Terzeff, um suposto mesmerista, se suicida, circunstância que alimenta o rumor de que sua morte voluntária teria tido como causa a descoberta de elementos importantes para a comprovação das teses de Mesmer. Essa conjectura se opõe à que afirma que o suicídio do cientista teria

---

[1] BOLAÑO. *Monsieur Pain*, p. 72.

sido causado pelo amor não correspondido por Irene Joliot-Curie, também Prêmio Nobel (1935). Outra versão para o suicídio é a do mentor e amigo de Pain, Rivette, segundo o qual Terzeff, muito amigo de Pleumeur-Bodou, um ex-colega de Pain, furioso pelo fracasso de seu caso de amor com Irene, filha de madame Curie, é tomado por um desejo premente de refutar a famosa cientista, no que também fracassa. Tal série de estrondosos sucessos o teria levado, naturalmente, ao suicídio. É evidente a técnica narrativa de Bolaño, que introduz toda essa conversa sobre a possível comprovação científica das ideias de Mesmer, totalmente desacreditadas na medicina, para induzir a uma suspensão momentânea das crenças do leitor que, por momentos, é estimulado a alimentar uma bastante plausível dúvida sobre a referencialidade das personagens e situações.

No romance, na parte que transcorre em 1938, Pierre Pain é contatado por sua amiga, Madame Reynaud, para tratar o caso, estranho e aparentemente incurável, do marido de uma amiga sua, Madame Vallejo: assim começa a narrativa. Paralelamente, à maneira de um relato policial, Pain é perseguido nesses dias por desconhecidos que ele acha serem espanhóis. É interessante que Pain vê os supostos fascistas ou mafiosos que o perseguem, antes mesmo de saber que é o que sua amiga vai lhe pedir para fazer, antes mesmo, portanto, de saber da existência de Vallejo moribundo e de aceitar a encomenda. Mais tarde, ele chega a pensar que são médicos, porque os vê, ou acredita reconhecê-los, no grupo de médicos da clínica na qual César Vallejo (que deveria ser paciente de Pain, mas de quem não consegue chegar perto pese a seus denodados esforços) está internado. Entre sucessos, um mais estranho que o outro, uma noite os homens sinistros lhe oferecem, e ele aceita, um pagamento em aparência sem motivo concreto, a não ser que o objetivo fosse que ele não fizesse nada com seu futuro paciente, quer dizer, que deixasse morrer a Vallejo. Mas se essa era a motivação certa, nem as personagens nem o leitor têm nenhuma certeza, só ficam na suspeita. Pain aceita o suborno mas não abandona o caso, movido, por uma parte, por sua ética e, por outra, por estar apaixonado por Madame Reynaud.

A trama é labiríntica, soturna, ambígua, tal como o são as redes do poder que garantem o exercício impune da violência. Assim como as agências dos poderes maléficos são impossíveis de conhecer, assim também os poderes do bem – a cura das doenças – são incompreensíveis. Convocando um mundo que parece conspirar contra Pain para que seu paciente morra ou mesmo para ele não se encontrar nunca com o doente, a própria terapia, além da temporalidade e a espacialidade, afigura-se fantasmática. Pain só pode ver seu paciente uma vez sem que lhe seja possível aplicar nenhuma ação terapêutica na ocasião. O segundo encontro programado ou, melhor, desejado por Pain, nem chega a acontecer devido a circunstancias que o afastam não só de Vallejo, mas também de Madame Reynaud. Pain tem então um sonho delirante no qual se vê e se sente engolfado em um labirinto, em muitos aspectos semelhante à clínica Arago, onde se encontra internado o seu sempre futuro paciente. A oportunidade para resolver o difuso mistério, que envolve médicos e hospitais, políticos e mafiosos, notícias das ciências esotéricas e da tecnologia bélica, mortes sinistras e violentas, explosões e suicídios, se dá quando, logo após reconhecer um dos espanhóis que o subornaram, Pain empreende uma perseguição com a intenção de descobrir alguma pista que ilumine as trevas nas quais se encontra não só ele, como também o sacrificado leitor. Após uma longa caminhada, o suposto bandido chega a um cinema e, nesse momento, Pain percebe que na verdade não fora ele, com sua astúcia detetivesca, quem seguira pistas. Na verdade, tinha sido conduzido, como um burro atraído por uma cenoura: encontra aí seu antigo companheiro Pleumeur-Bodou assistindo a um filme que, logo descobre, está elaborado entre o documentário e a ficção, no qual o próprio Terzeff aparece, filmado junto com outros no laboratório em que desenvolviam suas pesquisas, laboratório que fora a tumba de 20 cientistas que estavam trabalhando com algo relacionado a radioatividades, vítimas de uma explosão muito suspeita, e da qual se salvara só um, Michel. Pleumeur-Bodou conta então que Terzeff fora admitido entre muitos aspirantes, inclusive ele mesmo tinha sido rejeitado. Enquanto assistem ao filme, ambíguo e suspeito como tudo no romance, Pleumeur-Bodou relata que sua vinda da Espanha deve-se exclusivamente ao desejo de ver esse filme, agora *cult* e histórico, porque Terzeff fora seu amigo e na Espanha estava proibida sua exibição. A lembrança do incêndio do laboratório onde trabalharam quando eram jovens, as perseguições, o suborno, os espaços sinistros, tudo parece ir na direção de caracterizar secretas e sinistras preparações bélicas, apenas vislumbradas, e revelar o panorama psíquico reinante na espera passiva da inevitável barbárie. Interessa frisar o uso inusitado feito por Bolaño do material que a recente tradição do testemunho lhe disponibilizava.

Pain aproveita para tentar saber algo sobre o suborno do qual tinha participado, mas Pleumeur-Bodou aprofunda a ambiguidade dizendo que talvez tudo não passasse de uma brincadeira e o aconselha a não se preocupar pelo assunto. Voltando ao filme, Pleumeur-Bodou se diz conhecedor de outra versão dos fatos – a terceira para o leitor –, que afirma que Terzeff nunca sequer conhecera Irene, que teria sido simplesmente um frequentador do círculo de Madame Curie e que a autêntica causa de seu suicídio era mais um mistério nunca esclarecido. Pleumeur-Bodou revela que trabalha nos bastidores a mando dos fascistas na Espanha aplicando seus conhecimentos mesmeristas para otimizar os interrogatórios de prisioneiros ou supostos espias. Pain constata, ao longo da conversa, algo que já sabia: que os colegas de juventude estão em posições opostas em um momento de tensões violentas e em clima de guerra na França e de guerra declarada na Espanha. Pleumeur-Bodou apoia a causa dos fascistas, e outros antigos colegas ficaram ou no bando contrário, ou simplesmente não se engajaram em nenhuma das partes dos conflitos. No momento em que Pain começara a seguir o espanhol, achou que ia descobrir ou pelo menos averiguar algo que o ajudasse a entender a causa de tanto interesse pelo moribundo Vallejo, mas depois da cena do cinema e da conversa com Pleumeur-Bodou o mistério se acirra. O passado se presentifica não só com a figura do ex-colega que aparece como saindo fantasmaticamente de alguma caverna misteriosa do passado, como que o filme que está passando na tela do cinema, com a contundência da imagem visual, *revive* mortos, os faz falar e, com isso, solicita para eles um lugar materializado na lembrança.

Depois dessa experiência e da cena do delírio, Pain consegue articular um ardiloso plano para entrar no hospital e, finalmente, chegar até Vallejo, mas o tempo está exaurido: o poeta já está morto. Como epílogo, Bolaño coloca breves notas sobre quase todas as personagens do romance, com o título de *La senda de los elefantes*, que recolhe fragmentos de vidas perdidas, como a do próprio Vallejo.

Os principais núcleos dramáticos do romance têm um débil fio organizador na personagem de Monsieur Pain em suas buscas, todas fracassadas, de objetivos simples e triviais, baseados no tema do mesmerismo que aparece também como sendo mais uma expectativa frustrada para o leitor. Monsieur Pain pensa que o estado mesmérico se avizinha o bastante à morte como para lhe provocar satisfação, fazendo eco à epígrafe do romance, retirada do conto "Revelação mesmérica", de Edgar Allan Poe.

A epígrafe:

P. – ¿Le aflige la idea de la muerte?
V. – Muy rápido. ¡No..., no!
P. – ¿Le desagrada esta perspectiva?
V. – Si estuviera despierto me gustaría morir, pero ahora no tiene importancia. El estado mesmérico se avecina lo bastante a la muerte como para satisfacerme.
P. – Me gustaría que se explicara, Mr. Vankirk.
V. – Quisiera hacerlo, pero requiere más esfuerzo del que me siento capaz. Usted no me interroga correctamente.
P. – Entonces, ¿qué debo preguntarle?
V. – Debe comenzar por el principio.
P. – ¡El principio! Pero, ¿dónde está el principio? *Revelación mesmérica*. Edgar Allan Poe.[2]

A trama do romance está visceralmente entretecida não só com um reconhecimento oblíquo da Guerra Civil Espanhola mas também com a focalização de certos dados históricos que parecem estar na base da dor (*pain*) das pessoas. O texto se elabora às custas de uma figuração que funciona como um desafio aberto a toda esperança cognitiva racionalista ou positivista sobre as causas dos eventos trágicos. Entram em jogo saberes na fronteira do aceitável, situados em algum ponto entre ciência e fraude, pontos negados ainda que conservados em confronto com o hegemônico aceitável, dando lugar a um quadro em que a atenção passa a recair na tentativa de reescrever a história da modernidade literária sob a égide de conhecimentos e práticas não legitimados mas que constituiriam a contraparte da episteme que lhe é contemporânea.

O melodrama não está ausente no romance de Bolaño. Pelo contrário, desliza suas linhas de compreensibilidade em suas formas mais clássicas para acrescentar uma nova complexidade ao que a narrativa vai delineando desde o início. No final, decorre uma ruptura brusca com a constatação da morte de Vallejo, em que o único consolo possível parece ser o do reconhecimento da absoluta e demolidora compreensão de que não resta nenhuma outra alternativa que não a da sensação ou intuição de que a História é um pesadelo, vivido com mais realismo nos sonhos e nas visões artísticas informados pela relação performática com o passado: o filme, o reencontro com personagens que se acreditava mortas, a crença na prática mesmérica. Porém, a série de provações cada vez mais complicadas do narrador acaba oferecendo uma totalização *sui generis* ou uma mensagem que, ainda que sem um sentido orientador decisivo, fortalece a tese da impossibilidade de conhecer, não digamos o passado, mas nem o presente. O melodrama corre também por conta do filme a que assistem as personagens no bizarro encontro no cinema onde se misturam as cenas filmadas – misteriosamente, diga-se de passagem – "reais", que reproduzem fatos vividos pelas personagens com outras ficcionais. É melodramática também a condição de acumulação de fracassos que acometem ao protagonista assim

---

[2] BOLAÑO. *Monsieur Pain*, p. 5.

como a relação de amor aparentemente não correspondido por Madame Reynaud, mas que deixa no ar, no desfecho, a percepção digna de lástima da dor por um amor contrariado. A cena do encontro dos dois, muito depois de acontecidos os fatos narrados, com a moça casada com outro, deixa um sabor de melancolia. A dor do título é também, um pouco e de modo oblíquo, a dor das pessoas nas guerras e nos exílios; o sofrimento provocado pela miséria econômica que espreita a todos; as penas pelos amores malsucedidos, como o de Pain, que termina sozinho e triste, mais um habitante anônimo nas ruas de Paris pouco antes da Segunda Guerra.

As histórias triviais e aparentemente desgarradas de uma trama narrativa controlada por um narrador férreo são ou parecem ser as marcas das rasuras do que realmente importa. Na passagem da morte narrada com que a narrativa se encerra também acabam as esperanças de intervir no processo de Vallejo, internado sozinho num hospital que parece uma prisão ou um pesadelo claustrofóbico. O desfecho do livro, com a morte do poeta, evoca o redemoinho sócio-histórico no qual ele fora absorvido e devorado. Bolaño insere seu romance nos debates críticos sobre a representação das guerras, passando longe de sonhar com a realização de uma obra programática. Nos ares rarefeitos da contemporaneidade, com a consciência dos deveres que a memória impõe e a aversão aos perigos que supõe a fidelidade ao passado, a forma poética não poderia ser limite cerceador nem mero veículo para a expressão e comunicação de um conteúdo. Produzindo a forma como incompletude, o poeta também produz a ficção retórica da falta de retórica para o que deve ser dito, compondo-a como estrutura a ser recebida como ausência de estrutura.

O princípio, então, como no conto de Poe, qual é, onde está? Quais as causas? Onde os remédios?

RESUMEN

Este artículo propone una lectura de la novela *Monsieur Pain*, de Roberto Bolaño, como caso ejemplar del transgénero performático que, en la contemporaneidad, experimenta formas y lenguajes para dar cuenta de las tragedias personales e históricas sin caer en el didactismo. Para eso se busca elaborar una reflexión teórica sobre esta obra desde la perspectiva de la experimentación de fuerzas de la representación por el lenguaje del dolor y de las pérdidas personales y culturales, individuales y colectivas, en fin, políticas.

PALABRAS-CLAVE

Narrativa contemporánea, América Latina, Bolaño, César Vallejo, Guerra Civil Española

REFERÊNCIA

BOLAÑO, Roberto. *Monsieur Pain*. Barcelona: Anagrama, 1999.

Entrevista

Entrevista a jose sanchis sinisterrA

Elisa Amorim Vieira
UFMG

Sara Rojo
UFMG / CNPq

El dramaturgo español José Sanchis Sinisterra (1940), autor de *¡Ay, Carmela!*, que dio origen a la película homónima de Carlos Saura conocida en el mundo entero, es seguramente una de las referencias más importantes de la dramaturgia de su país en la contemporaneidad. Sus primeros trabajos comienzan en los años 60 en la Universidad de Valencia y se extienden, actualmente, a representaciones de sus obras desde Sarajevo a Ciudad de México Durante la dictadura de Francisco Franco, Sanchis Sinisterra cultivó el teatro independiente, uniendo la preocupación ética a la búsqueda de nuevos lenguajes, sin someterse jamás a los códigos teatrales establecidos. En 1977, creó el Teatro Fronterizo, un espacio que se constituyó como un lugar de experimentación de la palabra y, en 1989, fundó la Sala Beckett, de Barcelona. Tres de la larga lista de Premios que ha obtenido por su obra teatral son:

1990: Premio Nacional de Teatro.

1999: Premio Max al Mejor Autor Teatral en Castellano por *¡Ay Carmela!*.

2000: Premio Max al Mejor Autor Teatral en Castellano por *El lector por horas*.

2004: Su obra *Terror y miseria en el primer franquismo* gana el Premio Nacional de Literatura Dramática del Ministerio de Cultura.

Sanchis Sinisterra nos concedió esta entrevista en Rio de Janeiro, en septiembre de 2008, después de su participación en el V Congreso Brasileño de Hispanistas/I Congreso Internacional de la Asociación Brasileña de Hispanistas, celebrado en la Facultad de Letras de la UFMG.

ALETRIA - La crítica hace mención varias veces al aspecto prolífico y cambiante de tu creación dramática. Dijiste en una entrevista que intentas que ninguna de tus obras se parezca a las anteriores, sin embargo el tema de la memoria o la necesidad de recuperar una memoria colectiva incómoda está presente en varias obras tuyas (*Algo así como Hamlet* (67-70), *¡Ay, Carmela!*, *Terror y miseria en el primer franquismo*). ¿Cómo la cuestión de la memoria histórica se fue construyendo a lo largo de tu dramaturgia y de qué manera la forma de tratarla ha cambiado?

SANCHIS SINISTERRA: Bueno, habría dos aspectos: uno, el primero que mencionas en tu pregunta sobre el carácter proteico de mis obras, sí que es verdad. Esto ya lo he dicho varias veces, me lo han dicho también. Intento que cada obra parezca de un autor diferente. No por una cuestión de coquetería o de camuflaje, sino porque realmente concibo una constelación no sólo de temas, sino también de recursos formales, técnicos, de la dramaturgia, y cada asunto parece reclamar un tratamiento estético diverso. Y en ese campo, tengo siempre la preocupación de renovar mis instrumentos expresivos. Creo que esta es una de las responsabilidades de todos los llamados "artistas" o creadores. No sólo indagar temáticas que están poco tratadas, sino también verificar la validez de los instrumentos expresivos. Creo que en la medida en que la sensibilidad de la gente cambia, en la medida en que otros medios están afectando a la recepción de las formas artísticas y de la comunicación, el arte también tiene que preocuparse por encontrar nuevas formas, nuevas fórmulas, para llegar a mover algo en la conciencia a veces aletargada o anestesiada del espectador, por esta avalancha de novedades. También me ocurre que, cuando algo ya lo sé hacer, no me divierte mucho repetirlo... Creo que ese componente de riesgo inserto en la creación resulta estimulante. Por último, diría que yo, como creador, reivindico el derecho del fracaso, a equivocarme, y para eso hay que salir de lo conocido.

En cambio, sí que es verdad que hay temas recurrentes en mi teatro o, al menos, preocupaciones recurrentes. Y el tema de la memoria es uno de ellos. Otros podrían ser aspectos concretos de la política: en qué medida lo político afecta la subjetividad, afecta lo privado. O sea: varias de mis obras tienen una constante temática política; otras, en cambio, se decantan por una temática autorreferencial sobre las propias artes. Podría decirse que en el conjunto de mi obra se pueden encontrar como *trilogías*, no camufladas, pero más o menos subterráneas como, por ejemplo, la *trilogía de las artes*. Estaría compuesta por *El lector por horas*, que trata de la *literatura*; *Misiles Melódicos*, que es una obra política y trata también de la *música*; y *La raya del pelo de William Holden*, que constituye una reflexión sobre el cine. También está en marcha otra trilogía, que yo llamaría *trilogía de la mente*, sobre aspectos de la mente humana, pues tengo una obra sobre el *autismo*, otra sobre la *amnesia* y quisiera escribir otra sobre las *personalidades múltiples*. Son, efectivamente, temas que reaparecen desde distinta perspectiva.

Pero es verdad que el tema de la memoria histórica tiene una presencia reiterada e incluso deliberada en mi teatro. Y quizá fue evidente para mí que había que abordar esa temática, justamente en los primeros años de la transición española a la democracia. O sea, después de la muerte de Franco. Yo me di cuenta – no sólo yo, claro – de que, tras desaparecer el dictador y empezar a restablecerse las instituciones democráticas, el Estado Autonómico, la libertad de los partidos políticos, de expresión, de manifestación, etc. y, sobre todo, cuando el Partido Socialista llegó al poder, se produjo una especie de deseo generalizado de pasar la página de la historia. De alguna manera, como sabes, la transición política española fue una transición con guante blanco, que estableció el pacto de no remover el pasado, de no pedir cuentas, de, digamos, no hacer ningún tipo de justicia histórica (entre otras cosas porque el ejército seguía siendo el ejército franquista y estaba ahí). Eso hizo que no sólo los partidos, sino también los sindicatos, y yo creo también que los pensadores y creadores, muchos de ellos al menos, decidieron mirar hacia el futuro; y ese mirar hacia el futuro, que me parece muy respetable, tuvo, y creo que tiene todavía, como consecuencia, dejar de mirar el pasado, olvidar, cubrir con un velo discreto todo lo que había sido la guerra civil y el franquismo. Justamente la primera de mis obras en la que, de un modo claro, tuve el propósito de no olvidar es *Terror y miseria en el primer franquismo*. La empecé a escribir en 1979 y la retomé en 1998, casi veinte años después. ¿Por qué? En aquella primera época escribí cuatro escenas, que son como pequeños cuadros de la vida cotidiana durante la postguerra, y tomé notas para otros muchos, pero interrumpí ese proyecto para producir textos destinados al Teatro Fronterizo. Y, justamente, a finales de los noventa, cuando volvió la derecha al poder, a través de Aznar, me di cuenta de que se propagaba una especie de nostalgia del franquismo y una voluntad todavía más clara y más firme de no remover la memoria histórica. De modo que volví a poner en marcha este texto, llegué a hasta nueve escenas y tengo proyectos para varias más… La considero, pues, una obra inacabada.

ALETRIA: Te pediría que relataras un poco la experiencia que tuviste con el grupo de profesores de Enseñanza Secundaria que trabajaron con los textos de *Terror y miseria en el primer franquismo*.

SANCHIS SINISTERRA: Sí, para mí tiene un sentido muy concreto, por una parte, y muy ambicioso también, por otra. Porque cuando estaba escribiendo la continuación de esas escenas de *Terror y miseria*, sin ninguna finalidad concreta, porque sabía que era una obra difícil de producir y de montar, una obra que se hace larga, que requería muchos actores, etc., tuve una experiencia muy interesante con un grupo de profesores de Secundaria, que me pidieron una *oficina*, un taller de actuación. Algunos ya habían hecho otros talleres de actuación para formarse en teatro, porque muchos de ellos trabajaban con alumnos en sus respectivos institutos. Les di, pues, un taller de Dramaturgia Actoral y, al terminar, me pidieron continuar. Querían continuar trabajando conmigo y, como ya habían hecho muchos talleres…¡ahora querían actuar! La cosa me produjo cierto desconcierto: veintitantos profesores, entre los treinta y cinco y los sesenta años, con problemas técnicos y actorales de todo tipo (por no hablar de los personales), pero al mismo tiempo con tan gran entusiasmo que no pude desoír esa demanda. No puedo montar con ellos un Lope de Vega, me dije, ni un Shakespeare o cualquier obra extensa con muchos personajes…Entonces, se me ocurrió que quizás sí que podría montar esa obra, *Terror y miseria…*, que son pequeños sketchs, de 10 o 15 minutos, ¿no? Les leí las escenas que tenía, se entusiasmaron y nos pusimos de acuerdo en que, ya que ellos tenían contacto diario con jóvenes de 14, 15, 16, 17 años, que eran "amnésicos" con respecto al tema de la guerra civil y de la postguerra, el espectáculo sería la ocasión para hacer un trabajo sobre la memoria histórica con las nuevas generaciones de estudiantes.

ALETRIA: Y eso, ¿en qué año fue?

SANCHIS SINISTERRA: El encuentro con el colectivo de profesores, que luego se constituirían como compañía con el nombre de "Teatro del Común", tuvo lugar en el año 2001. El montaje de "*Terror y miseria…*", así como la redacción de las últimas escenas, en el 2002; y se estrenó el espectáculo en noviembre de ese año. Fue una aventura apasionante. Tuvimos, incluso, problemas, porque una de las obritas, "Atajo", es una sátira del Opus Dei. Eso salió en la prensa por indiscreción (o por afán de provocar del periodista, amigo mío) a cuatro columnas: "Sanchis Sinisterra ultima una obra sobre el Opus Dei en clave satírica". Como el Opus Dei ha estado siempre aliado con el PP, entonces en el Gobierno, "desaparecieron" misteriosamente del Ministerio de la Educación y de la Consejería de Educación de la Comunidad de Madrid las dos pequeñas subvenciones que nos habían concedido para el montaje. Tuve entonces la feliz ocurrencia de acudir a la Fundación

Autor, de la Sociedad General de Autores, les planteé el problema y me dijeron: "¿Cuánto necesitas?" Y lo pudimos hacer. La obra se representó unas 40 veces y la vieron, en distintos teatros, unos 1.500 espectadores adultos y alrededor de 2.800 muchachos y muchachas, a los cuales se les entregaba un Cuaderno Pedagógico que habían escrito los propios profesores, con todos los temas de la obra explicados en breves ensayos: la censura durante el franquismo, la mujer en el franquismo, la Iglesia Católica en el franquismo, etc., con bibliografía, filmografía, discografía y sitios *web* sobre la postguerra. Fue un acontecimiento extraordinario, hasta el punto de que nos dieron el Premio Max de las Artes Escénicas, que es el equivalente al Premio Goya del cine. En la edición del libro (CATEDRA, Letras Hispánicas, Madrid, 2003) se añaden como apéndice los textos que escribieron algunos de los espectadores jóvenes, que por primera vez preguntaban a sus padres o a sus abuelos qué había sido el franquismo, respondiendo a la propuesta que yo les hacía en el prólogo del Cuaderno, con referencia al "teatro de la memoria". Esa fue para mí una de las experiencias más redondas: jóvenes de quince, dieciséis años, preguntándoles a sus padres y abuelos cómo vivieron la guerra y la postguerra, y transformando ese relato oral en una composición literaria.

ALETRIA: ¿Y cómo ves la recepción tan exitosa de tu obra *¡Ay, Carmela!*, que trata del tema de la memoria y de la guerra civil?

SANCHIS SINISTERRA: Para mí fue un gran misterio. De hecho, también *¡Ay, Carmela!* nació con esa misma voluntad. Yo la empecé a escribir en 1985, cuando ya se anunciaba que el 86 iba a tener lugar el cincuenta aniversario de la rebelión de Franco y del inicio de la guerra civil. Por esa misma desconfianza mía hacia la tímida labor de rescate de la memoria histórica que el Partido Socialista Español pudiera ejercer, me propuse escribir una obra sobre la guerra civil, deuda que tenía con mi padre y toda su generación. De esa decisión nació la obra. La reacción del público fue sorprendente. El montaje original, dirigido por José Luis Gómez, duró tres años, o sea, tres temporadas. Nadie pensaba que la obra iba a tener tan larga vida. Y yo tampoco pensaba que la obra fuera a interesar fuera de España... Eso el lo misterioso, ¿no? Ya me sorprendía ver salir del teatro al público joven con los ojos húmedos. Una historia que ellos no habían vivido, una memoria que ellos no tenían, les había tocado, les había removido algo.

ALETRIA: Pero es una memoria de un hecho aún cercano, ¿no?

SANCHIS SINISTERRA: Claro, pero las generaciones de la democracia no han cultivado la memoria histórica. Desde hace unos diez o doce años, sí: existe un movimiento en España de recuperación de la memoria histórica y de la dignificación de las víctimas del franquismo; por ejemplo: se trabaja rigurosamente en el descubrimiento de las fosas comunes. Pero en aquella época, a mediados de los 80, todavía no. Es más: la obra se ha repuesto hace dos años, interpretada por la misma actriz que la estrenó, Verónica Forqué. Asistí al estreno en Madrid y, al terminar, había gente que se me acercaba y me preguntaba: "Oye: el epílogo, la escena final, la has escrito ahora, ¿no?". Y lo decían por las referencias al tema de la memoria, ya que Carmela le cuenta a Paulino que en el "más allá" se está formando una especie de club o de peña para hacer memoria... Creían que esa escena la había añadido yo ahora, a raíz de las polémicas entre la derecha y la izquierda sobre si explorar o no la memoria histórica de los años negros de la dictadura, cosa a lo que Partido Popular se opone. Por lo tanto, es un tema que tiene todavía dificultades para hacerse presente en el imaginario colectivo, en la conciencia colectiva española.

ALETRIA: ¿Y la recepción de *¡Ay, Carmela!* en otros países?

SANCHIS SINISTERRA: Es lo que más me sorprendió. A los pocos meses del estreno en Madrid, en 1987, me contactó una persona de Francia y me pidió autorización para traducir y montar la obra allí. Yo le dije: ¿En Francia? Esto allí no va a interesar nada, es un tema muy local, es una especie de ajuste de cuentas con nuestra propia amnesia histórica... Esta mujer tuvo mucha confianza, yo acepté y hasta colaboré en la traducción y, efectivamente, la obra se montó en Francia. y, luego, empezaron a pedirme autorizaciones en diversos países de Europa y de América Latina. En Francia se han hecho cuatro montajes; en Inglaterra, tres; en Alemania lo hizo el Berliner Ensemble, el teatro fundado por Bertolt Brecht...Esta insólita difusión me obligó a tratar de establecer una justificación de por qué la obra interesa en países tan diversos. Es cierto que, en algunos países y para algunas generaciones, la Guerra Civil Española tiene todavía un aura, ya que fue el último movimiento internacionalista (por las Brigadas Internacionales) y, en cierto modo, la primera batalla de la Segunda Guerra Mundial ... Pero, claro, esto también es historia pasada. Y lo que ahora pienso, es que, aparte de esta reminiscencia un poco mítica, la obra no trata sólo de la Guerra Civil Española, aunque yo no lo sabía cuando la escribí. La obra tiene que ver (y me lo han dichos muchos de los responsables de esos montajes extranjeros) con la dignidad del vencido; tiene que ver justamente con la memoria o, si quieres, con la segunda muerte de los muertos, que es el olvido. En muchísimas sociedades, en muchísimos países, hay muertos que no deberían olvidarse, que no "quieren" borrarse. Y esa es la razón por la que, yo creo, la obra tiene una resonancia diversa en cada país. Porque también los montajes naturalmente distorsionan el sentido original, cosa que como autor me puede producir cierta inquietud, pero que es un derecho de los realizadores. Por ejemplo: en Sarajevo, durante el cerco de la ciudad por los serbios, un grupo de actores se protegía de los bombardeos, como el resto de la población, en los refugios. Allí, para no enloquecer y levantar el ánimo de sus compatriotas bosnios, empezaron a hacer teatro y formaron una compañía. Cuando acabó la guerra, esa compañía se mantuvo (y se mantiene: se llama el Teatro de Guerra de Sarajevo) y, no sé por qué casualidad, encontraron una traducción croata de *¡Ay, Carmela!*. Entonces, la montaron y la convirtieron en su bandera. Estuvieron representándola años, no sólo por toda la ex –Yugoslavia, incluida Serbia, sino también en Alemania, Italia y en Francia. Yo la vi precisamente en Sardeña (y luego, en Sarajevo, la centésima representación), y me dijeron que, para ellos, la obra significaba la reivindicación del arte frente al fascismo, del teatro frente a la violencia, de la ética frente a la brutalidad. El final era diferente: salía Carmela con el puño en alto, cantando su canción como si fuera un himno. Pero, bueno, era una "traición textual" por una buena causa...

*ALETRIA: ¿*Crees que la representación teatral y la literatura pueden expresar una experiencia traumática como la de la guerra civil o de otras guerras? O sea, ¿es realmente posible para el arte tratar con profundidad temas como el de la guerra, el exilio, la dictadura?

SANCHIS SINISTERRA: En primer lugar, yo creo que el teatro, la literatura, el cine pueden expresar toda experiencia. Si no fuera así, el arte no tendría sentido. El arte es un modo de transponer la experiencia histórica, la experiencia humana, en formas artísticas, comunicables y, por lo tanto, puede expresar (en otra época habría dicho **debe**) todo el horror de la realidad. No se trata de exigir al arte que sea testimonio comprometido de la injusticia, etc., pero en la medida en que un autor, un creador, de cualquier campo artístico, resulta estar sensibilizado por su época, es lógico que trate, con mejor o peor fortuna, de dar cuenta de ello.

*ALETRIA: ¿*Y qué piensas de lo que afirmaba Walter Benjamin sobre la imposibilidad de comunicar una experiencia traumática, refiriéndose a los soldados que volvían mudos de la guerra?

SANCHIS SINISTERRA: Conozco esta terrible formulación. Es cierto, pero en la medida en que el ser humano, por una cuestión que hoy la ciencia conoce, las llamadas neuronas-espejo, no sé si ya has oído hablar de eso... Bueno, el ser humano está dotado de una capacidad de empatía, de ponerse en el lugar del otro, es un hecho biológico que otras especies animales no tienen... En la medida en que el ser humano tiene esa cualidad (o defecto, depende), aun sin haber ido a la guerra, sin haber sufrido el horror y sin haber enmudecido, puede intentar configurar la experiencia del otro, reconstruir artificialmente – el arte es artificio, no lo olvidemos – la experiencia del otro e, incluso, la propia. Primo Levi no se quedó mudo, fue capaz de transmitir su experiencia en el campo de concentración.

ALETRIA: La pasó por un proceso de simbolización...

SANCHIS SINISTERRA: Exactamente. Quizás no la reproducción de la experiencia, pero sí la sublimación, estilización o puesta en común, si quieres. Un dispositivo para poner en común la experiencia, y yo creo que eso es una posibilidad humana. Ya no diría que un cierto deber del artista, no me gusta establecer obligaciones.

Sobre si ocurre, si se da con bastante frecuencia en España, yo diría que no. Creo que no hay todavía una relación normalizada del teatro con nuestro reciente pasado. Por ejemplo: puede constatarse que Alemania – la literatura alemana, el cine alemán, el teatro alemán – ha sido más exigente con su propio pasado y ha sabido ponerse un espejo sobre lo que fue el nazismo. Y, en cambio, en España, mientras que en la novela sí que hay una frecuente presencia del tema de la guerra civil y del franquismo, y también en el cine ha habido algunas tentativas interesantes (no muchas, dado lo inagotable del tema), en el teatro, muy pocas. Me atrevería a decir que no pasan de una docena las obras escritas (al menos publicadas y/o estrenadas) durante la democracia que traten de este tema. ¿Por qué razón? No lo sé, habría que preguntárselo a cada autor. Alguna vez, en mis seminarios y cursos de dramaturgia, o en reuniones con autores amigos, he planteado la conveniencia de emprender un proyecto colectivo de recuperación de la memoria histórica a través del teatro.

Lo intenté también, en los años 80, cuando se acercaba el quinto centenario de la conquista de América. Se trataba de organizar un movimiento, español e iberoamericano, para afrontar el tema de la conquista desde la dramaturgia. No conseguí llevar a cabo el proyecto, pero yo escribí tres obras sobre el "desencuentro" entre Europa y América. Opino que en España todavía no hay una conciencia clara de lo que fue ese traumático encuentro con las culturas amerindias. Y sigue siendo actual, en la medida en que significó el problema de la *relación con el otro*. La imposibilidad de aceptar al otro como alguien *distinto* y, a la vez, *igual*. Es la característica de todas las empresas colonialistas: el otro no es igual, es inferior. Y colonizar consiste en homologar, convertir al otro en lo más parecido a nosotros mismos, o sea, una caricatura. Creo que ese es el gran problema de la relación de Occidente con las otras culturas. Después de esas tres obras que ya tengo publicadas con el título *Trilogía americana*, donde el tema general es ese: la otredad, tengo la intención de escribir otras tres. Una sobre las mujeres en la conquista: ¿quiénes eran esas mujeres que acompañaron a los conquistadores? ¿Cómo vivieron aquel horror? No tienen voz en las crónicas. El segundo tema sería el de los *cimarrones*, los esclavos negros liberados, que son los primeros núcleos de independencia americanos. Hubo muchos esclavos huidos que crearon *palenques* y esos palenques (aquí en Brasil también los hubo, y en toda el área del Caribe) eran reinos con sus leyes propias, que empezaron a recuperar la memoria africana. Y también pienso que este aspecto, lo que constituye "la América negra", no se ha tratado suficientemente. Me gustaría tener tiempo de escribir una obra sobre esas primeras revueltas, que formaron reinos independientes de la corona de España. Las primeras naciones independientes. Algunas sobrevivieron casi un siglo. La tercera obra de esa nueva "trilogía americana" trataría de evocar la conquista de México, pero a partir de las crónicas aztecas que se conservan.

ALETRIA: Y en cuanto a esa cuestión de la memoria, ¿haces alguna relación con lo que ocurre hoy en España y Europa con relación a los inmigrantes?

SANCHIS SINISTERRA: No tan específicamente, pero sí, como ya te he dicho, con respecto a la cuestión del otro, de la otredad, de la alteridad. Esa miopía que distancia al colonizador del colonizado. La raza blanca, la cultura europea, han convertido esa miopía en justificación para devastar las culturas del planeta. No hablo concretamente de la emigración actual...aunque en *Naufragios de Álvar Núñez* sí que hay un personaje norteafricano, Estebanico el Negro que, en cierto modo, da voz a ese drama.

ALETRIA: Después de haber escrito y reflexionado sobre esas diversas memorias y sobre esas desventuras históricas, ¿cómo defines toda la experiencia de la guerra civil? ¿Ha sido también una desventura?

SANCHIS SINISTERRA: Fue más que eso, fue una tragedia. Una tragedia que partió en dos la historia de un país. Sobre todo teniendo en cuenta lo que estaba ocurriendo en España en los años anteriores, en la década anterior. Por eso *¡Ay, Carmela!* y *Terror y miseria en el primer franquismo* serían dos partes de otra trilogía: la trilogía de la guerra civil. La primera obra, que no está escrita, tiene que ver con ese período: el tránsito de la dictadura de Primo de Rivera a la Segunda República, cuando en España se produjo esa increíble floración de jóvenes poetas, artistas, intelectuales que se conoce como la *Generación del 27*: Lorca, Buñuel, Dalí y tantos otros, que irrumpieron en la vida cultural con la convicción de que ya éramos Europa, de que España entraba por fin en la modernidad, de que ya estaba en consonancia con los movimientos culturales y científicos del mundo. Y la obra (de la imaginé haste el título: *Asesinato en la colina de los chopos*) mostraría ese momento de entusiasmo, amenazado por el fantasma del fascismo, y hasta qué punto la guerra civil fue un golpe brutal, la pérdida de una posibilidad para España de ser un país *normal*. No digo el paraíso, porque ni Francia, ni Italia, ni Alemania, ni Inglaterra fueron paraísos en esos años… Pero España ha tenido siempre esa inercia terrible, ese fanatismo de la Iglesia Católica, dominando todos los sectores de la sociedad y, sobre todo, el poder. Cualquier tentativa de democratización en España ha caído siempre bajo el sable de los militares y el atraso en la educación, en la cultura. En aquellos años (de 1925 a 1935) parecía que todo estaba cambiando; la Segunda República fue una oportunidad para que eso cambiara, con errores y aciertos, como todos los gobiernos, ¿no? Al menos, a través de lo que yo he leído, porque no lo viví. Nací en el 40, cuando ya estaba todo perdido. Y no era fácil encontrar libros veraces durante el franquismo, durante mi juventud. Había que encontrar los libros sobre los momentos brillantes de la cultura española anterior a la guerra civil de un modo casi clandestino. Porque una de las cosas que hizo el franquismo fue falsificar la memoria colectiva, deformar el pasado, reescribir la historia de España en función del ideal fascista y católico.

ALETRIA: ¿Cómo era trabajar, hacer un teatro como el tuyo, con una propuesta experimental y contestataria, durante el franquismo?

SANCHIS SINISTERRA: Aprendimos a hablar, a escribir, a hacer teatro metafóricamente, analógicamente, simbólicamente. Con el riesgo de que la censura se diera cuenta. Ese fue el modo en que los que no estábamos de acuerdo con el régimen nos expresábamos: intentando sortear con lenguajes estéticos indirectos, oblicuos, lo que suponíamos que la censura podía prohibir. Porque el problema con la censura franquista era su arbitrariedad: o sea, no estaba claro nunca qué se podía decir y qué no se podía decir. Una obra era permitida en una ciudad, porque el gobernador la autorizaba, y en otra ciudad, su gobernador la prohibía. Según qué censor leyera tus obras, te la autorizaba o no te la autorizaba. A veces he pensado que esa arbitrariedad quizás creó un *censor interior* en muchos autores. Un ejemplo personal: en 1962 presenté una obra a un premio, llegó a la votación final y parece que iba a ser premiada, pero finalmente no lo fue. Más tarde supe, por un miembro del jurado, que la habían desestimado porque incluí, como epígrafe, una cita de Marx encabezando el texto. La obra era apenas vagamente marxista, pero fue la cita de Marx lo que impidió que fuera premiada. Finalmente, seis años después, en el 68, la presenté a otro premio y sí que ganó, porque el jurado lo formaban tres intelectuales no franquistas. Me dieron el premio, sí…pero la obra no se pudo publicar ni representar. Toda mi generación vivió esa especie de oscilación entre lo permitido y lo prohibido.

ALETRIA: Estarías siempre en la lista de los sospechosos, me imagino...

SANCHIS SINISTERRA: No tanto, no era muy peligroso...De hecho yo no he militado nunca en ningún partido. Siempre he creído que un artista, un intelectual, no tiene que pertenecer a un partido político, pues ello limita su capacidad de autocrítica. Y tampoco era una persona políticamente radical. Era claramente antifranquista, sí, ideológicamente marxista, pero no estaba por la lucha armada. En los años en que fui profesor de Universidad, y luego de Instituto, explicaba la literatura desde el punto de vista marxista, citaba a Marx, a Engels, a Luckács, etc. Pero nunca me pasó nada grave, por no participar en movimientos clandestinos... Estaba fichado, desde luego, pero me dejaban en paz. Mi padre, en cambio, sí que estuvo en la cárcel, pero sólo por dar dinero para ayudar a las esposas de los detenidos. No era una tampoco una persona muy comprometida, pero fue republicano y pertenecía al bando de los vencidos, lo cual ya constituía un estigma para el régimen franquista. Mi "campo de batalla" era cultural, artístico, ideológico, sobre todo en la enseñanza y en la práctica artística. Pero no me gusta ponerme medallas como "luchador antifranquista"...

ALETRIA: ¿Y piensas retomar *Asesinato en la colina de los chopos*?

SANCHIS SINISTERRA: El problema es que ahora tengo tres o cuatro obras "esperando"... Una es la que interrumpió el accidente: una obra *atea militante*. ¿Te conté? Ahora una de mis obsesiones es hasta qué punto la religión sigue siendo una patología universal y hasta qué punto es peligrosa, hasta qué punto induce a la exclusión de la mujer, al freno de la inteligencia, del saber y del conocimiento, a la guerra, al terrorismo...O al expolio, como ocurre en Israel, con los territorios palestinos. Nunca se habla de que la usurpación de más y más tierras a los palestinos por parte de los colonos judíos, se justifica por motivos religiosos. Ellos afirman que un tal Yahvé les otorgó una tierra. Ah, ¿sï? ¿Pueden enseñarme las escrituras, por favor? Y no me refiero a las "sagradas", sino a las que les otorgan el derecho de propiedad...En resumen: quise escribir una obra satírica sobre los tres monoteísmos (el cristianismo, el islamismo y el judaísmo) y su nefasta influencia en la historia de la Humanidad. Pero quizás va a resultar que Dios existe y es tan vengativo como aparece en sus Libros, y el taxista lisboeta que me atropelló y me rompió el brazo derecho era un enviado suyo... Hablando en serio, ya estoy retomando esa obra, que se titula, por ahora, *Bonobos que cantan salmos*. Y también estoy retomando un texto relativamente breve, en colaboración con un compositor español, Alfredo Aracil. Es un experimento en el que teatro y música interactúan, pero no a través del canto; quiero decir que la actriz que interpreta el monólogo, (*Julieta en la cripta*), no canta, sino que actúa, pero hay un conjunto de cámara que "dialoga" con ella. Y estos meses me han aparecido dos o tres temas más que quiero escribir. Entonces, no sé si *Asesinato en la colina de chopos* va a ser la próxima, sobre todo porque voy a necesitar mucha bibliografía. Tendría que conseguir material sobre esos personajes, y cada uno de ellos arrastra una bibliografía inconmensurable. Eso me va a costar mucho trabajo y, como llevo una vida tan nómada, de momento creo que no lo voy a hacer.

ALETRIA: Y con relación a las celebraciones de los 70 años del final de la guerra civil, ¿piensas hacer algo sobre eso?

SANCHIS SINISTERRA: Sinceramente, no quisiera que mi dramaturgia estuviera gobernada por las efemérides…En su momento, necesité escribir *¡Ay, Carmela!,* sí, porque, además de ser la primera conmemoración en democracia, también era una deuda que yo tenía con mis padres (naturales e intelectuales). Y aproveché la oportunidad de que se iba a celebrar ese cincuentenario, sobre todo porque temía que iba a ser un aniversario un poco *light* o "descafeinado"…Y en cuanto a *Naufragios de Álvar Núñez,* sí, iba a ser producida en el 92, dentro del Quinto Centenario del descubrimiento de América, pero yo la había empezado mucho antes, formando parte del proyecto (ilimitado) de exploración del tema de la conquista, del que hemos hablado antes.

Nuestra entrevista, como han podido observar, partió de la importancia que adquiere en su producción dramática el rescate social de la memoria (recordemos que *¡Ay Carmela!* surgió para testimoniar la Guerra Civil Española después de 50 años de haber acontecido), pero se extendió y atravesó por diversos temas que nos condujeron cada uno de ellos a reflexiones profundas. En un intento de compartir con Uds. esta experiencia, los sintetizamos y abrimos algunas interrogantes:

- En un momento en que se dice que el teatro en tanto texto dramático no se renueva, que la literatura dramática está estancada y que. por lo tanto. no tiene más espacio, Sanchis Sinisterra, continúa experimentando nuevos medios expresivos y pone en jaque dichas afirmaciones;

- Pareciera que su fórmula es atreverse a buscar lenguajes y formas dramatúrgicas que se arriesgan sin miedo al fracaso. Sanchis Sinisterra nos entrega con sus ideas y sus obras está práctica escritural disidente que abre caminos para las nuevas generaciones;

- Hemos escuchado innumerables veces que el teatro político no tiene más espacio desde la "muerte de las utopías". Sanchis Sinisterra sin dar oídos a esas afirmaciones, crea una dramaturgia fuerte donde las temáticas de corte histórico o político contingente están presentes. Así la Guerra Civil Española, la conquista, el peso patológico de la religión, el propio arte adquieren una presencia que nos obliga a asumir posturas dentro de un mundo en el cual esto parece cosa del pasado.

Sus obras, como hemos visto a través de la entrevista, transitan por diversas estéticas, desde juegos con la tradición combinados con lenguajes innovadores como en *Ñaque* (1980) hasta diversos quiebres de fronteras, inclusive entre la vida y la muerte como en *¡Ay Carmela!* (1986). Esta pieza termina con la protagonista muerta, Carmela, dirigiéndose a los soldados, también en esa condición, de las brigadas internacionales:"¡Oye! ¿Y cómo es que nos entendemos?... Porque vosotros, no sé en que me habláis, pero yo entiendo… ¿Y a mí me entendéis? ¡Ay que gracia! (Ríe) A ver si resulta que… como habéis muerto en España, pues ya habláis el español…"

Finalmente, cabe decir que la reflexión política y artísticas son dos constantes que se entremezclan en su creación teatral y para alcanzarlas recurre a la metateatralidad, a la disolución de espacios y tiempos definidos, incluyendo en estos los de la historia y la propia existencia.

Foto: Elisa Amorim, septiembre de 2008

A L E T R I A
revista de estudos de literatura

PROGRAMA DE PÓS-GRADUAÇÃO EM LETRAS: ESTUDOS LITERÁRIOS
Av. Antônio Carlos, 6627 – Pampulha
31270-901   Belo Horizonte-MG – Brasil
Tel.: (31) 3409-5112   Fax: (31) 3409-5120
www.letras.ufmg.br/poslit
e-mail: poslit@letras.ufmg.br

NORMAS PARA EDITORAÇÃO DA REVISTA *ALETRIA*

1. A revista *Aletria* aceita para publicação artigos **inéditos** em sua especialidade:
   · ensaios sobre estudos literários e culturais;
   · resenhas e recensões críticas de obras literárias e de obras científicas na área de literatura e teoria literária;
   Observação: não serão aceitos capítulos de dissertações ou teses em que essa condição possa ser constatada no texto.

2. O material para publicação deverá ser encaminhado ao Pós-Lit, e, em folha à parte, deve ser enviada autorização para a publicação sem recebimento de direitos autorais.

3. Todos os trabalhos deverão ser enviados em duas vias impressas e uma via em CD ou disquete editado através do programa Microsoft Word for Windows versão 2.0 ou superior, em fonte Times New Roman, corpo 12 e espaço 2.

4. Só será aceito para publicação, de cada autor ou conjunto de autores, um artigo por ano.

5. O(s) autor(es) deve(m) ter título de doutor. Doutorandos podem submeter resenhas. Não serão aceitos trabalhos de alunos.

6. Os trabalhos encaminhados não devem ultrapassar 20 páginas.

7. O material a ser publicado deve ser acompanhado de folha de rosto onde serão indicados:
   · título;
   · autor ou autores;
   · instituição em que trabalha cada autor e a atividade que exerce na mesma;
   · titulação acadêmica de cada autor;
   · endereço pessoal e de trabalho completos, bem como telefones (e ramais, se for o caso);
   · e-mail para contato.

8. O original, digitado em espaço duplo, fonte 12, Times New Roman, deve desenvolver-se na seguinte sequência: título do trabalho, nome(s) do(s) autor(es) – um abaixo do outro –, filiação científica do(s) autor(es) e nome da(s) instituição(ões) a que se acha(m) vinculado(s) abaixo do(s) nome(s) do(s) autor(es) – as informações de cada autor abaixo do nome respectivo –, resumo e três palavras-chave em português, texto, resumo e as mesmas três palavras-chave traduzidos para outra língua (inglês, francês ou espanhol), referências bibliográficas. Se houver agradecimento ou dedicatória, acrescentá-los antes do resumo em português.

9. As ilustrações, gráficos e tabelas (indicar a fonte quando não forem originais do trabalho) com as respectivas legendas e/ou numerações, deverão vir em folhas separadas, indicando-se, no texto, o lugar onde devem ser inseridas.

10. As notas de rodapé devem figurar ao pé da página em que seu número aparece. As notas de indicação bibliográfica, em pé-de-página, devem ser apresentadas observando-se a seguinte norma: sobrenome do autor em maiúsculas, título do livro ou texto consultado e número da página (se for o caso).

   CALVINO. *Seis propostas para o próximo milênio*, p. 12.

11. As referências deverão aparecer completas, ao final do artigo, em ordem alfabética de sobrenome de autor, atendendo-se às regras para indicação bibliográfica, conforme a ABNT (Associação Brasileira de Normas Técnicas), cujos elementos básicos especificamos a seguir:

a) Citação de artigo de revista deverá conter: autor(es) do artigo, título do artigo, título da revista grifado, local da publicação, número do volume, número do fascículo, páginas inicial e final do artigo citado, mês e ano da publicação;

b) Citação de capítulo de livro deverá conter: autor(es), título do capítulo, autor(es) ou organizador(es) da coletânea ou do livro, título do livro grifado, número da edição (a partir da segunda), local de publicação, editora, data, página inicial e final do capítulo;

c) Citação de livro deverá conter: autor(es), título grifado, número da edição (a partir da segunda), local de publicação, editora, data, número total de páginas.

12. As páginas deverão ser numeradas na margem superior direita.

13. O material deverá vir devidamente revisado pelo autor. Para indicar que fez a revisão, cada página deve vir rubricada pelo autor. A Comissão Editorial reserva-se o direito de fazer nova revisão e de fazer as necessárias alterações.

14. Os originais enviados não serão devolvidos, mesmo que não tenham sido publicados.

Os autores serão informados sobre a publicação ou não de seus artigos, desde que forneçam endereço eletrônico. A Comissão Editorial não se responsabilizará pela comunicação dessa informação aos autores que tiverem as mensagens eletrônicas a eles endereçadas devolvidas pelos provedores por razões alheias à própria Comissão. Não serão emitidos nem remetidos aos autores pareceres escritos sobre artigos não aceitos.

15. O autor que tiver seu artigo publicado receberá três exemplares da revista.

Endereço para envio dos artigos:
Programa de Pós-Graduação em Letras: Estudos Literários
Faculdade de Letras da UFMG
Av. Antônio Carlos, 6627 – Campus Pampulha
31270-901 – Belo Horizonte – MG